Louis Günther

Die jenische Sprache

Louis Günther

Die jenische Sprache

ISBN/EAN: 9783337358624

Hergestellt in Europa, USA, Kanada, Australien, Japan

Cover: Foto ©Paul-Georg Meister /pixelio.de

Weitere Bücher finden Sie auf **www.hansebooks.com**

Die jenische Sprache.

Von
Engelbert Wittich.

Herausgegeben und mit Anmerkungen versehen von
Prof. Dr. **L. Günther** in Gießen.

I. Vorbemerkung.
Von Prof. *Günther*.

Daß das Rotwelsch der Gauner und die mit ihm verwandten sog. Geheimsprachen (der Dirnen, „Kunden", fahrenden Leute, Hausierer und Händler) heute in langsamem, aber stetigem Abnehmen begriffen sind, unterliegt wohl ebensowenig einem Zweifel wie die Tatsache, daß der zurzeit noch gebräuchliche Rest dieser besonderen Ausdrucksweisen sich in fortwährender Umgestaltung befindet. Daher erwirbt sich jeder, der in der Lage ist, einigermaßen zuverlässige Mitteilungen über den gegenwärtigen Wortbestand jener Jargons zu machen, ein wissenschaftliches Verdienst, ähnlich dem des Ethnologen, der uns die Sprachen aussterbender Naturvölker vor ihrem völligen Verschwinden noch rasch zugänglich macht. Dem Gelehrten, der sich für diese Dinge interessiert, also etwa einem Sprachforscher oder gar einem Kriminalisten, wird es freilich nicht leicht gelingen, die noch heute praktische Verwendung einer Geheimsprache aus eigener Anschauung kennen zu lernen, da die Angehörigen des engeren Kreises, in dem die betreffende Verständigungsart üblich ist, dem fremden, ihrem Tun und Treiben sonst meist fernstehenden Eindringling begreiflicherweise ein gewisses Mißtrauen entgegenzubringen pflegen. Selten sind aber auch Aufzeichnungen von Geheimsprachen durch solche Leute, die sie selber aus der „Praxis" kennen (also nach Art etwa des berühmten Gauner Wörterbuchs des „Konstanzer Hans" von 1791), da dies außer dem Willen, den in der Regel sorgfältig behüteten

Schatz der Öffentlichkeit preiszugeben, doch auch schon einen bestimmten Grad allgemeiner Bildung, namentlich aber einen gewissen Sprachsinn voraussetzt.

In der Persönlichkeit des Sammlers des hier zu besprechenden Wörterbuches der „jenischen Sprache", Engelbert *Wittich*, erscheinen jene Voraussetzungen im wesentlichen erfüllt. Er ist nämlich einerseits von Jugend auf vertraut gewesen mit den Ausdrücken des von ihm veröffentlichten Vokabulars[1], da er unter umherziehenden Handelsleuten und Zigeunern aufgewachsen (wenn nicht gar ein geborener Zigeuner) ist, während er andererseits an seiner im ganzen etwas dürftigen Volksschulbildung als Autodidakt so fleißig weiter gearbeitet hat, daß er sich auf dem Gebiete der „Zigeunerkunde" bei den Fachleuten einen gewissen Namen erworben. Auch den meisten Lesern des „Archivs" dürfte er bereits kein Fremder mehr sein. Seine Schrift „Blicke in das Leben der Zigeuner" (Striegau 1911) ist z. B. im „Archiv", Bd. 46, S. 363 von Albert *Hellwig* allen zur Lektüre warm empfohlen worden, weil sie „viel Interessantes" enthalte, und schon in Bd. 31 (1908), S. 134 ff. ist eine von ihm verfaßte kurze Grammatik der Zigeunersprache durch Johannes *Jühling* herausgegeben worden. Ebenso stammt das von demselben Gelehrten in Bd. 32 (1909), S. 219 ff. veröffentlichte „alphabetische Wörterverzeichnis der Zigeunersprache" eigentlich von *Wittich* her[2].

Das — ursprünglich 125 Oktavblätter umfassende — Manuskript der *Wittich*schen Arbeit, die außer dem eigentlichen Wörterbuch (Nr. V) auch einleitende Bemerkungen (über die jenische Sprache im allgemeinen sowie über veraltet gewordene und aus der Zigeunersprache stammende Vokabeln insbesondere [Nr. II-IV]) und zum Schluß noch „Sprachproben" und

„jenische Schnadahüpfel" (Nr. VII u. VIII) enthält, ging mir im Sommer 1914 mit der Bitte des Verfs. zu, die Veröffentlichung — am liebsten in einer Zeitschrift — vermitteln zu wollen. Da mir die Sammlung recht interessant und — trotz mancher Mängel — wohl wert erschien, weiteren Kreisen bekannt gemacht zu werden, wandte ich mich dieserhalb an den Herausgeber des „Archivs", der dafür bereitwilligst die Spalten seiner Zeitschrift zur Verfügung stellte, unter der Bedingung jedoch, daß ich dem Ganzen eine annehmbare wissenschaftliche Gestalt zu geben unternähme. Diese Klausel war allerdings notwendig, denn in der „Urform" ließ das Manuskript nicht nur in der Stilistik (bes. in der „Einleitg."), Grammatik und Orthographie recht viel zu wünschen übrig, es fehlte auch in dem Wörterverzeichnis durchweg eine alphabetisch genaue Reihenfolge der Vokabeln, ja an manchen Stellen fand sich in dieser Beziehung ein kaum zu beschreibender Wirrwarr, dessen Lichtung sehr viel Zeit in Anspruch genommen hat. Auch standen mehrere, zu einzelnen Wörtern gegebene Bemerkungen prinzipieller Art nicht an der richtigen Stelle und mußten daher umgesetzt werden.

Leider hat der Verf. für das Wörterbuch nur die Form „Deutsch-Jenisch" — nicht (bzw. nicht *auch*) „Jenisch-Deutsch" — gewählt, was eine bessere Übersicht über den geheimsprachlichen Wortbestand gegeben hätte. Um jedoch diesen annähernd zu bestimmen, habe ich am Schlusse des Vokabulars wenigstens die (in zahlreichen Verbindungen und Zusammensetzungen wiederkehrenden) jenischen *Stammwörter* alphabetisch zusammengestellt (Nr. VI). Auch die „Sprachproben" enthielten noch einige Wörter, die im Glossar ursprünglich fehlten. Ich habe sie diesem eingefügt und durch den Zusatz „Spr." besonders kenntlich gemacht.

Im übrigen wiederholen auch diese Sprachproben nur das Material des Wörterbuchs in zusammenhängender Rede (meist in Gesprächsform)[3], wobei aber mehrfache Wiederholungen und Weitschweifigkeiten anzutreffen waren, die ich fortgelassen habe. Andere Partien dieses Teils mußten wegen ihres obszönen oder doch allzu derben, frivolen Inhalts gestrichen werden. Auch die „Schnadahüpfel" erscheinen in dieser Hinsicht zum Teil recht bedenklich. Da sie jedoch nicht — gleich den Prosastücken — nur der Phantasie *Wittichs* entsprungen sind, sondern als altüberlieferter Besitzstand der „jenischen Leute" zu betrachten sein dürften[4] und mithin eine gewisse kulturgeschichtliche Bedeutung haben, ließ ich sie unangetastet. Zu dem eigentlichen Wörterbuche habe ich fortlaufende Anmerkungen hinzugefügt, auf deren Anordnung und Inhalt weiter unten noch genauer einzugehen sein wird. Zuvor aber möchte ich hier über den Begriff und die Eigenart der von *Wittich* aufgezeichneten Geheimsprache noch einige nähere Bemerkungen vorausschicken.

Über die als Titel des Ganzen gewählte Bezeichnung „die jenische Sprache" ist zunächst zu sagen, daß sie im vorliegenden Falle nicht etwa schlechthin als gleichbedeutend mit dem Rotwelsch oder der Gaunersprache aufzufassen ist, obwohl sich dieser Sprachgebrauch — dem auch die Etymologie des Wortes „jenisch" nach herrschender Meinung sehr wohl entspricht[5] — etwa seit dem Anfang des 18. Jahrhunderts nachweisen läßt und dann bis in die Neuzeit hinein erhalten hat[6]. Vielmehr liegt *hier* eine neuere, engere Auffassung zu Grunde, wonach man unter „Jenisch" speziell die Sprache der „Landfahrer"[7], der Hausierer, wandernden Krämer und Händler begreift[8]. Es handelt sich demnach bei der „jenischen Sprache" *E. Wittichs* um einen süddeutschen

Händlerjargon. Die Leute, die sich desselben noch bedienen, sind (nach den eigenen Angaben W.s in seiner „Einleitung") ihrem Gewerbe nach meist Korbmacher, Bürstenbinder, Schirmhändler, Kesselflicker, Scherenschleifer u. dergl., welche namentlich aus Württemberg, Baden und dem Elsaß, ferner auch aus Bayern stammen. So erklärt sich das Überwiegen der schwäbischen Mundart, insbesondere die weitgehende Übereinstimmung mit den (von *Kluge* u. a. bereits veröffentlichten) „schwäbischen Händlersprachen". Diese aber zeigen ihrerseits wiederum eine ganz überraschende Ähnlichkeit mit der süddeutschen, namentlich der schwäbisch-badischen Gaunersprache, auch älterer Zeit, also z. B. mit dem *„Pfullendorfer Jauner-Wörterbuch"* von 1820, ja sogar mit Quellen aus dem 18. Jahrhundert. Mit den letzteren (also z. B. dem nur handschriftlich überlieferten *„Dolmetscher der Gaunersprache"* [vgl. *Groß'* Archiv, Bd. 56, S. 177, Anm. 2], den Mitteilungen von *Schöll* in seinem „Abriß des Jauner- und Bettelwesens in Schwaben" [1793; vgl. *Kluge*, Rotw. I, S. 268 ff.] sowie dem — hauptsächlich gleichfalls dem schwäbischen Sprachgebiet angehörenden — Wörterbuch des *Konstanzer Hans*[9]) weist gerade auch das *Wittich*sche „Jenisch" noch merkwürdig viele Berührungspunkte auf[10].

Worin liegt nun der Grund für diese Erscheinung? Man wird zunächst nur allzu geneigt sein, das Schwabenland als die sog. *Ganfer-Medine*, d. h. das ehemalige Eldorado aller Gauner[11], dafür verantwortlich zu machen, umso mehr als man ja auch in anderen Gegenden unseres Vaterlandes, so z. B. in dem oberhessischen Vogelsberg, ein — in letzter Linie auf den Einfluß der großen Räuberbanden früherer Jahrhunderte zurückzuführendes — Fortleben rotwelschen Sprachguts innerhalb bestimmter Berufsschichten nachgewiesen hat[12]. Allein damit würde man doch etwas über das Ziel hinausschießen; der Richtigkeit jener Schlußfolgerung steht nämlich die Tatsache entgegen, — daß wie *Kluge* (Rotw. I, S. 476) über die für die schwäbische Händlersprache von ihm herangezogenen Ortschaften bemerkt hat — „die des Jenischen kundige gewerbetreibende Bevölkerung *nicht einheimisch*, sondern in ihren Ursprüngen zum größten Teil von *außen*" hereingekommen ist. In gleicher Weise dürfte es sich aber auch bei *Wittichs* „jenischen Leuten" der Hauptsache nach *nicht* um seßhafte Eingeborene handeln, worauf schon die offenbar vorliegende (und weiter unten noch näher zu berührende) Vermischung mit Zigeunern, jenem Wandervolke par excellence, hindeutet. Auf alle Fälle zulässig bleibt dagegen der Hinweis darauf, daß ja von jeher — schon von den Zeiten des *Liber Vagatorum* an — das Rotwelsch auch den im Lande umherziehenden Krämern und Händlern geläufig gewesen ist[13].

Die Ähnlichkeit unseres „Jenisch" mit der deutschen Gaunersprache zeigt sich nun in den verschiedensten Punkten, nicht zum wenigsten gleich in der starken Durchsetzung mit Wörtern *fremden Ursprungs*, unter denen wieder — ganz wie beim Rotwelsch sowie bei vielen anderen Händlersprachen — diejenigen, die sich auf das *Jüdischdeutsche*, in letzter Linie also aufs *Hebräische* zurückführen lassen, den breitesten Raum einnehmen[14]. Es sei gestattet hier diese Vokabeln, und zwar in alphabetischer Ordnung nach ihrer *jenischen* Form, näher aufzuzählen[15]. Mit ziemlicher *Sicherheit* gehören dahin: a) die *Hauptwörter*[16]: *Bäzem* = Ei (bzw. *Betzam* = „männliches Glied"), *Beiz* = Gasthaus (u. s. Ableitungen, wie *Beizer* = Wirt usw.), *Boschert* =

Kupfergeld, Pfennig, *Bossert* = Fleisch, *Dofes* = Arrest, Gefängnis, *Gallach* = Geistlicher, Pfarrer, *G'far* = Dorf, *Goi* = Frau, *Jahre* = Wald, *Kaffer* = Bauer, Mann, *Kaim* = Jude, *Keif* = das Borgen, Schulden, *Keiluf* = Hund, *Kenem* = Laus, Filzlaus, *Kies* = Geld, *Klass* = Büchse, Gewehr, *Kluft* = Kleid (u. s. Abltgn.), *Kohl* = Lüge (u. s. Abltgn.), *Lechem* oder *Lehm* = Brot, *Leile* = Nacht, *Malfes* = Rock, *Mocham* oder *Mochum* = Dorf, *More* = Prügel, Streit (bezw. *Morerei* = Geschrei, Gezänk, das Streiten), *Rochus* = Zorn, *Ruf* = Hunger, *Schaffel* = Scheune, *Schenagel* = Arbeit (u. s. Ableitgn.), *Schmelemer* = Zigeuner, *Schuk* = Mark (als Geldstück), *Schure* = Ding (dann Aushilfswort für sehr verschiedene Begriffe), *Schüx* = Mädchen (jedoch nur in der Verbindg. schofle *Schüx* = Hure), *Sore* = Ware, Ding, Sache (u. dann Aushilfswort ähnlich wie *Schure*), *Soruf* = Branntwein, *Ulme*(-ma) = Leute (bes. in Verbdgn. u. Zus.); b) die (durch die Endung -e(n) oder -a „angedeutschen") Zeitwörter[17]: *achile(n)* (-la) = essen, *begeren* = sterben, *dalfen* = betteln, *diberen* = reden, sprechen, *kaspere* = betrügen, *schmusen* (= diberen) u. *schwächen* = trinken[18]; c) die *Eigenschaftswörter*[19]: *dof* oder *duft* = gut, *kochem* = gescheit, klug, *massig* = zornig, *molum* = berauscht, *schofel* = schlecht, *wo(h)nisch* = katholisch[20]; d) das Umstandswort *kenn* = ja. Dazu treten dann noch als nur mit (größerer oder geringerer) Wahrscheinlichkeit hierhin zu rechnen[21]: a) die *Hauptwörter*[22]: (*Boga* = Kuh), *Bos* = After, *Duft* = Kirche, *Galm* (plur. *Galma*) = Kind, *Hamore* = Fehde, Streit, *Heges* = Dörfchen, *Johle* = Wein, (*Kafler* = Metzger), *Kober* = Wirt, *Lanenger* = Soldat, (*Lek* = Zuchthaus [Arrest, Gefängnis]), (*Schuker* = Gendarm), *Stratz* (plur. Stratze) = Kind; b) die Zeitwörter[23]: (*baschen* = kaufen), *derchen* = betteln, *schef(f)ten* = sein, sitzen (gehen, kommen), *sicheren* = kochen; c) das (auch als Adv. u. Verneinungspartikel gebrauchte) unbestimmte subst. Zahlfürwort: *Lore* (lore) = nichts (nicht, nein)[24]. Daß übrigens früher die Zahl der Vokabeln hebräischen Stammes sogar noch größer gewesen ist, zeigt die von *Wittich* in seiner „Einleitung" gegebene Zusammenstellung jetzt veralteter Ausdrücke, von denen die Hauptwörter *Bomm* = die Schweiz und *Jamm* = Tag sowie die Zeitwörter *holchen* = gehen (nebst *abgeholcht* = fortgegangen) und *malochen* (wohl für: *schiebes malochen*) = fortgehen, gehen in diese Gruppe gehören (s. Näh. dazu in den Anmerkgn. zur „Einltg.").

Sehr groß erscheint auch der Einfluß der *Zigeunersprache* auf unser Glossar. Schon die Zahl der mit Sicherheit unmittelbar hieraus übernommenen Vokabeln steht nämlich nur wenig hinter derjenigen der Wörter hebräischer Herkunft zurück, während sie die der sonst in rotwelschen Quellen oder in anderen Krämersprachen etwa anzutreffenden Mengen von Ausdrücken dieser Art erheblich übersteigt. Nur bei dem Jenisch der schwäbischen Händler in *Unterdeufstetten* macht sich — wie Rudolf *Kapff* (in der Zeitschr. für deutsch. Wortforschg., Bd. X. S. 214) nachgewiesen — ebenfalls ein stärkerer zigeunerischer Einschlag bemerkbar. Während aber hier die Wörter dieses Stammes immerhin etwa zwei Dutzend nicht übersteigen, sind sie im *Wittich*'schen Vokabular ungefähr auf die doppelte Summe zu schätzen. Da der Verf. in seiner „Einleitung" selber ein genaueres Verzeichnis dieser Vokabeln angefertigt hat, kann hier auf ihre Aufzählung verzichtet werden; jedoch sei der Vollständigkeit halber bemerkt, daß dort einerseits die weiteren Ableitungen von den zigeunerischen Stammwörtern (wie z. B. die Zeitw. *lubnen* = „huren" und *matschen* = fischen zu *Lubne* = Hure und *Matsche* = Fisch oder das Adj. *bogelich* = gierig u. dergl zu *Bog[g]elo* = Hunger) nicht berücksichtigt sind, während andererseits einige der aufgezählten Vokabeln auch unmittelbar — nicht erst durch Vermittlung der Zigeuner — aus dem Deutschen oder aus anderen Sprachen ins Jenische eingedrungen sein könnten (Näh. s. in den Anmerkgn. zur „Einleitg."; vgl. auch gleich weiter unten die Anm. 26). Mit der bloßen Rezeption der äußeren Form erscheint übrigens die Einwirkung des Zigeunertums auf die *Wittich*sche Händlersprache noch lange nicht erschöpft, vielmehr ist auch noch in einer ganzen Reihe von — ihrer *äußeren* Erscheinung nach dem *Deutschen* oder *anderen* Sprachen zuzuweisenden — jenischen Ausdrücken *begrifflich* die besondere Anschauungs- und Denkweise des Zigeunervolks deutlich wahrnehmbar. Das Nähere hierüber ist aber besser erst weiter unten in anderem Zusammenhange mitzuteilen.

Von sonstigen fremden Sprachen haben nur das *Lateinische*[25] und seine beiden Haupt-Töchtersprachen, das *Französische* und *Italienische*, etwas breitere Spuren hinterlassen[26], während sich auf das *Slawische* und auf die *nordischen* Sprachen mit Bestimmtheit nur ganz wenig zurückführen läßt.[27]

Auch abgesehen von der „Sprachenmischung" treffen wir weiter in unserem Jenisch fast alle charakteristischen Kennzeichen des Rotwelschs an. So begegnet man beinahe auf jeder Seite des Vokabulars einer der typischen rotwelschen Endungen *-erich, -ert* (aus dem ältern *-hart*) und *-ling* (*-linger*) bezw. *-ing* (vgl. z. B. *Toberich* = Tabak, *Glansert* = Glas, *Rauschert* = Stroh, *Flössling* oder *Schwimmerling* = Fisch, *Hitzling* = Ofen usw.), die übrigens auch — ganz wie es bei den Gaunern üblich — an Wörter *fremden* Stammes angehängt sind (vgl. z. B. *Schwächerich* = Durst, *Boschert* = Pfennig, *Bossert* = Fleisch [sämtl. aus d. Hebr.], *Babing* = Gans [aus d. Zigeun.], *Bommerling* = Apfel [aus dem Franz.]). Weiter finden sich mehrfach Fälle der — zu größerer Unkenntlichmachung der ursprünglichen Form dienenden — *Abbreviaturen* (und zwar in der Form der sog. *Aphärese*, d. h. der Weglassung der Anfangssilbe[n], wie *Bolla* [= Kartoffeln] statt und neben *Schundbolla*, *Staude* [= Hemd] statt [rotw.] *Hanfstaude*, höchstwahrscheinlich auch *Boga* [= Kuh] statt *Horboga* und vielleicht auch *Bos* [= After] statt *Schundbos* [vgl. das Näh. in den Anm. zum W.-B.]), und vereinzelt erscheint auch eine sog. *Transposition* (nämlich bei *Kopel* = Beinkleid, Hose, vermutl. statt zigeun. *cholep*). Bei der Begriffsbildung tritt u. a. auf der Gebrauch des *„pars pro toto"* (wie z. B. *Langohr* = Hase) und von Eigennamen als Gattungswörtern (s. z. B. *Lattenkarle* oder *August mit dem Ofenrohr* = Gendarm), auch für Tiere und Sachen (vgl. *Hornikel* = Ochse, *Groenikel* = Schwein [zu *Ni(c)kel*, Kurzform von *Nikolaus*], *Dietz* [wohl Kurzform von *Dietrich*] = penis, *Blauhanze* = Zwetschgen), die auch noch auf andere Weise *personifiziert* erscheinen (vgl. *Lachapatscher* = Ente, *Strohbutzer* = Gans sowie das merkwürdige *Jerusalemsfreund* = Schaf [s. Näh. in den Anm. zum W.-B. unter „Hammel"]; *Linzere* = Brille, *Stradelinzer* = Wegweiser u. a. m.), endlich das weite Gebiet der (im Rotwelsch so beliebten) *Metaphern* oder Begriffsübertragungen (wie z. B. *Hasa* [d. h. Hasen] = Flöhe, *Schundflederling* [eigtl. „Dreckvogel"] = Mistkäfer, *Kupferflederling* [eigtl. „Heuvogel"] = Heuschrecke; *Schlang* = Kette, *Fuchs*, *Füchsle* = Gold, Goldstück, *Frösch* = Monate; *Dächle* = Regenschirm,

Galgennägel = Rüben usw.).

Während sich in allen diesen und noch manchen anderen Erscheinungen der mehr oder weniger enge Anschluß an rotwelsche Vorbilder unschwer erkennen läßt[28], weist unser Jenisch auch einige ihm speziell eigene, überall hervortretende Besonderheiten auf. Es sind dies namentlich: die stark ausgeprägte *mundartliche Färbung* der Vokabeln und die auffällig große Zahl von (oft recht langen) *Zusammensetzungen* oder *Verbindungen* mehrerer Wörter miteinander.

Die dialektische Ausgestaltung der Wörter — die natürlich durchweg die süddeutsche, insbesondere schwäbische Eigenart an sich trägt[29], geht zuweilen so weit, daß die ursprüngliche Grundform nur noch schwer zu erkennen ist. So hat z. B. *Klettert* = Tisch nichts mit unserm Zeitwort „klettern" zu tun, sondern ist nur eine schlechte Aussprache von *Glättert* = *Glatthart*, und *Blatt* (= blatt) *pflanzen* = im Freien übernachten gehört nicht etwa zu dem Subst. *Blatt*, sondern zum Adj. *platt* (vgl. auch *baschen, Bommerling* u. ä. statt [der sonst — im Rotw. usw. — vorherrschenden Formen] *paschen, Pommerling; bugle* und *bukle* = tragen, *gril(l)isch* u. *kril(l)isch* = protestantisch, *Gluber* u. *Kluper* = Uhr u. a. m.). Fast noch häufiger als die Konsonanten erscheinen die *Vokale* verändert. So finden sich z. B. neben den Formen *Groenert, Groenikel, Ruedel, nuschig* auch die breiteren: *Groanert, Groanikel, Ruadel, nuaschig*, neben *Kunde, Rundling, Schund* auch *Konde, Rondling, Schond*, und besonders beliebt erscheint der Wechsel zwischen den Buchstaben i und e. Man vergleiche: *nobis* und *nobes, Patris* und *Patres, linzen* und *lenzen, link* und *lenk*. Auch die Endung *-ling* ist demgemäß (wie *Wittich* auch in seiner „Einleitung" selber betont hat) häufig zu *-leng* umgewandelt worden. Da hierbei indessen nur völlige Willkür (nicht irgendeine bestimmte Sprachregel) geherrscht zu haben scheint, so erübrigt es sich, die einzelnen Gruppen der nur auf *-ling*, nur auf *-leng* und der bald auf die eine, bald auf die andere Weise auslautenden Wörter genauer gegenüberzustellen[30]. Auch bei anderen *Endungen* von Hauptwörtern oder solchen von Zeitwörtern sind bald die Formen der Mundart, bald die der Schriftsprache, bald beide nebeneinander gewählt worden (vgl. z. B. *Fehma* = Hand, *Hasa* = Flöhe, *Bolla* u. *Bolle* = Kartoffeln, *Buxa* u. *Buxe* = Hose, *Ulma* u. *Ulme* = Leute, *Schei* u. *Schein* = Tag, *Kollerin* = Müllerin, aber *Deislere* = Wöchnerin, *Stichlere* = Schneiderin; *fuchsa* = erzeugen, *fu(h)la* od. *schmelza* = cacare, i. d. R. auch: *achila* od. *kahla* = essen; *budera* = begatten, *kaspere* = betrügen, *schlummere* = liegen, *toberiche* = rauchen; *biken* od. *butten* = essen, *bosten* od. *pfichen* = gehen; dagegen [in Zus.]: *bohla, bohle* und *bohlen* = fallen, *pfladera* [-re, -ren] = waschen, *ruadla* [-le, -len] = fahren usw.). Als eine spezifisch schwäbische Endung von Hauptwörtern dürfte wohl *-ete* (od. *-ede*) angesehen werden, die uns (nach Analogie etwa von *Gäutschete* = Schaukel zu *gautschen* = schaukeln [s. *Fischer*, Schwäb. W.-B. III, Sp, 109[31]]) z. B. in *Buklete* = Traglast, *Dämpfete* = Zigarre, *Flösslete* = Urin, *Schmelzede* = „Abweichung" (Diarrhöe) und — auch an einen fremden (zigeun.) Stamm angehängt — in *Fu(h)lete* (= Schmelzede) entgegentritt[32]. Sehr beliebt erscheint auch die bekannte süddeutsche substantivische Verkleinerungsform *-le*[33]. Die gewöhnliche Adjektiv-Endung schreibt *Wittich* regelmäßig *-ich*, nur ausnahmsweise *-ig* (so z. B. neben *grandich* seltener auch *grandig*, neben *muffich* auch *mufig*); eine kleinere Gruppe dieser Wortgattung endigt auch auf *-isch* (so z. B. *begerisch, biberisch, gril[l]isch, jenisch, wo[h]nisch,* *schmelemerisch*).

Was sodann die zahlreichen *Zusammensetzungen* (bezw. Verbindungen) anbelangt, so dürften hierbei zunächst prinzipiell zwei Gruppen zu unterscheiden sein. Bei einer *kleineren* Kategorie dieser Fälle handelt es sich einfach um wörtliche Übersetzungen von Ausdrücken, die zum Teil auch im Deutschen schon etwas lang erscheinen, ins „Jenische", und dabei mag den Verfasser eine gewisse philologische Freude an diesen Gebilden dazu verleitet haben, seinem Wörterbuche auch solche zungenbrecherischen Kompositionen wie z. B. *Hornikelgielblättlingschottel* (= Ochsenmaulsalatschüssel) einzuverleiben[34], die in der Praxis des täglichen Lebens doch kaum je in ihrer ganzen Fülle ausgesprochen zu werden pflegen. Wesentlich anders liegt dagegen die Sache bei der *Mehrzahl* der Zusammensetzungen oder Verbindungen, insofern sie nämlich als wirklich notwendige Umschreibungen für Begriffe eingestellt sind, für die es im Jenischen überhaupt keine selbständigen Wörter gibt, wobei übrigens der Vollständigkeit halber noch bemerkt werden muß, daß außer *diesem* Notbehelf auch noch mancherlei *andere* Mittel, das Fehlende zu ersetzen, Verwendung gefunden haben. So erscheinen z. B. nicht nur (wie ja nicht selten auch in unserer Gemeinsprache) Zeitwörter als Aushilfe für Substantive, sei es in Form des Infinitivs[35] oder von Partizipien[36], sondern es sind — nach Vorbildern im Rotwelsch[37] — auch Adjektive in gleicher Weise oder umgekehrt Hauptwörter für Eigenschaftswörter gebraucht worden[38], und endlich haben dann noch viele Substantive eine Verengerung vom Gattungsbegriffe zur Artbezeichnung erfahren. Namentlich kommt dies für im Jenischen nicht vorhandene Bezeichnungen einzelner Tiere und

Pflanzen vor, so wenn *Kib* = Hund auch den Pudel bedeutet, *Flössling* (*Schwimmerling* oder *Matsche*) = Fisch auch den Karpfen oder Hering (argum. *Flösslingschottel* = Heringsbüchse), *Flederling* (od. *Fläderling*) = Vogel auch Elster, Kuckuk, Star und Taube, oder wenn *Stöber* = Baum auch für Birke, Buche, Eiche und Fichte gebraucht wird, *Kupfer* = Frucht, Getreide auch Heu, Klee, Häcksel und die meisten Getreidearten (wie Hafer, Roggen, Weizen) umfaßt usw.[39]. Auf die ganz ungeheure Ausdehnung, welche in *Wittichs* Jenisch besonders noch die Bezeichnungen *Sore* und — mehr noch — *Schure* (eigtl. wohl nur „Ware", dann „Ding", „Sache") als Aushilfsmittel für alles Mögliche (z. B. nicht nur für leblose Gegenstände, sondern auch für abstrakte Begriffe, ja selbst für Tiere) erfahren haben, hat der Verf. in seiner „Einleitung" (S. 24) selber ausdrücklich hingewiesen[40] (vgl. für die Einzelheiten, deren Aufzählung hier zu weit führen würde, m. Anmerkgn. zu den Wörtern „abbiegen" und „Brücke" im W.-B.). Da solche Begriffsverengerungen aber doch mehr oder weniger etwas Gewaltsames, Künstliches an sich haben, so erklärt es sich unschwer, daß man sie nicht ungern durch irgendeinen Zusatz doch häufig noch etwas näher gekennzeichnet oder m. a. W. eben jene Gruppe umschreibender Zusammensetzungen oder Verbindungen verwertet hat, von denen vorhin schon die Rede gewesen. So sind doch z. B. *Schallerfleterling* (d. h. „Singvogel") für die Amsel oder den Kanarienvogel, *grandicher Flederling* (d. h. „großer Vogel") für den Adler, oder *Spronkert-Flössling* (d. h. „Salzfisch") für den Hering schon viel nähere Kennzeichnungen jener Tiere als das einfache *Flederling* und *Flössling*.

Hier ist nun die Stelle, wo noch etwas näher auf den Einfluß hinzuweisen ist, den — gerade bei dieser Art von umschreibenden Aushilfs- oder Ersatzbegriffen — die *Zigeunersprache* geübt hat. Wenn man z. B. *Wittichs* Glossar mit dem „deutsch-zigeunerischen Wörterbuch" bei *Liebich* (Die Zigeuner usw. S. 171 ff.) vergleicht, wird man erstaunt sein, dort die allermeisten dieser Sprachgebilde — nur eben in *zigeunerischer* Form — wiederzufinden. Sehr zahlreich sind zunächst die Übereinstimmungen mit den — auch im Jenischen — durch *Verbindungen* von Substantiven und Eigenschaftswörtern umschriebenen Begriffen, wie z. B.: *grandicher Kaffer* (zig. bāro gādscho[41]), d. h. „großer Mann" = Riese, *grandicher Sins* (zig. bāro rai), d. h. „großer Herr" = Amtmann, Richter u. dergl. m.[42], *grandich Babing* od. *Strohbutzer* (zig. bāro pāpin), d. h. „große [od. größte] Gans" = Schwan, *grandiche Schrende* (zig. bāri tattin od. isma), d. h. „große Stube" = Saal, *grandicher Kies* (zig. bāro parr), d. h. „großer Stein" = Felsen, *grandicher Funk* (zig. bāro jāk), d. h. „großes Feuer" = Feuersbrunst[43]; *oberkünftiger Giel* (zig. pralduno mui), d. h. „oberes Maul" = Gaumen, *unterkünftiger Tritt* (zig. telstuno pīro), d. h. „unterer Fuß" = Fußsohle, *näpfiger Schund* (zig. danterpáskero tschikk), d. h. „beißender Dreck" = Kalk, *g'funktes Gib* (zig. chadschēdo gīb), d. h.: „gebranntes Getreide" = Malz, *nobes dofer Glitschin* (zig. tschi tschātschi glitin), d. h. „kein guter [rechter] Schlüssel" = Dietrich und noch gar vieles andere, wofür hier auf das W.-B. selbst verwiesen werden muß[44]. Ebenso steht es mit derartigen jenischen *Zusammensetzungen* im e. S. (d. h. der in *einem* Wort geschriebenen Bildungen aus mehreren Substantiven u. dergl.), nur daß die *Zigeuner* auch hierbei regelmäßig die Form der lockereren *Verbindung* (u. zwar meist von Haupt- und Eigenschaftswörtern) kennen. Auch dafür nur einige

Beispiele, die zugleich die charakteristische Denkweise der braunen Söhne des Ostens besonders ins Licht rücken: *Schwächerlemamere* (zig. tschutschĭnéngeri dai), d. h. „Brustmutter" = Amme, *Trittgriffling* (zig. heréngĕro gus[ch]to), d. h. „Fußfinger" = Zehe, *Stöberschmaler* (zig. rukkéskri mádschka), d. h. „Baumkatze" = Eichhörnchen, *Mufferhorboga* (zig. nakkéskĕri gurumni), d. h. „nasige Kuh" = Nashorn, *Leile-* oder *Ratteflederling* (zig. rattjakro tschirkŭlo), d. h. „Nachtvogel" = Eule, *Begerflederling* (zig. muléskĕro tschirkŭlo), d. h. „Totenvogel" = Käuzchen, Steineule, *Schmuserfläderling* (zig. rakkerpáskĕro tschirkŭlo), d. h. „der sprechende Vogel" = Papagei[45], *Koelegroenert* (zig. bengeskĕri trab), d. h. „Teufelskraut" = Unkraut, *Begerkittle* (zig. mūleskĕro kēr), d. h. „Totenhäuschen" = Sarg, *Bossertschei* (zig. [auch], massĕlo diwes), d. h. „Fleischtag" = Sonntag, *Bäzamaschei* (zig. jāringĕro diwes), d. h. „Eiertag" – Karfreitag, *Bäzamaweisling* (zig. [u. a. auch] jāringĕro gurko), d. h. „Eiersonntag" = Ostern usw.[46]

Man könnte nun geneigt sein, anzunehmen, daß *Wittich*, dem ja die Zigeunersprache ganz geläufig ist, einfach die zigeunerischen Umschreibungen ins „Jenische" übersetzt habe. Allein dem steht die Tatsache entgegen, daß in vielen ähnlichen Fällen *keine wörtliche* Übereinstimmung, vielmehr nur eine gewisse Analogie zwischen „Jenisch" und „Zigeunerisch" besteht[47], ja in manchen sogar auch das nicht einmal, sei es, daß die Zigeuner ihre Umschreibung einem anderen Vorstellungskreise entnommen haben als die jenischen Leute[48] oder überhaupt für den betreffenden Begriff ein selbständiges kurzes Wort besitzen, während das im Jenischen nicht der Fall ist[49]. So muß man wohl vermuten, daß infolge des Verkehrs zwischen den

Händlern, Hausierern usw. und den Zigeunern aus der Anschauungsweise der letzteren zwar ein sehr beträchtlicher Teil auch bei den ersteren eingedrungen ist, während dagegen ein — immerhin noch ganz stattlicher — Rest des Jenischen sich von diesem Einfluß frei gehalten hat.

Zum Schluß noch einige Bemerkungen über die Einrichtung meiner „Anmerkungen" zu *Wittichs* „Deutsch-Jenischem Wörterbuch". Was zunächst deren Reihenfolge betrifft, so habe ich dabei grundsätzlich die Methode beobachtet, daß jedesmal *dort* zu einer jenischen Vokabel die erforderlichen Erläuterungen gegeben wurden, wo diese *zum ersten Mal* auftritt, sei es nun für sich *allein* oder auch nur in einer *Zusammensetzung* mit anderen Wörtern, sodaß also z. B. unter „Apfelbaum" = *Bommerlingstöber* — als der ersten Zusammensetzung mit *Stöber* = Baum — auch alles, was über *Stöber* zu bemerken, mitgeteilt worden[50], während andererseits unter der Zus. „Baumkatze" = *Stöberschmaler* (und nicht erst unter „Katze") die Vokabel *Schmaler* behandelt worden ist. In ganz derselben Weise wurde auch mit den Verbindungen verfahren. Gleich bei der ersten Vokabel des Wörterbuchs: Aas = *mufiger Bossert* od. *Mass* (d. h. eigtl. „stinkendes Fleisch") sind daher z. B. auch *mufig* und sein Stammwort *muffen* = riechen (stinken) sowie *Bossert* od. *Mass* = Fleisch betrachtet und die *weiteren* Verbindungen und Zusammensetzungen damit aufgezählt worden[51], wogegen an allen anderen Stellen, wo diese Vokabeln noch wiederkehren, auf „Aas" zurückverwiesen worden ist. Es liegt auf der Hand, daß hierdurch gerade zu Beginn des Glossars die Anmerkungen in Zahl und Umfang reichlich anschwellen mußten, während sie dann weiterhin geringer werden und gegen das Ende zu fast nur noch in Zurückverweisungen bestehen.

In den Anmerkungen habe ich außer der Übersicht über den jenischen Wortbestand (Stammwort und Ableitungen davon[52], Zusammensetzungen, Verbindungen und Redensarten damit) auch die etwa nachweisbaren *Belege* in den *stammverwandten* (rotwelschen oder sonstigen geheimsprachlichen) *Quellen* zusammengestellt. Dabei mußte indessen grundsätzlich eine gewisse Beschränkung — nämlich auf das schwäbische (bzw. badische) Sprachgebiet — platzgreifen. Es wurden demnach regelmäßig auf etwa vorhandene Parallelen hin geprüft: a) *für das ältere Rotwelsch*: der sog. „*Dolmetscher der Gaunersprache*" (nach einer im Reg.-Archiv zu Sigmaringen befindlichen Handschrift aus dem 18. Jahrh. von Prof. H. Fischer in Tübingen abgedruckt in den „Mitteilungen des Vereins für Geschichte und Altertumskunde in Hohenzollern", Jahrg. 38 [1904/5], S. 89 ff.), zitiert: *Dolm. der Gaunerspr.*;

das *Wörterbuch des Konstanzer Hans*, 1791 (vgl. näh. Titel u. Abdr. bei *Kluge*, Rotw. I, S. 232 ff.), zitiert: *W.-B. des Konst. Hans*;

die rotwelschen Vokabeln in *Schölls* „Abriß des Jauner- und Bettelwesens in Schwaben", 1793 (nach *Kluge*, a. a. O., S. 268 ff.), zitiert: *Schöll*;

das *Pfullendorfer Jauner-Wörterbuch* von 1820 (s. Titel u. Abdr. bei *Kluge*, S. 336 ff.), zitiert: *Pfulld. J.-W.-B.*;

b) für die *Gauner- und Kundensprache der Gegenwart*:

F. X. *Mayer*, „Jenisch in der Verbrecherwelt", in den „Württemb. Vierteljahrsheften für Landesgeschichte", N. F. Bd. XVI (1907), S. 66 ff., zitiert: *Schwäb. Gaun.- und Kundenspr.*;

c) für die *schwäbischen Händlersprachen*:

die Sammlung von *Kluge* in s. Rotw. I, S. 479 ff.,

zitiert: *Schwäb. Händlerspr.*; dazu die Ergänzungen von:

W. *Zündel*, „Jenisch in Pfedelbach", in den „Württ. V.-J. H. f. Landesgesch.", N. F. Bd. XIII (1904), S. 202 ff.[53], zitiert nur durch den Zus.: „*Pfedelbach*" nebst Seitenzahl zu „Schwäb. Händlerspr.";

Rud. *Kapff*, „Nachträge zu *Kluge*, Rotwelsch I", in der „Zeitschr. für deutsche Wortforschung", Bd. X (1908/9), S. 212 ff. Sofern sich diese Nachträge auf die *schwäb. Händlerspr.* beziehen, sind sie nur nach den Namen der betr. Ortschaften (*Unterdeufstetten, Lützenhardt* u. *Deggingen*) abgek. zitiert: *U., Lütz.* u. *Degg.* nebst Seitenzahl zu „Schwäb. Händlerspr.".

Berücksichtigt wurden auch noch das (der schwäb. Händlerspr. sehr ähnliche) sog. *Pleißlen der Killertaler* in Hohenzollern (nach *Kluge*, a. a. O., S. 434 ff. vbd. mit R. *Kapff*, a. a. O., S. 212/13), ferner die (ebenfalls manche Übereinstimmungen usw. enthaltende) *Pfälzer Händlersprache* (bei *Kluge*, S. 437 ff.), das (*dieser* wieder verwandte) Jenisch der Handelsleute aus der Gegend von *Metz* nach *Kapff*, S. 216/17 (zit.: Metzer Jenisch) und ausnahmsweise auch noch sonstige Krämersprachen sowie anderen Gegenden angehörige Sammlungen der Gaunersprache (wie z. B. die stets reichen Aufschluß bietende v. *Grolmans*).

Für die *Etymologien* der jenischen Vokabeln endlich konnte ich meistens auf die Ausführungen in meinen, in dieser Zeitschr. (Bd. 33 und Bd. 38-56) veröffentlichten „Beiträgen zum Rotwelsch und den ihm verwandten Geheimsprachen" (I, II) verweisen (zitiert einfach: *Groß'* Archiv [mit Band- und Seitenzahl]), während manches andere in meinen Erläuterungen zu der oben S. 6, Anm. 12 angeführten Abhandlung von H. *Weber* (zitiert einfach: *Weber-Günther*) enthalten ist. Eine reiche Fundgrube etymologischer Notizen über die Gauner-,

Kunden- und Händlersprache in Schwaben bildet sodann H. *Fischers* „Schwäbisches Wörterbuch" (z. Zt. 4 Bände, Tübingen, 1901-1911). Da dieses groß angelegte Werk jedoch noch nicht ganz abgeschlossen ist, wurde für das Fehlende auch das ältere Schwäbische Wörterbuch von Joh. Christ. v. *Schmid* (2. Aufl., Stuttg. 1844) herangezogen. Mancherlei etymologische Aufschlüsse verdanke ich endlich wiederum der stets freundlichst gewährten Beihilfe von Dr. A. *Landau* (Wien). — Für die Zigeunersprache habe ich (außer den schon erwähnten Vokabularen von *Liebich* und *Jühling*(-*Wittich*) sowie den bekannten Werken von *Pott* und *Miklosich* [vgl. *Groß'* Archiv, Bd. 33, S. 225, 231 und Bd. 38, S. 252, Anm. 1]) noch benutzt: Franz Nikolaus *Finck*, Lehrbuch des Dialekts der deutschen Zigeuner, Marburg 1903 (zitiert: *Finck*). Für die Zitierungsart der sonstigen Literatur sei hier auf die Übersicht in *Groß'* Archiv, Bd. 33, S. 222-232 (nebst den Ergänzungen in Bd. 38 ff.) verwiesen. H. *Groß*, Handbuch für Untersuchungsrichter wurde überall nach der neuesten (6.) Aufl. (München, Berlin und Leipzig 1914) angeführt.

II. Einleitung.
(*„Allgemeine Bemerkungen über die jenische Sprache"*).
Von *Engelbert Wittich*.

Die vorliegende Arbeit will und kann in keiner Weise auf Sprachforschung — soweit man davon überhaupt bei der jenischen Sprache reden kann — Anspruch erheben, sie soll nur einen bescheidenen Beitrag liefern zur Sprachbereicherung, sozusagen zur Erschließung und Vervollständigung des Sprachschatzes, zur Belehrung für jeden Interessenten. Vielleicht kann sie auch in der Praxis der Kriminal- und Polizeibehörden verwendet werden und ihnen einige Dienste leisten.

Ob die jenische Sprache eine direkte Gaunersprache ist, d. h. eine zu polizeiwidrigen Zwecken erfundene Sprache[54], kann der Verfasser nicht sagen oder beurteilen, denn dazu fehlen ihm alle notwendigen tieferen Kenntnisse[55].

Der Verfasser hat die Sprache unter den „fahrenden Leuten" kennen gelernt, welche mit ihren kleinen zwei- und vierrädrigen, mit Segeltuch bedeckten Karren, die gewöhnlich Mann und Frau, Kind und Kegel beherbergen, im Lande umherziehen. Diese Leute, die teils aus dem Württembergischen, teils aus Bayern und Baden, aber auch aus dem Elsaß stammen und in Bayern „Krattler"[56], sonst überall „Jenische" genannt werden (daher auch die Bezeichnung „jenische Sprache"[57]), setzen sich ihrem Berufe nach aus Bürstenbindern, Schirmhändlern, Sieb- und Korbmachern, Kesselflickern („Keßlern"), Scherenschleifern u. dergl. zusammen.

Früher wurde das Hausiergewerbe vielfach zum verschleierten Bettel benutzt. Ein charakteristisches und wahrheitsgetreues Bild aus der Vergangenheit dieser Leute gibt unter den „Sprachproben" die Skizze „Dächlespflanzerulme" (Nr. 25; vgl. auch die „Schnadahüpfel" am Schluß der Arbeit). Um aber meinem Gerechtigkeitssinne Genüge zu tun und zur Ehre dieser modernen Nomaden, denen die stete Wanderschaft zwar Licht und Luft in reichem Maße, aber auch ein kärgliches und unruhiges Dasein bietet, sei es gesagt, daß der Bettel bei ihnen *heutigen* Tages nur noch in geringem Umfange oder gar nicht mehr vorkommt, daß sie also im wesentlichen nur ihrem gesetzlich geregelten Wandergewerbe nachgehen. Auch haben es sich die Heutigen bequemer gemacht als es vor Zeiten ihre Väter hatten; sie haben die kleinen Schnappkarren, die sie selbst ziehen mußten, abgeschafft und sich dafür größere, mit einer Plane überspannte oder ganz aus Holz hergestellte Wagen (ähnlich denen der Zigeuner) zugelegt samt einem Rößlein davor. Übrigens gehen diese Gewerbe bedeutend zurück, und die fahrenden Leute verschwinden daher mehr und mehr von der Landstraße; am häufigsten sind sie noch in den Reichslanden und in Bayern anzutreffen.

Meiner, allerdings unmaßgeblichen Ansicht nach ist die jenische Sprache ein gemachtes und ersonnenes Kauderwelsch, dem jedoch kein unerlaubter, geheimer Zweck des jenischen Volkes zugrunde liegt, sondern lediglich das Bestreben, sich vor Uneingeweihten abzuschließen und ihren Jargon als harmlose Handelssprache zu benutzen[58], ähnlich wie es auch die Handelsjuden tun, welche die jenische Sprache ebenfalls verstehen und sprechen.

Beinahe selbstverständlich erscheint es, daß sich die jenische Sprache auch durch zigeunerische Wörter bereichert hat, während umgekehrt die Zigeunersprache — die ja eine richtige grammatikalische Sprache und als solche mit der jenischen nicht zu vergleichen ist — aus dieser keine Anleihen gemacht hat. Zwar versteht der Zigeuner fast ohne Ausnahme die jenische Sprache, aber er verschmäht es, das defekte Gefieder der seinigen mit jenischen Federn zu ergänzen und auszuflicken, denn zieren würde er sie dadurch nicht, sondern nur herabwürdigen und schänden[59].

Im Laufe der Zeit haben sich manche Wörter der jenischen Sprache verändert, sind z. B. abgekürzt worden usw., ja es scheint, daß sich auch das zur Zeit noch gebräuchliche Wortmaterial in fortwährender Umgestaltung und die jenische Sprache überhaupt im großen ganzen heute im Rückgange befindet. Die schon veralteten Ausdrücke sowie die Vokabeln zigeunerischen Ursprungs — von denen oben kurz die Rede war — sind vor dem eigentlichen deutsch-jenischen Lexikon noch besonders zusammengestellt worden (s. N. II u. III). Auffallend ist es, daß im Jenischen sehr häufig besondere Ausdrücke für die meisten Tier- und Pflanzengattungen, für Baum- und Straucharten, die doch jeden Tag gesehen werden, fehlen[60], und daß zur Bezeichnung derselben — sowie überhaupt aller Gegenstände (oder auch Tätigkeiten), wofür kein spezieller Name vorhanden ist — die Wörter *Schure* oder *Sore* (bei Tätigkeiten das [davon abgeleitete] Zeitw. *schurele* [oder auch *pflanzen*]) herhalten müssen, auf welche in dieser Beziehung fast Unglaubliches abgeladen wird. *Schure* oder *Sore* bedeutet aber zunächst nur eine (die) Sache oder ein (das) Ding ohne irgendwelche genauere Angabe, so daß der richtige Sinn des Wortes lediglich erst aus dem jeweiligen Zusammenhang der Rede zu entnehmen ist. Ein überaus häufig gebrauchtes Wort der jenischen Sprache ist auch *grandich*.

Endlich möchte ich noch hervorheben, daß ich mich beim Aufschreiben dieser Sprache sowohl an das schwäbische Idiom hielt als *auch* an mein Gehör. Daher kommt es, daß ich bald *linzen, Rädling, Scheinling,* bald *lenzen, Rädleng, Scheinleng* geschrieben habe u. a. m. Nur nebenbei sei bemerkt, daß ich die jenische Sprache gewissenhaft und nach genauer Prüfung eines jeden Wortes aufgeschrieben habe und nicht — aus Büchern! Leicht war es für mich, die Wörter dieser Sprache zu sammeln, aber schwer, sie zu ordnen und zu erklären, was ja selbst dem Fachmann Schwierigkeiten bereiten dürfte. Der Verfasser bittet daher, etwaige Mißverständnisse, Schreibfehler usw., die sich eingeschlichen haben sollten, zu entschuldigen.

Möge die Arbeit gütige Aufnahme finden im Kreise der Leser und Forscher; dann bin ich reichlich belohnt für den darauf verwandten Fleiß.

Stuttgart, im Juni 1914.

Engelbert Wittich.

III. Verzeichnis veralteter, meist jetzt umgeänderter jenischer Wörter.[61]

früher	Bedeutung	heute dafür (meistens)
abgeholcht[62]	fortgegangen	schiebes[63]
Baiser	Wirt	Beizer[64]
Bomm[65]	die Schweiz	heute unbekannt
Fehma[66]	die Hände	Grifleng[67]
holchen[68]	kommen	bosten[69]
Jamm[70]	Tag	Schei[71]
mich kohlert[72]	mich hungert	mich bickert('s)[73]
Mahlbosch[74]	Rock	Malfes[74]
malochen[75]	fortgehen, gehen	schiebes bosten[76]
Mogumle[77]	Stadt	Steinhäufle[78]
Mokem[77]	Stadt	Mochum (aber auch = Dorf)[77]
Palar[79]	Dorf	G'fahr[80]
Schofelkitt[81]	Zuchthaus	Dofes, Lek[82]
schornen[83]	stehlen	schoren[83]
Schücksel[84]	Mädchen	Model[85]
zopfen[86]	stehlen	schniffen[87]

Die ältere Zusammensetzung *Gefinkelterjohle* = Branntwein[88] ist heute in zwei Wörter getrennt worden: *Gefinkelter* und *Johle*, indem man unter ersterem den Branntwein, unter letzterem den Wein versteht[89]. *Grandscharrle* (= „Hatschier") wurde früher (bei den jenischen Leuten) eine Art Landjäger (Gendarm) genannt[90]. Sowohl „Hatschier" wie das jenische *Grandscharrle* sind jetzt nicht mehr gebräuchlich, aber ohne Zweifel stammt von letzterem das heutige kürzere jenische *Scharrle* für „Schultheiß" (Bürgermeister) her[90]. *Kochem*, früher so viel wie der Gauner, Dieb, bedeutet jetzt nur „schlau, gescheit" (z. B. *kochemer Kaffer* = ein gescheiter, kein dummer Mann, *sei kochem* = sei gescheit usw.)[91]. *Zwiss* = zwei war früher das einzige Zahlwort in unserem Jenisch[92], heute ist überhaupt keines mehr bekannt. Über das jetzt gleichfalls veraltete *tschi* = ja s. das Nähere noch unten S. 31, Anm. 118.

IV. Verzeichnis der jenischen Wörter, die aus der Zigeunersprache stammen.[93]

jenisch	Bedeutung	zigeunerisch[94]
Babing	Gans	Babi[95]
Balo	Schwein	Bali[96]
Bellel	Kropf	Bälel[95]
Bet	Mark (Geldstück)	Beti[95]
bleisgeren	bezahlen	bleisern[97]
Bochdam	Leinwand, Tuch	Pochtann[98]
Bogeia	Fischbein	Gogeia (d. h. Knochen, Bein)[95]
Bog(g)elo	Hunger	Bock, Bockelo[99]
butsche	fragen	putsche[100]
Dibolde	Juden	Bipolte[95]
Dober	Axt	Tower[95]
Doberle	Beil	zu Tower[101]
Feneter	Fenster	Fenetra[95]
Fu(h)l	Kot (menschl.od. tierische Exkremente)	Ful[102]
Furschet	Gabel	Forschreta[95]
Gachne	Huhn	Kachni[103]
Garo, Gari	penis	Gar[104]
Gasche	Menschen, Leute	Gatsche[105]
Gaschele	Kinder (eigtl. „kleine Leute")	zu Gatschen[105]

Gib	Frucht, Getreide	Gib[95]
Girall	Käse	Girall[95]
Glitschin	Schlüssel	Gliten[106]
Jak	Licht	Jag (= Feuer)[95]
kahla	essen	chala[107]
Katschete	Branntwein	Chatscherti[95]
Kopel	Hose	Cholep[108]
Kuiete	bes. Viehpulver, aber auch Pulver überhaupt, z. B. Schießpulver	Chuerti[109]
Lobe	Geld	Lowe[110]
Loli, Lolo	Gendarm	vgl. lolo (d. h. rot)[95]
Lomel	Messerklinge	Lommla[111]
Lubne	Dirne (= Hure)	Lubni[112]
manga	betteln	manga[95]
Maro	Brot	Maro[95]
Mass	Fleisch	Mass[113]
Matrele	Kartoffeln	Maträli[114]
Matsche	Fisch	Matscho[95]
naschen	fliehen, gehen	nascha[95]
Rat	Blut	Ratt[95]
Ratte	Nacht	Rati[115]
Romane	Frau	Romni[95]
schoren	stehlen	vgl. Tschoraben, d. h. das Stehlen[116]
Sende	(die) Zigeuner	Sinte (sing. Sinto)[95]
Tschai	Mädchen	Tschai (Tochter,

		Mädchen)[95]
tschanen	fliehen, gehen (auch kommen)	tschantamenge[95]
Tschuggel	Hund	Tschukel[95]
Tschure	Messer	Tschuri[95]

Besondere Bemerkungen (Wittichs) zu einzelnen dieser Vokabeln: In der Zigeunersprache bedeutet *lolo* rot, der Rote, im Jenischen wird mit *Loli* oder *Lolo* der Gendarm bezeichnet, wahrscheinlich nach den früheren roten Aufschlägen der Landjäger. *Gaschele* = Kinder (d. h. eigentl. „kleine Leute") im Jenischen ist abzuleiten vom zigeun. *Gatsche*, sing. *Gatscho*, der Nichtzigeuner, Mann, Bauer, im Gegensatze zum zigeun. *Rom*, der Mann überhaupt[117], und *Sinto*, der Zigeuner. *Tschai* ist der jenische Ausdruck für jedes Mädchen (einerlei ob Stadtfräulein, Kellnerin oder Bauernmädchen) sowie auch für die Geliebte, während damit im Zigeunerischen nur ein Zigeunermädchen (Tochter) oder eine Zigeunerfrau (Gattin) niemals aber eine Nichtzigeunerin bezeichnet wird[118].

V. Deutsch-jenisches Wörterbuch.

A.

Aas, *mufiger Bossert* oder *mufiger Mass*, d. h. stinkendes Fleisch[119]
abbeißen, *abnäpfen*[120]
abbetteln, *abdalfen*[121], *abderchen*[122]
abbiegen, *abschurele*[123]
abbinden, *abschurele*
abbitten, *abderche*[124]
abbrennen, *abfunken*[125]
abbrühen („abschäumen"), *abflu(h)ten*[126]
Abend, *Leile*[127], *Ratte*[128]
Abendbrot (Abendtisch) s. Abendessen
Abendessen, *Leilebiken*[129], *z'Leilebutten*[130], *Rattekahla*[131]
aberwitzig, *nillich*, auch *ni(e)sich, nu(a)schich*[132]
abessen, *abbiken, abbutten, abkahla*[133]
abfahren, *abruadlen*[134]
abfallen (abwerfen), *abbohlen*[135]
abgeben, *abdogen* (gib's ab = *dog's ab*)[136]
abgehen (abspringen), *abbosten*[137], *abpfichen*[138]
abgerahmte Milch, *abgeschunde Gleis*[139]
abgeschlossen s. abschließen
abkaufen, *abbaschen*[140], *abbikeren*[141], *abgremen*[142], *abkemere*[143]
ablesen, *abschurele*[144]
abliefern, *abdogen*[145]
abmähen, *abschurele*[144]
abnagen, *abnäpfen*[146]
Abort, *Fu(h)lkitt*[147], *Schmelzkitt*[148], *Schundkitt*[149]
abpflücken, *abschurele*[144]

abputzen, *abschurele*
abreißen, *abschurele*
abschaffen, *abschenegeln*[150]
abschießen, *abschnellen*[151]
abschirren, *abschurele*[152]
abschließen, *beschrenken* (abgeschlossen, *b'schrenkt*)[153]
abschreiben, *abfeberen*[154]
absingen, *abschallen*[155]
absondern, *abschurele*[152]
abspringen, *abbosten*[156]
absterben, *abbegeren*[157]
Abt s. Priester,
abtragen, *abbugle*[158]
Abtritt s. Abort
abwaschen, *abpfladeren*[159]
abwerfen s. abfallen
Abweichung (Diarrhöe), *Fu(h)lete*[160], *Schmelzede*[160]
abwischen, *abschurele*[161]
abzahlen, *abpfreimen*[162], *abzaine*[163]
abziehen, *abschurele*[164]
Achsel, *Schure*[164]
Acker, *Schure*[164]
Adler, *grandicher Flederling*[165]
Affe, *Schure*[166]
Affengesicht (Fastnachtsmaske), *Ni(e)sichegiel*, auch *Nilliche-* od. *Nuschichegiel* (d. h. „närrisches Maul") [167]
After, *Bos*[168], *Schmelzer*[169]
albern s. aberwitzig
alljährlich, *jedes Ja(h)ne* (d. h. jedes Jahr)[170]
alltäglich, *jeden Schei* (d. h. jeden Tag)[171]
Almosen, *Dercherbich* (d. h. „Bettelgeld")"[172]
Amme, *Schwächerlemamere* (d. h. „Brustmutter")[173]
Ampel, *Schei* (d. h. mehr das Licht in der Ampel als diese

selbst)[174]

Amsel, *Schallerfläderling* (d. h. eigtl. nur Singvogel; vgl. Kanarienvogel)[175]

Amtmann, *grandicher Sins*[176]

Amtsdiener, *Bu(t)z*[177]

Ananas, *grandiche Jahresäftling* od. *gr. Krachersäftling* (d. h. „die große Waldtraube", abzuleiten von *Säftling* = Traube[178] und *Jahre* oder *Kracher* = Wald[179]). Mit *Jahre-* od. *Krachersäftling* werden fast alle beerenartigen Früchte bezeichnet (vgl. Anm. 178 im Anf.).

anbeten, *anbliblen*[180]

anbetteln, *andalfen, anderchen*[181]

anbinden, *anschurele*[182]

anblasen, *anschurele*

anbrennen, *den Funk anpflanzen* (d. h. das Feuer anmachen)[183]

anfangen, *anschurele*[184]

anfassen, *anschniffen*[185]

anfragen (fragen), *butschen*[186]

Angel, *Schure*[187]

angenehm, *dof, duft*[188]

Angesicht, *Ki(e)bes* (d. h. eigtl. Kopf)[189]

Angst, *Bauser*[190]

ängstlich, *bauserich*[190]

anhalten, *anschurele*[191]

ankaufen, *anbaschen, angremen, ankemeren*[192]

anklagen, *anschurele*[191]

ankleiden, *a(n)kluften*[193]

ankommen, *anbosten, anpfichen*[194]

anlachen, *anschmol(l)en*[195]

anmutig, *g'want*[196]

anpacken, *schniffen* (daher: *schniff' ihn* = pack' ihn)[197]

anreden, ansprechen, *andiberen*[198]
ansagen, *anschmusen*[199]
anschauen, *anlinzen*[200]
anschließen, *anb'schrenke*[201]
anschneiden, *anschurele*[202]
ansehen s. anschauen
ansprechen s. anreden
anständig, *dof*[203], *g'want*[204]
Antlitz s. Angesicht u. Gesicht
antworten, *diberen*[205], *schmusen*[206]
anwendbar, *dof*, *duft*[203]
anzahlen, *anbleisgeren*[207], *anpfreimen*[208], *anzeinen*[208]
anziehen s. ankleiden
Anzug, *Kluft*, *Klufterei*[209]
anzünden, *anfunken*[210]
Apfel, *Bommerling*[211]
Apfelbaum, *Bommerlingstöber*[212]
Apfelkern, *Bommerlingkies*[213]
Apfelkuchen, *Bommerlingbrandling*[214]
Apfelwein, *Bommerlingjo(h)le*[215]; s. auch Most
Appetit, *Bog(g)elo*[216], *Putl(t)ak*[217], *Ruf*[218]; s. auch Hunger
Äquilibrist (Seiltänzer), *Schnurrand*[219]
Arbeit, *Schenagel*[220]
arbeiten, *sch(e)negle(n)*[220]
Arbeiter, *Schenegler*[220]
Arbeitshaus, *Schenagelskitt*[221]
Arbeitslohn, *Schenagelsbich*[222], vgl. Lohn
arg, *lenk*[223], *schofel*[224]
Ärger, *Stumpf*[225]
ärgerlich, *stumpfich*[225]; s. auch zornig
arm (ärmlich, armselig), *vermuft*[226], auch wohl *schofel* (Spr.)[227] u. *dercherich*[228]

arme Leute, *Dercherulma* (d. h. eigtl. „Bettelleute")[229]
Armenhaus, *Dercherkitt*[230]
Armut, *Vermuft*[231]
Arrest, *Dofes*[232], *Kittle*[233], *Lek*[234]. Eigentlich soll mit *Dofes* das Gefängnis im e S., mit *Kittle* der Arrest (Haft) und mit *Lek* (od. *Schofelkitt*) das Zuchthaus bezeichnet werden.
artig, *dof*[235], *g'want*[236]
Arzt, *Begersins*[237]
Asche, *Schund*[238]
Aschenbecher, *Schundschottel*[239]
Ast (Baumast), *Sprate*[240], *Stenz*[241]
Attest, *Kritzler*[242]
aufbewahren, *aufschurela*[243]
aufbrechen, *aufschurela*
aufdecken, *aufschurela*
aufessen, *aufbiken, aufbutten, aufkahla*[244]
auffallen, *aufbohlen*[245]
aufgeblasen sein s. hoffärtig (stolz) sein
aufhängen, *aufschnüren*[246]
aufheben, *aufschurelen*[243]
aufhenken s. aufhängen
aufhören, *sich (auf)schupfen* (bes. als Imperat.: hör' auf, *schupf dich [auf]*)[247]
aufladen, *aufschurelen*[248]
auflaufen, *aufbosten (-tet)*[249]
auflesen, *aufschurela*[248]
aufmachen, *aufschurelen, aufpflanzen* (Spr.)[250]
aufnähen, *aufstichlen*[251]
aufrichtig, *dof*[252]
aufsagen, *aufschmusen*[253]
aufschlagen, *aufguffen*[254]
aufschreiben, *auffeberen*[255]

aufsehen, *auflinzen*[256]
aufspielen (zum Tanz), *aufnikla*[257]
aufsuchen, *aufschurele*[258]
aufwachen, *aufdurme*[259]
aufwaschen, *aufpfladeren*[260]
aufzehren s. aufessen
Augapfel, *Scheinlingbommerling*[261]
Auge, *Scheiling*[261]
Augenbrauen, *Scheinlingstrauberts*[262]
Augenwasser, *Scheinlingflu(h)te*[263]
ausbeißen, *ausnäpfen*[264]
ausblasen, *auspflanzen*[265]
ausbrechen, *auspfiche*[266]
ausbrennen, *ausfunken*[267]
ausbürsten, *ausschurele*[268]
ausessen, *ausbiken, ausbutten, auskahla*[269]
ausfahren, *ausruadlen*[270]
ausfegen, *ausschurele*[268]
ausforschen, *ausbutschen*[271], *auslinzen*[272]; vgl. forschen
ausfragen, *ausbutchen*[271]
ausgeben, *ausdogen*[273]
ausgehen, *ausbosten*[274]
ausgekleidet, *auskluftet*[275]
ausgeschlafen, s. ausschlafen
auskleiden, *auskluften*[276]
auskochen, *aussicheren*[275]
auslachen, *ausschmol(l)en*[277]
auslassen, *bremsere*[278], *Bremser schmusen*[279]
auslaufen, *ausbosten*[280]
auslöschen s. löschen
ausrechnen, *ausschurele*[281]
aussagen, *ausschmusen*[282]
ausschalten, *ausstämpfen*[283]

ausschimpfen, *ausstämpfen*
ausschlafen, *ausdurmen*[284], *ausschlauna*[285]
ausschreiben, *ausfeberen*[286]
aussehen, *auslenzen*[287]
ausspotten, *ausschmol(l)en*[288]
aussprechen, *ausschmusen*[289]
ausspülen, *auspfladera*[290]
ausstehlen, *ausschniffen*[291], *ausschoren*[292]
austreten (schwer), d. h. cacare, *fu(h)la, schmelza*[293], *schunden*[294]
austreten (leicht), d. h. *mingere, flösle*[295]
austrinken, *ausschwächen* (trink aus, *schwäch [a]uf*)[296]
auswaschen s. ausspülen
ausweinen, *ausglemsa*[297]
auszahlen, *ausbleisgeren*[298], *auspfreima, auszeina*[299]
auszanken, *ausstämpfen*[300]
ausziehen, *ausklufta* (-ten)[301]
Axt, *Dober*[302]

B.

Bach, *Flu(h)te*[303]

Bachstelze, *Flu(h)tefläderling*[304]. Häufiger ist indessen die Bezeichnung *jenischer Fläderling*, d. h. „der jenische Vogel"[305]. Dieser Name erklärt sich aus dem Aberglauben der fahrenden Leute, daß sie, wenn sie eine Bachstelze sehen, bald mit ihresgleichen zusammentreffen werden, und daß dies noch sicherer und früher (und mit vielen „Fahrenden") geschehen werde, wenn es sich um mehrere solche Vögel handelt. Alle jenischen Leute halten felsenfest an diesem Glauben, den sie jedenfalls von den Zigeunern übernommen haben, bei denen die Bachstelze noch eine andere, besondere Bedeutung hat, so daß sie von ihnen ausschirklich als ihr *romano tschirklo*, d. h. „Zigeunervogel" angesehen wird[306].

backen, *schupfen*[307]

Bäcker (Bäckermeister), *Lehmschupfer*, d. h. eigtl. (genauer) „Brotbäcker"[307][308]

Bäckerei, *Schupferei*[307]

Bäckerin, *Schupferin*[307]

Backofen, *Lehmschupferhitzling*[309]

Backstein, *Kittleskies*, d. h. „Hausstein"[310]

Bad, *Flu(h)te*[311]

baden, *pfladeren*[312]

Bahn, *Rutsch*[313]

Bank (zum Sitzen), *Sitzleng*[314]

Bank (= Bankhaus), *Bichkitt*[315] oder *Lobekitt*[316]

bankerott vgl. Konkurs

Bankier, *Bichsins*[317], *Kiessins*[318] oder *Lobesins*[319]

Barchent, *Bochdam*[320]

Barschaft, *Bich*[321], *Gore*[322], *Lobe*[323]

Bauch, *Rande*[324]

Bauchgrimmen, *Randeschure*[325]

Bauer, *Kaffer*[326], *Ruch*[327]; vgl. auch Landmann

Bauerndorf, *Rucheg'fahr*[328]

Bauernfrau, *Ruchamos(s)*[329]

Bauernhaus, *Ruchakitt* (Dimin.: *Ruchekittle* [Spr.])[330]

Bauersleute, *Rucheulme* (Spr.)[331]

Baum, *Stöber*[332]

Bäumchen, *Stöberle*[332]

Baumholz, *Stöberspraus*[333]; vgl. auch Stamm

Baumkatze (d. h. Eichhörnchen), *Stöberschmaler*[334]

Beängstigung, *Bauser*[335]

beantworten, *dibera*[336], *schmusen*[337]
bedanken, *bederchen*[338]
bedeutend, *grandich*[339]
Bedrängnis, *Vermuft*[340]; vgl. Armut und Konkurs
bedrohen, *stämpfen*[341]
befragen, *lenzen*[342]; vgl. fragen
befürchten, *bauserich sein*[343]
begatten (Begattung), *bodera* oder *budera*[344], *kirmen*[345] *schnirgla*[346], *schurela*[347]
begehren, *dalfen, derchen*[348]
begütert, *grandich*[349]
behend, *g'want*[350]
behext, *verfinkelt*[351]
Beil, *Doberle*[352]
Beinkleid, *Buxa*[353], *Kopel*[354]; vgl. Hose(n)
Beischlaf s. begatten
Beischläferin, *Lubne*[355], *schofle Model* (d. h. „schlechtes Mädchen")[356]
beißen, *näpfen*[357]
beiwohnen s. begatten
Bekleidung, *Klufterei*[358]
bekommen, *bestieben* (als Partiz. *bestiebst*)[359]
Bekümmernis haben s. befürchten
beleibt, *grandicher Rande*[360]
beleidigen s. bedrohen
beliebt, *dof*[361]
beloben, *dof schmusen* (d. h. „schön reden")[362]; vgl. loben
belügen, *ko(h)len*[363]
bemittelt s. begütert
beobachten, *linzen*[364]
bequem, *dof*[365]
berauben, *schniffen*[366], *schoren*[367]

berauscht, *dambes* (= Dambes)[368], *geschwächt*[369], *molum*[370], *schwächer* (= Schwächer)[369][371]
Beruf, *Schenagel*[372]
beschenken, *dogen*[373], *ste(c)ken*[374], s. auch schlagen
beschimpfen, *stämpfen*[375]
beschmutzt, *schundich*[376]
beschreiben, *febera* (d. h. eigtl. nur „schreiben")[377]
besehen, *linzen* (d. h. eigtl. „sehen")[378]
Besen s. Kehrbesen; vgl. Bürste
besichtigen, *linzen*[378]
besonnen, *kochem*[379]
besser, *döfer*[380]
bestehlen s. berauben
bestrafen s. schlagen; vgl. auch beschenken
bestraft (gerichtlich), *g'strupft*[381]
besudelt s. beschmutzt
beten, *bliblen*[382]
betrachten, *linzen*[383]
betrinken, *beschwächen*[384]

Betrug, *Kasperei*[385], *Kohlerei*[386]
betrügen, *kaspere*[385], *kohlen*[386]
Betrüger, *Fehlinger*[387], *Kasperer*[385]
betrunken s. berauscht; vgl. trunken.
Bett, *Sauft*, plur. *Sauften*, *Säufter* oder *Säuftlinge* (letzteres Spr.)[388]
Bettelbrief, *Dercherkritzler*[389]
Bettelbrot, *derchter Lehm* (d. h. „gebetteltes Brot")[390]
Bettelbube, *Dercherfi(e)sel*[391]
Bettelei, *Dalferei*, *Dercherei*[392]
Bettelfrau, *Derchermoss*[393]
bettelhaft s. arm; vgl. dürftig
Bettelleute, *Dercherulma* (-me)[394]
Bettelmädchen, *Derchermodel*[395]
Bettelmann, *Dercherkaffer*[396]
betteln, *dalfen*, *derchen*[392], *manga*[397]
Bettelsack, *Dercherrande*[398]
Bettelstab, *Dercherstenz*[399]
Bettelweib s. Bettelfrau
Bettler, *Dalfer*, *Dercher* (fem. *Derchere* [Spr.])[392]
Bettschüssel, *Sauftschottel*[400]
Bettüberzug, *Sauftschure*[401]
Bettuch,   "   "
Bettzüge,   "   "
beunruhigen (sich), *bauserich sein*[402]
Beutel, *Kiesreiber*[403], *Rande*[404]
beweinen, *glemsen*[405]; vgl. weinen
bewerfen, *plotzen*[406]; vgl. werfen
bezahlen, *bereimen*[407], *bleisgeren*[408], *pfreimen*, *zainen*, (*zeinen* [Spr.])[409]
bieder, *dof*[410]
Bier, *Blamb*[411]
Bierglas (-flasche), *Blambglansert*[412]

Bindfaden, *Schure*[413]
Binsen,   "
Birke, *Stöber* (d. h. Baum). Damit werden — mit wenigen Ausnahmen — *alle* Bäume bezeichnet[414]
Birnbaum, *Stielingstöber*[415]
Birne, *Stieling*
Birnenkern, *Stielingkies*[416]
Bischof, *grandicher Kolb*, d. h. „der große Pfarrer"[417], während der Papst als *grandich Kolb*, d. h. „der größte Pfarrer", bezeichnet wird[418]. Im Jenischen wird nämlich mit *grandicher* immer die nächste höhere Charge, Rangstufe usw. bezeichnet, mit **grandich** dagegen stets der höchste Rang usw.[419].
bissig, *näpfich (-ig)*[420]
bitten, *derchen*[421]
Bittschrift s. Bettelbrief
Bleistift, *Feberschure*[422]
Blick, *Scheileng*[423]
blicken, *linzen*[424]
Block s. Holz
blöde (blödsinnig) s. aberwitzig; vgl. albern
Blödigkeit (Blödsinn), *Ni(e)sserei, Nillerei, Nuscherei*[425]
Blume, *Schure*[426]
Blut, *Rat*[427]
blutig, *ratich*[427]
Bock, *Schure*[426]
Bohnen,   "
Bohrer,   "
Borg (Kredit), auf —, auf *den Bengel*[428], *auf Keif*[429]; vgl. auch Schulden
borgen (leihen), *Bomma* od. *Keif pflanzen* (d. h. „Schulden machen")[430]
Börse, *Kiesreiber*[431]

Borsten, *Strauberts*[432]
bösartig, *lenk, schofel*[433]
böse, *lenk* (*link* [Spr.]), *schofel*[433]
böse Frau, *lenke Goi*[434] od. *Moss*[435]
böse Sachen (Dinge) machen, *lenke* od. *schofle Falla pflanzen*[436]; vgl. huren
böser (Komporativ), *lenker, schofler*[433]
böser Mann (Mensch), *lenker Kaffer*[437], *Linkfi(e)sel* (Spr.)[438]
böses Kind, *Gof*, plur. *Gofa*[439]
böses kleines Kind, *Göfle* (*Gefle* [Spr.])[439]
Bouteille (Flasche), *Glansert*[440]
Brand, *Funk*[441]
Branntwein, *Gefinkelter*[442], *Katschete*[443], *Soruf*[444]
Branntweinpulle (-flasche), *Gefinkelterglansert* od. *Sorufglansert*[445]
braten, *sicheren*[446]
Braten, *Bossert, Mass*, d. h. „Fleisch"[447]
Bratkartoffeln, *Schmunkbolle* (Spr.)[448]
brauchbar, *duft*[449], *g'want*[450]
brauchbare Frau, *dufte Mos(s)*[451]
brauchbarer Bursche, *dufter Benges*, — *Benk*[452] oder — *Fi(e)sel*[453]
brauchbarer Mann, *dufter Kaffer*[454]
brauchbares Kind, *dufter Galm*[455]; im Plural: *dufte Galme* oder *Schrabiner*[456]; vgl. braves Kind
brauchbares Mädchen, *dufte Model*[457]
Braut, *Model*[457]
Bräutigam, *Benges*[458], *Fie(s)el*[459]
brav, *dof*[460]
braves Kind, *dofer Galm*, plur.: *dofe Galme* oder *Schrabiner*[461]
Brecheisen, *Schure*[462]

Brei,   "
Bremse,   "
brennen; *funken*[463]
brennend, *funkt* (d. h. „es brennt")
Brett, *Schurele*[462]
Brief, *Kritzler*[464]
Brieftasche, *Kritzlerrande*[465]
Briefträger, *Kritzlerbuckler*[466]
Brille, *Linzere*[467]
Brombeere, *Jahresäftling* od. *Krachersäftling*[468]
Brot, *Lechem* od. *Lehm*[469], *Maro*[470]
Brotbäcker, *Lehmschupfer*[471]
Brotbüchse, *Lehmschottel*[472]
Brötchen s. Semmel (Weck)
Brotsack, *Lehmrande*[473]
Brotschrank, *Lehmschure*[474]
Brücke, *Flu(h)tesore*[475], *Schure*[474]
Bruder, *Glied*. Unter *Glied* versteht man die Kinder (den Sohn, die Tochter) einer Familie, aber auch sonstige Verwandte, z. B. einen Bruder oder eine Schwester (des Vaters oder der Mutter); vgl. Geschwister, Schwester, Sohn, Tochter, ferner Oheim, Tante u. Neffe[476]
Brühe, *Flu(h)te*[477]
Brust (weibliche), *Schwächerle*[478]
Bube *Benges*[479], *Fi(e)sel*[480]
Buch, *Schure*[481]
Buche, *Stöber*[482]
Büchse (als Behältnis), *Schottel*[483]
Büchse (= Flinte), *Klass*[484], *Schnelle*[485]
Büchsenmacher, *Klass-* od. *Schnellepflanzer*[486]
Büchsenranzen, *Rande*[487]
Buhldirne, *Lubne*[488]

buhlerisch, *lenk, schofel*[489]
Bulle (= Ochse), *Hornikel*[490]
Bündel, *Rande*[487]
Bürgermeister, *Kritsch*[491], *Schar(r)le*[492]
Bursche s. Bube; fahrender Bursche, *jenischer Benges, Benk* oder *Fi(e)sel*[493]
Bürste, *Stiepa*, Plural: *Stiebe* (Spr.)[494], *Rutscherschure*[495] oder bloß *Schure*[496]
Bürstenbinder, *Schurespflanzer* oder *Stiepenpflanzer* (beides Spr.)[497]
Busen s. Brust
Büttel, *Buz*[498]; vgl. Polizeidiener
Butter, *dofer Schmunk*, d. h. „(gutes oder) besseres Fett (Schmalz)"[499]
Butterbrot, *Schmunklehm*[500]
Butterfaß (Schmalzfaß), *Schmunkschure*[501]
Buttermilch, *Schmunkgleis*[502]

C.

Charfreitag s. Karfreitag
Chaussee (Straße, Weg), *Strade*[503]
Chausseearbeiter (Straßenarbeiter), *Stradeschenegler*[504]
Chausseegeld (Pflaster-, Wegegeld), *Stradebich*[505], *Stradegore*[506], *Stradelobe*[507]
Cichorie s. Zichorie
Cigarre s. Zigarre

D.

Da (hier), da herum, *her(r)les* oder *her(r)lem*[508]

Dachziegel s. Backstein

daher (= hierher), *her(r)les*[508], komme daher (= hierher), *bost' her(r)lem*, *pfich' her(r)les*[509], *schef(f)t' her(r)les*[510]

Dame, *Sense, Sinsemos(s)*[511]

dämlich s. aberwitzig; vgl. albern

Dämmerung, *Leile, Ratte* (eigtl. „Nacht")[512]

daneben (danieder), *her(r)les, her(r)lem*[513]

danken (bedanken), *bederchen*[514]

darüberfahren, *darüberruadla*[515]

darübergehen (-springen), *darüberbosten*[516]

das ist nichts, *das sche(f)ft*[517] *Lore* (lore)[518], das ist ein Bauer, *schef(f)t*[517] *a Ruch*[519]

Daumen, *Grif(f)leng*[520]

davongehen, *schiebes*[521] *bosten*[522], — *pfichen*[522], — *schef(f)ten*[523]

davontragen, *schiebes bukle*[524]

Decke, *Schure*[525]

Deckel, "

Degen, *Latt*[526]

Deichsel, *Schure*[525]

Diamant, *dofer Kies*[527]

dick, *grandich*[528]

Dickbauch, *grandicher Rande*[529]

Dickkopf, *grandicher Ki(e)bes*[530]

Dieb, *Schniffer*[531], *Schorer*[532]

Diebesbande, *Schnifferulma, Schorerulma*[533]

Diebesherberge, *Zschorkitt*[534]

diebisch, *schniffich*[531]

Diebstahl, *Schnifferei*[531], *Schorerei*[532], *Zopferei*[535]

Dienstbote, *Schenegler* (Knecht), *Scheneglere* (Magd)[536]; vgl. Gesinde

dienstfertig, *dof*[537]

Dienstknecht s. Dienstbote
Dienstmagd   "   "   "   "
dienstwillig, *dof*[537]
Dietrich *Glitschin*[538] oder (genauer) *nobes dofer Glitschin*, d. h. „kein guter Schlüssel"[539]; vgl. Nachschlüssel
Ding, *Schure*[540], *Sore*[541]
Dirne, *Lubne*[542], *schofele Model*[543] (bes. ersteres in der üblen Bedeutg. von „Hure"); vgl. Buhldirne.
Docht, *Scheischure*[544]
Docke s. Puppe
Dohle, *Schure*[540]
Doktor (Arzt), *Begersins*[545]
Dokument s. Attest; vgl. Brief
Dolch, *Scharfling*[546]
Dom, *grandiche Duft*[547] (d. h. „große Kirche")[548]
Dorf, *G'fahr* (Gefahr)[549], *Mocham*, *Mochem* (Spr.) od. *Mochum*[550]
Dörfchen (Dörflein), *Heges*[551], auch *Mochumle* (Spr.) [550]
Dorn, *Schure*[552], *Spraus*[553], *Stupfle*[554]
Dose, *Schure*[552]
Draht,   "
Dreck, *Fu(h)l*[555], *Schund* od. *Schond*[556]
dreckig, *schundich*[556]
Drehorgel s. Leierkasten
drohen, *stämpfen*[557]
duften, *dof muffen* (eigtl. „gut riechen"; *herles muft's dof*, hier riecht es gut[558]
dumm, *ni(e)sich, nillich, nuschich*[559]
dummer Mensch s. Dummkopf
Dummheit, *Hegelei*[560], *Ni(e)serei, Nillerei, Nuscherei*[559]
Dummkopf, *Hegel*[560], *Ni(e)se, Nille, Nusche*[559]
Dünger s. Dreck

dunkel, *leile* (= Leile), *ratte* (= Ratte, d. h. Nacht)[561]
dürftig, *dercherich* (eigtl. „bettelhaft")[562]
Durst, *Schwächerich* (subst. Adj.; s. durstig)[563]
dursten, mich durstet, *mich schwächert's*[563]
durstig, *schwächerich* (Spr.)[563]

E.

Eber, *Balo*[564], *Groanikel*[565]
echt, *dof*[566]
edel, *dof*[566], *g'want*[567]
Edelmann, *Sins*, femin. (Edeldame), *Sense*[568]
Edelstein s. Diamant
Ehe, *Vergrönt* (= vergrönt, d. h. eigtl. „*in der Ehe*", „verheiratet")[569]; vgl. Heirat u. Hochzeit
Ehebrecherin, *Lubne*[570] od. *schofle Mos(s)*[571]
Ehefrau, *Mos(s)*[571]
ehelich s. Ehe
Ehemann, *Kaffer*[572]
ehrbar, *dof*[573]
ehrenhaft, ehrenwert,   "
ehrlich,   "
Ei, *Bäzem*, plur. *Bäzema* (od. *-me*)[574]
Eiche, *Stöber*[575]
Eichhörnchen s. Baumkatze
Eid, *Schure*[576]
Eierkuchen, *Bäzemabrandleng*[577]
eifersüchtig, *lenk*, *schofel*[578]
Eimer, *Schure*[576]
einblasen, *einschurele*[576]
einbrechen,   "
einbrennen, *einfunken*[579]

einfahren, *einruadla*[580]
einfallen, *einplotza*[581]
einfältig, *ni(e)sich, nillich, nuschich*[582]
Einfaltspinsel, *Hegel*[583]
einfangen, *einschurele*[576]
einfüllen,   "
eingeben,   "
einhandeln s. einkaufen
einhauen, *einguffen*[584]
einheizen, *einfunken*[579]
einkaufen, *einbaschen* (Spr.), *eingreme*[585]
einkerkern, *eindofema, einleken*[586]
einlaufen, *ei'bosten*[587]
einnähen, *ei'stichle*[588]
einsalben, *einschunde*[589]
einsalzen, *einspronken*[590]
einschlafen, *ei'durme* (-ma)[591], *einschlauna*[592]
einschlagen s. *einhauen*
einschlummern s. einschlafen
einschmieren s. einsalben
einschneiden, *einschurelen*[593]
einschnüren,   "
einschreiben, *einfebera*[594]
einschütten, *einschurelen*[593]
einspannen,   "
einsperren s. einkerkern
einstecken   "   "
einstürzen, *einbohla*[595]
einwerfen, *einplotza*[596]
Eis, *Schure*[593]
Eisen,   "
Eisenbahn, *Rutsch*[597]
Eisenbahnarbeiter, *Rutschschenegler*[598]

Eisenbahnwagen, *Rutschrädling*[599]
eisig, *bib(e)risch* (eigtl. „kalt")[600]
Eiswasser, *Biberischerflu(h)te* (d. h. eigtl. „kaltes Wasser")[601]
elend, *lenk*, *schofel*[602] (elend daran gewesen, *schofel daran gehauret*)[603]
Elster, *Flederling*[604] oder (genauer) *Stämpfflederling*[605], d. h. „der schimpfende Vogel"[606]
Eltern, *Patris*[607] und *Mamere*[608], d. h. „Vater und Mutter"[609]
empfindlich, *stumpfich*[610]
emporblicken, *linzen*[611]
Ente, *Lachapatscher*[612]
Entenfuß, *Lachepatscherstritt*[613]
Entenstall, *Lachepatschersstenkert*[614]
entfernen (sich), *schiebes bosten* od. *schef(f)ten*, entferne dich, gehe fort, *schef(f)te schiebes*[615]
entkleiden, *ausklufte*[616]
entleibt, *begeret* (d. h. „gestorben")[617]
entrinnen, *schiebes pfichen*[618]
entrüstet, *stumpfich*[619]
Entrüstung, *Stumpf*[619]
entschlafen s. entleibt
entseelt   "   "
Entsetzen, *Bauser*[620]
entspringen, entweichen, *schiebes bosten*[615]
entwenden (Entwendung), *schniffen*[621], *schornen*[622]
entwischen s. entspringen
entzwei, *schofel* (Spr.)[623]
Epilepsie, *Begerisch* (subst. Adj.)[624]
erbitten s. bitten
erbittert s. entrüstet; vgl. auch zornig
erbrechen (sich), übergeben (sich), *giela* (Spr.), auch als

Subst.: das Erbrechen, Übergeben, *Giela* (-le)[625]
Erbsen, *Sore*[626]
Erbsenschüssel, *Soreschottel*[627]
Erdäpfel, *Bolla*[628], *Matrele*[629]; vgl. Kartoffel
Erdbeere, *Jahresäftling* od. *Krachersäftling*[630]
erfassen, *schniffen*[631]

erflehen, *derchen*[632]
erforschen s. ausfragen
erfragen (fragen), *lenzen*[633]
ergrimmt s. entrüstet
erhängen, *aufknüpfen*[634], *schnüren*[635]
erkaufen, *grema*[636]
erkennen, *kneisen* (gneis[s]en)[637]
erlogen, *kohl* (eigtl. *Kohl* = Lüge)[638]
ermorden, *deisen* (Partiz.: ermordet, *deist*)[639]
erschlagen,   "   "
erschießen, *verschnellen* (erschossen, *verschnellt*)[640]
Erschrecken (das), *Bauser*[641]
ersehen (sehen), *linzen*[642]
ersticken, *begeren*[643]
erwachsen, *grandich* (od. -dig)[644]
erwacht, *ausdurmt*[645], *ausg'schlaunet*[646]
erwischen, *bestieben*[647], *zopfen*[648]
erwürgen, *deisen*[649]
erzählen, *dibere*[650], *schmusen*[651]
Erzählung, *Diberei, Schmuserei*
erzeugen, *bodere* (od. *budere*), *kirme, schnirgle*[652], *schurele*[653], auch *fuchsa*[654]
erzürnt, *stumpfich*[655], auch wohl *lenk* od. *schof(f)el*[656]
essen, *achila*[657], *biken, butten, kahla*[658]
Essen (das), *Achilerei*[657], *Bikerei* (od. *Bikus*), *Butterei, Kahlerei*[658]
Eule, *Leile-* od. *Ratteflederling*, d. h. „Nachtvogel")[659]
Euter, *Schwächerle*[660]
evangelisch, *gril(l)isch* od. *kril(l)isch* (Spr.)[661]
Exkremente (tierische u. menschliche), *Boslem*[662], *Fu(h)l*[663], *Schond*[664]

F.

Fabel, *Kohl*[665]
Fackel, *Schein*[666]
Faden, *Schure*[667]
Fahne,   "
fahren, *ruadla*[668]
fahrende Leute, *jenische Ulma*[669], *Krattler*[670]
Fahrzeug (auf dem Lande), *Rädleng*[671], *Ruadel*[668]
Falle, *Schure*[667]
fallen, *bohla*[672]
fallende Sucht (Fallsucht), *Begerisch* (subst. Adj.)[673]; vgl. Epilepsie
falsch, *lenk, schofel*[674]
Falschmünzer, *nobis dofer Bich-, Kies-* od. *Lobepflanzer* (d. h. „kein guter Geldmacher")[675]
fangen, *bestieben*[676]
Fastnacht, *Ni(e)sicheschei* od. *Nillicheschei* (d. h. der „närrische" oder „Narrentag")[677]
Fastnachtsküchle, *Nillichescheibrandling*[678]
Fastnachtsmaske, *Ni(e)sichegiel*, *Nilliche-* od. *Nuschichegiel* (d. h. „närrisches Maul")[679]
faul s. falsch
faulenzen, *nobis schenegla* (d. h. „nicht[s] arbeiten")[680]
Faust, *Grif(f)leng*[681]
fechten, *doga*[682], *guffa*[683], *ste(c)ken*[684]; vgl. schlagen
Federbett, *Sauft*[685]
Federmesser, *Scharfling* od. *Scharpfleng*[686]
Fehde, *Guferei*[683], *Hamore*[687], *Stenzerei*[688]
Feiertag, Festtag, *Weisleng*[689]. (Obgleich *Weisleng* eigentlich Sonntag bedeutet, wird doch auch jeder andere Feiertag damit bezeichnet)
Feigling, *Buxeschmelzer* (d. h. eigtl. „Hosenscheißer")[690]

fein, *dof, g'want*[691]
feines Haus, *dofe Kitt*[692]; vgl. Schloß
Feldschütz s. Flurschütz
Felleisen, *Rande*[693]
Felsen, *grandicher Kies* (d. h. „großer Stein")[694]
Fenster, *Feneter*[695], *Schei*[696]
Fensterglas, *Feneter-* od. *Scheiglansert*[697]
Ferkel, *Balo, Groanikel*[698]
Ferse, *Tritt*[699], *Trittleng*[700]
Fett, *Schmunk*[701]
Fettbüchse, *Schmunkschottel*[702]
feucht, *flu(h)tich*[703]
Feuer, *Funk*[704]
Feuersbrunst, *grandicher Funk* (d. h. „großes Feuer")[705]
Feuerstein, *Funkkies*[706]
feurig, *funkich*[707]
Fichte, *Stöber*[708]
Fichtenwald, *Jahre, Kracher* (d. h. überhaupt „Wald")[709]
Filzlaus, *Kenem*[710]
Finger, *Grif(f)ling*[711]
Fingerhut, *Grif(f)lingoberman(n)*[712]
Fingerring, *Reifling*[713]
finster, *leile* (eigtl. *Leile* = Nacht)[714]
Finsternis, *Leile*
Fisch, *Flössling*[715], *Flotscher*[716], *Matsche*[717], *Schwimmerling*[718]
Fischbein, *Bogeia*[719]
Fischbeinschirm, *Bogeilepflotschert*[720]
fischen, *matschen*[721]
Fischer, *Matscher*
Fischessen, *Flösslingachilerei*[722] od. *-bikus*[723], *Flotscherkahlerei, Matschebutterei* od. *Schwimmerlingbikerei*[724]

Fischreiher, *Schwimmerlingsflederling*[725]
Flamme, *Funk*[726]
Flasche, *Glansert*[727]
flehen, *derchen*[728]
Fleisch, *Bossert, Mas(s)*[729]
Fleischbüchse, *Bossertschottel*[730]
Fleischer, *Kafler*[731]
Fleischhafen, *Bossertnolle*[732]
fleißig, *scheneglich*[733]
flicken, *pflanzen* (Spr.)[734]
fliehen, *bosten*[735] od. *schiebes bosten*[736], *naschen* (*geflohen, genascht*)[737] od. *tschanen*[738]
flink, *dof*[739], *g'want*[740]
Flinte, *Klass*[741], *Schnelle(r)*[742]
Flöhe, *Hasa*[743]
fluchen, *stämpfen*[744]
Flurschütz (Feldschütz), *Grünleng*[745]
Fluß, *Flu(h)te*[746]
Flut, "
Fohlen s. Füllen
folgen, *boste*[734], *pfichen*[734]
folgsam, *dof*[739]
fordern, *dalfen, derchen*[747]
Forelle, *dofer Schwimmerling* (d. h. etwa „schöner [guter] Fisch")[748]
forschen, *ausbutschen*[749], *auslinzen*[750]
Förster, *grandicher Grünwedel*, d. h. „der größere Forstmann")[751]
Forstmann, *Forstwart, Grünwedel*
fortbringen, *fortbugla*[752]
fortfahren, *abruadla*[753]
fortgehen, *schiebes bosten*, — *pfichen* od. — *schef(f)ten*[754]

fortschleichen s. fortgehen
forttragen s. fortbringen
fragen, *butschen*[749], *lenzen*[750]
Frau, *Goi*[755], *Mogel*[756], *Mos(s)*[757], *Romane*[758]
Frau, fahrende, *jenische Mos(s)* od. — *Model*[759]
Frau, junge, *Mössle* (das jedoch *auch* „kleines Mädchen" u. „alte Frau" bedeutet)[760]
Frauenkleid, *Mos(s)klufterei*[761]
Frauenrock, *Mos(s)malfes*[762]
Frauenschürze, *Mos(s)fürflamme*[763]
Frauensperson (Frauenzimmer), *Goi*[764], *Model*[765], *Mogel*[766], *Mos(s)*[767]; vgl. Frau
Frauenstube, *Mos(s)schrende*[768]
Fräulein, *Sinsemodel*[769]
frech, *lenk, schofel*[770]
Freien, im — übernachten s. übernachten
Fremder (d. h. ein Herr, Bursche, Mann, aber kein Bauer), *Freier*[771]
Freudenmädchen, *Lubne, Schoflemodel*[772]
Freund, *Benges* od. *Benk*[773]; *Fi(e)sel*[774]
freundlich, *dof*[775]
friedfertig,   "
Friedhof s. Gottesacker
frieren, mich friert's, *mich bibert's*[776]
frisch, *dof* (Spr.)[775]
fromm,   "
fromme Leute, *Blibelulma*[777]
Frost, *Bib(e)risch* (subst. Adj.)[778]
frostig, *bib(e)risch*[776]
Frucht, *Gib*[779], *Kupfer*[780]
Frühstück, *Achilerei*[781], *Bikerei* od. *Bikus, Kahlerei*[782]
Fuhrmann, *Rädlingskaffer* (d. h. „Fuhrwerksmann")[783]
Füllen (Fohlen), *Trabertle* (d. h. „Pferdchen")[784]

Füllenstall, *Trabertstenkertle*[785]
Furcht, *Bauser*[786]
fürchten, *bausen*[786]
furchtlos, *nobis bauserich* (d. h. „nicht furchtsam")[787]
furchtsam, *bauserich*[786]
Fürst, *grandicher Sins* (d. h. „großer Herr")[788]
Furz, *Bremser*[789]
furzen, *bremsere*[789], *Bremser schmusen*[790]
Fuß, *Tritt*[791], *Trittleng*[792]; vgl. auch Schuh, Stiefel
Fußlappen, *Trittlengstreifleng*[793]; vgl. Socken
Fußsohle, *unterkünftiger Tritt* (d. h. „der untere Fuß")[794]
Fußstapfe, Fußtritt, *Tritt*[791]
Fußzehe, *Trittgrif(f)leng* (d. h. eigtl. „Fußfinger")[795]
Futter, *Kupfer*[796]

G.

Gabel, *Furschet*[797], *Stichling*[798]
gaffen, *linzen*[799], *spannen*[800]
Gans, *Babing*[801], *Strohbutzer*[802]
Gänsebraten, *gesicherter Babingermass* od. *gesicherter Strohbutzerbossert* (d. h. „gekochtes [gebratenes] Gänsefleisch")[803]
Gänseeier, *Strohbutzersbäzeme*[804]
Gänsefleisch, *Babingerbossert* od. *-mass* oder *Strohbutzerbossert*[805]
Gänsefuß, *Babingerstritt*[806]
Gansessen, *Strohbutzerbikus*[807]
Gänsestall, *Strohbutzerstenkert*[808]
garstig, *nobis dof* (d. h. „nicht schön")[809], auch *lenk*, *schofel*[810]

Gartenhaus, *Kittle*[811]
Gastgeber s. Gastwirt
Gasthaus, *Beiz, Beizerei,*[812] *Kober, Koberei*[813]
Gastmahl, *Bikerei, Bikus, Butterei, Kahlerei*[807]
Gastwirt, *Beizer(er)*[812], *Koberer*[813]
Gastwirtin, *Beizere*[812], *Kobere*[813]
Gatte, *Kaffer*[814]
Gattin, *Mos(s)*[815]
Gaukler, *Schnurrant*[816]
Gaul, *Trapert*[817]
Gaulfuß, *Traperttritt*[818]
Gaumen, *oberkünftiger Giel* (d. h. etwa „Obermaul")[819]
Gauner, *Schniffer*[820], *Zschor*[821]; vgl. Dieb
gebären, *Deislere werden* (d. h. eigtl. „Wöchnerin werden" od. „niederkommen")[822]
Gebäude, *Kitt*[823]
geben, *dogen*[824], *ste(c)ken*[825]
Gebet, *Bliblerei*[826]
Gebieter, *Sins*[827]
Gebiß, *Näpfling* (d. h. „Zähne")[828]
Geblüt, *Rat*[829]
Geburt, *Deislerei*[830]
gebratene Kartoffeln s. Bratkartoffeln
gebrechlich, *begerisch*[831]
Geck, *Hegel*[832], *Ni(e)se, Nille, Nusche*[833]
geeignet, *dof*[834]
Gefahr, *Lenk, Schofel*[835]
gefällig, *dof*[834]
gefangen, *im Dofes*[836], *im Kittle*[837], *im Lek*[836]
Gefangenwärter, *Dofesbu(t)z, Kittlesbu(t)z, Lekbu(t)z*[838]
Gefängnis, *Dofes*[836], *Kittle*[837], *Lek*[836]
Gefäß, *Nolle* (bes. Topf, Hafen)[839] od. *Schottel* (bes. Schüssel)[840]

Gefecht, *Hamore*[841]
gefühllos, *lenk, schofel*[842]
gefühlvoll, *dof*[834]
Gehalt, *Bich*[843], *Gore*[844], *Lobe*[845]
gehängt, *g'schnürt*[846]
gehässig, *lenk, schofel*[842]
geheilt, *dof*[834]
gehen, *bosten, pfichen*[847] (wohl auch *naschen, tschanen*) [848]
gehenkt s. gehängt
Gehölz, *Jahre, Kracher*[849]
Geist (Gespenst), *Schuberle*[850]
geistesarm, *ni(e)sich, nillich, nuschich*[851]
Geistlicher, *Gal(l)ach*[852], *Kolb*[853]
geistlos s. geistesarm.
geizig, *bikerich*[854]
Geld, *Bich*[843], *Gore*[844], *Kies*[855], *Lobe*[845]; vgl. Kupfergeld
Geldbeutel, *Kiesreiber*[856]
Geldkasse, Geldkasten, *Bichschure, Kies-* od. *Lobeschure*[857]
Geldsack, *Bich-, Kies-* od. *Loberande*[858]
Geldstück (Münze) s. Geld
Geldtasche s. Geldbeutel
gelehrt, *kochem*[859]
Geliebte, *dofe Model* oder (bloß) *Model*[860]
Geliebter, *Benges*[861], *Fi(e)sel*[862], *dofer Benges* (od. *Benk*)
Gelte (Gefäß für Flüssigkeiten), *Schottel*[863]
Gemach, *Schrende*[864]
Gemahl, *Kaffer*[865]
Gemahlin, *Mos(s)*[866]
gemein, *schofel*[867]
Gemüse, *Groanert*[868]
gemütlich, *dof*[869]

gemütlos, *lenk*[867]
gemütskrank, *ni(e)sich, nil(l)ich*[870]
gemütvoll, *dof*[869]
Gendarm, *Lolo* od. *Loli*[871], *Schuker*[872], auch (humoristisch) *August mit dem Ofenrohr*[873] od. *Lattenkarle*[874]
genehm, *dof*[875]
genießen, *achila*[876], *biken, butten, kahla*[877]
Gerät s. Geschirr
Gerede, *Diberei* od. *Gedieber* (Spr.)[878], *Schmuserei*[879]
gereizt, *stumpfich*[880]
Gericht (= Speise), *Bikerei* od. *Bikus, Butterei, Kahlerei*[877]
Gericht (bes. Amtsgericht), *Schoflerei*[881]
Gerichtsvollzieher, *Schoffeleischure* (Spr.)[882]
Gerste, wohl durch *Gib* auszudrücken[883]; vgl. Malz
Geruch, *Muffen* (d. h. eigtl. „das Riechen, Stinken")[884]
gesalzen, *g'spronkt, gesprunkt*[885]
Gesang, *Schallerei*[886]
Geschäft, *Schenagel*[887]
gescheit, *kochem*[888]
geschickt, *g'want*[889]
Geschirr (als Gerät), *Schottel*[890]
geschmeidig, *dof*[875], *g'want*[889]
Geschrei, *Hamore, Morerei*[891]
Geschwätz, *Diberei*[878], *Schmuserei*[879]
Geschwister, *Glied*[892]
Gesicht, *Giel* (d. h. eigtl. „Mund" od. „Maul")[893], auch *Ki(e)bes* (d. h. eigtl. „Kopf")[894]
Gesinde, *Schenegler* (Knecht) bezw. *Scheneglere* (Magd)[895]; vgl. Dienstboten
Gespenst, *Schuberle*[896]
Gespräch, *Diberei*[897], *Schmuserei*[898]

gesprächig, *diberich*[897], *schmuserich*[898]
Gestank, *Mufferei*[899]
Gestein, *Hertling*[900], *Kies*[901]
gestorben, *begert*[902]
Gesuch, *Dercherei*[903]
gesund, *dof*[904]
Getränk, *Schwächet*[905]
Getreide, *Gib, Kupfer*[906]
getreu, *dof*[904]
Gewahrsam, *Dofes, Lek*[907]
Gewalt, *Grandich*[908]
gewalttätig, *lenk, schofel*[909]
Gewand, *Kluft, Klufterei*[910], *Kaffermalfes* (Gew. für Männer)[911], *Mos(s)malfes* (für Frauen)[912]; vgl. Männerrock, Frauenrock
gewandt (flink) *dof*[913], *g'want*[914]
Gewässer, *Flu(h)te*[915]
Gewehr, *Klass*[916], *Schnelle*[917]
Gewerbe, *Schenagel*[918]; vgl. Arbeit, Beruf
Gewerbeschein, *Flebbe*[919]
gewichtig, *grandich*[920]
gewogen (= wohlgesinnt), *dof*[913]
Gezänk, *Hamore, Morerei*[921]
geziemend, *dof*[913]
Gier, *Put(t)lak*[922]
gierig, *bikerich*[923], *bogelich*[922]
Gitarre, *Schure*[924]
Glas, *Glansert*[925]
Glaser, *Glansertschenegler*[918]
gläubig, *bliblich*[926]
Glied, männliches (penis), *Betzam* od. *Bezem*[927], *Dietz*[928], *Garo* od. *Gari*[929], auch *Schure* (letzteres in diesem Falle kräftig gesprochen)[924]

Glied, weibliches („Scham"), *Geschmu* od. *G'schmui*[930]
Glück, *Dof*[931]
Glühwein, *gesicherter Johle*[932]
Glut, *Funk*[933]
gnädig, *dof*[913]
Gold, *Fuchs*[934]
Goldfisch, *Fuchsschwimmerling*[935]
Goldstück, *Füchsle* od. *Goldfüchsle*[934]
Gottesacker, *Begerschure*[936]; vgl. Friedhof, Kirchhof
Gottesdienst (halten), *Duft (halten)*[937]
Gotteshaus, *Duft*[937]; vgl. Kirche
gottlos, *lenk, schofel*[938]
Grab, *Begerschure*[936]
Grabstein, *Begerkies*[939]
Gras, *Kupfer*[940]
gewaltsam, *lenk, schofel*[938]
Grausen (das), *Bauserich*[941]
Greis, *Käfferle* (d. h. eigtl. etwa „[altes] Männchen")[942]
grimmig, *lenk, schofel*[938]
grob,   "   "
groß, *grandich* (-dig)[943]
große Arbeit, *grandicher Schenagel*[944]
große Augen, *grandiche Scheiling*[945]
große Dame, *grandiche Sense*[946]
große Kirche, *grandiche Duft*[937]
große Nase, *grandicher Muffer*[947]
große Schulden, *grandich Bomme*[948]
großer Bauer, *grandicher Ruch*[949]
großer Herr, *grandicher Sins*[946]
großer Kopf, *grandicher Ki(e)bes*[950]
großer Mann, *grandicher Kaffer*[951]
großer Mund, *grandicher Giel*[952]
großes Herrenhaus, *grandiche Sinsekitt*[953]

Großmaul, *Grandichergiel*[952]
Großmutter, *Grandichemamere*[954]; vgl. Mutter
großnasig; *grandicher Muffer*[947]
Großvater, *Grandicher-Patres*[955], vgl. Vater
Gruft s. Grab
Grummet, *Kupfer*[956]
gucken (schauen, sehen), *linzen*[957], *spannen*[958]
Gulasch, *Bossertblättling* (d. h. eigtl. „Fleischsalat")[959]
Gurke, *Schure*[960]
Gurkensalat, *Schureblättling*[959]
günstig, *dof, duft*[961]
günstiger Bursche, *dufter Benges* od. *Benk*[962], *dufter Fi(e)sel*[963], — *Freier*[964]
günstiges Mädchen, *dufte Model*[965]
Gürtel, *Schure*[960]
gut, *dof*[961]
gute Frau, *dofe Goi*[966], *dofe Mos(s)*[967]
guter Bursche, *dofer Benges* (Benk)[962], — *Fi(e)sel*[963], — *Freier*[964]
guter Mann, *dofer Kaffer*[951]
gutes Mädchen, *dofe Model*[965]
gütig, *dof*[961]
gutmütig,   "

H.

Haar, *Strauberts*[968]
haarig, *straubertsich*[968]
Haarnadel, *Straubertsschure*[969]
Haaröl,   "
Haber s. Hafer
habgierig, *bikerich*[970]

Hacke, *Dogschure* (d. h. eigtl. ein „Hauding", zu *dogen* = hauen)[971]
Häckerling, Häcksel, *Kupfer*[972]
Hafen s. Toof
Hafer, *Kupfer*[972], *Spitzling*[973]; vgl. Futter
Häfner, *Nollespflanzer*[974]
Haft, *Dofes*[975], *Kittle*[976], *Lek*[975]
Hahn, *Grandiche-Gachne* (d. h. „große Henne" od. „großes Huhn")[977]
Halbstiefel, *Halbtrittleng*[978]
halbtot, *halbdeist*[979]
halbtrunken, *halbgeschwächt*[980]
Hals, *Ki(e)bes*[981]
Halskette, *Ki(e)besschlang*[982]
halt das Maul!, *schupf dich auf!*[983]
Hammel, *Jerusalemsfreund*[984]; vgl. Schaf
Hand, *Fehma*[985], *Grif(f)leng*[986]
Handarbeit, *Grif(f)lengsschenagel*[987]
Hände, die — geben, *Fehma* od. *Grif(f)leng ste(c)ken*[988]
handeln, *verbaschen, vergremen, verkemeren*[989], *verkitschen*[990]
Handelsbursche, *Verbascher, Vergremerer*[991], *Verkemerers-Benk*[992] od. *-Fi(e)sel*[993]
Handelsfrau (-weib), *Verbaschere, Vergremere, Verkemerere*[991], *Vergremmos(s)*[994]
Handelsmädchen, *Vergremere*[991], *Verkemeresmodel*[995]
Handelsmann, *Verkemerer*[991], *Vergremerskaffer* od. *Verkemerskaffer*[996]
Handgemenge, *Hamore*[997]
Handschuh, *Grif(f)lengstrittleng*[998]
Handschuhmacher, *Grif(f)lingstrittpflanzer*[999]
Handwerksbursche, *Konde* od. *Kunde*[1000]
hängen (= aufhängen, henken), *schnüren*[1001]

Harfe, *Niklengschure* (d. h. etwa „Spielding")[1002]
Harmonika,   "   "   "
Harn (Urin), *Flösle, Flösslete, Flösselflu(h)te*[1003]
harnen, *flössle*[1003]; vgl. auch regnen
hartherzig, *lenk, schofel*[1004]
Hase, *Langohr*[1005]
Hasenessen, *Langohrbikus*[1006]
Haselnuß, *Jahrekrächerle* od. *Kracherkrächerle* (d. h. eigtl. „Waldnuß")[1007]
haßartig, *lenk, schofel*[1004]
Haube, *Oberman(n)*[1008]
hauen, *dogen* od. *doken*[1009], *ste(c)ken*[1010], *stenzen*[1011]
Hauer (wilder Eber), *Balo, Groanikel*[1012]
häufig, *grandich*[1013]
Haupt, *Ki(e)bes*[1014]
Haupthaar, *Ki(e)besstrauberts*[1015]
Hauptmann, *Grandicher-Lanenger*. Mit *Lanenger* werden alle Soldaten (ohne Unterschied der Waffengattung) bezeichnet, Offiziere nur unter Hinzufügung der Eigenschaftswörter *dof* od. *grandich*, also *dofer Lanenger*, d. h. eigtl. guter (od. besserer) Soldat, od. *grandicher L.*, d. h. großer, hoher (od. höherer) Soldat[1016]
Haus, *Kitt*[1017]
Hausfrau, *Kittmos(s)*[1018]
Hausherr, *Kittkaffer*[1019]
Haushund, *Kittkeiluf*[1020] od. *Kittkip*[1021]
hausieren (gehen), *schenzieren* (*bosten* od. *pfichen*) (Spr.)[1022]
Hausknecht, *Kittschenegler*[1023]
Hausmagd, *Kittscheneglere*
Hausmutter, *Kittmamere*[1024]
Hausschlüssel, *Kittglitschin*[1025]
Hausvater, *Kittpatris*[1026]

Hauswirt, *Fehtekaffer* (Dimin.: *-käfferle* [Spr.])[1027]; vgl. Herberge

Hebamme, *Deiselmos(s)* od. *Disselmos(s)*[1028]

Hebräer, *Kaim*[1029]; vgl. Juden

Heer, *grandich Lanenger* (d. h. „[sehr] viele Soldaten")[1030]

heftig, *lenk, schofel*[1031]

Heidelbeere, *Jahresäftling* od. *Krachersäftling*[1032]

Heidelbeerkuchen, *Krachersäftlingbrandling*[1033]

heil, *dof schef(f)t's* (d. h. „es ist [geht] gut")[1034]

heilig, *bliblich*[1035]

heiliger Geist, *bliblischer Schuberle*[1036]

heilsam, *dof*[1037]

Heirat, *Vergrönerei*[1038]

heiraten, *vergröneren*[1038]

Heißhunger, *grandich Bogelo* od. *grandich Put(t)lak*[1039]

heizen, *funken*[1040]

Heizer, *Funkpflanzer*[1041]

hell, *schei (= Schei)*[1042]

Helle, *Schei*[1042]

Helm, *Lanengeroberman(n)*, d. h. „Soldatenhut")[1043]

Hemd, *Hamfert*[1044], *Staud*[1045]

Hengst, *Trapert (-bert)*[1046] od. (genauer) *Trabert-Kaffer* (d. h. eigtl. „Pferdemann", „männliches Pferd")[1047]

henken ([auf]hängen), *schnüren*[1048]

Henne, *Brawari*[1049], *Stenzel*[1050], *Stierer*[1051]

herabblicken, -schauen, *herablinzen*[1052]

herabgehen, -laufen, *herabbosten, -pfichen*[1053]

herabschießen, *herabschnelle*[1054]

herabwerfen, *herabplotzen*[1055]

herausfahren, *herausruadla*[1056]

herausgeben, *herausdogen*[1057]

herausschreiben, *herausfeberen*[1058]

herausstehlen, *herausschniffen*[1059], *herausschoren*[1060], *herauszopfen*[1061]
heraustragen, *herausbukla*[1062]
Herberge, *Fehte*[1063] od. *Schlumerkitt*[1064]
Herberggeber, Herbergsvater, *Fehtekaffer*[1065]
Herbergsleute, *Fehteulme* (Spr.)[1066]
Herd, *Hitzling*[1067]
hergeben, *dogen*[1057]
Hering, *Spronkert-Flössling, Spronkertflotscher* od. -*schwimmerling* (d. h. „Salzfisch")[1068] od. auch *Begertflössling* (d. h. „toter Fisch")[1069]
Heringsbüchse, *Flösslingschottel* (d. h. eigtl. nur „Fischbüchse")[1070]
Heringsalat, *Spronkertflösslingblättling*[1071]
Herr, *Freier*[1072], *Sens* od. *Sins*[1073]
Herrenhaus (Herrschaftshaus) *Sinserkitt*[1074]
Herrenzimmer, *Sinseschrende*[1075]
Herrin, *Sinse*[1073], *Sinsemos(s)*[1076]
Herrscher, *grandicher Sins* (d. h. „großer Herr")[1077]
herumblicken, *herumlinzen*[1078]
herumfahren, *herumruadla*[1079]
herumliegen, *herumdurma*[1080], *herumschlauna*[1081]
herumtanzen, *herumnikla*[1082]
herumtragen, *herumbukla*[1083]
heruntergekommen, *vermuft*[1084], *verschoffelt*[1085]
Herz, *Schwächerle*[1086]
herzlich, *dof*[1087]
Heu, *Kupfer*[1088]
Heuchler, *schofler Benk*[1089], *schofler Fi(e)sel*[1090], — *Freier*[1091], — *Kaffer*[1092]
heulen, *glemsen*[1093]
Heulerei, *Glemserei*
Heupferd (Heuschrecke), *Kupfertrabert*[1094],

Kupferflederling (d. h. eigtl. „Heuvogel")[1095]
Hexe, *Finkelmos(s)*[1096]
Hexenhaus, *Finkelkitt*[1097]
Hexenmeister, *Finkelkaffer*[1092]
Hexerei, *Finklerei*[1096]
Hieb(e), *Guffes*[1098]
hier, *her(r)les, her(r)lem*[1099] (hier ist er, *da hauret er*; hier ist es, *her[r]les hauret's*)[1100]
Himbeere, *Jahresäftling* od. *Krachersäftling*[1101]
hinausgehen, *hinausbosten*[1102]
hinauskommen, *hinauspfichen*[1102]
hinfallen, *hinbohla*[1103]
hinlegen, *hindurmen*[1080], *hinschlaunen*[1081]
hinken s. lahmgehen
Hintere (der), *Bos*[1104], *Schmelzer*[1105]
Hinterkopf, *Ki(e)bes*[1106]
hinwerfen, *hinplotzen*[1107]
Hirsch, *Jahreschure* od. *Kracherschure*[1108]
Hirschfänger, *Latt*[1109]
Hirt, *Jerusalemsfreundschure* (d. h. zunächst bes. „Schafhirt, Schäfer")[1110]
hoch, *grandich*[1111]
hochherzig, *dof*[1112], *grandich*[1111]
Hochzeit, *Grönerei*[1113]
Hochzeitsschmaus, *Grönereibikus*[1114]
Hoden, *Bäzeme* (d. h. eigtl. „Eier")[1115]
Hodensack, *Bäzemerande*[1116]
Hof, *grandiche Kitt* (d. h. „großes Haus")[1117]
hoffärtig sein, *grandiche pflanzen* (d. h. eigtl. etwa: „den Großen spielen")[1118]
höflich, *dof*[1112]
Höhe, *Grandich*[1111][1119]
Hoherpriester, *grandicher Gallach*[1120] od. *grandicher*

    Kolb[1121]
holen, *buk(e)le(n)* (Spr.)[1122], *schniffen* (Spr.)[1123]
hold, *dof, duft*[1112]
Holz, *Spraus*[1124]
hölzern, *sprausich*[1124]
Holzmacher, *Sprauskaffer*[1125]
Holzsack, *Sprausrande*[1126]
hör auf, *schupf dich*[1127]
Hose, *Buxe, Kopel* (plur.: *Buxen, Kopla*)[1128]
Hosensack(-tasche) *Buxerande, Kopelrande*[1126]
Hospital, *grandiche Begerkitt*[1129]
hübsch, *dof, duft*[1112]
Huf, *Traperttrittleng*[1130]; vgl. Gaulfuß
Huhn, *Gachne*[1131], *Stenzel, Stierer*[1132]
Hühnerfuß, *Gachnetritt, Stenzel-* od. *Stierertritt*[1133]
Hühnerhaus, *Gachnekitt, Stenzel-* oder *Stiererkitt*[1134]
Hühnerhund, *Gachnekeiluf, Stenzel-* od. *Stiererkib*[1135]
Hühnerstall, *Gachne-* od. *Stiererstenkert*[1136]
Humpen, *Glansert*[1137], *Nolle*[1138]
humpeln s. lahm gehen
Hund,   *Keiluf,   Kib*   (Dimin.:   *Kible*   [Spr.])[1135],
    Tschuggel[1139]
Hundefleisch, *Kibe(n)bossert, Tschuggelmass*[1140]
Hundestätte, *Keilufkitt* od. *Kibekitt*[1134]
Hundemetzger, *Kibekafler*[1141]
Hundestall, *Keiluf-* od. *Kibestenkert*[1136]
Hundezitzen, *Kibeschwächerle*[1142]
Hunger, *Bog(g)elo, Put(t)lack, Ruf*[1143]
hungern, mich hungert's, *mich bikert's*[1144]
hungrig, *bikerich* (Spr.)[1144]
Hure, *Lubne, schofle Model*[1145], *schofle Schüx*[1146]
huren, *lubnen*[1145], *schofle Falle pflanzen*[1147]
Hurenkerl, *Lubnebenges*[1148], *schofler Fi(e)sel*[1149], —

Freier[1150] od. — *Kaffer*[1151]

Hurenkind (uneheliches Kind), *Stratz* (plur.: *Stratze*). Dieses Wort ist aber auch für Kind im *allgem.* gebräuchlich[1152]
hurtig, *g'want*[1153]
Husar, *Lanenger* (d. h. eigtl. nur „Soldat")[1154]
Hut, *Oberman(n)*[1155]
Hutmacher, *Oberman(n)pflanzer*[1156]

I.

Igel, *Stupfel* od. *Stupfleng* (plur.: *Stupfling*)[1157]
Igelessen, *Stupfelbikus*[1158]
Igelfleisch, *Stupfelmass, Stupflengbossert* od. *Stupfelbossert* (Spr.)[1159]
Igelhund, *Stupfelkib* (Spr.)[1160]
Igelmetzger, *Stupfelkafler*[1161]
Igelsack, *Stupfel-* od. *Stupflengrande*[1162]
Infanterist, *Lanenger* (d. h. „Soldat")[1163]
ingrimmig, *stumpfich*[1164]
Insel, *Flu(h)tekies* (d. h. eigtl. „Wasserstein", als Stein = Gebirge, das aus dem Wasser hervorragt[1165]
irr, irrsinnig, *ni(e)sich, nillich, nuschich*[1166]
Irrenhaus, *Hegelkitt*[1167] od. *Ni(e)sekitt, Nillekitt, Nuschekitt*[1168]
Irrlicht, *Schuberleschein* (d. h. „Gespensterlicht"[1169]
Irrsinn s. Wahnsinn.

J (= Jod).

ja, *kenn*[1170]
Jacke, *Malfes*[1171]

jagen, *Jahre* od. *Kracher bosten* (d. h. eigtl. „[in den] Wald gehen [zum Jagen]")[1172]
Jäger, *Grünleng*[1173]
Jahr, *Ja(h)ne*[1174]
Jahrestag, *Ja(h)neschei*[1175]
jammern, *glemsen*[1176]
jucken, *näpfen*[1177]
Jude, *Kaim* (plur.: *Kaimen*[1178] od. *Dibolde*[1179])
Jüdin, *Kaime*[1178]
jüdisch, *diboldisch*[1179]
Junge, *Bengesle*[1180], *Fi(e)sele*[1181], *Freierle*[1182]
junges (kleines) Mädchen, *Mödele*[1183]
Jungfrau, *Mössle*[1184]
Junggeselle, *Käfferle* (d. h. eigtl. „Männchen")[1185] od. (genauer) *nobis vergröntes Käfferle* (d. h. „nicht verheiratetes Männchen")[1186]
Jüngling, *Benges* od. *Benk*[1180], *Fi(e)sel*[1181], *Freier*[1182]
Junker, *dofer Benk*[1180] od. *Fi(e)sel*[1181] (d. h. etwa ein „guter [od. besserer] junger Mann") od. *Sinsle* (d. h. „Herrchen")[1187].

K.

Kadaver, *mufiger Bossert* od. — *Maas*[1188]
Kaffee, *Süs(s)leng* (-ling [Spr.])[1189]
Kaffekanne, *Süs(s)lengnolle*[1190]
Kaffeetasse, *Süs(s)lengschottel*[1191]
Käfig, *Kitt* (d. h. „Haus")[1192], *Stenkert* (d. h. „Stall")[1193]; vgl. Vogelbauer
kahl, *nobis Strauberts* (d. h. „keine Haare")[1194]
Kahlkopf, *nobis Strauberts auf'm Ki(e)bes* (d. h. „keine Haare auf dem Kopf"[1195]

Kalb, *Horbögle*[1196]
Kalk, *näpfiger Schund* (d. h. „beißender Dreck")[1197]
kalt, *biberisch* (*bibrisch* [Spr.])[1198]
Kälte, *Biberisch* (subst. Adj.)[1198]
Kamerad, *Benges* od. *Benk*[1199], *Fi(e)sel*[1200]
Kamm, *Straubertsschure*[1201]
Kammacher, *Straubertsschurepflanzer*[1202]
kämmen, *Strauberts pflanzen* (d. h. „die Haare machen")[1202]
Kampf, *Hamore*[1203]
Kanapee, *Sitzleng*[1204]
Kanarienvogel, *Schallerfläderling* (d. h. „Singvogel") [1205]; vgl. Amsel
Kaninchen, *Langohr*[1206]
Kanne, *Nolle*[1207]
Kapelle, *Duft*[1208]
Kappe, *Oberman(n)*[1209]
Kappenmacher, *Oberman(n)pflanzer*[1202]
Karfreitag, *Bäzamaschei* (d. h. „Eiertag")[1210]; vgl. Ostern
Karpfen, *Flössling, Matsche, Schwimmerling* (d. h. eigentl. nur „Fisch")[1211]
Karren, *Rädleng*[1212], *Ruadel*[1213]
Kartoffeln, *Bolla* od. *Schundbolla*[1214], *Matrele*[1215]

" , gebratene s. Bratkartoffeln.

Kartoffelsalat, *Bolleblättling* (Spr.)[1216]
Kartoffelschüssel, *Bolleschottel* (Spr.)[1217]
Käse, *Girall*[1218], *Räsleng*[1219]
Käskuchen, *Girall-* od. *Räslengbrandleng*[1220]
Kater s. Katze
Katholik, *Wo(h)nischer*[1221]
katholisch, *wo(h)nisch*

Kätzchen, *Schmalerle*[1222]
Katze, *Schmaleng* (plur. *Schmaling*) od. *Schmaler*[1222]
Katzenfleisch, *Schmalerbossert*[1223]
Katzensack, *Schmalerrande*[1224]
kauen, *achile*[1225], *biken, butten*[1226], *näpfen*[1227]
kaufen, *bascha, bikeren, gremen, kemere*[1228]
Käufer, *Bascher, Bikerer, Gremer, Kemerer*[1228]
Kaufladen, *Kemererskitt*[1229]
Käuzchen, *Begerflederling* (d. h. „Totenvogel")[1230]; vgl. Steineule
Kebsweib, *Lubne*[1231], *schofle Goi* od. — *Mos(s)*[1232]
Kehrbesen, *Rutscherschure*[1233], *Stiepa*[1234]
Kelch, *Duftnolle*[1235]
kennen, *gneissen*[1236]
Kerker, *Dofes*[1237], *Kittle*[1229], *Lek*[1237]; vgl. Gefängnis
Kerl, *Gadscho*[1238], *Kaffer*[1239]
Kern, *Kies*[1240]
Kerze, *Schein*[1241]
Kessel, *Nolle*[1242], *Russling*[1243]
Kesselflicker, *Nollepflanzer*[1244]; vgl. Häfner
Kette, *Schlang*[1245]
keusch, *dof*[1246]
kichern, *schmol(l)en*[1247]
Kieselstein, *Hertling*[1248], *Kies*[1240]
Kilometerstein, *Stradehertling* od. *-kies* (d. h. eigtl. „Straßenstein")[1249]
Kind, *Galm* (Dimin. *Gälmle* [Spr.])[1250], *Gof*[1251], *Stratz*[1252]
Kindbetterin, *Deislere*[1253]
Kinder, *Galma*[1250], *Gaschele* (d. h. eigtl. „kleine Leute") [1244], *Schrabiner*[1254], *Stratze*[1252]
Kinderei, *Ni(e)serei, Nillerei*[1255]
Kindermädchen (-magd), *Galmamodel* od.

Schrabinermodel[1256]
Kirche, *Duft*[1257]
Kirchenschlüssel, *Duftglitschin*[1258]
Kirchhof s. Gottesacker
Kirchweih, *Brandlingschei* (d. h. „Kuchentag")[1259]
Kirchweihsonntag, *Brandlengweisling* (d. h. „Kuchensonntag")[1260]
Kirschbaum, *Scharriselestöber*[1261]
Kirsche, *Scharrisele*
Kirsch(en)kern, *Scharriselekies*[1262]
Kirsch(en)kuchen, *Scharriselebrandling*[1263]
Kirschenstein s. Kirsch(en)kern
Kissen, *Sauft*[1264]
Kittel, *Malfes*[1265]
Klarinette, *Nikelschure*[1266]
Klavier, "
Klee, *Kupfer*[1267]
Kleid, *Kluft*[1268]
kleiden, *a'klufte*[1269]
Kleidung, *Klufterei*[1268]
Klepper, *Trabert*[1269]
Klinge, *Lomel*[1270]
Kloster, *grandiche Kolbekitt*[1271]
Kloß s. Knödel.
Klotz, *Spraus*[1272]
klug, *kochem*[1273]
Knabe, *Bengesle*[1274], *Fi(e)sele*[1275], *Freierle*[1276]
knallen, *schnelle*[1277]
knauserig, *bogelich*[1278]
Knecht, *Schenegler*[1279]
Kneipe, *Beiz, Kober*[1280]
Kneipwirt s. Gastwirt; vgl. Wirt.
Knödel („Knöpfle" [Spr.], „Spätzle" [Spr.]), *Hegesle*

(nicht zu verwechseln mit *Heges* = kleines Dorf)[1281]
Koch, *Sicherbenk, Sicherfi(e)sel* od. *-kaffer*[1282]
kochen, *sichere*[1282]
Kohl, *Groanert*[1283]
Kohle, *a'gefunkter Spraus* (d. h. „angebranntes Holz")[1284]
Kohlenbrenner, Köhler, *Funker*[1284]
Kollege, *Benges*[1285], *Fies(e)l*[1286]
kommen, *bosten*[1287]
Kommißbrot, *Lanengerlehm* od. *-lechem*[1288], *Lanengermaro*[1289]
Komödiant, *Schnurrant*[1290]
Komödienhaus, *Schnurrantekitt*[1291], auch *Nikelkitt*[1292]
Komödienzettel (Programm), *Schnurrantekritzler*[1293]
König, *grandich Sins* (d. h. „der größte Herr")[1294]
Königin, *grandich Sinse* (d. h. „die größte Dame")[1294]
können (verstehen, wissen), *gneisen* (daher z. B.: ich kann's nicht, *ich gneis es nobis*)[1295]
Konkurs, *Vergondert*[1296]
Konkurs, *Vermuft*[1297] (d. h. eigentlich „im Konkurs" oder „bankerott")
kontrolliert, *gefleppt*[1298]
Kopf, *Kie(b)es*[1299]
Kopfhaar, *Ki(e)besstrauberts*[1300]
Korb, *Schottel*, plur. *Schottle*[1301]
Korbmacher, *Schottel-* od. *Schottlepflanzer*[1302]
Korn, *Kupfer*[1303]
Kost, *Achilerei*[1304], *Bikus, Butterei, Kahlerei*[1305]
kostbar, *dof*[1306]
Kot, *Fuhl*[1307], *Schond* od. *Schund*[1308]
kotig, *schundich*[1308]
Krämer, *Kemerer*[1309]

Krämerladen, *Kemererskitt*[1310]
krank, *begerisch*[1311]
Krankenbett, *Begerischsauft*[1312]
Krankenhaus, *Begerkitt*[1311][1310]
Krankheit, *Begerei*[1311]
krätzig, *näpfich*[1313]
Kraut, *Groanert*[1314]
Krautsalat, *Groanertblättling*[1315]
Kredit, auf —, *auf den Bengel, auf Keif*[1316]
Kreisgericht, *grandiche Schoflerei*[1317]
krepieren, *begere*[1311]
Krieger, Kriegsmann, *Lanenger*[1318]
Kriminalgericht, *grandiche Schoflerei*[1317][1319]
Krone, *grandicher Sins-Oberman(n)* (d. h. „des Königs Hut")[1320]
Kropf, *Bellel*[1321]
Krug, *Nolle*[1322]
Krüppel, *schofler Benges* od. *Benk, schofler Fi(e)sel*[1323]. (Das *schofel* soll hier soviel ausdrücken wie: „Der Mann [Bursche] ist übel, schlimm daran").
Kübel, *Schottel*[1324]
Küche, *Sichere*[1325]
Kuchen, *Brandleng*[1326]
Küchenschlüssel, *Sichereglitschin*[1327]
Küchlein (als Tierbezeichng.), *Gachnele* (d. h. „Hühnchen")[1328], *Lachebatscherle* (d. h. „Entlein")[1329], *Strohbutzerle* (d. h. „Gänschen")[1330]
Kuckuck, *Flederling*[1331]
Kuh, *Horboga*, auch *Boga*[1332]
Kuhbutter, *Bogaschmunk*[1333]
Kuheuter, *Horbogaschwächerle*[1334]
Kuhfleisch, *Horbogebossert* od. *-mass*[1335]
Kuhmetzger, *Horbogekafler* od. *Bogakafler*[1336]

Kuhstall, *Horbogestenkert*[1337]
kümmerlich, *schofel*[1338]
Kupfergeld, *Bich*[1339], *Boschert*[1340]
Kürschner, *Oberman(n)pflanzer*[1341]; vgl. Kappenmacher
Kutsche, *dofer Rädleng* (d. h. „schöner Wagen")[1342]
Kutschenbauer, *Rädlengpflanzer*[1343]; vgl. Wagner
Kutte, *Malfes*[1344]

L.

lachen, *schmol(l)en*[1345]
Lager, *Sauft*[1346]
lahm, *begerisch*[1347]
lahm gehen, *begerisch bosten*[1348]
Lampe, *Schein*[1349]
Landesherr, *grandicher Sins*[1350]
Landgericht, *grandige Schoflerei*[1351]
Landhaus, *Kitt*[1352]
Landmann, *Gadscho*[1353], *Kaffer, Ruch*[1354]
lang, *grandich*[1355]
läppisch, *ni(e)sich, nillich, nuschich*[1356]
Larve, *Ni(e)sichergiel, Nillichergiel*[1357]; vgl. Fastnachtsmaske
Last (Traglast), *Buklete*[1358]
lasterhaft, *schofel*[1359]
lästern, *stümpfen*[1360]
Laterne, *Schein*[1349]
laufen, *bosten*[1348]
laufendes Wasser, *bostender Flu(h)te*[1361]
Läufer, *Boster*[1348]
Laus, *Kenem*[1362]
Lausbube, Lausejunge, *Kenemebenges* (-benk) od. -

fi(e)sel[1363]

Lazarett, *Lanenger-Begerkitt* (d. h. „Soldaten-Krankenhaus")[1364]

Leberkäse, *Bosserträsling* (d. h. eigtl. „Fleischkäse")[1365]

Leberwurst, *Rundling*. (Damit wird aber auch jede andere Wurst bezeichnet)[1366]

Lebkuchen, *Süslingbrandling* (d. h. „Zuckerkuchen")[1367]

leblos, *begert* (d. h. „gestorben, tot")[1368]

lecken, *bosen* (bosme)[1369], *jannen*[1370]

leck mich ... (Einladung des *Götz von Berlichingen*), *jann mei Bos*[1370][1369]

ledig, *nobis vergrönt* (d. h. „nicht verheiratet")[1371]

lediger Mann, *nobis vergrönter Benges*[1372]; vgl. Junggeselle

Legende, *Kohl*[1373]

Leghuhn, *Bäzemagachne*[1374], *Bäzemastierer*[1375]

Lehm, *Schund*[1376]

Lehrer, *Galmeguffer* (d. h. „Kinderprügler")[1377], *Plauderer*[1378]

Lehrershaus, *Plaudererskitt*[1379]; vgl. Schule

Lehrersrock, *Plauderersmalfes*[1380]

Leibweh (-schmerz), *Begerisch* (subst. Adj.)[1381]

Leiche, *Begert* (d. h. „der Gestorbene, Tote")[1381]

Leichenbeschauer, *Begergadscho*[1382], *Begerkaffer*[1383] (d. h. „der Totenmann"); letzteres auch = Totengräber

Leichenbett (Totenbett), *Begersauft*[1384]

Leichenfrau, *Begermos(s)*[1385]

Leichenhaus, *Begerkitt*[1379]; vgl. auch Krankenhaus

Leichenschmaus, *Begerbikerei* od. *-bikus*[1386]

Leichenstein, *Begerkies*[1387]

Leichentuch, *Begerbochdam*[1388]

leidend, *begerisch*[1381]

Leierkasten, *Nikleschure*[1389]

leihen; *Bomma* od. *Keif pflanzen* (d. h. „Schulden machen")[1390]
Leihhaus, *Bommerkitt, Keifkitt*[1379]
Leine, *Schlang* (Spr.)[1391]
Leinenweber, *Bochdampflanzer*[1392]
Leinwand, *Bochdam*
Leiter, *Rawine*[1393]
Leute, *Gadsche* od. *Gasche*[1394], *Ulma*[1395]
leutselig, *dof*[1396]
Licht, *Jak*[1397], *Schein*[1398]
Lichtzieher, *Scheinpflanzer*[1399]
lieb, *dof*[1396] (mein lieber Bursche, *mein dofer Fi[e]sel*[1400], mein liebes Mädchen, *meine dofe Model*[1401])
liebenswürdig, *dof*[1396]
Liebhaber, *Benges* od. *Benk*[1402], *Fi(e)sel*[1400]
Liebhaberin, *Model*[1401]
lieblich, *dof*[1396]
liebreich,   "
Liebste, *dofe Model*[1396][1401]
liegen, *durmen*[1403], *schlaune*[1404], *schlummere*[1405] (eigtl. „schlafen, schlafend daliegen")
Linsen, *Sore*[1406]
Linsenschüssel, *Soreschottel*[1407]
Lippe, *Giel*[1408]

Liste, *Kritzler*[1409]

loben, *dof diberen*[1410] od. *dof schmusen*[1411] (d. h. „gut reden").

Lockenkopf, *Straubertskiebes*[1412]

Löffel, *Schnabel* (plur. *Schnäbel*)[1413]

Lohn, *Schenegelsbich, -kies, -lobe*[1414]

Lohndiener, *Schenegler*[1414]

löschen, *d' Funk auspflanzen* (d. h. „das Feuer ausmachen")[1415]

Löwenzahn (Pflanze), *Schmelemerllättling*, d. h. „Zigeunersalat".[1416] (Aus dieser Pflanze machen die Zigeuner für ihr Leben gern Salat und nennen ihn wegen der harntreibenden Eigenschaft des Saftes der Pflanze *muterdo schach*, d. h. „Urinkraut")[1417]

Luder, *mufiger Bossert*[1418]

Lüge, *Kohl* (*aufs Kohl*, d. h. „es ist erlogen")[1419]

Lügen (das), *Kohlerei*

Lügner, *Kohler*

M.

machen, *pflanzen* (Spr.)[1420]

mächtig, *grandich* (-dig)[1421]

machtlos, *nobis grandich*[1422]

Mädchen, *Model*[1423], *Tschai*[1424]

        " , fahrendes, *jenische Model*[1425]

Magd, *Scheneglere*[1426]

Mahl, Mahlzeit, *Achilerei*[1427], *Bikerei* od. *Bikus*, *Butterei*[1428]

Mähre (Pferd), *Trabert*[1429]

Malz, *g'funktes Gib* (d. h. „gebranntes Getreide")[1430]
Mangel, *Dercherich* (subst. Adj.)[1431]
Mann, *Kaffer* (plur.: *Käffer* [Spr.])[1432]
Männerrock, *Gadschomalfes*[1433] *Kaffermalfes*
männliches Glied, *Betzam* (Bezem)[1434], *Dietz, Gari* (od. *Garo*)[1435], *Schure*[1436]
Mannskleid, *Kafferskluft*[1437]
Mannskleider, *Kaffersklufterei*[1437]
Mannesschwester, *Kaffersglied*[1438]
Mark (das), *Schmunk*[1439]
Mark (die), *Bet*[1440], *Flachs* od. *Flächsle*[1441], *Räp(p)le*[1442] od. *Schuk*[1443]
Maske, *ni(e)sicher, nillicher* od. *muschicher Giel*[1444]
Mastochse, *Schmunkhornikel* (eigtl. „Fettochse")[1445]
Mastpulver, *Kuiete* (Das Wort wird auch für Pulver jeder Art gebraucht; vgl. Pulver, Schießpulver)[1446]
Maßkrug, *Blambnolle* (eigtl. = „Bierkrug")[1447]
Mätresse, *Lubne*[1448], *schofle Model*[1449]
Maul, *Giel*[1450] (halt's Maul, *schupf*[1451] *de Giel* [od. *schupf dich*])
Meer, *grandich Flu(h)te*[1452]
Meergras, *Flu(h)tekupfer*[1453]
Meerschweinchen, *Flu(h)tegroanikele*[1454]
Mehl, *Staubert*[1455]
Mehlbeere, *Staubertsäftling*[1456]
Mehlbeerbaum, *Staubertsäftlingstöber*[1457]
Mehlschüssel, *Staubertschottel*[1458]
Mehlsack, *Staubertrande*[1459]
mehr, *grandich*[1460]
mehrfach, *grandicher*
Meilenstein (Meilenzeiger), *Stradehertling*[1461] od. *Stradekies* (d. h. „Straßenstein")[1462]; vgl. Kilometerstein

Melkfaß, *Gleisnolle* (d. h. eigtl. „Milchnapf")[1463]

Melkgefäß, *Gleisschottel* (d. h. eigtl. „Milchschüssel") [1464]

Menge, *grandich Ulma* (d. h. „[sehr] viele Leute")[1465]

merken, *gneisen*[1466]

Messer, *Scharfling* (od. *Scharpfleng*)[1467], *Tschure*[1468], auch öfter *Hertling*[1469]

Messerklinge, Messerschneide, *Lomel*[1470]

Messerschmied, *Scharfling-* (od. *Scharpfleng-)pflanzer*[1471]

Methodist, *Blibelkaffer*[1472]; femin.: *Blibelmos(s)*[1473], plur.: *Blibelulme*[1474]

Methodistenhaus, *Blibelkitt*[1475]

Metzelsuppe, *Kaflereischnall*[1476]

Metzger, *Kafler*[1476]

Metzgershaus, *Kaflerskitt*[1476][1475]

Miene (Gesicht), *Giel* (eigtl. „Mund, Maul")[1477]

Milch, *Gleis*[1478]

Milchbrötchen, *Gleiskechelte* (Spr.)[1479]

Milchglas, *Gleisglansert*[1480]

Milchnapf (-hafen, -topf), *Gleisnolle*[1481]

Milchschüssel, *Gleisschottel*[1482]

Milchsuppe, *Gleisschnall*, (Dimin.: *Gleisschnälle* = Milchsüppchen [Spr.])[1476]

Militär, *Lanengere* (d. h. Soldaten)[1483]

Mist, *Fuhl*[1484], *Schund*[1485]

Mistgabel, *Fuhlstichling, Schundfurschet*[1486]

Mistkäfer, *Schundflederling* (d. h. eigtl. „Dreckvogel") [1487]

Mißjahr, *nobis dofs Ja(h)ne* (d. h. „kein gutes Jahr")[1488]

mitbringen, *mitbukle*[1489]

Mitternacht, *Leile, Ratte* (d. h. Nacht)[1490]

Möhren, *Galgennägel*[1491]

Monat, *Frosch*, plur. *Frösche*[1492]

Mond, *Leileschein* (d. h. „Nachtlicht")[1493]

Montur, *Lanengerkluft* (d. h. „Soldatenanzug, -kleidung")[1494]

morden, *deisen*[1495]

Mörder, *Deiser*; vgl. auch Totschläger

Most, *Grabagautschert*[1496]

Mostglas, *Grabegautschertglansert*[1497]

Mostkrug, *Grabegautschertnolle*[1498]

müde s. schläfrig

Mühle, *Rolle*[1499]

Mühlstein, *Rollerhertling*[1500], *Rollerkies*[1501]

Müller, *Roller*; Müllerin, *Rollerin*[1500]

Mund, *Giel*[1502]

Münzarbeiter, *Bichschenegler*[1503], *Kies-* od. *Lobepflanzer* (diese beiden eigtl. = „Geldmacher")[1504]

Münze (= Geldstück), *Bich*[1503], *Gore*[1505], *Kies, Lobe*[1504]

Münze (= Münzwerkstätte), *Bichpflanzerskitt* (d. h. „Geldmacherhaus")[1506] od. *grandiche Lobekitt* (d. h. „großes Geldhaus")[1507]

Münzmeister, *Bichsins*[1508]; vgl. Bankier.

Musik, *Nikelei*[1509]

Musikant, *Nikler*

musizieren, *nikle*

Muskete (Gewehr), *Klass*[1510]

Mutter, *Mamere*[1511]

Mutterbruder (od. -Schwester), *Mameresglied*[1512]

Mutterschwein, *Mameregroenikel*[1513]

Mütze, *Oberman(n)*[1514]

Mützenmacher, *Oberman(n)pflanzer*[1515]

N.

nachbeten, *nachblible*[1516]
nachfahren, *nachruadle*[1517]
nachfallen, *nachbohle*[1518]
nachfolgen, *nachbosten*[1519]
Nachkommen (die), *Galma, Schrawiner*[1520]
nachschießen, *nachschnelle*[1521]
Nachschlüssel, *nobes dofer Glitschin*[1522]
nachschreiben, *nachfebere*[1523]
nachsehen, *nachlinzen*[1524]
nachsingen, *nachschalle*[1525]
nachsprechen, *nachdiberen*[1526], *nachschmusen*[1527]
Nacht, *Leile, Ratte*[1528]
Nachtarbeit, *Leileschenagel*[1529]
Nachtessen, *Leileachilerei*[1530], *Leilebikus, Rattebutterei*[1531]
Nachthafen, *Fuhlnolle, Schmelznolle*[1532]
Nachtlicht, *Leileschein*[1533]
Nachtstuhl, *Leilesitzleng*[1534], *Schundsitzleng*[1535]
Nachttopf, *Flöselnolle*[1536]
Nachtwächter, *Leilekaffer*[1537], *Rattebenk*[1538]
nachwerfen, *nachplotzen*[1539]
nackt, *nobis ang'kluftet* (d. h. „nicht angekleidet") od. *auskluftet* (d. h. „ausgezogen")[1540]
Nadel, *Stichlere*[1541]
nagen, *näpfen*[1542]
nähen, *stichle*[1541]
Napf, *Nolle*[567)
Narr, *Hegel*[1543], *Ni(e)se, Nille, Nusche*[1544]
Narrenhaus, *Hegelkitt, Ni(e)sekitt, Nillekitt, Nuschekitt*[1545]
närrisch, *ni(e)sich, nillich, nuschich*[1544]
närrischer Kerl, Mensch, *Hegellauti*[1543]
Nase, *Muffer*[1546]

Nashorn, *Mufferhorboga* (d. h. eigtl. „Nasenkuh")[1547]
Nässe, *Flu(h)tich*[1548]
naß, *flu(h)te*[1549]
Neffe (von väterlicher Seite) *Patrisglied*[1550], (von mütterlicher Seite) *Mamereglied*[1551]; vgl. auch Oheim u. Tante
nehmen, *schniffen*[1552]
nein, *nobis*[1553], auch *lore* (Spr.)[1554]
Neujahr, *Neujahne*[1555]
nicht, *nobis*[1553]
nichts, *Lore* (Spr.)[1554]
nichtsnutzig, *nobis dof*[1556], *nobis g'want*[1557]
nichtswürdig, *lenk, schofel*[1558]
nie, *nobis*[1553]
niederblicken, *niederlinzen*[1559]
niederbrennen, *niederfunken*[1560]
niederfallen, *niederbohle*[1561]
niederkommen, *Deislere werden* (d. h. „Wöchnerin werden")[1562] od. *in Sauft bosten* (d. h. „ins [Wochen-]Bett gehen")[1563]
niederlegen (sich), *niederdurme*[1564], *niederschlaune*[1565]
niedermetzeln, *niederkaflere*[1566]
niederschießen, *niederschnelle*[1567]
niederschlagen, *niederguffa*[1568], *niederstenze*[1569]
niederschreiben, *niederfebere*[1570]
niedersitzen s. sitzen
niederträchtig, *schofel*[1571]
niederwerfen, *niederplotzen*[1572]
niemals s. nie
nobel, *dof, duft*[1573]
Not, *Dercherich*[1574], *Schofel*[1571] (beides subst. Adj.); vgl. Mangel
Nudeln, *grandiche Hegesle* (d. h. „große Spatzen" od.

„Knöpfle" [Knödel])[1575]
Null, *Nobis* (d. h. eigtl. „nichts")[1576]
Nuß (Nüsse), *Krächerle*[1577]
Nußbaum, *Krächerlestöber* (in d. Spr: „*Krächerstöber*") [1578]
Nußkern, *Krächerlekies*[1579]
nützlich, *dof*[1573], *g'want*[1580]

O.

Obdach, *Kitt*[1581]
oben, *oberkünftig*[1582]
Oberförster, *grandich Grünwedel* (d. h. „der größte Forstmann")[1583]
Obergendarm, *grandicher Schuker*[1584]; vgl. Wachtmeister
Oberherr, *grandicher Sins*[1585]
Oberwachtmeister, *grandich Schuker* (d. h. „der größte Gendarm")[1584]
Oberzahn, *Obernäpfling*[1586]
Obst, *Stöberschure*[1587] oder *Stöbersore*[1588]
Ochse, *Hornikel*[1589]
Ochsenfett, *Hornikel-Schmunk*[1590]
Ochsenfleisch, *Hornikelbossert*[1591]
Ochsenmaulsalat, *Hornikelgielblättling*[1592]
Ochsenmaulsalatbüchse, *Hornikelgielblättlingschottel*[1593]
Ochsenmetzger, *Hornikelkafler*[1594]
Ochsenstall, *Hornikelstenkert*[1595]
Ofen, *Hitzling*[1596]
Ofenruß, *Hitzlingschwä(t)zling*[1597]
Ofensetzer, *Hitzlingpflanzer*[1598],

Hitzlingschenegler[1599]
Offizier, *grandicher* (od. auch *dofer*) *Lanenger*[1600]
oft, *grandich*[1601]
Oheim (von väterl. Seite), *Patrisglied*[1602], (von mütterl. Seite), *Mamereglied*[1603]; vgl. Neffe u. Tante
Ohr, *Losling*[1604]
Ohrring, *Loslingschlang*[1605]
Onanie treiben, *Käfferle pflanzen*[1606]
Onkel s. Oheim
Opfergeld, *Duftbich*[1607], *Duftlobe* oder *-kies*[1608] (d. h. „Kirchengeld").
Orgel s. Leierkasten
Ortschaft, *G'fahr*[1609]
Ortsvorsteher, *Kritsch, Schar(r)le*[1610]
Ostern, *Bäzemaweisling* (d. h. „Eiersonntag")[1611]
o weh!, *o Laich!*[1612]

P.

Pallasch (Säbel), *Latt*[1613]
Papagei, *Schmuserfläderling* (d. h. „der sprechende Vogel")[1614]
Papiergeld, *Kritzlerbich*[1615], *Kritzlerlobe*[1616]
Papiermacher, *Kritzlerpflanzer*[1617]
Papst, *grandich Kolb* (d. h. „der größte Pfarrer")[1618]
Paß, *Flebb(e)*[1619]
Pastor, *Gallach*[1620], *Kolb*[1618]
penis s. Glied (männliches)
Pfad, *Strade*[1621]
Pfahl, *Spraus*[1622]
Pfanne, *Russling*[1623]
Pfarrer, *Gallach*[1620], *Kolb*[1618]

Pfarrhaus, *Gallachekitt, Kolbekitt*[1624]
Pfau, *Dofefläderling* (d. h. „der schöne Vogel")[1625]
Pfeife, *Dämpfe*[1626] *Toberich*[1627] od. (genauer) *Toberichschure*[1628] (d. h. „Tabakspfeife" [s. d.]); vgl. Tabak u. Zigarre
Pfeifenkopf, *Toberichki(e)bes*[1629]
Pfeffer, *Sore*[1630]
Pfefferbüchse, *Soreschottel*[1631]
Pfennig, *Boschert*[1632]
Pferd, *Trabert* od. *Trapert*[1633]
Pferdeeuter, *Trabertschwächerle*[1634]
Pferdefleisch, *Trabertbossert* od. *Trabertmass*[1635]
Pferdefuß, *Trapertritt*[1636]
Pferdehaar, *Trabertstrauberts*[1637]
Pferdehändler, *Trabertgremer, Trabertkemerer*[1638]
Pferdemetzger, *Trabertkafler*[1639]
Pferdestall, *Trabertstenker*[1640]
Pferdetränke, *Trabertschwäche*[1634]
Pfingsten, *Schuberleweisling* (d. h. „Geistsonntag")[1641]
Pflastergeld, *Kieslobe*[1642]; *Stradebich*[1643]
Pflaume, *Blauling* od. *Bloling* [Spr.][1644]
Pflaumenbaum, *Blaulingstöber*[1645]
Pflaumenkern, *Blaulingkies*[1646]
Pflock, *Spraus*[1647]
Pfote, *Tritt*[1648]
Pisse (= Harn, Urin), *Flösle, Flösslete, Flösselflu(h)te*[1649]
pissen, *flöslen*[1649]
Pistole, *Schneller*[1650]
Plappermaul, *Schmusichergiel*[1651]
plaudern, *diberen*[1652], *schmusen*[1653]
Plauderer, *Diberer, Schmuser*
Pokal, *Nolle*[1654]
Pökelfleisch, *eingespronkter Bossert* (d. h. „eingesalzenes

Fleisch")[1655]
Polizei, *Bu(t)zerei*[1656]
Polizeiamt, *Bu(t)zereikitt*[1657]
Polizeidiener, Polizist, *Bu(t)z*[1656]
Polizeidirektor, *grandich Bu(t)z* (d. h. „der größte Polizist")[1658]
Polizeihund, *Bu(t)zekeiluf, Bu(t)zekibe*[1659]
Polizeiwachtmeister, *grandicher Bu(t)z*[1658]
Porzellan, *Sore*[1660]
Porzellantasse, *Soreschottel*[1661]
Possenreißer, *Hegellauti*[1662]
Postbote, *Kritzlerbukler*[1663]
Postwagen, *Kritzlerrädling*[1664]
Pracht, *Dof* (= dof)[1665]
prächtig, *dof*[1665], *grandich*[1658]
predigen, *blible*[1666]
Prediger, *Gallach*[1667], *Kolb*[1668]
Priester s. Prediger
Priesterrock, *Gallachmalfes, Kolbemalfes*[1669]
Protestant, *Gril(l)ischer*[1670]
protestantisch, *gril(l)isch* od. *kril(l)isch*[1670]
Prügel (= Stock), *Spraus*[1671]
Prügel (= Hiebe), *Gufes*[1672], *Stenz*[1673]
Prügelei, *Hamore, More*[1674]
prügeln, *guffen*[1672], *ste(c)ken*[1675], *stenzen*[1673]; vgl. schlagen
Pudel, *Keiluf, Kib*[1659]
Pulle (Flasche), *Glansert*[1676]

Pulver (jeder Art), *Kuiete*[1677]
Pulvermühle, *Kuiete-Rolle*[1678]
Pulvermüller, *Kuieteroller* (fem.: *-rollerin*)[1678]
Punsch, *gesicherter Johle*[1679]; vgl. Glühwein
Puppe (Docke), *Schure*[1680]
putzen (reinigen), *pfladere*[1681]

Q.

Quacksalber, *schofler Begersins* (d. h. „schlechter Doktor [Arzt]")[1682]
Quaderstein, *grandicher Kies*[1683]
Quartier, *Fehte*[1684]
Quartierbursche, *Fehtefi(e)sel* od. *-freier*[1685]
Quartierherr, *Fehtekaffer* od. *-sins*[1686] vgl. Hauswirt
Quartierfrau, *Fehtemos(s)* od. *-sinse*[1687]
Quartiermädchen, *Fehtemodel*[1688]
Quelle, *Flu(h)te*[1689]
Quersack, *Rande*[1690]

R.

Rabbiner, *Diboldegallach*[1691] od. *Kaimekolb*[1692] (d. h. „Judengeistlicher od. -pfarrer")[1693]
Rabe, *Schofeleiflederling* (d. h. „Unglücksvogel")[1694]
Rahm, *Gleisschund* (d. h. eigtl. „Milchdreck")[1695]
Ranzen, *Rande*[1690]
Rappe, *Trabert*[1696]. Für die verschiedene *Farbe* der Pferde gibt es keine nähere Bezeichnung (vgl. Schimmel); dagegen wird das *Geschlecht* der Tiere wohl kenntlich gemacht; vgl. Näh. unter „Hengst"

u. „Stute"

Rasiermesser, *Scharfling*[1697] od. *Tschure*[1698] (d. i. beides eigtl. nur „Messer")

Rathaus, *Sturmkitt*[1699]

Rathausschlüssel, *Sturmkittglitschin*[1700]

Rathausuhr, *Sturmkittgluber*[1701]

Ratsherr, *Sturmkittsins*[1702], auch *Kritsch* od. *Schar(r)le*[1703]

rauben, *schniffen*[1704], *schoren*[1705]

Räuber, *Schniffer*[1704], *Schorer* od. *Tschor*[1705]

rauchen, dämpfen, *toberiche*[1706]

Rauchfleisch, *Hitzlingbossert*[1707]

räudig, *näpfich*[1708]

Rausch, *Molum* (subst. Adj.)[1709], *Schwächer*[1710], nach den Spr. auch *Dambes*[1709]

Rebe s. Weinrebe

Rebensaft, *Johle*[1711]

Rebhuhn, *Jahrestierer* od. *Krachergachne*[1712] (d. h. „Waldhuhn")[1713]

reden, *dibere*[1714], *schmuse*[1715]

Regen, *Flössle*[1716]

Regenbogen, *Flösselreifling* (d. h. eigtl. „Regenring") [1717]

Regenschirm s. Schirm

Regentag, *Flösselschei*[1718]

Regenwasser, *Flösselflu(h)te*[1719]

regnen, *flössle* od. *flessle* (Spr.)[1716]

reich, *grandich*[1720]

reicher Bauer, *grandicher Ruch*[1721]

reicher Herr, *grandiger* (sic) *Sins*[1722]

Reichtum, *grandich Schure* od. *Sore* (d. h. „[sehr] viele Sachen")[1723]

reinigen, *pfladere*[1724]

reizend, *dof, duft*[1725]

Richter, *grandicher Sins*[1722] (d. h. eigtl. „großer Herr")
Richterstuhl,[1726] *Schoflereisitzling* (d. h. eigtl. „Gerichtsstuhl")[1727]
riechen, *muffen*[1728]
Riese, *grandicher Kaffer* (d. h. „großer Mann")[1729]
Rind, *Horboge*[1730]
Rinderfett, *Horbogeschmunk*[1731]
Rinderstall, *Horbogestenkert*[1732]
Rindfleisch, *Horbogebossert*[1728]
Rindfleischbüchse, *Horbogebossertschottel*[1733]
Rindvieh s. Rind
Rindviehmetzger, *Horbogekafler*[1734]
Ring, *Reifling*[1735]
Rock, *Malfes*[1736]
Rocktasche, *Malfesrande*[1737]
Roggen, *Kupfer*[1738]
Rosenkranz, *Blibelschlang* (d. h. „Betkette")[1739]
Roß s. Pferd
Roßmetzger s. Pferdemetzger
Rüben s. Möhren
ruchlos, *lenk, schofel*[1740]
Rucksack, *Rande*[1737]
ruhen, *durme*[1741], *schlaune*[1742]
ruhig sein s. schweigen; vgl. aufhören
Rüssel, *Muffer*[1728]
Ruß, *Schwetzling*[1743]

S.

Saal, *grandiche Schrende* (d. h. „große Stube")[1744]
Säbel, *Latt*[1745]

Sache, *Sore*[1746]
Sack, *Rande*[1747]
Säckel, *Kiesreiber*[1748]
sagen s. reden; vgl. sprechen
Sahne, *Gleisschund*[1749]; vgl. Rahm
Salat, *Blättling*[1750]
Salz, *Spronkert*[1751]
Salzbüchse, *Spronkertschottel*[1752]
salzen, *spronkere*[1751]
salzig, *g'spronkt*
Salzfisch, *Spronkertschwimmerling*[1753]; vgl. Hering
Salzfleisch, *Spronkertbossert*[1754]
Salznapf, *Spronkertnolle*[1755]
sanft, *dof*[1756]
Sänger, *Schaller*; Sängerin, *Schallerin*[1757]
Sarg, *Begerkittle* (d. h. „Totenhäuschen")[1758]
Satan, *Koele*[1759]; vgl. Teufel
satt, *grandich bikt* od. *buttet* (d. h. „viel gegessen")[1760]
Sau, *Balo, Groenikel*[1761]
sauber, *dof*[1756]
säubern, *pfladere*[1762]
Sauerkraut, *Groenert*[1763]
saufen, *schwächen*[1764]
Sauferei, *Schwächerei*
Sauhirt, *Groenikelbenk, Groenikelschure*[1761][1765]
Saustall, *Groenikelstenkert*[1766]
Schädel, *Ki(e)bes*[1767]
Schaf, *Jerusalemsfreund*[1768]
Schafbock, *grandich Jerusalemsfreund*[1769]
Schäfer, *Jerusalemsfreundschure*[1770]
Schäferhund, *Jerusalemsfreundkib*[1771]
Schäferin, *Jerusalemsfreundmos(s)*[1772]
Schäferknecht, *Jerusalemsfreundschenegler*[1773]

Schafhirt s. Schäfer

Schafstall, *Jerusalemsfreundstenkert*[1766]

Schale (Schüssel), *Schottel*[1752]

Scham, (weibliche), *Geschmu, G'schmui*[1774]

schamhaft, *dof*[1756]

schamlos, *schofel*[1775]

schauen, *linzen*[1776]

Schauspieler s. Komödiant

Schauspielhaus, *Schnurrantekitt*[1777]; vgl. Komödienhaus

Scheit, Scheitholz, *Spraus*[1778]

schelten, *stämpfen*[1779]

Schemel, *Sitzleng*[1780]

Schenke, *Beiz, Kober*[1781]

Schenkel, *Tritt*[1782]

schenken s. beschenken

Schenkwirt, *Beizerer, Koberer*; Schenkwirtin, *Beizere, Kobere*[1781]

Scheune, *Schaffel* (Dimin.: *Schaffelle* [Spr.])[1783]

schießen, *schnelle*[1784]

Schießgewehr, *Klass*[1785], *Schnelle*[1784]

Schießhaus, *Klasskitt*[1786]

Schießpulver, *Kuiete*[1787]

Schilf, *Flu(h)tekupfer* (d. h. „Wassergras")[1788]

Schimmel, *Trabert*[1789]; vgl. die Bemerkung unter „Rappe"

schimpfen, *stämpfen*[1779]

Schinken, *Schwärzlingbossert* (d. h. eigtl. „Ruß- [od. Rauch-] fleisch")[1790]

Schirm (bes. Regenschirm), *Dächle* (Spr.)[1791], *Flotscher* od. *Pflotscher(t)* (Spr.)[1792]

Schirmflicker(in), *Dächlespflanzer(in)* od. *Pflotscherpflanzer(in)* (Spr.)[1793]

Schirmflickerleute, *Dächlespflanzerulma* (Spr.)[1794]
Schirmsack, *Dächlesrande* (Spr.)[1795]
schlachten, *deisen*[1796], *kaflere*[1797]
Schlächter, *Kafler*
Schlachthaus, *grandich Kaflerskitt*[1798]
schlafen, *durme*[1799], *schlaune*[1800]
schläfrig, *durmerich*[1799], *schlaunerich*[1800]
Schläge, *Doge*[1801], *Guffe*[1802], *Stenze*[1803]; vgl. Prügel
schlagen, *dogen*[1801], *guffen*[1802], *koberen*[1804], *stenzen*[1803]; vgl. prügeln
Schlägerei, *Gufferei*[1802], *Hamore*[1805], *Stenzerei*[1803]
Schlamm, *Flu(h)tefu(h)l* od. *Flu(h)teschund* (d. h. eigtl. „Wasserdreck")[1806]
schlau, *kochem*[1807]
schlecht, *schofel*[1808]
schließen, *beschrenken*[1809]
Schließer, *Beschrenker*
Schlosser, *Glitschinpflanzer*[1810]
Schloß (Gebäude), *dofe Kitt* (d. h. „schönes Haus")[1811]
schluchzen, *glemsen*[1812]
schlummern, *durme*[1813], *schlaune*[1814]
Schlüssel, *Glitschin*[1815]
Schmach, *Lenk, Schofel* (subst. Adj.)[1816]
schmähen, *stämpfen* od. *stumpfen*[1817]
Schmäher, *Stämpfer*
Schmalz, *Schmunk*[1818]
schmalzen, *schmunken*
Schmaus, *Bikus, Butterei, Kahlerei*[1819]
schmausen, *achilen*[1820], *biken, butten*[1819]
schmecken, (= riechen), *muffen*[1821]
schmeißen, *plotzen*[1822]
schmelzen (richtiger wohl: schmalzen), *schmunken*[1818]
Schmiere, *Schmunk*[1818]

schmierig, *schundich*[1823]
Schmutz, *Schund*[1823]
schmutzig, *schundich* od. *schondich* (Spr.)
Schnabel, *Muffer*[1821]
Schnaps s. Branntwein
Schnauze, *Giel*[1824]
Schneider, *Stichler*; Schneiderin, *Stichlere*[1825]
Schneidersfrau, *Stichlersmos(s)*[1826]
schnupfen, *Toberich muffe* (d. h. „Tabak riechen")[1827]
schön, *dof*[1828]
Schoppen, *Glansert*[1829], *Nolle*[1830]
Schoppenglas, *Blambglansert* (d. h. „Bierglas")[1829]
Schreck(en), *Bauser*[1831]
schreiben, *feberen*[1832]
Schreiben (= Schreiberei, Schrift), *Feberei*[1832], (= Brief), *Kritzler*[1833]
Schreiber, *Feberer*
Schreibtisch, *Feberklettert*[1834]
schreien, *glemsen*[1835]
Schrift, *Feberei*[1832], *Kritzler*[1833]
Schriftgelehrter, *grandich Feberer*[1836]
schriftlich, *gefebert* (d. h. „geschrieben")[1832]
Schuh, *Tritt*[1837], *Trittling*[1838]
Schuhmacher, *Trittlengspflanzer*[1839]
Schulden, *Bomma*[1840], *Keif*[1841]
Schule, *Plaudererskitt*[1842], auch *Plauderei* (Spr.)
Schullehrer, *Galmeguffer*[1843], *Plauderer*[1842]
Schultheiß, *Kritsch, Schar(r)le*[1844]
Schuppen, *Schaffel*[1845]
Schürze, *Fürflamme*[1846]
Schüssel, *Schottel*[1847]
Schuster s. Schuhmacher
Schustersfrau, *Trittlingpfanzersmos(s)*[1848]

Schutzmann s. Polizeidiener

schwachsinnig, *ni(e)sich, nillich*[1849]

Schwalbe, *Furschetefläderling* (d. h. „Gabelvogel", nach der gabelförmigen Gestalt des Schwanzes)[1850]

Schwan, *grandich Babing* od. *Strohbutzer* (d. h. etwa „[sehr] große Gans")[1851]

schwanger, *grandiche Rande* (d. h. eigtl. „dicker Bauch")[1852]

schwanger gehen, *grandiche Rande bosten*[1853]

Schwarzbrot, *Schoflelehm* od. *Schofellechem* (Spr.) (d. h. „schlechtes Brot")[1854]

Schwarzkünstler, *Finkelkaffer*[1855]

Schwätzer, *Schmuser*[1856]

schweigen, *(sich) schupfen, sich aufschupfen* (schweig still, *schupfte* [Spr.], *schupf dich [auf]*)[1857]

Schwein, *Balo, Groenikel*[1858]

Schweinefleisch, *Groenikelbossert*[1859]

Schweinehändler, *Groenikelkemerer*[1860]

Schweinehirt s. Sauhirt

Schweinemetzger, *Groenikelkafler*[1861]

Schweinestall s. Saustall.

Schweinezitzen, *Groenikelschwächerle*[1862]

Schweinsborsten, *Groenikelstrauberts*[1863]

Schwert, *Latt*[1864]

Schwester, *Glied*[1865], *Model*[1866]; vgl. Geschwister

Schwiegersohn s. Tochtermann.

Schwindsucht, *grandich Begerisch*[1867]

schwitzen (ich schwitze, *Flu[h]te bostet mer herab*, d. h. „das Wasser läuft mir herab")[1868]

See, *Flu(h)te*[1868]

Seehund, *Flu(h)tekib*[1869]

sehen, *linzen*[1870]

sei ruhig (still) s. schweigen

Seiltänzer, *Schnurrant*[1871]

Semmel (Weck), *Kechelte*[1872]
Sense, *Kupfersore* (d. h. etwa „Grasding")[1873]
Sessel, *Sitzleng*[1874]
Seuche, *Begerei*[1875]
Siechenhaus s. Krankenhaus; vgl. Spital
Siechtum, *Begerisch*[1875]
Signalement, *Giel* (d. h. „Gesicht")[1876]
singen, *schallen*[1877]
Singvogel, *Schallerfläderling*[1878]
sinnlos, *ni(e)sich, nillich*[1879]
sittsam, *dof*[1880]
sitzen (niedersitzen), *hauren*[1881], *schef(f)ten*[1882]
Socken, *Kafferstreifling* (d. h. „Männerstrümpfe")[1883]
Sohn, *Bengesle*[1884], *Fi(e)sele*[1885], *Freierle*[1886], auch *Glied*[1887]
Sold, *Bich*[1888], *Lobe*[1889], *Pfreimerei*[1890]
Soldat, *Lanenger*[1891]
Soldaten, *Lanengere*
Soldatenfrau, *Lanengermos(s)*[1892]
Soldatenmütze, *Lanengeroberman(n)*[1893]
Soldatenwirtschaft, *Lanengerbeiz* od. *-kober*[1894]
Sonntag, *Bossertschei* (d. h. „Fleischtag")[1895] od. *Weisleng*[1896]
Sorge, *Bauser*[1897]
spähen, *linzen*[1898]
Spätzle (schwäb. Mehlspeise), *Hegesle* (Spr.)[1899]
Spätzlessuppe, *Hegesleschnall* (Spr.)[1900]
spazieren (gehen), *bosten*[1901]
Speck, *Schmunkbossert* (d. h. „Fettfleisch")[1902]
Speicher, *Schaffel*[1903]
Speise, *Bikus*[1904]
Speisen (das), *Achilerei*[1905], *Bikerei, Butterei, Kahlerei*[1904].

sperren (schließen), *beschrenken*[1906]
Spiegel, *Linzer*[1898]
Spiel (Musik), *Niklerei*[1907]
spielen (musizieren), *niklen*
Spieler (Musikant), *Nikler*
Spital, *Begerkitt*[1908]
Splitter, *Spräusle*[1909]
sprechen, *dibere*[1910], *schmusen*[1911]
Sprecher, *Diberer, Schmuser*
Spuk (Gespenst), *Schuberle*[1912]
Staar, *Fläderling*[1913]
Stab, *Spraus*[1909]
Stachel, *Stupfle*[1914]
Stadt, *Steinhäufle*[1915]
Städter, *Steinhäuflesulme*[1916]
Stall, *Stenkert*[1917]
Stamm, *Stöberspraus*[1918]
Stange, *grandicher Spraus* (d. h. etwa „langes Holz")[1919]
starr, *begert* (d. h. „gestorben", „tot")[1920]
Starrkopf (Dickkopf), *grandicher Ki(e)bes*[1921]
stechen, *dupfen*[1922]
Steckbrief, *lenker* od. *schofler Kritzler* (d. h. „schlechter Brief")[1923] oder auch *Sprauskritzler* (d. h. eigentl. „Holzbrief")[1924]
Stecken s. Stock
Steg, *Strade*[1925]
stehlen, *schniffen*[1926], *schoren* od. *z'schoren* (Spr.)[1927]
Stein, *Hertling*[1928], *Kies*[1929]
steinern, *kiesich*[1929]
Steineule, *Begerfläderling* (d. h. „Totenvogel")[1930]; vgl. Käuzchen

Steinhauer, Steinmetz, *Hertlingsguffer* oder *Kiesguffer*[1931]
Steinklopfer s. Steinhauer
Sterbebett, *Begersauft*[1932]
Sterbekleid, *Begerkluft*[1933]
sterben, *begeren*[1932]
Sterben (das), *Begerei*
sterblich, *begerisch*
Stern, *Leileschei* (d. h. „Nachtlicht")[1934]; vgl. Mond
Sternschnuppe, *Leileschei-Schund* (d. h. „Nachtlichtschmutz")[1935]
Steuern, *Bleisgeren*[1936], *Pfreimen*[1937]
Stich (= „das Stechen"), *Dupfen*[1938]
Stiefel, *Trittleng*[1939]
Stiefkind, *Schoflergalm*[1940]
Stiefmutter, *Schoflemamere*[1941]
Stiefvater, *Schoflerpatris*[1942]
Stier, *Hornigel* (sic)[1943]
still schweigen (still sein) s. schweigen
stinken, *muffen*[1944]
stinkend, *muffich* (mufig)
Stirn, *Ki(e)bis* (sic)[1945]
Stock (Stecken), *Spraus*[1946], *Sprate, Stenz*[1947]
Stockmacher, *Sprauspflanzer*[1948]
stolz sein, *grandiche pflanzen* (d. h. „den Großen machen", „den großen Herrn spielen")[1949]
Storch, *grandich Flederling* (wohl = „der größte Vogel")[1950]
Strafe, *Strupf*[1951]; Strafe bezahlen, *Strupf bereimen*[1952]
strafen s. bestraft
Straße, *Strade*[1953]
Straßenarbeiter, *Stradeschenegler*[1954]
Straßenwärter, *Stradebenk*[1955]
Streichhölzer s. Zündhölzer

Streit, *Hamore, More*[1956]
Streiten (das), *Morerei*
streng, *lenk, schofel*[1957]
Streu, *Rauschert*[1958]
Streulager, *Rauschertsauft*[1959]
Stroh, *Rauschert*
Strohbett (Strohlager), *Rauschertsauft*
Strom, *Flu(h)te*[1960]
Strumpf, *Streifling* (plur.: *Streiflinge*)[1961]
Strumpfwirker, *Streiflingpflanzer*[1962]
Stube, *Schrende*[1963]
Stuhl, *Sitzling*[1964]
stumm sein, *nobis dibere* od. *schmuse*[1965] (d. h. „nicht[s] sprechen")[1966]
Stundenfrau (Methodistin), *Blibelmos(s)*[1967]
Stundenhaus (Methodistenhaus), *Blibelkitt*[1968]
Stundenleute (Methodisten), *Blibelulme*[1969]
Stundenmann (Methodist), *Blibelkaffer*[1970]
Stute, *Trabertmoss* (d. h. eigtl. „Pferdefrau", weibliches Pferd)[1971]; vgl. Hengst
Summe, *Bich*[1972], *Lobe*[1973]
Suppe, *Schnall*[1974]
Süßigkeit, *Süs(s)ling*[1975]

T.

Tabak, *Toberich*[1976]; Tabak rauchen, *dämpfe* oder *toberiche*[1976]; Tabak schnupfen, *Toberich muffe* (d. h. „Tabak riechen")[1977]
Tabaksbeutel, *Toberichrande*[1978] od. *Toberichreiber*[1979]
Tabakspfeife, *Toberichschure*[1980] od. auch bloß *Toberich*
Tafel, *Klettert*[1981]

Tag, *Schei*[1982]; Tag und Nacht, *Schei und Leile*[1983]
Taler, *drei Räp(p)le* (d. h. „drei Mark")[1984]
Tand, *Nobis* (d. h. eigtl. „nichts")[1985]
Tanne, *Jahrestöber* od. *Kracherstöber* (d. h. „Waldbaum") [1986]
Tante (von väterl. Seite), *Patrisglied*[1987], (von mütterl. Seite), *Mamereglied*[1988]; vgl. Oheim u. Neffe
Tanz, *Niklerei*[1989]
tanzen, *nikle*
Tänzer, *Nikler*, fem.: *Niklere*
Tasche, *Rande*[1990]
Taschenspieler, *Randeschnurrant*[1991]
Tasse, *Schottel*[1992]
Taube, *Fläderling*[1993]
tauglich, *dof* od. *duft*[1994], *g'want*[1995]
Teich, *Flu(h)te*[1996]
Teller, *Schottel*[1992]
Tempel, *Duft*[1997]
Tenne, *Schaffel*[1998]
teuer, *grandich*[1993]
Teufel, *Koele*[1999]
Teufelsbraten, *Koelebossert*[2000]
Teufelstisch (?), *Koeleklettert*[2001]
teuflisch, *koelich*[1999]
Theater, *Niklerei*[1989]
Thee, *Süs(s)ling*[2002]
Tiegel, *Nolle*[2003], *Russling*[2004]
Tisch, *Klettert*[2001]
Tischler, *Klettertpflanzer*[2005]
Tochter, *Model*[2006], auch wohl *Glied*[2007]
Tochterkind, *Modelgalm*[2008]
Tochtermann, *Modelkaffer*[2009]
Tochtersohn, *Modelfi(e)sel*[2010]

Tollhaus, *Ni(e)sekitt, Nilleskitt*[2011]
Tollkopf, *Ni(e)seki(e)bes, Nilleki(e)bes*[2012]
Topf, *Nolle*[2003]
Töpfer, *Nollepflanzer*[2005]
Tor, *Ni(e)se, Nille*[2011]
töricht, *ni(e)sich, nillich*
Tornister, *Rande*[1990]
tot, *begert* (d. h. „gestorben")[2013]
töten (totmachen, totschlagen [Spr.]), *deisen*[2014]
Totenbahre, *Begersore*[2015]
Totenbett, *Begersauft*[2016]
Totengeruch, *begerische Mufferei*[2017]
Totengräber, *Begerkaffer*[2018]; vgl. auch Leichenbeschauer
Totenschein, *Begerkritzler*[2019]
Totschläger, *Deiser*[2014]; vgl. Mörder
Tracht (Kleidung), *Kluft*[2020]
trächtig, *grandiche Rande* (d. h. eigtl. „dicker Bauch")[2021]; vgl. schwanger
tragen, *buk(e)le(n)* (Spr.)[2022]
Tränen, *Glemsen* (substantivierter Infinitiv)[2023]
Trank, *Schwächerei*[2024]
Tränke (Viehtränke), *Schwäche*[2024]
Traube, *Säftling*[2025]; vgl. Weintraube
traurig, *schofel* (Spr.)[2026]
treu, *dof*[2024]
treulos, *lenk, schofel*[2026] od. *nobis dof*[2027]
trinken, *schwächen*[2024]
Trinkgelage, *Schwächerei*
Trinkgeschirr, *Schwächglansert* (eigentl. „Trinkglas")[2028], *Schwächnolle* (eigtl. „Trinktopf")[2029] od. *Schwächschottel* (eigtl. „Trinkschüssel")[2030]
Trinkglas, *Schwächglansert*

Trinkschale, *Schwächschottel*
Tropf, *Ni(e)se, Nille*[2031]
Trotz (Zorn) *Stumpf*[2032]
trotzig (zornig), *stumpfich*
trübe, *schundich* (d. h. eigtl. „schmutzig")[2033]
Trübsal, *nobis Dof* (d. h. „nicht gut, nichts Gutes")[2034] [2027]; vgl. Übel
trunken (betrunken), *geschwächt*[2024]; vgl. berauscht
Trunkenheit, *Schwächer*
Truppen, *Lanengere* (d. h. „Soldaten")[2035]
Tuch (Gewebe), *Bochdam*[2036]
Tuchmacher, *Bochdampflanzer*[2037]
tüchtig, *duft*[2038], *g'want*[2039]
tückisch, *lenk, schofel*[2026]
tugendhaft, *dof*[2038]

U.

übel (zum Übergeben, Erbrechen schlecht), *gielerich* (Spr.)[2040]
Übel (das), *nobis Dofs* (d. h. „nichts Gutes")[2027][2034] vgl. Trübsal
Überfluß, *grandich Schure* od. *Sore*[2041]; vgl. Reichtum
übergeben (sich) (= sich erbrechen), *giele*[2040]
Übergeben (das) (= Erbrechen), *Giele*
übermütig sein, *grandiche pflanzen*[2042]; vgl. stolz sein
übernachten, auch das Übernachten erlauben (v. S. des Wirtes), *fehten* (Spr.)[2043]
übernachten, im Freien —, *Blatt* (blatt) *pflanzen* (Spr.) [2044]
Überrock, *Malfes*[2045]
überschreiben, *überfeberen*[2046]

übersehen, *überlinzen*[2047]

Uhr, *Gluber* (Gluper [Spr.]), *Kluper* (Spr.) od. *Luber*[2048], auch *Gengle*[2049]

Uhrgehäuse, *Luberkitt*[2050]

Uhrkette, *Luberschlang, Gluperschlang* (Spr.)[2051]

Uhrmacher, *Genglespflanzer, Luberpflanzer*[2037]

Uhrschlüssel, *Luberglitschin*[2052]

Uhrtasche, *Luberrande*[2053]

umblicken, *umlinzen*[2044]

umbringen (töten), *deise*[2054]

umfahren, *umruadle*[2055]

umfallen, *umbohle*[2056]

umhergehen, *umherbosten*[2057]

umhertanzen, *umhernikle*[2058]

umhertragen, *umherbukle*[2059]

umkommen (sterben), *begere*[2060]

umschauen, *umlinzen*[2047]

umsonst, *nobis* (eigtl. = „nichts")[2061]

umwerfen, *umbohle(n)* (Spr.)[2056]

unanständig, *schofel*[2062]

unbedeckt, *nobis ankluftet* (d. h. „nicht angekleidet") [2063]

unbekannt, *gneis nobis* (d. h. „[ich] kenne [es] nicht") [2064]

unecht, *nobis dof* (d. h. „nicht gut")[2065]

Unflat, *Schund*[2066]

unflätig, *schundich*

ungekocht, *nobis gesichert*[2067]

Ungeziefer, *Keneme*[2068]

ungläubig, *nobis wo(h)nisch* (d. h. „nicht katholisch") [2069], *nobis gril(l)isch* (d. h. „nicht evangelisch") [2070], *nobis diboldisch* (d. h. „nicht jüdisch")[2071]

Unglück, *Schofelei*[2062]

Unglücksvogel, *Schofeleifläderling*[2072]; vgl. auch Rabe

ungültig, *hauret nobis* (d. h. „[es] ist nichts")[2073]
unkeusch, *nobis dof*[2065]
unklug, *ni(e)sich, nillich*[2074]
Unkraut, *Koelesgroenert* (d. h. „Teufelskraut")[2075]
unnütz, *nobis* (d. h. eigtl. „nichts")[2061]
unpäßlich, *begerisch*[2076]
Unrat, *Schund*[2077]
unrein, *schundich*[2077]
unrichtig, *nobis dof*[2075]
unsauber, *schundich*[2074]
Unschlitt, *Horboge-* od. *Hornikelschmunk* (d. h. „Rinds- od. Ochsenfett")[2078]
unschuldig, *dof*[2065]
unsinnig, *ni(e)sich, nillich*[2074]
unsittlich, *schofel*[2062]
unsterblich, *begert nobis* (d. h. „stirbt nicht")[2076][2079]
untauglich, *nobis dof*[2075]
unten, *unterkünftig*[2080]
untergehen, *unterbosten*[2081]
Unterkleid, *unterkünftige Kluft*[2082]
Unterrock, *unterkünftiger Malfes*[2083]
unterschreiben, *unterfebere*[2084]
Untersuchung, *Diberei*[2085] od. *Schmuserei*[2086] (d. h. [beides] etwa = „Fragerei")[2087]
untreu, *nobis dof*[2065]
unverehelicht (unverheiratet), *nobis vergrönt*[2088]
unverletzt, *nobis begerisch*[2076]
unvernünftig, *hegelich*[2089], *ni(e)sich, nillich* od. *nuschich*[2074]
unverschämt, *lenk, schofel*[2062]
unverständig s. unvernünftig
unwillig, *stumpfich*[2090]
unwissend, *nillich*[2074]

unzüchtig, *nobis dof*[2065]
unzweckmäßig, *hauret nobis* (d. h. „[es] ist nichts")[2091]; vgl. ungültig
Urin, *Flösle, Flösslete*[2092] od. *Flösselflu(h)te*[2093]
Uringlas, *Flösselglansert*[2094]
Urintopf, *Flösselnolle*[2095]
Urkunde, *Kritzler*[2096]

V.

Vater, *Patris*[2097]
Vaterhaus, *Patriskitt*[2098]
Vaterstadt, *Patrissteinhäufle*[2099]
verarmt, *dercherich*[2100]
verbluten, *verratten*[2101]
verbrennen, *verfunken*[2102]
Verdienst, *Bereimerei*[2103], *Pfreimerei*[2104] (d. h. „Bezahlung, [Lohn]")[2105]
verdrießlich, *stumpfich*[2090]
verehelichen (sich) s. heiraten
verehelicht (verheiratet), *vergrönt*[2088]
verfault, *vermuft*[2106]
verfertigen, *pflanzen*[2107]
Verfertiger, *Pflanzer* (nur in Zus. gebräuchlich)
vergüten, *bereimen*[2103], *pfreimen*[2104]
verhauen, *verguffe*[2108], *verkobere*[2109], *verstenze*[2110]
Verhör, *Diberei* (eigentl. etwa „Fragerei")[2111]; vgl. Untersuchung
verkaufen, *verbaschen* (Spr.), *vergremen, verkemere*[2112], *verkitschen*[2113]
Verkäufer, *Verkemerer, Verkitscher*
verkleiden, *verkluften*[2114]

verlachen, *ausschmol(l)en*[2115]
verlangen, *derchen*[2116]
verlängern, *grandicher pflanzen* (d. h. „größer machen") [2117]
verlaufen, *verbosten*[2118]
verleugnen, *kohlen* (eigtl. „lügen")[2119]
verlogen, *Kohl*[2120]
verlöschen, *ausfunken*[2121]
Vermögen, *grandich Schure* od. *Sore*[2122]; vgl. Reichtum
vermögend, *grandich Schure*[2120]
vernichten, *deisen*[2123]
vernünftig, *kochem*[2124]
verpfänden, *vergondere*[2125]
verprügeln s. verhauen
Verrat, *Verdibert*[2111][2126]
verraten, *verdibern*
Verräter, *Verdiberer*
verrucht, *schofel*[2127]
verrückt, *ni(e)sich, nillich, nuschich*[2128]
verschämt, *dof*[2129]
verschlagen s. verschmitzt
verschließen, *beschrenken*[2130]
verschlossen, *beschrenkt*
verschmitzt, *kochem*[2124]
versengen, *verfunken*[2121]
verspotten, *ausschmol(l)en* (d. h. „auslachen")[2115]
verständig, *kochem*[2124]
verstimmt (ärgerlich), *stumpfich*[2131]
verstorben, *begert*[2132]
vertrinken, *verschwächen*[2133]
verwahrlost s. heruntergekommen
verzehren, *achilen*[2134], *biken, butten, kahle*[2135]
Vieh, *Sore*[2136]

Viehpulver, *Kuiete*[2137]
Viehtränke, *Schwäche*[2133]
viel, *grandig*[2138]
vielmals, *grandicher* (wohl Komparativ)
visieren (den Paß kontrollieren), *flebben;* visiert, *geflebbt*[2139]
Vogel, *Fläderling*[2138]
Vogelbauer (Käfig), *Fläderlingskitt*[2140] od. *Fläderlingsstenkert*[2141]
Vogeleier, *Flederlingsbäzeme*[2142]
Vogelnapf, *Fläderlingsnolle*[2143]
Vogelspießer, *Fläderlingsschnellen*[2144]
voll, *grandig*[2138]
vorbeten, *vorblible*[2145]
Vorderfuß, *Vordertritt*[2146]
Vorderkopf, *Vorderki(e)bes*[2147]
Vorderzahn, *Vordernäpfling*[2148]
vorjährig, *voriges Ja(h)ne*[2149]
vorlügen, *vorkohlen*[2150]
vorsagen, *vordibere*[2151], *vorschmuse*[2152]
vorschießen (leihen), *vordogen* (eigentl. „vorgeben")[2153]
vorschreiben, *vorfeberen*[2154]
vorsingen, *vorschallen*[2155]
vorspielen, *vornikle*[2156]
Vorstadt, *Vorsteinhäufle*[2157]
vortanzen, *vornikle*[2156]
Vortänzer, *Vornikler*
vortrefflich, *dof*[2129]
vortrinken, *vorschwächen*[2133]
vorzüglich, *dof*[2129], *grandich*[2138]

W.

Wachsfackel (-kerze, -licht), *Schein*[2158]
Wachthaus (d. h. eigtl. „Nachthaus"), *Leilekitt*[2159]
Wachtmeister, *grandicher Schuker* (d. h. „großer" oder [genauer] „größerer [od. Ober-] Gendarm")[2160]; vgl. Oberwachtmeister
Wachtstube, *Leileschrende*[2161]
Waffenschmied, *Lattepflanzer*[2162]
Wagen, *Rädling*[2163], *Ruedel*[2164]
Wagner (Kutschenbauer), *Rädlingpflanzer*[2156][2155]
Wahnsinn, *Ni(e)serei*, *Nillerei*[2128]
wahnsinnig, *ni(e)sich*, *nillich*, *nuschich*
wahrhaft, *dof*[2129]
Wahrsagen (das), *Kasperei*[2165]
Wahrsager, *Kasperer*; Wahrsagerin, *Kaspere*
Wald (Waldung), *Jahre*, *Kracher*[2166]
Waldhüter s. Flurschütz.
Wallnuß, *Krächerle*[2167]
Wanne, *Schottel*[2168]
Wanst, *Rande*[2169]
Wanze, *Mufkenem* (d. h. „Stinklaus")[2170]
Ware, *Sore*[2171]
Waschbecken, *Pfladerschottel*[2172][2168]
Wäsche, *Pfladersore*[2172][2171]
waschen, *pfladern*
Wäscherin (Waschfrau), *Pfladermoss*[2173]
Waschhaus, *Pfladerkitt*[2174]
Waschwasser, *Pfladerflu(h)te*[2175]
Wasser, *Flu(h)te*[2176]
Wasserfaß, *Flu(h)tesoe*[2171]

Wasserhuhn, *Flu(h)tegachne*[2166] od. *Flu(h)testierer*[2177]
wässerig, *flu(h)tich*; vgl. feucht
Wasserkrug, *Flu(h)tenolle*[2178]
Wassermühle, *Flu(h)terolle*[2179]
Wasserstelze s. Bachstelze
Wassersuppe, *Flu(h)teschnall*[2180]
Wasservogel, *Flu(h)tefläderling*[2181]
Weck s. Semmel
weg (fort)!, *schef(f)t' schiebes* (d. h. „geh weg [fort]!")[2182]
Weg, *Strade*[2183]
Wegegeld, *Stradebich*[2184]
wegfahren, *wegruadla*[2185]
weglaufen, *wegbosten*[2186]
wegnagen, *wegnäpfen*[2187]
wegnehmen s. nehmen
wegsehen, *weglinzen*[2188]
wegstehlen, *wegschniffen*[2189], *wegschoren*[2190]
wegtragen, *wegbukle*[2191]
Wegweiser, *Stradelinzer*[2183][2188]
Weib, *Goi*[2192], *Mokel*[2193], *Mos(s)* (Dim.: *Mös[s]le* [Spr.])[2194]
Weiberbrust, *Schwächerle*[2195]
Weiberrock, *Mos(s)malfes*[2196]
weibisch, weiblich, *mossich*[2196]
weibliches Glied s. Glied; vgl. Scham
Weide (= Weidenbaum), *Kupferstöber* (d. h. eigtl. etwa „Grasbaum")[2197]
Weidmann (Jäger), *Grünling*[2198]
Wein, *Johle*[2199]
Weinbeere, *Säftling*[2200]
Weinberg, *Säftlingsore*[2201]
weinen, *glemsen*[2202]
Weinfaß, *Johlesore*[2199][2201]
Weinflasche (-glas), *Johleglansert*[2203]

Weinhaus, *Johlekitt*[2204]
Weinkrug, *Johlenolle*[2205]
Weinrebe, *Johlespraus*[2206]
Weinstock, *Johlestöber*[2207]
Weintraube, *Säftling*[2200]
Weißbrot, *Dofelehm* (od. *dofer Lehm* [Spr.]) (d. h. „gutes [feines] Brot")[2208]
Weizen, *Gib, Kupfer*[2209]
Wellfleisch, *Bossert, Mass* (d. h. [beides] eigtl. nur „Fleisch")[2210]
wenig, *nobis grandig* (d. h. „nicht viel")[2211]
werfen, *plotzen*[2212], auch *bohlen* (Spr.)[2213]
wertlos, *nobis dof* (d. h. „nicht gut")[2129]
Wiege, *Galmesauft* (wörtlich „Kinderbett")[2214]
willig, *dof*[2129]
winzig, *nobis grandig* (d. h. „nicht groß")[2211]
Wirt, *Beizer, Koberer*[2215]
Wirtin, *Beizere, Kobere*
Wirtshaus, Wirtschaft, *Beiz, Kober* od. *Koberei*
wischen, *pfladere*[2216]
Witterung (= Geruch), *Mufferei*[2217]
Wöchnerin, *Deislere*[2218]
wohl (gesund), *nobis begerisch* (d. h. „nicht krank")[2219]
wohlbeleibt, *grandicher Rande* (d. h. eigtl. „dicker Bauch")[2220]
wohlwollend, *dof*[2129]
Wohnung, *Fehte* (bes. Herberge)[2221], *Kitt* (bes. Haus)[2222]
Wolle, *Jerusalemsfreundstrauberts* (d. h. „Schafhaare")[2223]
Wortwechsel (Zank), *Stämpferei*[2224]
Wundarzt, *Begersins*[2225] od. (genauer) *Dupfsins* (d. h. etwa „der Stechmann")[2226]
Wurst, *Rondling* od. *Rundling*[2227]

Wurstessen, *Rondlingachilerei*[2228] od. *Rondlingbikus*[2229]
Wurstfleisch, *Rondlingbossert*[2230]
Wursthaus, *Rondlingsore*[2231]
Wurstsuppe, *Rondlingschnall*[2232]
wüst, *lenk* (Spr.)[2233]
wütend, *grandich*[2211], *stumpfich*[2224]

Z.

zahlen s. bezahlen.
zahlreich, *grandich*[2211]
Zahlung, *Bereime*[2234], *Pfreimerei*, *Zeine*[2235]
Zahn, *Näpfling*[2236]
Zahnarzt, *Näpflingsins*[2237]
Zahnfleisch, *Näpflingbossert*[2238]
Zank, *Stämpferei*[2224]
zanken, *stämpfen*
Zänker, *Stämpfer*
Zänkerei s. Zank
zänkisch, *stämpfich*
zärtlich, *dof*[2129]
Zauber, *Finklerei*[2239]
zaubern, *kaspere* (Spr.)[2240]
Zauberer, *Finkler*, *Kasperer* (Spr.); Zauberin, *Finklere*
Zeche, *Schwächerei*[2241]
zechen, *schwächen*
Zehe, *Trittgriffling* (d. h. „Fußfinger")[2242]
Zehnpfennigstück („Zehner"), *Schafnase*[2243]
Zeigefinger, *Linzgriffling*[2244]
Zettel, *Kritzler*[2245]
Zichorie, *Süs(s)ling*[2246]

Zichorienbüchse, *Süs(s)lingschottel*[2247]

Ziegelstein, *g'funkter Kies* (d. h. „gebrannter Stein")[2248]

zierlich, *dof*[2129]

Zigarre, *Dämpfere* od. *Dämpfete* (letzteres Spr.)[2249], *Toberichschure* (das jedoch auch „[Tabaks-]Pfeife" bedeutet)[2250]

Zigarrenbeutel, *Dämpferereiber*[2251]

Zigarrentasche, *Toberichschurerande*[2252]

Zigeuner, *Schmelemer*[2253], *Sende*[2254]

zigeunerisch, *schmelemerisch*[2253]

Zigeunerbursche, *Schmelemerfi(e)sel*[2255]

Zigeunerhund, *Schmelemerkib*[2256]

Zigeunermädchen, *Schmelemermodel*[2257]

Zigeunerwagen, *Schmelemerrädling*[2258]

Zimmer, *Schrende*[2259]

Zimmermann, *Schrendepflanzer*[2260]

Zorn, *Rochus*[2261], *Stumpf*[2224]

zornig, *massig*[2262], *stämpfich* od. *stumpfich*[2224]

Zuchthaus, *Lek*[2263], *Schofelkitt*[2264]

züchtig, *dof*[2129]

Zucker, *Süs(s)ling*[2246]

Zuckerbrot, *Süs(s)linglehm*[2265]

Zuckerhut, *Süs(s)lingoberman(n)*[2266]

Zuckerwasser, *Süs(s)lingflu(h)te*[2267]

zünden, *funken*[2268]

Zündhölzer, *Funkerle*[2268], *Funkspreisle*[2269]

zurücklaufen, *zurückbosten*[2270]

zurücksehen, *zurücklinzen*[2271]

zuschauen (zusehen), *zulinzen*

zuschlagen, *zudogen*[2272], *zuguffen*[2273], *zustenzen*[2274]

zuschließen, *zub'schrenken* od. auch (einfach) *beschrenken* (Spr.)[2275]

Zwerg, *nobis grandicher Kaffer* (d. h. „kein großer

Mann")[2276]
Zwetschgen, *Blauhanze* (od. *-hanse* [Spr.])[2277]
Zwetschgenbaum, *Blauhanzestöber*[2278]
Zwetschgenkern (-stein), *Blauhanzekies*[2279]
Zwetschgenkuchen, *Blauhanzebrandling*[2280]
Zwetschgenwasser (Branntwein), *Blauhanzeg'finkelter* od. *Blauhanzesoruf*[2281]
Zwiebel, *Sore*[2282]
Zwiebelkuchen, *Sorebrandling*[2280]
Zwirn, *Sore*[2282]
Zwist, *Stämpferei*[2224]

VI. Alphabetisches Verzeichnis der jenischen Stammwörter.

A.

achile(n) (-la) s. essen.
aufknüpfen s. erhängen.
August mit dem Ofenrohr s. Gendarm.

B.

Babing s. Gans.
Balo s. Eber.
baschen s. abkaufen.
bausen s. Angst.
Bäzem (Betzam, Bezem) s. Ei.
begeren s. absterben.
Beiz s. Gasthaus.
Bellel s. Kropf.
Bengel, auf den — s. Borg, auf den —
Benges vgl. *Benk*.
Benk (Benges) s. brauchbarer Bursche.
bereimen s. bezahlen.
beschrenken s. abschließen.
bestieben s. bekommen.
Bet s. Mark.
Betzam (Bezem) vgl. *Bäzem*.
bibern (mich bibert's) s. eisig.
Bich s. Almosen.
biken s. Abendessen.
bikeren s. abkaufen.
Blamb s. Bier.
Blatt (pflanzen) s. übernachten (im Freien.)
Blättling s. Gulasch.

Blauhanze s. Zwetschgen.
Blauling s. Pflaume.
bleisgeren s. anzahlen.
bliblen s. anbeten.
Bochdam s. Barchent.
bodere (-ra) (budere [-ra]) s. begatten.
Boga s. Kalb; vgl. *Horboge*.
Bogalo vgl. *Bog(g)elo*.
Bogeia s. Fischbein
Bog(g)elo (Bogalo) s. Appetit.
bohle(n) (-la) s. abfallen.
Bolle (-la) s. Bratkartoffeln.
Bomme (-ma) s. borgen.
Bommerling s. Apfel.
Bos (bosen) s. After.
Boschert s. Kupfergeld.
bosen vgl. *Bos*.
Bossert s. Aas.
bosten s. abgehen.
Brandling (-leng) s. Apfelkuchen.
Brawari s. Henne.
bremsere s. auslassen.
budere (-ra) vgl. *bodere* (-ra).
buk(e)le(n) (-la) od. *bugle* (-la) s. abtragen.
butschen s. anfragen.
butten s. Abendessen.
Bu(t)z s. Amtsdiener.
Buxe (-xa) s. Beinkleid.

D.

Dächle s. Schirm.
dalfen s. abbetteln.
dambes s. berauscht.
dämpfe(n) s. Pfeife.
deisen s. ermorden.
Deislere s. gebären.
derchen s. abbetteln.
dibere(n) (-ra) s. anreden.
Dibolde s. Jude.

Dietz s. Glied (männliches).
Dober s. Axt.
dof (duft) s. angenehm.
Dofes s. Arrest.
dogen (-ga), *doken* s. abgeben.
Duft s. Dom.
duft vgl. dof.
dupfen s. stechen.
durme(n) s. aufwachen.

F.

Falle (-la) (schofle — pflanzen) s. böse Sachen machen.
febere(n) (-ra) s. abschreiben.
Fehlinger s. Betrüger.
Fehma s. Hand.
Fehte s. Hauswirt.
Feneter s. Fenster.
Fi(e)sel s. Bettelbube.
Finkel- = (bzw. Finkler u. ä.) s. behext.
Flachs (Flächsle) s. Mark.
Fläderling vgl. *Flederling*.
Flebbe s. Gewerbeschein.
Flederling (Fläderling) s. Adler.
flös(s)le(n) s. austreten (leicht).
Flössling s. Fisch.
Flotscher (Pflotscher[t]) s. Fisch.
Flu(h)te s. abbrühen.
Freier s. Fremder.
Frosch s. Monat.
Fuchs s. Gold.
fuchsa s. erzeugen.
Fuhl s. Abort.
Funk s. abbrennen.
Fürflamme s. Frauenschürze.
Furschet s. Gabel.

G.

Gachne s. Hahn.
Gadscho s. Kerl.
Galgennägel s. Möhren.
Gal(l)ach s. Geistlicher.
Galm s. brauchbares Kind.
Garo (-ri) s. Glied (männliches).
G(e)fahr s. Bauerndorf.
Gefinkelter vgl. *Finkel-*; s. auch Branntwein.
Gengle s. Uhr.
G(e)schmu(i) s. Glied (weibliches).
Gib s. Frucht.
Giel s. Affengesicht.
Girall s. Käse.
Glansert s. Bierglas.
Gleis s. abgerahmte Milch.
glemsen s. ausweinen.
Glied s. Bruder.
Glitschin s. Dietrich.
Gluber (Kluber, -per) vgl. *Luber*.
gneis(s)en vgl. *kneisen*.
Goi s. böse Frau.
Gof s. böses Kind.
Gore s. Barschaft.
Grabegautschert (oder Grabagautschert) s. Most.
grandich (-dig) s. Adler.
gremen s. abkaufen.
Grif(f)ling (-leng) s. Daumen.
gril(l)isch (kril[l]isch) s. evangelisch.
Groanikel (od. Groenikel) s. Eber.
Groanert (Groenert) s. Gemüse.
Groenerei vgl. *vergroene(re)n*.
Groenert vgl. *Groanert*.
Groenikel vgl. *Groanikel*.
Grünleng s. Flurschütz.
Grünwedel s. Förster.
guffe(n) (-fa) s. aufschlagen.
g'want s. anmutig.

H.

Hamfert s. Hemd.
Hamore vgl. *More* (Morerei).
Hasa s. Flöhe.
hauren s. elend.
Hegel s. Dummheit.
Heges s. Dörfchen.
Hegesle s. Knödel.
her(r)les (-lem) s. da.
Hertling s. Gestein.
Hitzling s. Backofen.
Horboge s. Kalb; vgl. *Boga*.
Hornikel (-nigel) s. Bulle.

J. (Jod).

Ja(h)ne s. alljährlich.
Jahre s. Ananas.
Jak s. Licht.
jannen s. lecken.
jenisch s. Bachstelze.
Jerusalemsfreund s. Hammel.
Johle s. Apfelwein.

K.

Kaffer s. Bauer.
Kafler s. Fleischer.
kahle (-la) s. Abendessen.
Kaim s. Hebräer.
Karle (in Lattenkarle) s. Gendarm; vgl. *Latt*.
kaspere s. Betrug.
Katschete s. Branntwein.
Kechelte s. Milchbrötchen.
Keif s. Borg, auf —
Keiluf s. Haushund.
kemere s. abkaufen.
Kenem s. Filzlaus.
kenn s. ja.
Kib s. Haushund.

Ki(e)bes s. Angesicht.
Kies (= Stein, Kern) s. Apfelkern.
Kies (= Geld) s. Bankier.
kirmen s. begatten.
Kitt s. Abort.
Klass s. Büchse.
Klettert s. Schreibtisch.
Kluft s. ankleiden.
Kluber (Kluper od. Gluber) vgl. *Luber*.
kneisen (gneis[s]en) s. erkennen.
Kober s. Gasthaus.
koberen s. schlagen.
kochem s. besonnen.
Koele s. Satan.
Kohl s. belügen.
Kolb s. Bischof.
Konde vgl. *Kunde*.
Kopel s. Beinkleid.
Kracher s. Ananas.
Krächerle s. Haselnuß.
Krattler s. fahrende Leute.
Kritsch s. Bürgermeister.
Kritzler s. Attest.
kril(l)isch vgl. *gril(l)isch*.
Kunde (Konde) s. Handwerksbursche.
Kuiete s. Mastpulver.
Kupfer s. Frucht.

L.

Lache- od. *Lachapatscher* s. Ente.
Laich, o — s. o weh.
Lanenger s. Hauptmann.
Langohr s. Hase.
Latt s. Degen.
Lechem vgl. *Lehm*.
Lehm (od. Lechem) s. Bäcker.
Leile s. Abend.
Lek s. Arrest.
lenk (link) s. arg.

lenzen vgl. *linzen*.
link vgl. *lenk*.
linzen (lenzen) s. anschauen.
Lobe s. Barschaft.
Lolo (-li) s. Gendarm.
Lomel s. Klinge.
Lore (lore) s. das ist nichts.
Losling s. Ohr.
Luber (Gluber, Kluber, -per) s. Rathausuhr.
Lubne s. Beischläferin.

M.

Malfes s. Frauenrock.
Mamere s. Amme.
manga s. betteln.
Maro s. Brot.
Mass s. Aas.
massig s. zornig.
Matrele s. Erdäpfel.
Matsche s. Fisch.
Mocham (-um) s. Dorf.
Model s. Beischläferin.
Mogel (-kel) s. Frau.
molum s. berauscht.
Moss s. Bauernfrau.
More (Hamore, Morerei) s. Fehde.
muffen s. Aas.

N.

näpfen s. abbeißen.
naschen s. fliehen.
Ni(e)se s. aberwitzig.
nikle(n) s. aufspielen.
Nille s. aberwitzig.
nobis s. Dietrich.
Nolle s. Fleischhafen.
Nusche s. aberwitzig.

O.

oberkünftig s. Gaumen.
Oberman(n) s. Fingerhut.

P.

Patris (-tres) s. Eltern.
pfiche(n) s. abgehen.
pfladere(n) s. abwaschen.
pflanzen s. anbrennen.
pfreimen (-ma) s. abzahlen.
Pflotscher(t) vgl. *Flotscher.*
Plauderer s. Lehrer.
plo(t)ze(n) (-za) s. bewerfen.
Put(t)lak s. Appetit.

R.

Rädling (-leng) s. Eisenbahnwagen.
Rande s. Bauch.
Räp(p)le s. Mark.
Räsleng s. Käse.
Rat s. Blut.
Ratte s. Abend.
Rauschert s. Streu.
Rawine s. Leiter.
Reiber (in Zusammensetzgn.) s. Beutel.
Reifling s. Fingerring.
Rochus s. Zorn.
Rolle (Roller) s. Mühle.
Romane s. Frau.
Rondling vgl. *Rundling.*
Ruadel (Ruedel) s. abfahren.
Ruch s. Bauer.
Ruedel vgl. *Ruadel.*
Rundling (Rondling) s. Leberwurst.
Ruf s. Appetit.
Russling s. Kessel.

Rutsch s. Bahn.
Rutscherschure s. Bürste.

S.

Säftling s. Ananas.
Sauft s. Bett.
Schaffel s. Scheune.
Schafnase s. Zehnpfennigstück.
schallen s. absingen.
Scharfling (od. Scharpfleng) s. Dolch.
Scharrisele s. Kirschbaum.
Schar(r)le s. Bürgermeister.
schef(f)ten s. daher (a. E.)
Schei(n) s. alltäglich.
Schei(n)ling (-leng) s. Augapfel.
Schenagel (schenegle usw.) s. abschaffen.
schenzieren s. hausieren.
schiebes s. davongehen.
Schlang s. Halskette.
schlaune(n) (-na) s. ausschlafen.
schlummere s. Herberge.
Schmaleng od. *Schmaler* s. Baumkatze.
Schmelemer s. Löwenzahn.
schmol(l)en s. anlachen.
Schmunk s. Bratkartoffeln.
schmuse(n) s. ansagen.
Schnabel s. Löffel.
Schnall s. Metzelsuppe.
schnelle(n) s. abschießen.
schniffen s. anfassen.
schnirgle (-la) s. begatten.
schnüren s. aufhängen.
Schnurrant (-rand) s. Äquilibrist.
schofel s. arg.
Schond vgl. *Schund*.
schoren s. ausstehlen.
Schottel s. Aschenbecher.
Schrabiner (-winer) s. brauchbares Kind.
Schrende s. Frauenstube.

Schuberle s. Geist.
Schuk s. Mark.
Schuker s. Gendarm.
Schund (od. Schond) s. abgerahmte Milch.
schupfen (sich) s. aufhören.
Schure (schurele) s. abbiegen.
Schüx s. Hure.
schwächen s. Amme.
Schwä(t)zling (Schwetzling) s. Ofenruß.
Schwimmerling s. Fisch.
Sende s. Zigeuner.
sichere(n) s. auskochen.
Sins s. Amtmann.
Sitzling (-leng) s. Bank (zum Sitzen).
Sore s. Brücke.
Soruf s. Branntwein.
spannen s. gaffen.
Spitzling s. Hafer.
Sprate s. Ast.
Spraus s. Baumholz.
Spronkert s. einsalzen.
stämpfen (stämpfich) vgl. *Stumpf*.
Staubert s. Mehl.
Staud s. Hemd.
ste(c)ken s. beschenken.
Steinhäufle s. Stadt.
Stenker(t) s. Entenstall.
Stenz s. Ast.
Stenzel s. Henne.
stichle(n), *Stichling* s. aufnähen u. Gabel.
Stieling s. Birne.
Stiepa s. Bürste.
Stierer s. Henne.
Stöber s. Apfelbaum.
Strade s. Chaussee.
Stratz s. Hurenkind.
Strauberts s. Augenbrauen.
Streifling (-leng) s. Fußlappen.
Strohbutze s. Gans.
Strupf s. bestraft (gerichtlich).
Stupfle (Stupfel, Stupfleng) s. Dorn u. Igel.

Sturmkitt s. Rathaus.
Stumpf (stümpfen [stämpfen], stumpfich [stämpfich] s. Ärger.
Süsling (-leng) s. Kaffee.

T.

Toberich s. Pfeife.
Trabert (-pert) s. Füllen.
Tritt s. Entenfuß.
Trittling (-leng) s. Ferse; vgl. *Tritt*.
Tschai s. Mädchen.
tschanen s. fliehen.
Tschuggel s. Hund.
Tschure s. Messer.

U.

Ulme (-ma) s. arme Leute.
unterkünftig s. Fußsohle.

V.

verfinkelt vgl. *Finkel-*.
Vergondert s. Konkurs.
vergröne(re)n s. Ehe.
verkitschen s. handeln.

W.

Weisling (-leng) s. Feiertag.
wo(h)nisch s. Katholik.

Z.

zaine(n) od. *zeine(n)* (-na) s. abzahlen.

zopfen s. Diebstahl.

VII. Sprachproben.[2283]

Jenisch.
   Deutsch.

1. Meinst', scheffte keine Grünwedel herles im Kracher?
   1. Meinst du, es seien keine Forstwärter hier im Wald?
2. Herles im Steinhäufle schefft der Kolb krillisch und der Kritsch wonisch.
   2. Hier in der Stadt ist der Pfarrer evangelisch und der Schultheiß katholisch.
3. Hauret herles das G'fahr krillisch oder wonisch? Nobis, Kaime schefften herlem.
   3. Ist hier das Dorf evangelisch oder katholisch? Nein, Juden sind darin.
4. Herlem im Gefahr schefft ein lenker Schuker; Buz und Scharle hauret aber dof.
   4. Hier im Dorf ist ein strenger Gendarm; der Polizeidiener und der Schultheiß sind aber gut.
5. *Diberei*: Schmus', Kaffer, hauerst begerisch? Nobis, Moss. Bikerich? Nobis. Schwächerich? Nobis. Durmerich? Nobis. Geschwächt? Nobis, Moss. Schefft's dir schofel? Nobis. Gielerich? Nobis. Dof? Kenn, Moss.
   5. *Gespräch*: Sag, Mann, bist du krank? Nein, Frau. Hungrig? Nein. Durstig? Nein. Schläfrig? Nein. Betrunken? Nein, Frau. Ist es dir schlecht? Nein. Zum Übergeben schlecht (übel)? Nein. Gut? Ja,

Weib.

6. Moss, was sicherst? Ich sichere Hegesle mit Stupfelbossert und pflanz' ein Blättling.

    6. Frau, was kochst du (da)? Ich koche „Knöpfle" („Spätzle") mit Igelfleisch und mache (dazu) einen Salat.

7. Der Sore scheft in dem vermuften Ruchekittle.

    7. Die Sache ist in dem verwahrlosten Bauernhäuschen.

8. *Lenzerei*: Model, lenz' die Rucheulme, was herles der Ruch schefft? Kenn, Patris. — Ulme, hauret der Kaffer wonisch? Nobis, Model. Krillisch? Kenn. Schefft er niesich? Nobis. Nillich? Nobis. Schofel? Nobis. Vermufft? Nobis. Grandich? Kenn. Haurets ein Finkelkaffer? Nobis. Kasperer? Nobis. Blibelkaffer? Kenn. Schefft's ein bikerischer oder lenker Benk? Nobis, ein dofer. Schefft er herles vom Gefahr? Kenn. Stekt er lenk? Nobis, Model. Dof? Kenn. — Schefftet dof, Model, schupf dich auf und bost' schiebes. Kenn, Patris.

    8. *Fragerei*: Mädchen, frag' die Bauersleute, was hier der Bauer ist? Ja, Vater. — Leute, ist der Mann katholisch? Nein, Mädchen. Evangelisch? Ja. Ist er dumm? Nein. Verrückt?[2284] Nein. Arm? Nein. Vergantet (im Konkurs)? Nein. Reich? Ja. Ist's ein Hexenmeister? Nein. Ein Zauberer? Nein. Ein „Stundenmann" (Methodist)? Ja. Ist es ein hungriger oder böser Mann? Nein, ein guter. Ist er hier vom Dorfe? Ja. Gibt er schlecht (beim Betteln)? Nein, Mädchen. Gut? Ja. — Es ist gut, Mädchen, höre auf und gehe fort. Ja, Vater.

9. Warum glemst unterkünftig das Gefle so grandig? Den Malfes hats verfunkt am Hitzling. Jetzt schefft's bauserich, 's bestiebt Guffes.

    9. Warum weint da unten das böse (kleine) Kind so

sehr? Den Rock hat's verbrannt am Ofen. Jetzt
fürchtet es (wörtl.: ist es ängstlich), es bekomme
Hiebe.
10. Oberkünftig herles in der grandiche Ruchekitt
schefft ein Nille. Der hauret link. Spann', da linzt er
zum Feneter am Stenkert. Kenn, ich bost' schiebes.

    10. Oben hier in dem großen Bauernhaus ist ein
geistesgestörter Mensch. Der ist (sehr) böse. Sieh',
hier schaut er zum Fenster am Stall heraus. Ja, ich
gehe fort.
11. Fiesel, — dibert der Schurespflanzer — heut'
Leile bostemer in Stupfling; mei' Keiluf scheft ein
dofer Stupfelkib, aber link auf d' Schmaler und
Langohren. Ich schniff' ein Rande und Stenz mit,
vielleicht bestiebemer ein Schmaler und spannet
Groenert zum Schniffen.

    11. Kamerad, — sagt der Bürstenbinder — heute
Nacht gehen wir auf den Igelfang; mein Hund ist
ein guter Igelhund, aber bös auf die Katzen und
Hasen. Ich nehme einen Sack und einen Stock mit,
vielleicht bekommen wir eine Katze und sehen
Kraut zum Stehlen.
12. Bostet, bostet, herles im Kober schefft ein dofer
Freier, der pfreimt grandich z'schwächet.

    12. Kommt, kommt, hier im Wirtshaus ist ein
freigebiger Fremder, der bezahlt viel zum Trinken.
13. Schwäch' Grabegautschert, Benges, herles im
Nolle hauret, und im Glansert schefft Gefinkelter.
Schwäch' grandig, bis d' umbohlst. — Lore, ich
bestieb' kein Dambes, Benk, bohl' nobis und giel'
nobis.

    13. Trink' Most, Freund, hier im Krug ist (er), und
im Glas ist Branntwein. Trink' fest, bis du umfällst.
— Nein, ich bekomme keinen Rausch, Kamerad,
falle nicht und übergebe (breche) mich (auch) nicht.

14. Linz', Kaffer, herles im Dofes schefft mei' Patris zwei Frösch wegen Lachepatscher und Stenzel schniffe.

    14. Schau', Mann, hier im Gefängnis sitzt mein Vater zwei Monate wegen Enten- und Hühnerstehlens ab.

15. Jetzt schwäch' ich Blamb und bik' Räsling. Schwächst du nobis, Benges? — Kenn, ich schwäch' Johle und kahl' Rundling. Mei' Moss schwächt Süssling.

    15. Jetzt trink' ich Bier und esse Käse. Trinkst du nichts, Kamerad? — Ja, ich trinke Wein und esse Wurst. Meine Frau trinkt Kaffee.

16. Schon Leile, und mei' Kaffer schefft nobis herles. Ich baus' mir herlem in der grandigen Schaffel — schmust die jenisch' Moss —, ich boste und beschrenk'.

    16. Schon Nacht, und mein Mann ist (noch) nicht hier. Ich fürchte mich hier in der großen Scheune — sagt die fahrende Frau —, ich gehe und schließe zu.

17. So, Galme, — dibert die Mamere — ist Schnall und Bolle' buttet und Gleis geschwächt? — Kenn, Mamere. — Dann bostet in Sauft und schlaunet.

    17. So, Kinder, — sagt die Mutter — habt ihr (eigtl.: ist) die Suppe und die Kartoffeln gegessen und Milch getrunken? — Ja, Mutter. — Dann geht zu (ins) Bett und schlaft.

18. Fiesel, linz', herles bostet ein Kaffer aus dem Rucheg'fahr mit einem grandigen Kib an der Schlang und Pflotscher in de' Griffling. Es flösslet doch nobis? — Nobis, 's hauret ein Sins, kein Ruch, ich spann's an der dofe Kluft und Tritt. — Kenn, 's schefft ein Sins, spann' sein dofer Oberman auf 'em Kiebes, die Gluperschlang und Gluper im Rande. — Flössle wird's heut' nobis am Schei, es hat heut' Leile grandig g'flesslet. Linz' der Sins schmollt, er gneist's, dass wir von ihm und Keiluf schmuset. Pfich', wir schefften schiebes. — Kenn, wir pfichet.

18. Kamerad, schau, hier kommt ein Mann aus dem Bauerndorf mit einem großen Hund an der Leine und (einem) Regenschirm in der Hand. Es regnet doch nicht? — Nein, es ist ein Herr, kein Bauer, ich sehe es an dem feinen Anzug und (den) Stiefeln. — Ja, es ist ein Herr, schau seinen schönen Hut auf dem Kopfe, die Uhrkette und (die) Uhr in der Tasche. — Regnen wird's heute bei Tage nicht, es hat heute Nacht viel (stark) geregnet. Sieh', der Herr lacht, er merkt es, daß wir von ihm und (dem) Hunde sprechen. Komm', wir gehen fort. — Ja, wir gehen.

19. Patris, — dibert der Galm — ruedlemer in das Mochumle, wo wir am grandigen Fluhte halten mit dem Rädling, und sicheren? In der Schaffel vom Scharle fehten? — Kenn, — schmust die Mamere — das Gefahr hauret's, wo neben der Fehte der Trabertkober schefft mit der dof Beizere und Beizer mit dem grandigen Muffer, wo wir vor'm Jahne so grandich Sore verbaschten. — Schwächet und buttemer heut' Leile nobis in der Beiz? — lenzt der Kaffer seine Moss. — Nobis, nobis, — schmust die Moss — kein Boschert Lobe schefft herles.

19. Vater, — sagt das Kind — fahren wir in das Dörfchen, wo wir am großen Wasser halten mit dem Wagen, und kochen (da)? Übernachten (wir) in der Scheune vom Schultheiß? — Ja, — sagt die Mutter — dieses Dorf ist es, wo neben der Herberge die Rößleswirtschaft ist mit der guten Wirtin und (dem) Wirt mit der großen Nase, wo wir voriges Jahr so viel Ware verkauften. — Trinken und essen wir heute Abend nichts in der Wirtschaft? — fragt der

Mann sein Weib. — Nein, nein, — sagt die Frau —
kein Pfennig Geld ist (dafür) da.

20. Schupf' dich auf und sei kochem und stämpf'
nicht so grandich, Fiesel. — Nobis, ich schupf' mich
lore, ich schefft' grandich stumpfich auf den
bikerichen Beizer herles und schmusem's noch. Der
Beizer schefft ein Linkfiesel, der kemeret nobis keine
Stiebe und Schottle. Die Beizerin hauret nobis so
schofel. — Kenn, das schefft ein g'want's Mössle. —
Schupfte, schefft' nobis nillich. Spann, der Koberer
linzt massig. Fiesel, er gneist die lenke Diberei. —
Ich kahl' und schwäch' nobis mehr herles. Pfich',
wir zeinet den Beizer und schefften schiebes. —
Kenn, Fiesel.

   20. Sei ruhig und gescheit und schimpfe nicht so
viel, Freund. — Nein, ich bin nicht still, ich habe
einen großen Zorn (eigtl.: bin sehr zornig) auf den
geizigen Wirt hier und sage es ihm noch. Der Wirt
ist ein böser Mensch, der kauft keine Bürsten und
keine Körbe. Die Wirtin ist nicht so schlecht. — Ja,
das ist ein braves Weibchen. — Schweig still, sei
nicht dumm. Schau, der Wirt sieht ganz zornig
(aus). Kamerad, er merkt unser schimpfendes
Gespräch. — Ich esse und trinke nichts mehr hier.
Komm, wir bezahlen den Wirt und gehen fort. —
Ja, Kamerad.

21. Linz', in dem Mochem, wo man spannt, schefft
ein g'wanter Plauderer. Der stekt dof z'biket und
z'schwächet und kemeret grandich Sore.

   21. Schau, in dem Dorfe, das man (da) sieht, ist ein
braver Schulmeister. Der gibt gut zu essen und zu
trinken und kauft viel Ware.

22. Herles in dem Gefahr schefften schofle Ruchen,
da bestiebtmer nobis zu dalfen.

   22. Hier in dem Dorfe sind schlechte Bauern, da

bekommt man nichts beim Betteln.
23. Schefft Schnall nobis bibrisch, hauretse auch dof geschmunkt und gesprunkt?

23. Ist die Suppe nicht kalt, ist sie auch gut geschmalzen und gesalzen?

24. *Stiepenpflanzer*: Ulme, schwächet grandicher Blamb und Grabegautschert als dibere. Beizer, ich schwäch' ein Stielingsjohle. Schwächet auf, Ulme! Benges, Käffer, schwächet grandiger Gefinkelter und niklet! Mossen, Modle, schwächet Johle und schallet!

24. *Bürstenbinder*: Leute, trinket (lieber) mehr Bier und Most anstatt zu schwätzen. Wirt, ich trinke einen Birnenmost. Trinket aus, Leute! Burschen, Männer, trinkt mehr Branntwein und tanzt. Weiber, Mädchen, trinkt Wein und singt!

Model (nikelt und schallt):

    Mädchen (tanzt und singt):

„Und a' jenische Model

    „Und ein fahrendes Mädchen

Schnifft a' jenischer Fiesel"

    Nimmt sich einen fahrenden Burschen"

— — — — — — —
    — — — — — — —

Koberer: Lore, Ulme, herles wird nobis g'schallet.

    Wirt: Nichts, Leute, hier wird nicht gesungen.

Beizere: Model, schupf dich auf!

    Wirtin: Mädchen, höre auf!

Jenischer Benk: Und nobis nikle?

    Fahrender Bursche: Und (darf man auch) nicht tanzen?

Beizer: Nobis, nobis!

    Wirt: Nein, nein!

25. *Dächlespflanzerulme*. *Dächlespflanzer*: Moss,

schefft Leile, pfich' schiebes Fehte linze. Galme, schupfetich, bis Mamere vom Fehte linzen bostet herles im Heges. —

25. *Schirmflickersleute. Schirmflicker*: Weib, (es) ist Abend, geh' fort, (um nach einer) Herberge (zu) sehen. Kinder, seid ruhig, bis (die) Mutter zurückkommt von dem Suchen (eigtl. Sehen) (nach) einer Herberge hier in dem Dörfchen. —
Patris, linz', die Mamere pficht. —
Vater, schau', die Mutter kommt. —
Kenn, schniffet den Rädling, Galme, und bostet.
Ja, nehmt den Wagen, Kinder, und gehet.
Dächlespflanzerin: Kaffer, die Fehteulme hauret nobis herles, aber's Glied hat gefehtet. —

Schirmflickerin: Mann, die Herbergsleute sind nicht da (zu Hause), aber der Sohn hat uns das Übernachten erlaubt. —
Wo schlaunetmer, Moss, im Stenkert oder Schaffel? Wo schefft Fehte? — Spann', herles das Schaffelle hauret's. — Galme, pflanzet Schaffel auf und schefftet schiebes zum Dalfen. Moss, pflanz' den Sauft. — Linz', Kaffer, die Galme bosten vom Derchen, und heiles pficht der Fehtekaffer. Dibere mit dem Hegel. — Kenn, Moss. —

Wo schlafen wir, Weib, im Stall oder (in der) Scheune? Wo ist die Herberge? — Schau, hier die kleine Scheune ist es. — Kinder, macht (die) Scheune auf und geht fort zum Betteln. Weib, mach' das Bett. — Sieh', Mann, die Kinder kommen vom Betteln, und hier kommt (auch) der Hauswirt. Sprich mit dem Einfaltspinsel. — Ja, Frau. —
Moss, ich haure begerisch. Der Fehtekaffer schmust, es scheffte schofel.

Weib, ich bin krank. Der Hauswirt sagt, es stehe schlecht (mit mir).

Moss: Kaffer, ich bestieb' Bauser; boste in Begerkitt oder zum Begersins. — Nobis, nobis, nur nobis in Begerkitt. — Kenn, 's ist döfer, Kaffer, du buttest herles Schundbolle mit Schmunk und Gleisschund. Ich bik' Lehm und schwäch' Gleis; dann pfichet mir in Sauftlinge.

Frau: Mann, ich bekomme Angst; gehe in (das) Krankenhaus oder zum Doktor. — Nein, nein, nur nicht ins Spital. — Ja, es ist besser, Mann, du ißt hier (die) Kartoffeln mit Butter und Rahm. Ich esse Brot und trinke Milch; dann gehen wir in (unsere) Betten.

Model: Mamere, ich hab' nobis g'buttet bestiebt und hab' grandig Puttlak. Dog' mir Schofellechem oder Bolle und abg'schunde Gleis.

Mädchen: Mutter ich habe nichts zu essen bekommen und habe (sehr) großen Hunger (Heißhunger). Gib mir Schwarzbrot oder Kartoffeln und abgerahmte Milch.

Mamere: Kenn, kenn, herles schniff' den Gleisnolle mit Schnabel und Bolleschottel.

Mutter: Ja, ja, hier nimm den Milchhafen mit (dem) Löffel und (die) Kartoffelschüssel.

Patris: Moss, bukle die Stratze in Sauft. *Galme* (glemsen und schmusen): Bostet heut' Leile nobis a' Schuberle?

Vater: Frau, bringe die Kinder zu Bette. *(Die) Kinder* (weinen und sagen): Kommt heute Nacht (auch) kein Gespenst?

Patris (stumpfich): Schupfetich, Galme, oder der Koele mussich bukele.

Vater (zornig): Seid still, Kinder, oder der Teufel soll (muß) euch holen.

Moss: Schupfte, Kaffer, mit dem lenken Gedieber

oder ich bestieb' ein Stumpf. Galme, bliblet z'Leile und schlaunet.

    Frau: Hör' auf, Mann, mit dem wüsten Gerede oder ich bekomme einen Zorn. Kinder, betet zur Nacht und schlaft.

Kaffer: Durmet die Schrawiner? *Moss*: Kenn. —

    Mann: Schlafen die Kinder? *Frau*: Ja. —

Kaffer: Dann schniff' Funkspreisle und funk' herles den Schein an und linz' nach Keneme im Malfes und Streifling. Ich linz' im Hanfert und Buxen. Es näpft mich grandig, seit der Rädling Schwelemer herles gehauret und ein Schei mitgerudelt ist. Moss, ich linz' und linz' und bestieb' nobis und spann' nobis kei' Kenem.

    Mann: Dann nimm (ein) Zündholz und zünde hier das Licht an und sieh nach Läusen im Rock und (in den) Strümpfen. Ich schaue im Hemd und (in der) Hose (nach). Es beißt mich so sehr, seit der Wagen (mit) Zigeuner(n) bei uns gewesen und einen Tag mit (uns) gefahren ist. Weib, ich schaue und schaue und bekomme und sehe keine Laus.

Moss: Kaffer, soll der Fiesel nobis aufs Kohl in Stupfling bosten und Bommerling, Stieling und Blauhanse schniffe?

    Frau: Mann, soll der Junge nicht fortgehen und so tun, als wolle er Igel fangen und (statt dessen) Äpfel, Birnen und Zwetschgen stehlen?

Kaffer: Ich schmoll', der Hegellauti ... Ich boste am Schei und schniff Säftling, Bloling und Scharrisele und bukles' im Buxe- und Malfesrande.

    Mann: Ich muß lachen, der närrische Kerl ... Ich gehe am Tage (selbst) und stehle Trauben, Pflaumen und Kirschen und trage sie in (meiner) Hosen- und Rocktasche (heim).

Moss: Schupfte, Kaffer, ich spann' ein Schein. Linz', herles pfichet Ulme!

    Frau: Sei still, Mann, ich sehe ein Licht. Schau, hier kommen Leute!

Kaffer: Kenn, 's hauret das vermufft' Fehtekäfferle und Fehtemoss. Sie bosten in Horbogestenkert.

    Mann: Ja, es ist der bankrotte kleine Hauswirt und (die) Hausfrau (= Quartiersfrau). Sie gehen in den Kuhstall.

Moss: Kenn, linz', sie schefften im Stenkert. Fiesel, ... der Ruch pflanzt ein linker Giel.

    Frau: Ja, schau, sie sind (schon) im Stall. Mann, ... der Bauer macht einen wüsten Mund.

Kaffer: Kenn, der Fehtekaffer schefft stumpfich, er hauret vermufft vor grandich Bommen.

    Mann: Ja, der Hauswirt ist zornig, er ist in Konkurs geraten wegen großer Schulden.

Moss: Vergondert hauret er? Jetzt gneiss' ich den grandigen Rochus.

    Frau: Im Konkurs ist er? Jetzt verstehe ich seinen großen Zorn.

Kaffer: Kenn, g'schnifft und verkemeret hat der Schoffeleischure ein Groenikel, Trabert und Hornikel, und die Horboge hauret am Kaim.

    Mann: Ja, (weg)genommen und verkauft hat der Gerichtsvollzieher ein Schwein, (ein) Pferd und (einen) Ochsen, und die Kühe gehören dem Juden.

Moss: Das schefft schofel, Benges. Linz', die Moss bostet vom Stenkert zur Schaffel und schnifft Kupfer.

    Frau: Das ist traurig, Mann. Schau, die Frau geht vom Stall in die Scheune und holt Heu.

Kaffer: Nobis, sie pficht herles und bukelt Rauschert in Stenkert.

Mann: Nein, sie kommt hierher und trägt Stroh in (den) Stall.

Pflotscherpflanzerin: Dofe Leile, Fehtemoss, noch nobis im Sauft? — Nobis, noch nobis. Durmeter noch nobis? Ich pfich' heut' Ratte lore in Sauft, wir bestieben ein Horbögle. Herles hauret ein Kib. Napft er nobis? — Nobis, Fehtemoss. — Das schefft dof. Dofe Leile, Goi, schlaunet dof! — Dofe Leile, Fehtemoss, pflanzet's dof!

Schirmflickerin: Guten Abend, Hausfrau, noch nicht im (zu) Bett? — Nein, noch nicht. Schlaft ihr noch nicht? Ich komme heute Nacht nicht ins Bett, wir bekommen ein junges Kalb. Hier ist ein Hund. Beißt er nicht? — Nein, Hausfrau. — Das ist gut. Gute Nacht, Frau, schlaft gut! — Gute Nacht, Hausfrau, macht's gut!

Moss: Spannst nobis, Kaffer, herles bostet ein grandiger Schmaler.

Frau: Siehst du nichts, Mann, da läuft eine große Katze.

Kaffer: Das schefft g'want, Moss, dog' mir mein Sprate, dann deisen, und Scharfling, dann dupfen.

Mann: Das ist gut, Weib, gib mir meinen Stock, dann (will ich sie) totschlagen, und mein Messer, dann (will ich sie) stechen.

Moss: Nobis, Fiesel, Schmalerbossert bik' ich und sichere nobis.

Frau: Nein, Mann, Katzenfleisch esse und koche ich nicht.

Kaffer: Was muft herles so schofel?

Mann: Was riecht hier so schlecht?

Moss: Spann', der Schein hauret's, er bostet schiebes, jetzt pfichet mir in Sauft, Kaffer. —

Frau: Schau, das Licht ist es, es geht aus, jetzt gehen

wir (auch) zu (ins) Bett, Mann. —
Die Leile ist schiebes, es schefft Schei. Wo hauret meine Klufterei? Dofer Schei, Kaffer! Stek' mir mein Malfes und Trittling zum Ankluften, ich boste schenzieren. Dog' mir Fluhte zum Pfladeren und Straubertspflanzen. — Galme, bohlet Säuftling in Rädling, pflanzet den Rauschert schiebes. —

>Die Nacht ist vorbei, es ist Tag. Wo sind meine Kleider? Guten Morgen, Mann. Gib mir meinen Rock und (meine) Schuhe zum Anziehen, ich gehe hausieren. Gib mir Wasser zum Waschen und Haarmachen. — Kinder tut (eigtl.: werft) (die) Betten in (den) Wagen (und) macht das Stroh weg. —

Moss, pfich' schenzieren und vergrem' grandig. —
Weib, geh' hausieren und verkaufe viel. —
Kenn, kenn, Kaffer, aber ich spann's, in dem krillischen Heges verkemere ich nobis grandig. Doge mir mein Dächlesrande, Kaffer, und pflanzte Sore, dann scheffte schiebes. —

>Ja, ja, Mann, aber ich sehe es (schon), in diesem lutherischen Dorfe verkaufe ich nicht viel. Gib mir meinem Schirmsack, Mann, und (die) gemachte Ware, dann gehe (ich) fort. —

Galme, pflanzet Strauberts, pfladert eure schondiche Griffling und Kiebes. Schnifft Spraus zum Sicheren. Linzet, herles scheft ein g'wantes Schurele, z'schoret's. — Kenn, Patris. —

>Kinder, macht (euch) die Haare, wascht (euch) eure schmutzigen Hände und (das) Gesicht. Nehmt Holz (mit) zum Kochen. Seht, hier ist ein schönes Brett(chen), stehlet es. — Ja, Vater. —

Pflanzet den Kib vom Rädling und Schaffel auf! Fiesel, boste Bolle und Schmunk dalfen. Die Mamere dercht Gleis und Lehm. Model, schniff

herles den Staubertrande und pfich' zur Rolle und
derch' Staubert zu Hegesle pflanzen. Der Roller
schefft g'want und stekt dof. Ich schniff' dofen
Fluhte zum Süsling sichere und ruedle vor's Gefahr
und pflanz' den Funk. —
>   Macht den Hund vom Wagen (los) und (die)
>   Scheune auf! Junge, gehe fort, (um) Kartoffeln und
>   Schmalz (zu) betteln. Die Mutter bettelt Milch und
>   Brot. Mädchen, nimm hier den Mehlsack und gehe
>   zur Mühle und bettle um Mehl zum
>   Spätzlemachen. Der Müller ist brav und gibt gut.
>   Ich nehme frisches Wasser (mit) zum Kaffeekochen
>   und fahre vor's Dorf hinaus und brenne das Feuer
>   an. —

Fiesel, pfichst? —
>   Junge, kommst du? —

Kenn, Patris. —
>   Ja, Vater. —

Schmunk und Bolle bestiebt? — Kenn. —
>   (Hast du) Schmalz und Kartoffeln bekommen? —
>   Ja. —

Patris, linz', die Mamere und Model bosten. —
>   Vater, schau', die Mutter und (das) Mädchen
>   kommen. —

Verkemeret nobis, kein Boschert, Kaffer; aber
grandig z'dalfet bestiebt und ein g'wanter
Bogeiepflotschert ein'bascht, spann'! —
>   Verkauft (habe ich) nichts, (für) keinen Pfennig,
>   Mann; aber viel zu betteln (habe ich) bekommen
>   und einen noch guten Fischbeinschirm
>   eingehandelt, schau! —

Kenn, die Bogeie schefften dof zum verkitschen, da
derche ich grandig. —
>   Ja, die Fischbeine sind gut zum Verkaufen, da(für)
>   verlange ich viel. —

Model, herles hauret Bich. Boste zum
Lehmschupfer und grem' für a' Schafnas' Kechelte
zum Süsling. Dem Patris pflanze Schmunkbolle. —

> Mädchen, hier ist Geld. Gehe zum Bäcker und
> kaufe für zehn Pfennige Wecken zum Kaffee. Dem
> Vater mache (ich) Bratkartoffeln. —

Patris, linz', 's pficht ein Schuker! —

> Vater, sieh, es kommt ein Gendarm! —

Nobis, Fiesel, 's schefft ein Grünwedel. Linze die dof
Latt und Klass. —

> Nein, Junge, es ist ein Forstwart. Schau (nur) den
> schönen Hirschfänger und (das) Gewehr. —

Moss, spann, die Model buklet ein Brandling. Die
Model schefft wie a' Finkelmoss und hauret eine
g'wante Derchere. —

> Weib, sieh (nur), das Mädchen bringt einen Kuchen.
> Das Mädchen ist wie eine Hexe und (ist) eine
> tüchtige Bettlerin. —

Wo bestiebt, Model? In der Schupferei 'dalft? —

> Wo (hast du das) bekommen, Mädchen? (Hast du
> es) in der Bäckerei gebettelt? —

Kenn, Patris. —

> Ja, Vater. —

Es schefft gesichert. Galme, Kaffer, bostet zum
Bicken. Bohlet nobis um! Herles hauret Schnäbel,
Süslingschottle und Gleisnolle. Achilt! —

> Es ist gekocht. Kinder, Mann, kommt zum Essen!
> Werft nichts um! Hier sind (die) Löffel, Kaffeetassen
> und Milchhafen. Esset! —

Dog' mir ein Stichling, Moss. Ich pfich' und butte
meine Schmunkbolle unter dem Stöber. —

> Gib mir eine Gabel, Weib. Ich gehe und esse meine
> gebratenen Kartoffeln unter diesem Baum. —

Kenn, Kaffer, herles schefft deine Furschet. —

> Ja, Mann, hier ist deine Gabel. —

Doge mir Spronkert, Fiesel, die Bolle hauret nobis
dof g'sprunkt. Wie hauret's, Galme, bostet ihr nobis
zur Plauderei? —

> Gib mir Salz, Junge, die Kartoffeln sind nicht genug
> (eigtl.: nicht gut) gesalzen. Wie steht es, Kinder, geht
> ihr nicht zur Schule? —

Nobis, Patris, der Plauderer und Kolb schefften
schiebes in's Steinhäufle und pfichet in die dof Duft.
—

> Nein, Vater, der Lehrer und (der) Pfarrer sind fort in
> die Stadt und gehen in die schöne Kirche. —

Patris, Mamere, linzet herles bostet ein Rädling
Schmelemer! Nobis, es schefften jenische Ulme,
Schottlepflanzer oder Dächlespflanzer. —

> Vater, Mutter, sehet, da kommt ein Wagen (mit)
> Zigeuner(n). — Nein, es sind „jenische Leute",
> Korbmacher oder Schirmmacher. —

Lore, 's hauret Ulme, wo kasperet oder
Dercherulme. —

> Nein, es sind Leute die zaubern, oder Bettelleute. —

Nobis, nobis, Schurespflanzer hauret's. —

> Nein, nein, Bürstenbinder sind es. —

Kenn, aber ich gneise's nobis. —

> Ja, aber ich kenne sie nicht. —

Pflanzet den Funk aus! Die Sore in Rädling bohlt!
Patris und Fiesel, schniffet den Rädling in Griffling,
und abgeruadelt! Pfich', Model, wir bosten.

> Macht das Feuer aus! Packt (eigtl.: werft) die Ware
> in den Wagen. Vater und Junge, nehmt den Wagen
> in die Hand, und (dann) abgefahren! Komm,
> Mädchen, wir laufen.

Patris, bostet mir ins dofe Steinhäufle, wo der
grandich Sins schefft? —

> Vater, gehen wir in die schöne Stadt, wo der König
> ist? —

Kenn, Fiesel. —
Ja, Kind. —
Gremst wieder Trabertbossert beim Trabertkafler,
Patris? — Der Mass vor'm Jahne ist dof g'hauret. —
> Kaufst (du da) wieder Pferdefleisch beim
> Roßmetzger, Vater. Das Fleisch voriges Jahr ist gut
> gewesen. —

Nobis Fiesel, wir kemeret, ein Kible. Kibenbossert
hauret döfer. —
> Nein, Junge, wir kaufen ein Hündchen.
> Hundefleisch ist besser. —

Kaffer, wenn's nobis flösslet, pflanzet mir Blatt unter
dem grandichen Krächerstöber in dem wonischen
Ruchegefahr über'n Weisling. Rauschert bestiebet
mir. Wenn's nobis ein Flösselschei schefft! —
> Mann, wenn's nicht regnet, übernachten wir am
> Sonntag im Freien unter dem großen Nußbaum in
> dem katholischen Bauerndorf. Stroh bekommen wir
> (schon). Wenn's (nur) kein Regentag wird! —

Kenn, Moss, und sicheret eine Hegesleschnall,
Groenert und Groenikelbossert. —
> Ja, Weib, und (dann) kochen wir eine
> „Spätzles"suppe, Kraut und Schweinefleisch. —

Lore, Kaffer, Bolleblättling und Stupfelmass.
> Nein, Mann, Kartoffelsalat und Igelfleisch.

26. Stichler, — dibert der Schmelemer — schefftet
so dof und pflanzet diese schofle Buxe. Ich bereim'
ein Flächsle. —
> **26.** Schneider, — sagt der Zigeuner — seid so gut
> und macht mir diese schlechte (zerrissene) Hose. Ich
> bezahle (dafür) eine Mark. —

Nobis, nobis, — schmust der Stichler — ich pflanz'
die schundich' Buxe nobis. Ich will lore Kenemer.
> Nein, nein, — sagt der Schneider — ich flicke
> (eigtl.: mache) diese schmutzige Hose nicht. Ich will

keine Läuse (bekommen).

27. *Ruch* (butschet ein jenischen Galmen): Wo haureter schureles?[2285] —

> **27.** *Bauer* (fragt ein „jenisches" Kind): Woher seid ihr? —

Dibert des Schrawiners *Patris*: Schmus' nobis, Galm! —

> (Es) sagt des Kindes *Vater*: Sag' (es) nicht, Kind! —

Galm: Von Schmusdernobishausen am Niesebach. —

> *Kind*: Von „Sag' - dir's - nicht - hausen" am Narrenbach. —

Ruch: Wo hauret's? —

> *Bauer*: Wo liegt (denn) das?

Galm: Bei Nobisgneis am Nilleberg aufs Kohl und Blauangestrichen[2286].

> *Kind*: Bei „Ich - weiß - (es) - nicht" am Dummkopfberg, und alles ist recht erlogen.

28. Pflanz', doge mir ein Funkerle zum Toberich anfunken. —

> **28.** Mach', gib mir ein Streichholz zum Anzünden der Pfeife. —

Herles, meine Dämpfete funkt, schniffse zum anfunken.

> Hier, meine Zigarre brennt, nimm sie zum Anzünden.

29. Herles, Galme, schefft der Patris ein' Schei im Kittle wegen Hamore und Stenzerei.

> **29.** Hier Kinder, sitzt (ist) der Vater einen Tag im Arrest wegen Händel und Schlägerei.

30. Linz, Moss, herlem in der Lek schefft mein Glied ein Jahne wegen Dupfen und Schnellen.

> **30.** Sieh, Frau, hier im Gefängnis sitzt (ist) mein Bruder ein Jahr (lang) wegen Stechens und

Schießens.

31. Herles im Gefahr scheffte gestrupft wegen Derchen und link Schenzieren. Mein Kaffer stämpft und pflanzt Hamore mit Buz und Scharle.

>31. Hier im Dorf wurde (ich) bestraft wegen Bettelns und unerlaubten Hausierens. Mein Mann schimpft und fängt Streit an (eigtl.: macht Streit) mit dem Polizeidiener und dem Schultheiß.

32. Spann', die grandich Kitt herles! — Kenn, Gneistse lore? — Nobis. — Die Schoffelkitt schefft's.

>32. Schau, das große Haus hier! — Ja. Kennst du es nicht? — Nein. — Das Zuchthaus ist es.

33. *Derchermoss*: Hauret so dof, Lehmschupfer, und dogt mir dofen Lehm oder Gleiskechelte für mein Gälmle zum Gleisschnälle sichern.

>33. *Bettelweib*: Seid so gut, Bäcker, und gebt mir (etwas) Weißbrot oder Milchbrötchen für mein Kindlein, um eine Milchsuppe zu kochen.

Lehmschupfer: Nobis, nobis, für Dercherulme wird lore 'dogt.

>*Bäckermeister*: Nein, nein, Bettelleuten wird nichts gegeben.

34. Mir schefft's gielerich vor grandig Grabegautschert schwächen und lore biken. — Herles, schwäche Fluhte. — Nobis.

>34. Mir ist (es) schlecht vom vielen Apfelmost-Trinken, ohne etwas (dazu) gegessen zu haben (wörtlich: „und nichts essen"). — Hier, trinke Wasser. — Nein.

35. Mei' Kluper schefft schofel. Ich pfich' schiebes zum Genglespflanzer.

>35. Meine Uhr ist entzwei. Ich gehe fort zum Uhrmacher. —

VIII. Jenische Schnadahüpfel.[2287]

1.   Ei, g'want sein Kocheme,
   Denn sie tun nobis als schoren,
   Wann sie lore Rande füllen
   Und dof mit der Sore springen.
         Hei ja! Viva!
   Grandscharle was pflanzst du da?[2288]

2.   Schicksel, was hat auch der Kochem
         g'schmust?
   Er hat g'schmust: Wann er vom Schoren
         pficht,
   Schefft er gleich wieder zu mir[2289].

3.   Jann mei' Bos,
   Bos mei' Bos,
   Pflanz' mei Bos um,
   Bik' mein Schund,
   Zehnthalb Pfund,
   Weil der'n wohl gunnt!

4.   Model, was hat der Fiesel g'schmust,
   Wo er ist 'bostet zu dir?
   Er hat g'schmust, wenn er nobis eine andere
         bestiebt,
   Bostet er gleich wieder zu mir[2289].

5.   Do' drüben auf'm Bergele
   Haun i d' Derchermodel karessiert,
   No' hauret ihrs Schmunkschottele,
   Der Berg na' g'marschiert.

6.   Jenischer Benges, bist nena g'want,
   I schmelz dir in d'Griffling,
   No' bohlst da an d' Wand.

7.   Jesses Marerkele, vors Grandscharleskitt

Grandscharleskitt, Grandscharleskitt,
Wenn du mi' nobis schniffst,
No' schmelz d'r in's G'nick.
   Holdri, Holdra, Holdro!

Nachträge.

Nachträge zu Band 63. *Zu S. 5, Anm. 8*: Die Verallgemeinerung des Wortes *jenisch* zu der Bedeutg. „klug" findet sich auch schon bei *Thiele* 259, dem *Fröhlich* 1851 gefolgt ist.

Zu S. 19, Anm. 48 a. E.: Mit dem zigeun. *chadschē do parr*, d. h. „gebrannter Stein" = Backstein steht in Übereinstimmg. in *Wittichs* W.-B. *g'funkter Kies* = Ziegelstein.

Zu S. 105, Anm. 173 a. E.: Der (im Anschluß an *Fischer*, Schwäb. W.-B. IV, Sp. 1432) vertretenen Herleitung von *Mamere* = Mutter vom französischen *ma mère* steht entgegen, daß die rotw. Quellen ganz überwiegend die Vokabel mit mm (also *Mammere* od. [wie z. B. v. *Grolman* 44 u. T.-G. 112 u. andere] *Mammer*) schreiben, woraus zu schließen, daß der Ton auf die *erste* Silbe zu legen ist. Nach einer gefl. Mitteilung von Dr. A. *Landau* (Wien) würde es sich deshalb wohl um das in den meisten Mundarten (auch im Schwäbischen [s. *Fischer*, a. a. O.]) bekannte Wort *Mamme* = Mutter handeln, das mit der Endung -re versehen worden. Zur Erklärung dieses Vorgangs aber vermag allerdings auch *Landau* nur zu verweisen auf „die polnisch-jüdische verächtliche Bezeichnung für Mutter: *Mammeru* (mit dem Haupton auf a und der Pejorativendung -ru)".

Zu S. 123, Anm. 229: Die Vokabel *Ulme* (-ma) = Leute findet sich in der Form *Ohlen* und mit der Bedeutg. „Welt" auch bei *Pfister* 1812 (303); vgl. *Fischer*, Schwäb. W.-B. V, Sp. 55 unter „Olem" vbd. mit I, Sp. 448 unter „Aulem".

Nachträge zu Band 64. *Zu S. 138, Anm. 539* (Zeile 5 von unten) ist das *non* vor *nobis* zu streichen.

Zu S. 140, Anm. 550: Die Beschränkung des Ausdrucks *Mokum* auf die Bedeutung „Dorf" findet sich auch in der von H. *Weber* in *Groß'* Archiv, Bd. 59 veröffentlichten Liste von Wörtern der Kundensprache (s. das. S. 283 vbd. m. S. 266).

Zu S. 174, Anm. 850: Eine Zusammensetzung mit *Schuberle* ist auch noch *Schuberleweisling* (d. h. eigentl. „Geistsonntag" = Pfingsten (worüber das Näh. schon S. 155, Anm. 689 [zu

„Feiertag"] angeführt).

Zu S. 142, Anm. 565 vbd. mit S. 336, Anm. 1454 ist zu *Flu(h)tegroanikele* = Meerschweinchen zu bemerken, daß es sich hierbei wohl um eine *Diminutivbildung* von *Groanikel* handelt.

Zu S. 164/165, Anm. 763. Für *Fünflamme* = Schürze stellte mir Dr. *A. Landau* die folgende Etymologie zur Verfügung, die in der Tat weniger gesucht erscheint als die von A.-L. 540 gegebene, der ich mich angeschlossen. Er denkt nämlich an die ältere Bedeutung von *Flamm* (Flamme) = „Haut, Lappen" (s. *Grimm*, D. W.-B. III, Sp. 1712, Nr. 2), wozu zu vgl. auch französ. *flamme* — „Lappen, Wimpel, Fähnchen" (vom lat. *flamma*). In den vom D. W.-B. III, Sp. 1714, Nr. 3 zitierten Stellen aus *Musculus* („Hosenteufel") scheint *Flamme* u. *Hosenflamme* soviel wie „Hosenlatz" zu bedeuten. *Fünflamm(e)* wäre demnach aus *Flamm(e)* analog gebildet wie *Fürfleck* = „Schurzfell, Schürze" (s. D. W.-B. IV 1, 1, Sp. 727; vgl. *Schmeller*, Bayer. W.-B. I, Sp. 786) aus *Fleck* (Grundbedtg.: „pannus, Lappen, Fetzen"; s. D. W.-B. III, Sp. 1741, Nr. 1). Vgl. auch *Fürschurz* u. bes. noch *Fürtuch* (= „[Weiber-]Schürze"; s. Näh. D. W.-B. IV, 1, 1, Sp. 920/21, Nr. 2).

Zu S. 180, Anm. 929: *Gari* = penis ist (nach *Pollak* 213) auch noch der neueren *Wiener Gaunersprache* bekannt.

Nachtrag zu Band 65. *Zu S. 65, Anm. 2262*: In rotwelschen Quellen des 19. Jahrhunderts (so z. B. bei *Pfister bei Christensen* 1814 [326], *v. Grolman* 46 u. T.-G. 130 u. *Karmayer* G.-D. 209) kommt das Wort *Massi(c)k* auch für „Schwätzer" oder „Verräter" vor. Man könnte dabei an einen Zusammenhang mit dem rotw. *massern*, hebr. *masâr* = „verraten" (vgl. *Günther*, Rotwelsch, S. 76) denken; jedoch kann sich jene Bedeutung auch *ohne dem* entwickelt haben, da es ja nur begreiflich ist, daß die Gauner, um ihren gefährlichsten Feind, den Verräter, zu bezeichnen, zu den stärksten Ausdrücken greifen.

Anmerkungen.

[1] Die Versicherung des Vrfs. (s. unten „Einleitung", S. 25), daß er das von ihm mitgeteilte Wortmaterial aus eigener praktischer Kenntnis und „nicht aus Büchern" geschöpft habe, erscheint im allgemeinen gewiß glaubwürdig. Immerhin hat er aber bei der Zusammenstellung und Bearbeitung des Stoffs auch wohl einige Bücher zur Hand gehabt, wie sich denn z. B. die Benutzung von Rich. *Liebichs* Schrift „Die Zigeuner in ihrem Wesen und ihrer Sprache" (Leipz. 1863) an mehreren Stellen (bes. auch der „Einltg.") nachweisen läßt. S. Näh. in m. Anmerkgn. zur „Einltg."; vgl. auch in dieser „Vorbemerkg." weiter unten S. 16 ff.

[2] Aus der Überschrift ist dies übrigens *nicht* ersichtlich. Ich habe daher in meinen „Beiträgen zum Rotwelsch" usw. (im „Archiv", Bd. 33, 38 ff.) — in Übereinstimmung mit *H. Groß*, Handbuch für Untersuchungsrichter, 6. Aufl. (1914), S. 503, Anm. 3 — dieses Zigeuner-Vokabular unter *Jühlings* Namen zitiert und halte daran der Gleichmäßigkeit halber auch in der vorliegenden Arbeit fest. — Über Aufsätze *Wittichs* in einer anderen Zeitschr. s. noch *Groß*, a. a. O., S. 511, Anm. 2 a. E.

[3] Zu der Nr. 25 der Sprachproben („Dächlespflanzerulme") war vom Verf. bemerkt, daß „in dieser Skizze ... fast alle Wörter der jenischen Sprache enthalten" seien. Gerade hier mußte ich aber — aus den im Text genannten Gründen — Kürzungen vornehmen.

[4] Die in Nr. 1 u. 2 von W. mitgeteilten „Schnadahüpfel" stimmen z. B. nach dem Inhalt und zum Teil auch nach der Form fast ganz mit einigen „Strophen aus Jauner-Liedern" überein, die den „Schmusereyen" im *W.-B. des Konstanzer Hans* (1791) angehängt sind (s. *Kluge*, Rotw. I, S. 260).

[5] Es soll nämlich herstammen vom hebr. *jânâ(h)* = „übervorteilen, überlisten", das auch als das Stammwort von „Gauner" angesehen wird. Vgl. *Günther*, Rotwelsch, S. 5 vbd. mit *Weigand*, W.-B. I, Sp. 632 u. *Seiler*, Lehnwort IV, S. 490

[6] In dem m. W. frühesten Beleg des Wortes (näml. in der *Wiener Kellnersprache* 1714 [176]) erscheint es allerdings noch in speziellerem Sinne („eine gewisse Redensart" [d. h. Sprechweise] der Wiener Kellner, „welche sie *die jenische Sprache* nennen"), aber schon wenige Jahre später (in der *Dillinger Liste* 1721 [182]) findet sich — wie der Zusammenhang ergibt — „jenische Sprache" für die Gaunersprache gebraucht, und noch deutlicher läßt dies die *Ludwigsburger Gesamtliste* 1728 erkennen (198: „*Jaunerisch oder Jenisch*"). Weitere Belege sind dann: *Hildburghaus.* W.-B. 1753 ff. (235); *Bierbrauer* 1753/58 (242); *Sulzer Zigeunerliste* 1787 (251: „Die Sprache *der Jauner, die Jenische Sprache* genannt"); W.-B. *des Konst. Hans* 1791 (252: „*Die Jauner-* oder *Jenische Sprache*"; vgl. 258: sie [die Gauner] *schmusen auf Jenisch* = „sie reden auf ihre Sprache"); *Schwäb. Falschmünzerprozeß* 1791/92 (260-262); *Schöll* 1793 (268); *Schintermicherl* 1807 (288: „Die sog. *jennische Sprache*"); *Reichsanzeiger* 1810 (290: *jännisch*); *Pfister* 1812 (301: *kochemer Lohschen* = jenische Sprache); v. Grolman, *Aktenmäß. Gesch.* 1813 (310: „die eigentlichen *Gauner, Jenische* [oder Romanische] *Leute*"); *Brills Nachrichten* 1814 (314); *Christensen* 1814 (315, 316); *Falkenberg* 1818 (333, im Titel); *Stradafisel* 1822 (356: „in der *jännischen* oder sog. *Diebessprache*"); v. *Grolman* 30 u. T.-G. 95 (*jenisch* = gaunerisch, den Gaunern und ihren Vertrauten eigen; *jenische Sprache* = Gaunersprache); *Wenmohs* 1821 (358); *Eberhardts Poliz.-Nachrichten* 1828 ff. (364: „Die sog. *Jenische* oder *Kochemer Sprache*"); *Pillwein* 1830 (365: „Die sog. *Jähnische Sprache*"); v. *Train* 1832 (366, im Titel: „... Gauner- u. Diebs-, vulgo *Jenische Sprache*"); *Karmayer* 86-88 u. 158 (*jendig, jenisch* [auch *innig*] = gaunerisch, rotwelsch [*innig* noch bes. = der jenischen Sprache kundig]; *jenig, jenisch, der jenische Stand* = alle der jenischen Sprache kundigen Gauner, Diebe und Räuber; *jen(d)ig* oder *jendisch parlen* = jenisch reden); *Castelli* 1847 (340); *Fröhlich* 1851 (399: *jênisch* = gaunerisch, spitzbübisch, auch *klug* [in *dieser* Verallgemeinerung *hier zum ersten Male;*

vgl. die gleichsam umgekehrte Bedeutungsentwicklg. von *kochem, Kochemer* (= Gauner) vom hebr. *châkâm* = „klug, gescheit", „der Kluge, Gescheite" (s. *Günther*, Rotwelsch, S. 5, Anm. 3 u. S. 17; *Groß'* Archiv, Bd. 38, S. 197, Anm. 2)]; daher: *jênische Leute* = kluge, gescheite Leute); A.-L. 551 (*jenisch* = klug, gescheit, gaunerisch, Gauner; *jenische Leut* = kluge, gescheite, mit Gaunern einverstandene Leute, Gauner; *jenisch kacheln* [= kohlen] = in der Gaunersprache reden); *Wiener Dirnenspr.* 1886 (417: *jenisch* = klug, gaunerisch); *Lindenberg* 185 (*jenisch* = klug, im Gaunertum erfahren); *Klausmann* u. *Weien* X (*jenisch* = klug, gescheit, gaunerisch; *jenische Leute* = kluge, im Gaunertum erfahrene Leute, mit denen man sich einlassen kann); *Groß* 470 (*jenisch* = klug, gescheit, Gauner; *jenisch kacheln* = Gaunerspreche reden) u. E. K. 42 (*innig* = einer, der Rotwelsch kann und überhaupt mit dem Gaunerwesen vertraut ist); *Pollak* 217 (*Jenisch* = Gaunersprache); *Rabben* 66 (*jenisch kacheln* = in der Gaunerspreche reden); *Ostwald* (Ku.) 71 (*jenisch* = klug, im Gaunertum erfahren; vgl. 72: *jenisch kacheln* = die Gaunersprache reden).

[7] So definiert *H. Fischer*, Schwäb. W.-B. IV, Sp. 93 den Begriff „jenisch" grundsätzlich durch *„wer oder was zu Landfahrern u. dergl. gehört"*, und ähnlich sagt *Ostwald* (Ku.) 71: „*Jenisch* sind *alle fahrenden Leute*, die nicht vom *Sinde* (s. [Ku.] 143) abstammen, d. h. keine Zigeuner sind". Dazu: *jenischer Adel* = „Landfahrer, Vagabunden" (bei *Fischer*, a. a. O. Sp. 93). Daß auch die Kundensprache „*jenische Sprache*" genannt wird, erklärt *Ostwald* (Ku.) 71 zwar für „irrtümlich", doch hat er selber (Ku. [72]) die etwas engere Bezeichnung *Jenisch-Tippern* — im Anschluß an Ku. 11 (422) — durch „Kundensprache" wiedergegeben.

[8] S. dazu näh. Angaben bei *Fischer*, a. a. O., Sp. 93. Die Bezeichnung von Hausierer- und Händlersprachen als „Jenisch" findet sich ausdrücklich z. B. auch bei *Kluge* (Rotw. I, Sp. 476 ff., 490), *W. Zündel* in d. Württembg. V.-J.-Heften für Landesgesch., N. F. Bd. XIII (1904), S. 202 ff. u. *R. Kapff* in der Z. f. deutsche Wortforschg., Bd. X (1908/9), S. 213 ff., 216.

[9] Schon A.-L. IV, S. 165 hat richtig erkannt, daß in dieser

Quelle besonders „der *schwäbische* ... Dialekt ... überall stark hervor"tritt.

[10] Vgl. dazu auch schon oben S. 3, Anm. 4.

[11] S. dazu Näh. bei *Günther*, Rotwelsch, S. 7. Andererseits ist bekanntlich gerade im schwäbischen Gebiet *auch* die erste erfolgreiche *Bekämpfung* des Gaunertums (durch Männer wie den berühmten „Malefiz-Schenk", den Oberamtmann *Schäffer* u. a. m.) eingeleitet worden. S. darüber Näh. jetzt bes. bei *E. Arnold* in *Groß'* Archiv, Bd. 54 (1913), S. 80 ff., 84 u. Anm. 1; vgl. auch Bd. 53, S. 121 ff.

[12] S. den (von mir mit Erläuterungen versehenen) Aufsatz von *H. Weber*, „Die Lingelbacher Musikantensprache und die Geheimsprache der Vogelsberger Maurer", in den „Hess. Blätter für Volkskunde", Bd. XI, 2. Heft (1912), S. 130/31.

[13] Vgl. *Kluge*, Unser Deutsch (2. Aufl., Leipzig 1910), S. 71.

[14] Beachtenswert ist in dieser Hinsicht, daß manche Händler, z. B. in der *Pfalz* und in *Franken* für ihren (bes. stark mit Judendeutsch durchsetzten) Jargon die Bezeichnung *Lôchne-kôdesch* (so in der Pfalz [s. *Kluge*, Rotw. I, S. 438]) oder *Lotekhôlisch* (so in Franken [s. *Meisinger* in d. Z. f. hochd. Mundarten, Bd. III (1902), S. 121 ff.]) haben (vgl. auch *Groß'* Archiv, Bd. 33, S. 220, Anm. 2), die nichts anderes ist als eine Entstellung aus dem jüd. *loschon (ha-)kodesch* = die „Sprache der Heiligkeit" oder „heilige Sprache", d. i. das Hebräische. S. *Landau* in d. Z. f. hochd. Mundarten, Bd. III, S. 319 vbd. mit A.-L. III, S. 53 u. IV, S. 399; vgl. auch *Fischer*, Schwäb. W.-B. IV, Sp. 1293. In der *schwäb. Händlerspr.* (482) bedeutet *lotekorisch* nur „jüdisch." Das *Wittich*sche Jenisch kennt den Ausdruck (auch dafür) *nicht*.

[15] Über die *Etymologie* dieser Wörter s. das Näh. in den Anmerkgn. zum W.-B. selbst (unter den betr. deutschen Bedeutgn.).

[16] Nur substantivisch gebrauchte Eigenschaftswörter, wie *Dof* = Glück, Pracht (eigtl. *dof* = gut) — bzw. *nobis Dof* =

Trübsal (eigtl. = nicht gut), *Molum* = Rausch (eigtl. m. = berauscht) u. *Schofel* = Gefahr, Not, Schmach (eigtl. sch. = schlecht) sind *nicht* hier, sondern unter den Eigenschaftswörtern (lit. c) aufgeführt worden. Ebenso ist für die substantivischen *Ableitungen* von Adjektiven (wie z. B. *Schofelei* = Unglück, *Schoflerei* = Gericht von *schofel*) oder von Zeitwörtern (wie etwa *Kasperer* = Betrüger von *kaspere*, *Schmuser* = Schwätzer von *schmusen* u. *Schwäche* = Viehtränke, *Schwächerei* = Trank, Trinkgelage von *schwächen*) auf die Rubriken b u. c zu verweisen.

[17] Mit Ausnahme bloßer *Ableitungen* von (den unter a genannten) *Hauptwörtern*, wie z. B. *eidofema* = einkerkern (von *Dofes*), *a(n)kluften, aus-, verkluften* = ankleiden, ausziehen, verkleiden (von *Kluft*), *kohlen* = belügen, betrügen (von *Kohl*), *schenegeln* = arbeiten (von *Schenagel*), *schurele* = begatten und in Zus. mit Präpos. für sehr verschiedene Begriffe gebr. (von *Schure*) u. a. m.

[18] Über *substantiv. Ableitungen* hiervon s. schon S. 7, Anm. 16 a. E.

[19] Bloße *Ableitungen von Hauptwörtern*, wie *scheneglich* = fleißig von *Schenagel*), *schmelemerisch* = zigeunerisch (von *Schmelemer*), oder *von Zeitwörtern*, wie *begerisch* = sterblich, krank (von *begeren*), *diberich* u. *schmusich* = gesprächig (von *diberen* u. *schmusen*), sind hier *nicht* berücksichtigt worden.

[20] Über den Gebrauch von *dof, molum, schofel* als *Substantive* s. schon oben S. 7, Anm. 16. — Auch *begerisch* (s. Anm. 19) kommt als Hauptw. (= Siechtum) vor.

[21] Die in Klammern gesetzten Vokabeln halte ich persönlich *nicht* (od. doch nicht in *erster* Linie) für hebräischer Herkunft. Näh. s. in den betr. Anmkgn. zum W.-B.

[22] Bloße substantivische *Ableitungen von* (den unter b genannten) *Zeitwörtern* (wie etwa *Bascher* = Käufer, *Dercher* = Bettler, *Sichere* = Küche u. a. m.) sind hier außer Betracht geblieben.

[23] Ausgenommen solche, die (wie z. B. *kafleren* = schlachten u. *ei'leken* = einkerkern) *sicher* oder (wie z. B. *bosen* [bosme] = lecken) *vielleicht* erst wieder von den unter a genannten *Hauptwörtern* (*Kafler, Lek, Bos*) *abgeleitet* sind. S. das Näh. in den einschläg. Anmerkgn. zum W.-B.

[24] *Selbständige Eigenschaftswörter* dieser Art sind nicht vorhanden. Für bloße *adjekt. Ableitungen* (wie z. B. *dercherich* = bettelhaft, dürftig von dem Zeitw. *derchen*) sei auf die Anmerkgn. zum W.-B. verwiesen.

[25] S. z. B. *Patris* = Vater, wohl auch *g'want* = anmutig u. dergl. (von *quantum*) und *Ki(e)bes* = Kopf (von *caput*) sowie *nobis* = nicht, das jedoch in *erster* Linie dem *Italienischen* zuzuweisen sein dürfte (s. das Näh. im W.-B. unter „Dietrich"), ebenso wie *Vergondert* = Konkurs und *bosten* = gehen (vermittelt durch unsere Lehnwörter *Gant* und *Post*). Auf ältere *Lehnwörter* aus dem *Lateinischen* gehen vermutlich noch zurück *Kolb* = Pfarrer und *Sins* = Herr (s. das Näh. im W.-B. selbst), während zu *durme* = schlafen, ruhen, liegen wohl zunächst das Französische (*dormir*) heranzuziehen sein dürfte. Vgl. auch die Latinisierungen auf -*us* bei Wörtern deutscher oder fremder Herkunft (wie *Bikus* = Essen, *Rochus* = Zorn).

[26] S. für das *Französische*: *Bommerling* = Apfel (von *pomme*), *Mamere* = Mutter(= „*ma mêre*"), *Scharrisele* = Kirschen (von *cerises*), ferner *Feneter* = Fenster und *Furschet* = Gabel (die Wittich in seiner „Einltg." beide unter den Zigeunerwörtern aufgeführt hat; s. dort in den Anm. das Näh. dazu). Über *durme* s. schon die vorige Anm. Das Zeitw. *baschen* = kaufen (vgl. oben S. 9) — vielleicht vom französ. *passer* — kann auch dem *Italienischen* (*passare*) zugeteilt werden. Mehr vom ital. *grande* als vom französ. *grand* beeinfußt worden ist ferner wohl *grandich* = groß usw. In erster Linie *italien.* Herkunft sind endlich *nobis* (s. oben Anm. 25) und *Strade* = Weg, Straße. Über *Fehte* = „Quartier" s. das W.-B. unter „Hauswirt". Über *Vergondert* und *bosten* vgl. oben Anm. 25.

[27] Auf das *Slawische* (Polnische) nämlich: *sicher Rawine* = Leiter (nur *vielleicht* auch *Bauser* = Angst bezw. *bausen* = fürchten und *Stöber* = Baum); s. das Näh. im W.-B. unter

„Leiter", „Angst" und „Apfelbaum"; auf das *Nordische* (Schwedische usw.): *Fehma* = Hand (und *vielleicht* auch [das damit wohl zusammenhängende] Zeitw. *febern* = schreiben); s. das Näh. im W.-B. unter „Hand" und „abschreiben".

[28] Hingewiesen sei bes. auch noch auf die fast ganz mit dem Rotwelsch übereinstimmende Bildung der Standes- und Berufsbezeichnungen, namentlich in der Form von Zusammensetzungen mit gewissen substantisierten Tätigkeitsformen, wie *Pflanzer* (vgl. *Groß'* Archiv, Bd. 46, S. 12 ff.) — so z. B. *Funkpflanzer* = Heizer, *Schrendepflanzer* = Zimmermann — und *Schenegler* (vgl. Archiv, Bd. 46, S. 304ff.) — so z. B. *Bichschenegler* = Münzarbeiter, *Hitzlingschenegler* = Ofensetzer — oder mit selbständigen Hauptwörtern mit der Bedeutung „Mann" („Herr", „Kerl", „Bursche" u. dergl.) bezw. — für weibl. Personen — „Frau" („Mädchen"), wie *Kaffer* (vgl. Archiv, Bd. 48, S. 328 ff.), *Gadscho* (vgl. Archiv, Bd. 49, S. 331 ff.), *Sins* (vgl. Archiv, Bd. 38, S. 270), *Benk* (vgl. Archiv, Bd. 49, S. 344 ff.), *Freier* (vgl. Archiv, Bd. 49, S. 350 ff.), *Fiesel* (vgl. Archiv, Bd. 50, S. 157 ff.) oder (für weibl. Pers.) *Moss* und *Model* (vgl. Archiv, Bd. 50, S. 344 ff.). Beispiele: *Leilekaffer* = Nachtwächter, *Rädlingskaffer* = Fuhrmann; *Begergadscho* = Leichenbeschauer; *Begersins* = Arzt, *Sturmkillsins* – Ratsherr; *Rattebenk* – Nachtwächter, *Stradebenk* = Straßenwärter; *Fehtefreier* = „Quartierbursche"; *Verkemersfiesel* = Handelsbursche, *Sicherfiesel* = Koch; *Deiselmoss* = Hebamme, *Begermoss* = Leichenfrau; *Galmamodel* = Kindermädchen usw.

[29] Ausnahmen, wie z. B. die dem Rotwelsch entlehnten, ursprünglich dem *niederd.* Sprachgebiet angehörenden Vokabeln *Buxa(-e)* = Hose u. *schlummere* = liegen (eigtl. „schlafen", arg.: *Schlumerkitt* = Herberge) oder wie *Strauberts* = Haare, das wohl mit dem *norddeutsch.* Plural-S, wie in „Jungens", „Mädchens", versehen sein dürfte, bestätigen nur die Regel.

[30] Merkwürdig ist, daß zuweilen bei demselben Worte der Singular auf *-leng*, der Plural dagegen auf *-ling* gebildet worden, so z.B. bei *Schmaleng* = Katze u. *Stupfleng* = Igel.

[31] Mehrere ähnliche Beispiele enthält auch das *Pleißlen der*

Killertaler (s. *Kluge*, Rotw. I, S. 435, 436).

[32] Dagegen ist die Endung -*es* (wie z. B. in *Benges* = Bursche u. dgl., *dambes* [eigtl. Rausch, dam = berauscht], *Guf(f)es* = Prügel) auch sonst im Rotw. u. den verw. Geheimsprachen bekannt (vgl. *Pott*, Zigeuner II, S. 33, Nr. 2), aber in den einzelnen Fällen wohl verschieden zu deuten (s. *Pott* I, S. 103, 104; vgl. auch *Behaghel*, Deutsche Sprache [5. Aufl. 1911], S. 308). Bei *Guf(f)es* erblickt *Fischer*, Schwäb. W.-B. III, Sp. 905 in -*es* die abgeschwächte hebr. Plural-Endg. -*ôth*.

[33] Auch sie ist (wie ebenfalls sonst in den Geheimsprachen) nicht nur an Wörter deutschen Stammes, sondern *auch* an solche *fremder* Herkunft angehängt worden (s. z. B. *Käfferle*, zu *Kaffer* [aus dem Hebr.]; *Doberle* = Beil, zu *Dober* = Axt, *Gachnele* = Küchlein, d. h. Hühnchen, zu *Gachne* = Henne, Huhn, u. *Gaschele* = Kinder, eigtl. „kleine Leute", zu *Gasche* od. *Gadsche* = Leute, plur. von *Gadscho* = „Kerl" [*alle drei* aus dem *Zigeun.*], *Sinsle* = Junker, zu *Sins* = Herr [vermittelt wohl durch e. latein. Lehnwort], *Scharrisele* = Kirschen [aus dem Französ.]). Im übrigen ist noch zu beachten, daß sie nicht immer bloß eine Verkleinerung gegenüber dem Stammwort bedeutet (wie dies z. B. allerdings der Fall bei *Fi[e]sele* od. *Freierle* = Junge, Knabe [zu *Fi[e]sel*, *Freier* = Bube, Bursche (Jüngling) bezw. fremder Bursche], *Mössle* = Jungfrau [zu *Moss* = Frau], *Schmalerle* = Kätzchen [zu *Schmaler* = Katze], *Trabertle* = Füllen [zu *Trabert* = Pferd] u. a. m.; vgl. auch noch *Doberle* = Beil [zu *Dober* = Axt; s. oben], *Füchsle* = Goldstück [zu *Fuchs* = Gold], *Späusle* = Splitter [zu *Spraus* = Holz]), sondern zuweilen den ursprünglichen Begriff auch vollständig verändert (s. bes. *Schwächerle* = Brust, Euter [aber *Schwächer* = Rausch, Trunkenheit], *Krächerle* = Nuß [aber *Kracher* = Wald]; vgl. auch *Schurele* u. *Schure* [worüber Näh. im W.-B. unter „abbiegen"] u. *Hegesle* = Knödel u. *Heges* = kleines Dorf [bei denen aber wohl *kein* gleicher Stamm zu Grunde liegen dürfte]). Eine Mittelstufe nehmen ein die Ausdrücke *Kittle* (zu *Kitt* = Haus), da es in *Wittichs* Vokabular sowohl „Gartenhaus" als *auch* spezieller „Arrest, Gefängnis" bedeutet (wie im Rotw. *Kittchen*), u. *Käfferle* (zu *Kaffer* [s. oben]), das zwar „Junggeselle" und „Greis", aber *auch* den

„männlichen Samen" bedeutet [s. zu letzterer Bedeutg., die eine längere Erklärung erfordert, das Näh. in den Anm. zum W.-B. unter „Onanie treiben"). Manchmal findet sich endlich sogar *nur* die Verkleinerung als selbständiger Begriff, während ein entsprechendes *un*verkleinertes Stammwort (wenigstens im *Jenischen*) *fehlt*, so bei *Dächle* = (Regen-)Schirm, *Räp(p)le* = Mark, *Scharrisele* = Kirschen, *Schuberle* = Geist, Gespenst, *Steinhäufle* = Stadt, *Stupfle* = Dorn.

[34] Dieses Beispiel steht keineswegs etwa vereinzelt da; vgl. u. a. auch noch *Krachersäftlingbrandling* = Heidelbeerkuchen u. *Jerusalemsfreundschenegler* = Schäferknecht.

[35] So z. B. *Bereime* u. *Zeine* (doch wohl beides eigtl. = *bereime[n], zeine[n]* = zahlen) = Zahlung, *Dupfen* (eigtl. = stechen) = Stich, *Muffen* (eigtl. = riechen) = Geruch, *Glemsen* (eigtl. = weinen) = Tränen und (mit interessanter Begriffsverengerung) *Bleisgeren* oder *Pfreimen* (eigtl. = zahlen) = Steuern.

[36] So z. B. *Begert* (eigtl. = gestorben) = Leiche, *Verdibert* (eigtl. = verraten) = Verrat, *Vergondert* (eigtl. wohl = „vergantet", ausgepfändet, im Konkurs) = Konkurs, *Vergrönt* (eigtl. = verheiratet) = Ehe, *Vermuft* (eigtl. etwa = „verfault", dann verarmt, heruntergekommen, bankerott) = Armut, Bedrängnis, Konkurs. — Übrigens kommen natürlich Partizipien auch für *Adjektive* vor (so z. B. *begert* = tot, *gefebert* [geschrieben] = schriftlich, *grandich bikt* [viel gegessen] = satt), u. außerdem sind dafür auch noch andere Zeitwortformen üblich, vgl. z. B. die satzartigen Umschreibungen: *gneis nobis* (eigtl. „[ich] kenne nicht"] = unbekannt, *hauret nobis* (eigtl. „[es] ist nichts") = ungültig, unzweckmäßig, *begert nobis* (eigtl. „[er, sie, es] stirbt nicht") = unsterblich u. a. m.

[37] Vgl. *Günther*, Rotwelsch, S. 63, Anm. 64.

[38] Beispiele: a) *Gebrauch von Adjektiven für Substantive*: Mit *Flexion* der Adjektive (also z. B. *Wo[h]nischer* = Katholik, *nobis Dofs* [d. h. eigtl. „nichts Gutes"] = Übel) kommt dieser ja auch in unserer Gemeinsprache vor; das Jenische weist aber Fälle auf, wo das Eigenschaftwort auch unflektiert zum

Substantiv erhoben worden, s. z. B. die schon oben S. 7, Anm. 4, in anderem Zusammenhange erwähnten Wörter *Dof* (bezw. nobis Dof), *Molum* u. *Schofel*, für letzteres als Synon. auch *Lenk*, ferner *Bauserich* (eigtl. ängstlich, furchtsam) = das Grausen, *Begerisch* (eigtl. krank) = Siechtum, *Biberisch* (eigtl. kalt, frostig) = Kälte, Frost, *Dercherich* (eigtl. dürftig) = Mangel, Not, *Grandich* (groß) = Höhe, Gewalt u. a. m.; über *Flu(h)tich* = Nässe s. lit. b am Ende; über *Stumpf* = Ärger s. d. W.-B. unter diesem Worte; b) *Gebrauch von Substantiven für Adjektive*: *schwächer* (Rausch) u. *dambes* (eigtl. wohl ebenfalls = Rausch) = berauscht, *kohl* (Lüge) = verlogen, *leile* u. *ratte* (Nacht) = dunkel, *schei(n)* (Tag, Helle) = hell; vgl. auch *flu(h)te* = naß, während *Flu(h)tich* für „Nässe" angeführt ist, wobei aber vielleicht die Bedeutgn. doch umzustellen sein könnten (Schreibfehler?).

[39] Vgl. auch noch *Lanenger* (Soldat), sowohl = Infanterist wie Kavallerist („Husar"), *Begerisch* = Siechtum im allgem., dann aber bes. auch Fallsucht, Epilepsie.

[40] S. daselbst auch über das — gleichfalls eine Art Aushilfsfunktion versehende — von *Schure* abgeleitete Zeitw. *schurele* (das bes. in Zus. mit Präpositionen vorkommt); ebends. ferner über den ähnl. Gebrauch des Zeitw. *pflanzen*.

[41] Die zigeunerischen Ausdrücke sind im folgenden ausschließlich nach dem Werke von *R. Liebich* über die Zigeuner angeführt, da von den mir zugänglich gewesenen neueren Wörterbüchern (vgl. unten S. 22) keines eine *deutsch-zigeunerische* Abteilung enthielt. Ich muß es deshalb aber dahin gestellt sein lassen, ob die sämtlichen hier aufgezählten Bezeichnungen auch wirklich heute noch im lebendigen Sprachgebrauch erhalten sind.

[42] S. Näh. noch im W.-B. unter „Amtmann". Die merkwürdige Art der Steigerung (bei Rangstufen u. dergl.) im *Wittichschen* Jenisch, wonach über *grandicher* (als Komparativ aufzufassen) wieder noch das einfache (unflektierte) *grandich* — als Superlativ — steht, so daß z. B. *grandich Sins* mehr als *grandicher Sins*, nämlich den König, bedeutet (worüber Näh. noch im W.-B. unter „Bischof"), ist der Zigeunersprache unbekannt.

[43] Noch weitere Verbindungen dieser Art mit *grandich* s. im W.-B. in der Anm. zu „Adler".

[44] Außer Verbindungen von Haupt- und Eigenschaftswörtern gehören hierher auch noch solche von *mehreren Hauptwörtern*, wie z. B. *Patris und Mamere* (zigeun. o dad te i dai), d. h. „Vater und Mutter" = Eltern, sowie satzartige Umschreibungen für (im Deutschen) einfache Zeitwörter, z. B. *Flu(h)te bostet mer herab* (zigeun. panin naschēla mande tele), d. h. „(das) Wasser läuft mir herab" = ich schwitze.

[45] Weitere Bezeichnungen dieser Art für Vögel s. im W.-B. unter „Adler". Auch dem oben (S. 16) erwähnten *Spronkert-Flössling* = Hering entspricht das zig. lōndo mādscho, d. h. „gesalzener Fisch".

[46] Über den als *Wortspiel* zu betrachtenden Ausdruck *Sprauskritzler* (zig. [u. a. auch] gaschtěno lil), d. h. „Holzbrief" = Steckbrief s. das Näh. noch in d. Anm. zum W.-B. — Über den Einfluß des *Aberglaubens*, besonderer *Gebräuche* usw. der Zigeuner auch auf das Jenische s. Näh. im W.-B. unter „Bachstelze" und „Löwenzahn".

[47] So heißt z. B. das Aas im Jensichen *mufiger Bossert* od. *Mass* (d. h. „stinkendes Fleisch"), im Zigeun. *mulo mass* (d. h. „totes Fleisch"), der Pfau im Jenischen *Doefläderling* (d. h. „schöner Vogel"), im Zigeun. (u. a. auch) *gisěwo tschirkŭlo* (d. h. „stolzer Vogel"), die Wanze im Jenischen *Mufkenem* (d. h. „Stinklaus"), im Zigeun. *platti* oder *lōli tochūw* (d. h. „platte oder rote Laus"), der Mond im Jenischen *Leileschei* (d. h. „Nachtlicht"), im Zigeun. *rattískěro kamm* (d. h. „Nachtsonne"), der Steckbrief im Jenischen (u. a. auch) *lenker* oder *schofler*) *Kritzler* (d. h. „schlechter [böser] Brief"), im Zigeun. (u. a. auch) *gālo lil* (d. h. „schwarzer Brief") usw.

[48] So heißt z. B. im Jenischen der Adler *grandicher Flederling* (d. h. „großer Vogel" [vgl. oben S. 16]), im Zigeun. dagegen *dui menakro tchírkŭlo* (d. h. „der doppelhalsige Vogel", und zwar nach *Liebich*, S. 146 wahrscheinlich deshalb, „weil dem Zigeuner das Bild dieses Vogels zuerst auf dem österreichischen Wappenschilde begegnet ist"), weiter die

Tanne im Jen. *Jahre-* oder *Kracherstöber* (d. h. „Waldbaum"), im Zigeun. dagegen *mellĕlo ruk* (d. h. „schwarzer Baum"), der Diamant im Jen. *dofer Kies* (d. h. „schöner Stein"), im Zigeun. *dikkapáskĕro parr* (d. h. „durchsichtiger Stein"), der Backstein im Jen. *Kittleskies* (d. h. „Hausstein"), im Zigeun. *chadschĕdo* od. *lōlo parr* (d. h. „gebrannter" od. „roter Stein"), der Bleistift im Jen. *Feberschure* (d. h. „Schreibding"), Im Zigeun. *geschtĕno pōr* (d. h. „hölzerne Feder") usw.

[49] Vgl. z. B. *grandich Sins* (eigtl. „größter Herr") = König (s. oben S. 17, Anm. 42), zig. (meist) *kralo, grandiche Gachne* (eigtl. „große Henne") = Hahn, zig. *paschno*(-lo) od. *pussin, Schofeleiflederling* (eigtl. „Unglücksvogel") = Rabe, zig. *koráko, grandich Flu(h)te* (eigtl. „großes [od. größtes] Wasser") = Meer, zig. *sēro, grandiche Kitt* (eigtl. „großes Haus") = Hof, zig. *medrīa, dofe Kitt* (eigtl. „schönes Haus") = Schloß, zig. *filĕzzin, dofer Schmunk* (eigtl. „gutes Fett") = Butter, zig. *kīl* u. a. m.

[50] Über *Bommerling* konnte dagegen das Erforderliche schon unter „Apfel" angegeben werden, da ja das *einfache* Wort vor jeder anderen Zusammensetzg. im W.-B. steht.

[51] Und zwar sind diese Aufzählungen der Einfachheit halber — in Übereinstimmung mit der Anlage des W.-Bs. in der Form „Deutsch-Jenisch" — regelmäßig nach der alphabet. Reihenfolge der *deutschen* Bedeutungen der Vokabeln vorgenommen worden.

[52] Wo im W.-B. sich etwa eine Ableitung vor dem Stammworte findet, ist das letztere *dort* mitbehandelt worden, so z. B. *Schure* unter „abbiegen" (= *abschurele*) u. nicht erst unter „Achsel", wo *Schure* zum ersten Mal selbständig auftritt, *Funk* = Feuer unter „abbrennen" (*abfunken*), *Ruadel* = Wagen unter „abfahren" (*abruadlen*), das Zeitw. *muffen* = riechen, wie schon im Text bemerkt worden, unter „Aas" (= *mufiger Bossert* od. *Mass*) usw.

[53] Hier sind (S. 206, Anm. 1) auch einige Vokabeln angeführt, die bei den Händlern in *Eningen* (einem von *Kluge*, Rotw. I, S. 479 ff. *nicht* berücksichtigten Orte) vorkommen. Sie sind in der vorliegenden Arbeit gleichfalls herangezogen worden (zitiert: *Eningen* [S. 206, Anm. 1]).

[54] Zu dieser Definition des Begriffs „Gaunersprache" durch *Wittich* vgl. *Günther*, Rotwelsch, S. 2 und Anm. 1 vbd. mit H. *Groß*, Handbuch für Untersuchungsrichter, Bd. I, S. 447 u. Anm. 2.

[55] Etwas weiter unten hat der Verf. aber doch seine Ansicht hierüber in ziemlich bestimmter Form geäußert. Vgl. dazu Anm. 58 auf S. 23.

[56] S. dazu Näh. im Vokabular unter „fahrende Leute".

[57] Diese Behauptung dürfte dahin zu berichtigen sein, daß umgekehrt der Begriff „jenische *Sprache*" der geschichtlich *früher* auftretende gewesen ist. Vgl. dazu Näh. oben in meiner „Vorbemerkung", S. 4 und Anm. 6.

[58] In der Fassung dieses Satzes hat sich der Verf. sehr eng an die Ausführungen angeschlossen, die *Liebich*, Die Zigeuner, S. 114 über das Verhältnis der sog. Standes- oder Berufssprachen zur *Gaunersprache* gegeben hat.

[59] Auch dieser Satz stimmt *fast wörtlich* mit dem überein, was *Liebich*, a. a. O., S. 114, 115 über das Verhältnis der Zigeunersprache zur *Gaunersprache* bemerkt hat. — Der *Sache* nach ist das von *Wittich* Gesagte übrigens unlängst auch von W. *Zündel* in den „Württemb. V.-J.-Heften für Landesgeschichte" usw., N. F. Bd. XIII, S. 205 bestätigt worden. („Auch weist der richtige Zigeuner einen Stammesgenossen, der ihm gegenüber jenische Kenntnisse verwerten will, zurecht: *goi dig hawo jenari*, d. h. ‚sieh da, was für ein Jenischer'".)

[60] Auch hierbei zeigt sich Anschluß an *Liebichs* ähnliche Bemerkungen über die *Zigeunersprache* (a. a. O. S. 118).

[61] Die Mehrzahl dieser veralteten Vokabeln ist *hebräischen* Ursprungs (vgl. schon m. „Vorbemerkung", S. 9). Während für *Bomm* = Schweiz überhaupt kein (neueres) Ersatzwort angeführt ist, sind für die übrigen unmodern gewordenen Bezeichnungen teils Wörter eines *anderen Stammes* eingetreten (so für *abgeholcht, holchen, Jamm, mich kohlert, malochen, Mogumle, Palar*), teils solche, die zwar auf den

gleichen Stamm zurückgehen, aber in der *Form* geringere oder größere Veränderungen aufweisen (so für *Baiser, Mahlbosch, schornen*). Als doch *nicht völlig* veraltet erscheinen nach dem *Vokabular* selbst: *Fehma* = Hand und *Schofelkitt* = Zuchthaus (vgl. dazu auch das Vokabular unter „Arrest"); *zopfen* ist zwar im Wörterbuch für „*stehlen*" nicht erwähnt, dagegen findet es sich unter „erwischen" sowie in der Zusammensetzung *herauszopfen* = herausstehlen, u. zu vgl. ist ferner das von dem Zeitw. abgeleitete Subst. *Zopferei* = Diebstahl. Auch *Schücksel* für „Mädchen" fehlt im W.-B., aber unter „Hure" ist die Verbindg. *schofle Schüx* (also unverkleinert) angeführt. Daß *Mochum* (statt des älteren *Mokem*) noch jetzt sowohl „*Stadt*" wie „*Dorf*" bedeuten soll, ist aus dem Glossar nicht ersichtlich, da der Ausdruck dort (neben der Form *Mocham*) nur unter „Dorf" — nicht auch unter „Stadt" — aufgeführt ist. Das vom Verf. im Manuskript ebenfalls als veraltet genannte *Rawine* = Leiter habe ich hier gestrichen, da es in ganz derselben Form *und* Bedeutung auch im W.-B. selber enthalten ist. — Über einige in das Verzeichnis von *Wittich* selber *nicht* mit aufgenommene veraltete oder in der Bedeutung veränderte Wörter hat er (unten S. 28) noch besondere Bemerkungen gegeben.

[62] Das Stammwort *holchen* (= gehen) findet sich (in dem bes. *verwandten Quellenkreise*) schon im *Dolm. der Gaunerspr.* 92, ferner im *W.-B. des Konst. Hans* 255 (= laufen, springen; vgl. 260: *abg'holcht*), bei *Schöll* 271, 272 (= laufen, gehen) u. im *Pfulld. J.-W.-B.* 340, 342 (ebenso). Vgl. auch noch *Pfälz. Händlerspr.* 437 (*hulchen* = springen). Zur *Etymologie* des (schon bei G. *Edlibach* um 1490 [20] in der Form *alcha* bezeugten) Wortes (vom hebr. *hâlak*) sowie über weitere Belege s. die Angaben in *Groß*' Archiv, Bd. 47, S. 213, Anm. 1 u. S. 227, Anm. 2; vgl. auch noch *Fischer*, Schwäb. W.-B. III, Sp. 1762.

[63] S. Näh. im W.-B. unter „davongehen".

[64] S. Näh. im W.-B. unter „Gasthaus".

[65] Übereinstimmend schon: *Dolm. der Gaunerspr.* 99 u. *W.-B. des Konst. Hans* 256; im *Pfulld. J.-W.-B.* 346: *Bum* u. noch in der *schwäb. Gauner- u. Kundenspr.* 75: *Pumps* (od.

Pummerkessel). Zur *Etymologie* (Abkürzung nach den Anfangsbuchstaben von *Bores-Medine* u. ähnl. [d. h. „Land der Kühe"] aus hebr. *pârâ[h]*, jüd. *pôrô* = „Kuh" und *medînâ[h]* = „Landschaft, Gerichtsbezirk, Provinz") sowie über weitere Belege s. Näh. in *Groß'* Archiv, Bd. 43, S. 30 (unter „Pumser") u. Anm. 1.

[66] S. Näh. im W.-B unter „Hand".

[67] S. im W.-B. unter „Daumen".

[68] Vgl. oben Anm. 62.

[69] S. im W.-B. unter „abgehen".

[70] Übereinstimmend schon: *Dolm. der Gaunerspr.* 100, *W.-B. des Konst. Hans* 256, 257 u. *Schöll* 271; vgl. *Pfulld. J.-W.-B.* 339 (*Jum* [wie auch schon im *Basl. Gloss.* v. 1733 [202]). Dagegen hat auffälligerweise in der *schwäb. Gauner- u. Kundenspr.* 71 (in Übereinstimmung mit neueren Sammlungen der Gauner- u. Kundenspr. überhaupt [vgl. z. B. *Rabben* 65 u. *Ostwald* (Ku.) 71]) das Dimin. *Jämchen* (od. *Jem[m]chen*) die Bedeutung „Jahr" (daher z. B. *ein Jemmchen abreißen* = ein Jahr im Gefängnis zubringen [*Ostw.*, a. a. O.]). Zur *Etymologie* (vom hebr. *jôm* = „Tag") sowie über weitere Belege s. Näh. in *Groß'* Archiv, Bd. 38, S. 249, lit. f (unter „Jomschmi[e]r[e]"); vgl. auch *Fischer*, Schwäb. W.-B. IV, Sp. 71 (unter „Jam"), der jedoch über den Bedeutungswechsel bei *Jämchen* keine Auskunft gibt. Möglicherweise handelt es sich hierbei um eine Verquickung von *Jamm* = Tag mit *Jann* = Jahr (s. z. B. *Pfister bei Christensen* 1814 [322]) u. ä., das etymolog. gleichfalls unsicher (vgl. Näh. im W.-B. unter „alljährlich"), vielleicht aber als bloße Entstellung des Auslauts von „Jahr" anzusehen ist. Auf gleiche Weise könnte ev. auch *Jämchen* selber entstanden sein.

[71] S. Näh. im W.-B. unter „alltäglich".

[72] S. dazu schon *Dolm. der Gaunerspr.* 94 (*es kollert mich* = es hungert mich); *W.-B. des Konst. Hans* 258 (*es kohlert mi*); vgl. auch *Schöll* 272 (*Koler* = Hunger, *kolerig* = hungrig); *Pfulld. J.-W.-B.* 337, 340 (*Kolter* = Hunger; *kolderig* = ausgehungert,

kolterik = hungrig). Zur *Etymologie*: Nach *Fischer*, Schwäb. W.-B. IV, Sp. 574 (unter „koldere[n]"), vbd. mit Sp. 575 (unter „kolderig") und Sp. 574 (unter „Kolder") dürften die Vokabeln in Beziehung zu setzen sein zu griech.-lat. *cholera* = „Galle", wozu auch das nhd. „Koller" gehört (vgl. darüber *Weigand*, W.-B. I, Sp. 1095/96). Dagegen ist in *Kohldampf* u. ä. = Hunger (vgl. *Schütze*, S. 75, 76), das auch der *schwäb. Gauner- u. Kundenspr.* (71) sowie der *pfälz. u. schwäb. Händlerspr.* (438, 482) geläufig ist, die erste Silbe doch wohl zu unserem nhd. Kohl zu stellen; s. *Fischer*, a. a. O., Sp. 574; vgl. auch *Weber-Günther*, S. 191.

[73] S. im W.-B. unter „Abendessen".

[74] S. unter „Frauenrock".

[75] Wahrscheinlich ist diese Bezeichnung nur aufzufassen als eine Kürzung von *schiebes malochen* (vgl. *Groß' Archiv*, Bd. 46, S. 291, Anm. 2), das z. B. schon im *W.-B. des Konst. Hans* vorkommt (258: *Jetzt maloch i' schiabes* = jetzt gehe ich fort). Zur *Etymologie* von *malochen* (aus dem hebr. *melâ'kâ[h]* = „Arbeit, Verrichtung") s. *Groß' Archiv*, B. 46, S. 289 ff.; vgl. auch *Fischer*, Schwäb. W.-B. IV, Sp. 1426.

[76] S. über *schiebes*: oben S. 26, Anm. 63, über *bosten*: oben S. 26, Anm. 69.

[77] S. unter „Dorf".

[78] S. unter „Stadt".

[79] Übereinstimmend hiermit hat schon das *W.-B. des Konst. Hans* 256, 257 (in den „Schmusereyen") *Palar* u. *Balar* = Dorf, während das eigentl. Vokabular (254) dafür nur *Ballar* anführt, das auch der *Dolm. der Gaunerspr.* 91 hat; ganz ähnlich ferner *Schöll* 272 u. das *Pfulld. J.-W.-B.* 339 (*Balar*) sowie andere Quellen des 19. Jahrb. (so z. B. v. *Grolman* 5 u. T.-G. 90). Die *Etymologie* bleibt (nach *Fischer*, Schwäb. W.-B. I, Sp. 581) „unklar". Einen Zusammenhang mit dem für „Wald" vorkommenden kundensprachl. *Ballat* (s. z. B. *Schwäb. Gaun.- u. Kundenspr.* 77; vgl. auch *Groß' Archiv*, Bd. 59, S. 264, 268 u. 281) oder *Ballert* (s. dazu Archiv, Bd. 50, S.

360, Anm. 1) anzunehmen, erscheint wohl zu gewagt.

[80] S. Näh. unter „Bauerndorf".

[81] S. Näh. unter „Abort", „arg" und „Arrest".

[82] S. im W.-B. „Arrest", vgl. auch „Gefängnis" und „Zuchthaus"; unter letzterem Wort ist jedoch *Dofes* nicht angeführt.

[83] S. unter „ausstehlen".

[84] S. Näh. unter „Hure".

[85] S. unter „Beischläferin".

[86] S. unter „Diebstahl".

[87] S. unter „anfassen".

[88] S. Näh. im W.-B. unter diesem Worte.

[89] S. Näh. im W.-B. unter „Branntwein" und „Apfelwein". Die Trennung der beiden Wörter hat übrigens schon das *Pfulld. J.-W.-B.* (338 u. 346).

[90] S. Näh. unter „Bürgermeister".

[91] Mit dieser Bedeutungserweiterung ist das Jenische wieder zu dem Begriffe des *hebr.* Stammwortes zurückgekehrt; s. schon oben „Vorbemerkung", S. 5, Anm. 8; vgl. auch das W.-B. unter „besonnen".

[92] *Zwis* = zwei haben schon der *Dolm. der Gaunerspr.* 102, das *W.-B. des Konst. Hans* 256, 257 u. das *Pfulld. J.-W.-B.* 346 (hier [346] auch als Subst. = Paar), ja bereits der *Niedd. Lib. Vagat* (78) kennt die Form *swis.* Vgl. dazu *Kluge,* Unser Deutsch (2. Aufl. 1910), S. 84; dort auch über das (ebenfalls in dem *schwäb.* Quellenkreise bekannte) Zahlwort *tribis* oder *dribis* = drei.

[93] Zu diesem Verzeichnis sei bemerkt, daß ich es nach dem „deutsch-jenischen Wörterbuche" (sowie nach einzelnen Stellen von *Wittichs* „Einleitung") noch vervollständigt habe

(es fehlten in ihm ursprünglich die Wörter *Bellel, Gib, Loli* [Lolo], *Maro, Rat, schornen* und *Tschai*); nicht darin aufgenommen sind dagegen die *bloßen Ableitungen bogelich* = gierig, *lubnen* = huren, *matschen* = fischen u. *Matscher* = Fischer (s. oben S. 9) sowie solche Vokabeln, bei denen nur *vermutungs*weise auch zigeunerischer Ursprung angenommen werden könnte (wie z. B. bei *Ki[e]bes* = Kopf [s. Näh. unter „Angesicht"), *Kritsch* = Bürgermeister [s. d.] u. *Toberich* = Tabak, auch Pfeife [s. d.]). Zu *Feneter* u. *Furschot* ist zu sagen, daß sie zwar ins Jenische durch Vermittlung der Zigeunersprache eingedrungen sein mögen (s. Näh. im W.-B. unter „Fenster" u. „Gabel"), eigentlich aber natürlich, aus dem *Französischen* herstammen, von dem sie ev. auch direkt entlehnt sein könnten (vgl. „Vorbemerkung", S. 10, Anm. 26). *Lomel* = Messerklinge kann wahrscheinl. unmittelbar auf ein deutsches Lehnwort (aus dem Latein.) zurückgeführt werden (s. Näh. im W.-B. unter „Klinge"). — Über den auffälligen Wechsel der Konsonanten im Anfang der Wörter *Bogeia* u. *Dibolde* (statt zigeun.: *Gogeia* u. *Bipolte*) s. d. Näh. im W.-B. unter den deutschen Bedeutungen.

[94] Da *Wittich* die Zigeunerwörter durchweg in der Form angeführt hat, die sie in dem von ihm gesammelten, durch *Jühling* in *Groß'* Archiv, Bd. 32, S. 219 ff. herausgegebenen „alphabet. Wörterverzeichnis der Zigeunersprache" (vgl. „Vorbemkg." S. 2, Anm. 2) zeigen, habe ich die Ergänzungen (s. oben Anm. 93) ebenfalls *danach* angeführt.

[95] S. das deutsch-jenische W.-B. unter der deutsch. Bedeutg.

[96] S. das W.-B. unter „Eber".

[97] S. das W.-B. unter „anzahlen".

[98] S. unter „Barchent".

[99] S. „Appetit".

[100] S. „anfragen".

[101] S. „Axt".

[102] S. „Abort".

[103] S. „Hahn".

[104] S. „Glied (männliches)".

[105] S. „Kerl".

[106] S. „Dietrich".

[107] S. „Abendessen".

[108] S. „Beinkleid".

[109] S. „Mastpulver".

[110] S. „Bank".

[111] S. „Klinge".

[112] S. „Beischläferin".

[113] S. „Aas".

[114] S. „Erdäpfel".

[115] S. „Abend".

[116] S. „ausstehlen".

[117] Über das fem. *Romane* s. Näh. im W.-B. unter „Frau".

[118] An einer anderen Stelle der „Einleitung" hatte der Verf. auch die heute in der „jenischen Sprache" veraltete Vokabel *tschi* = ja (vgl. übereinstimmend u. a. schm. *Dolm. der Gaunerspr.* 94, *W.-B. des Konst. Hans* 255, 256 [*t'schi*] u. *Pfulld. J.-W.-B.* 349) in Beziehung gesetzt zu dem zigeun. Ausdruck *tschi* = nicht(s) (nein) (vgl. *Pott* I, S. 274, 323; *Liebich*, S. 164, 225 [*tsi, tschi* = nicht, nichts]; *Miklosich*, Beiträge l/II, S. 26 u. Denkschriften, Bd. 26, S. 189 [*či* = nicht(s)]; *Finck*, S. 91 [*tši* = nicht]), das auch in die *schwäbische Händlersprache* eingedrungen ist (s. U. [214]: *tschi* = nein). Danach würde es sich dann hierbei um einen — bes. merkwürdigen — Fall

der sog. *Enantiosemie*, d. h. der Umkehrung der Bedeutung in das gerade Gegenteil (vgl. *Günther*, Rotwelsch, S. 20, 21, Anm. 14) handeln. Es dürfte jedoch *richtiger* sein, mit *Fischer*, Schwäb. W.-B. II, Sp. 432 das italienische *si* (dial. *ši* [spr. schi]) = „ja" (das auch in deutsche Mundarten eingedrungen ist [vgl. *Lexer*, Kärnt. W.-B., Leipz. 1867, S. 216: *schi* = ja]) als die Quelle zu vermuten.

[119] a) Über die Analogie in der Zigeunerspr. (*mulo mass*, eigtl. „totes Fleisch" [s. *Liebich*, S. 147, 171]) vgl. schon „Vorbemerkung", S. 18, Anm. 47. Das Adj. *mufig* od. *muffich* = stinkend gehört zu dem Zeitw. *muffen* = riechen („schmecken"), stinken; vgl. auch die Verbdgn. *dof muffen* (eigtl. „gut riechen") = duften u. *Toberich muffen* (eigtl. „Tabak riechen") = schnupfen (vgl. „Pfeife"). Eine *Zusammensetzg.* mit dem Stamme (*muff-*) des Zeitworts ist *Muffkenem* = Wanze (eigtl. „Stinklaus"; vgl. über Analogie im Zig. „Vorbemerkg.", S. 18, Anm. 47 u. Näh. unter „Wanze" bezw. „Filzlaus"). Als *Subst.* gebraucht ist *Muffen* = Geruch. Weitere Ableitungen sind: *Muffer* (eigtl. „Riecher") = Nase (vgl. dazu *Mufferhorboge*, eigtl. „Nasenkuh" = Nashorn [s. d. betr. Übereinstimmung mit d. Zigeun.; vgl. auch schon „Vorbemerkg." S. 18]) und *Mufferei* = Gestank, Witterung (daher: *begerische Mufferei* = Totengeruch; vgl. Näh. unter „absterben"). Ein Zeitw. *vermuf(f)en* setzt voraus das Partizip *vermuft*, eigtl. = verfault, dann (im übertragenen Sinne) = arm (ärmlich, armselig), heruntergekommen, bankerott, auch als Subst. gebraucht für Armut, Bedrängnis, Konkurs. *Zu vgl. (aus dem bes. verwandten Quellenkreise): Dolm. der Gaunerspr.* 96 (*Muffer* = Nase); *Schöll* 271, 272 (*muffen* = riechen, *Muffer* = Nase); *Pfulld. J.-W.-B.* 338, 340, 342, 343 (*muffen* = riechen, *Muffer* = Nase); *Schwäb. Händlerspr.* 479, 488 (*Muffer* = Nase, *vermuft* = bankerott, in *Pfedelb.* [210, 212] auch: *muffen* = riechen und *Muffert* = Mist, in *Lütz.* [215]: *muffen* = riechen, *vermuffen* = im Spiel verlieren u. *Muffnagel* = Zigarre, in *Degg.* [215]: *Mufferling* = = Schnupftabak). *Zur Etymologie* (von dem deutsch., mundartl. weit verbreiteten Zeitw. *muffen* = „übel, insbes. nach Moder oder Fäulnis riechen" bezw. d. Adj. *muffig* od. *muffcht*) s. *Pott* II, S. 18 u. A.-L. 576 vbd. mit *Grimm*, D. W.-B. VI, Sp. 2625 und Sp. 2623 (unter „Muff", I, Nr. 3), *Schmeller*, Bayer. W.-B. I, Sp. 1573 ff.

u. *Fischer*, Schwäb. W.-B. IV, Sp. 1784; vgl. auch *Weigand*, W.-B. II, Sp. 326.

b) *Bossert* = Fleisch (auch speziell „Wellfleisch"), Braten, erscheint sehr beliebt in allerlei *Zusammensetzgn.* (oder *Verbindgn.*) und zwar bes.: α) *ans Ende* gesetzt, so: aa) für die Fleischarten *nach den verschiedenen Tieren*, wie: *Babingbossert* = Gänsefleisch (*gesicherter Strohbutzerbossert* = Gänsebraten), *Kibe(n)bossert* = Hundefleisch, *Stupflengbossert* = Igelfleisch, *Schmalerbossert* = Katzenfleisch, *Horbogebossert* = Kuh- oder Rindfleisch, *Hornikelbossert* = Ochsenfleisch, *Trabertbossert* = Pferdefleisch, *Groenikelsbossert* = Schweinefleisch; ferner bb) für die *Art der Zubereitung: eingespronktes Bossert* = Pökelfleisch, *Hitzlingbossert* = Rauchfleisch, *Spronkertbossert* = Salzfleisch, *Schwäzlingbossert* = Schinken, *Schmunkbossert* = Speck, *Rondlingbossert* = Wurstfleisch; cc) für *menschl. Körperteile*: *Näpflingbossert* = Zahnfleisch; dd) auch im *übertragenen Sinne*: *Koelebossert* = „Teufelsbraten"; β) *am Anfang* der Zusammensetzg. stehend; aa) für *Gerätschaften*, wie *Bossertschottel* = Fleischbüchse, *Bossertnolle* = Fleischhafen; bb) für gewisse *Speisen: Bossertblättling* = Gulasch (eigtl. „Fleischsalat"), *Bosserträsling* = Leberkäse; cc) *Bossertschei*, d. h. eigtl. „Fleischtag" = Sonntag (s. d. betr. die Übereinstimmung mit d. Zigeunerischen, vgl. auch „Vorbemerkung", S. 18). Zu vgl. (aus dem *verw. Quellenkreise*): *Dolm. der Gaunerspr.* 92, 99 (*Boser* = Fleisch, Speck); *Pfulld. J.-W. B.* 339, 340, 341 (*Bosert* = Fleisch, *Schwarzbosert* = geräuchertes Fleisch, *B. von einem Horboge* = Kalbfleisch); *Schwäb. Gauner- u. Kundenspr.* 69, 75 (*Bossert* = Fleisch, *Schmunkbossert* = Speck); *Schwäb. Händlerspr.* 480 (*Bosset, Bôser* od. *Bôßert* = Fleisch; dazu noch in *Pfedelb.* [209, 213] bes. *Graunikels-, Hobuchen-, Trappertbossert* = Schweine-, Kuh-, Pferdefleisch u. *Schmunkbossert* = Speck sowie in *Lütz.* [213]: *Flūse-bosert* = Ente). Zur *Etymologie* (vom hebr. *bâsâr*, jüd. *bôsôr* = „Fleisch") sowie über weitere Belege im Rotw. (seit d. 15. Jahrh.) s. *Groß' Archiv*, Bd. 46, S. 10 u. Anm. 2; vgl. auch *Weber-Günther*, S. 154 u. *Fischer*, Schwäb. W.-B. I, Sp. 1316.

c) *Mass* (im wesentl. gleichbed. mit *Bossert* gebraucht) erscheint nicht ganz so beliebt in *Zusammensetzgn.*, doch findet es sich z. B. (am Ende) in verschiedenen Bezeichnungen von Fleischarten nach Tieren, wie *Babingmass* = Gänsefleisch (*gesicherter B.* = Gänsebraten),

Tschuggel-, Stupfleng-, Horboge-, Trabertmoss = Hunde-, Igel-, Kuh-, Pferdefleisch. *Zu vgl.* (aus dem *verw. Quellenkreise*); *Dolm. der Gaunerspr.* 92, 99 (*Mas* = Fleisch, Speck); *W.-B. des Konst. Hans* 245 (*Mass*); *Pfulld. J.-W.-B.* (nur in gewiss. Zusammensetzgn., z. B. [343] *Horboge-Maß* = Ochsenfleisch); *Schwäb. Händlerspr.* 480 (*Maß; Maßfetzer* = Metzger; in *Pfedelb.* [214]: *Mast* = Wurst). Vgl. auch *Metzer Jenisch* 216 (*Mās* = Fleisch). Zur *Etymologie*: Am wahrscheinlichsten ist es, daß das Wort ins Rotwelsch und die verw. Geheimsprachen unmittelbar aus der Zigeunersprache eingedrungen ist (vgl. „Einleitg." S. 30), welche *mas* od. (in Deutschl.) *mass* (schon altind. *māsa*) in gleicher Bedeutung kennt (s. die Angaben in *Groß'* Archiv, Bd. 38, S. 257 unter „Masengero" und dazu noch *Finck*, S. 72); doch mag auch das tschechische, ebenfalls gleichbed. *maso* mit eingewirkt haben. Über das (auf die gleiche indogerm. Wurzel zurückgehende) früher gemeingermanische, jetzt im wesentl. veraltete *Mass* = „Speise" („zugemessene, ausgeteilte Kost für die Hausgenossen", schon ahd. u. mhd. *maz* [vgl. *Lexer*, Mhd. Hand-W.-B. I, Sp. 2063], got. *mats*, angels. *mete*, engl. *meat*) s. Näh. bes. bei *Grimm*, D. W.-B. VI, Sp. 1721; vgl. auch *Fischer*, Schwäb. W.-B. IV, Sp. 1517 (unter „Mass" II, Nr. 1 u. 2).

[120] Das Zeitw. *näpfen* bedeutet: beißen, kauen, nagen (daher *abnäpfen* auch = abnagen), auch jucken. Weitere *Zusammensetzgn.* damit sind (außer *abnäpfen*) noch *ausnäpfen* = ausbeißen und *wegnäpfen* = wegnagen, *Ableitungen* davon: das Adj. *näpfich* (*-ig*) = bissig (beißend), krätzig, räudig (vgl. die *Verbdg. näpfiger Schund* [eigtl. „beißender Dreck"] = Kalk [s. d. betr. Übereinstmg. mit d. Zigeun.; vgl. auch „Vorbemerkg." S. 17]) u. das Subst. *Näpfling* = Zahn, Gebiß (vgl. die *Zus. Ober-* und *Vordernäpfling* = Ober- und Vorderzahn sowie *Näpflingsins* = Zahnarzt u. *Näpflingbossert* = Zahnfleisch). *Zu vgl.* (aus dem *verw. Quellenkreise*): nur *Schwäb. Händlerspr.* 479 (*näpfen* = beißen, in *Pfedelb.* [209] = coire, in *Lütz.* [215]: *Näpfling* = Zahn). Die *Etymologie* bleibt unklar. Auch *Fischer*, Schwäb. W.-B. IV., Sp. 1941 hat *näpfen* = beißen nicht bestimmt erklärt. Über die Bedeutg. *coire* s. ebds. vbd. mit Sp. 1914 unter „naffze(n)" u. „Naffke" (wozu zu vgl. *Groß'* Archiv, Bd. 38, S. 233).

[121] Das Zeitw. *dalfen* bedeutet: betteln (begehren, fordern).

Weitere *Zus.* damit: *andalfen* = anbetteln; *Ableitungen* davon: *Dalfer* = Bettler u. *Dalferei* = Bettelei. *Zu vgl.* (aus dem *verw. Quellenkr.*): *Dolm. der Gaunerspr.* 90 (*talfnen* = betteln); *Schöll* 273 (*Talfer* od. *Talcher* = Bettler); *Pfulld. J.-W.-B.* 336, 337, 338, 340 (*dalven* = abbetteln, *dalfen* = betteln, *ausdalfen* = ausbetteln, *Dalver* = Armer, *Dalfer* [*Dalcher*] = Bettler, *Talfkunde* = Handwerksbursche); *Schwäb. Gaun.- u. Kundenspr.* 67, 68 (*dalfen* = betteln, *Kaff abdalfen* = Dorf abbetteln, *Dalfianus* = Bettler); *Schwäb. Händlerspr.* 480 (*dalfen* = betteln). Zur *Etymologie* (wohl vom hebr. *dal* = „arm") sowie über sonstige Belege im Rotw. s. die Angaben in *Groß'* Archiv, Bd. 42, S. 9 (unter „Talfkunde") vbd. mit Bd. 33, S. 241/42, Anm. 1. Nach *Fischer*, Schwäb. W.-B. II, Sp. 39 ist der Ursprung des Wortes „unklar".

[122] Das Zeitw. *derchen* erscheint im wes. als Synon. zu *dalfen* (Bedeutg. also bes.: betteln, ferner begehren, bitten (daher *abderche* auch = abbitten), [er]flehen, fordern, verlangen); vgl. dazu die *Verbindg. derchter Lehm* = Bettelbrot (wörtl. „gebetteltes Brot"). Weitere *Zusammensetzungen*: *anderchen* = anbetteln, auch wohl *bederchen* = bedanken, danken. *Ableitungen*: die Subst. *Dercher* = Bettler (fem.: -ere) u. *Dercherei* = Bettelei (auch Gesuch) u. das Adj. *dercherich* = dürftig (ärmlich, bettelhaft), verarmt, das auch als Subst. gebraucht wird (*Dercherich* = Mangel, Not). Beliebt sind allerlei *Zus.* mit *Dercher*, so: *Dercherbich* (eigtl. = Bettelgeld, dann) = Almosen (s. d. betr. Übereinstimmung mit d. Zigeun.), *Dercherulma* = arme Leute (Bettelleute), *Dercherkritzler* = Bettelbrief, *Dercherfiesel, -kaffer, -model, -moss* = Bettelbube, -mann, -mädchen, -frau, *Dercherrande, -stenz* = Bettelsack, -stab. *Zu vgl.* (aus dem *verw. Quellenkr.*): *Dolm. der Gaunerspr.* 90, 93 (*därgen* = betteln, *Daerge-stozem* = Handwerksbursche); (*Pfulld. J.-W.-B.* 338 (*türchen*); *Schwäb. Händlerspr.* 479 (*derchen*, in *Pfedelb.* [213] auch: *Dercherkitt* = Bettelhaus). Die *Etymologie* ist unsicher (vielleicht zu hebr. *dereq*, jüd. *derech* = „Straße, Weg", jedoch ev. mit Einfluß deutscher Wörter); s. Näh. in *Groß'* Archiv, Bd. 38, S. 284/5 u. Anm. 2 u. 3 (unter „Derfen-Schin"); vgl. auch *Fischer*, Schwäb. W. B. II, Sp. 74 u. 159 (unter „därgen" und „derchen").

[123] Das Zeitw. *schurele* findet sich nur vereinzelt ohne

weiteren Zusatz gebraucht, nämlich für „begatten" oder „erzeugen" (wozu der Gebrauch des Hauptw. *Schure* für „männliches Glied" paßt), dagegen versieht es in *Zusammensetzgn.* die Funktion einer Art von Aushilfszeitw. (vgl. *Wittichs* „Einleitung", S. 24 und meine „Vorbemerkung", S. 16, Anm. 40). So bedeutet z. B. *abschurele* (außer „abbiegen") noch: abbinden, ablesen, abmähen, abpflücken, abputzen, abreißen, abschirren, abschneiden, absondern, abwischen und abziehen; ferner *anschurele*: anbinden, anblasen, anfangen, anhalten, anschneiden; *aufschurele*: aufbewahren, aufbrechen, aufdecken, aufheben, aufladen, auflesen, aufmachen, aufsuchen; *ausschurele*: ausbürsten, ausfragen, ausrechnen; *einschurele*: einblasen, einbrechen, einfangen, einfüllen, eingeben, einschneiden, einschnüren, einschütten, einspannen. Zur *Etymologie*: Das Zeitw. ist offenbar eine (aus den sonstigen Geheimsprachen mir nicht bekannte) Ableitung des Hauptworts *Schure*, über dessen Gebrauch als Aushilfswort für die verschiedensten Begriffe, für die es im Jenischen an besonderen Bezeichnungen fehlt, schon in meiner „Vorbemerkung" (S. 16) und in *Wittichs* „Einleitung" (S. 24) kurz die Rede gewesen. Hier folgt nun eine genaue Aufzählung der einzelnen Fälle. *Schure* im allgem. = „Ding" (ursprüngl. wohl [wie *Sore*] = „Ware", obwohl es im Vokabular unter diesem Worte fehlt) kommt vor: a) für sich *allein* (ohne Zusatz), zunächst: α) für mancherlei *Sachen* (unbelebte Dinge), nämlich: Acker, Angel, Bindfaden, Brecheisen, Brei, Bremse, Brücke, Buch, Bürste, Decke, Deckel, Deichsel, Dorn, Dose, Draht, Eimer, Eis, Eisen, Faden, Fahne, Falle, Gitarre, Gürtel, Puppe (Docke); vgl. das Dimin. *Schurele* = Brett; ferner bes. noch β) für gewisse *Pflanzen* (Gemüse usw.), so: Binsen, Blume, Bohne, Gurke; γ) für den *abstrakten Begriff* „Eid"; δ) für *menschl. Körperteile*: Achsel, männliches Glied; ε) für *Tiere*: Affe, Bock, Bremse (? [s. d.]), Dohle; vgl. das Dimin. *Schurele* = Eidechse; b) in *Zusammensetzungen*: α) für *Sachen* (im w. S.): *Sauftschure* = Bettuch („Bett[über]züge"), *Feberschure* = Bleistift, *Lehmschure* = Brotschrank, *Rutscherschure* = Bürsten, Kehrbesen, *Schmunk-Schure* = Butterfaß (Schmalzfaß), *Scheischure* = Docht, *Bich-*, *Kies-* oder *Lobeschure* = Geldkasse oder -kästen, *Begerschure* = Gottesacker (Kirchhof), Grab, Gruft,

Straubertsschure = Haarnadel, -öl oder Kamm, *Dokschure* = Hacke, *Niklengschure* = Harfe, Harmonika, *Nikelschure* = Klarinette (*Nikleschure* = Leierkasten), *Stöberschure* = Obst, *Toberichschure* = (Tabaks-)Pfeife, Zigarre, *Streiflingschure* = Strumpfband; β) für einen mehr *abstrakt.* Begriff, näml. *Randeschure* = Bauchgrimmen (Bauchweh); vgl. auch die Verbindung *grandiche Schure* = Reichtum, Überfluß, Vermögen (vgl. auch „vermögend"); γ) für ein *Tier: Jahre-* oder *Kracherschure*= Hirsch; δ) für *Personen* (Berufe): *Schoffeleischure* = Gerichtsvollzieher (Spr.), *Groenikelschure* = Sau- (Schweine-)Hirt, *Jerusalemsfreundschure* = Schafhirt, Schäfer. Zu vgl. (aus dem *verw. Quellenkr.*): nur *Schwäb. Händlerspr.* 480, 481 (*Schure* = Ding, Gegenstand, nur in *Wolfach* [484] auch = Mund, in *Lütz.* [215] = Ware). Die gaunersprachl. Quellen, bes. der *älteren* Zeit, haben dafür meist die Form *Sore* (s. darüber Näh. unter „Brücke"). Über sonstige Formen sowie über die *Etymologie* des Wortes (vom hebr. *sĕchôrâ* = „Handelsverkehr") s. Näh. in *Groß'* Archiv, Bd. 38, S. 241 u. Anm. 1 u. S. 242 (unter „Sorar").

[124] S. abbetteln.

[125] Das Zeitw. *funken* bedeutet brennen (vgl. *funkt* = brennend, d. h. eigtl. „[es] brennt"), heizen, zünden; vgl. die *Verbindg. g'funktes Gib* = Malz (eigtl. „gebranntes Getreide", in Übereinstimmung mit der Zigeunerspr. [vgl. schon „Vorbemerkung", S. 17 sowie unter „Malz"]). Weitere *Zus.* sind: *anfunken* = anzünden (vgl. dazu *a'gefunkter Spraus* = Kohle), *ausfunken* = ausbrennen, verlöschen, *einfunken* = einbrennen, einheizen, *niederfunken* = niederbrennen, *verfunken* = verbrennen, versengen. Das Verbum gehört zu dem Stamme *Funk* = Feuer (Brand, Flamme, Glut); vgl. die *Verbindgn.* und *Zusammensetzgn.*: *Funk anpflanzen* und *auspflanzen* = anbrennen und (aus)löschen, *grandicher Funk* = Feuersbrunst (s. d. betr. d. Übereinstimmung mit der Zigeunerspr.; vgl. auch schon „Vorbemerkung", S. 17); *Funkkies* = Feuerstein, *Funkspreisle* = Zündhölzer. *Ableitungen*: das Subst. *Funker* = Köhler, Kohlenbrenner (aber das Dimin. *Funkerle* = Zündhölzer) und das Adj. *funkich* = feurig. Zu vgl. (aus dem *verw. Quellenkr.*): *Dolm. der Gaunerspr.* 90, 100 (*funken* = brandmarken, *gefunkt werden* = gebrandmarkt werden, *verfunkt werden* = verbrannt werden); Schöll 274 (*Funkbruder* =

Brandbettler); *Pfulld. J.-W.-B.* 336, 337, 339, 345 (*Funk* = Feuer, *funken* = brennen, feuern, *ab-*, *verfunken* = ab-, verbrennen); *Schwäb. Gauner- und Kundenspr.* 68 (*funken* = brennen; *Funkerer* = Brandstifter); *Schwäb. Händlerspr.* 480, 483, 488 (*Funk* [in *Pfedelb.* (209, 211): [*Funkert*] = Feuer, Licht, *Funker* [in *Pfedelb.* (214): *Funkert*] oder *Funkerle* = Zündholz; in *Degg.* [215]: *Funkspraus* = Zigarre; in *Pfedelb.* 208, 213]: *funken* = brennen, *abfunken* = abbrennen, *anfunke[l]n* = anbrennen [dieses auch in *Lütz.* (214)], *verfunken* = verbrennen). Vgl. noch *Pfälz. Händlerspr.* 437 (*Funkert* = Feuerzeug); *Metzer Jenisch* 216, 217 (*Funkert* = Feuer, *funke* = kochen, sieden). Zur *Etymologie* der Vokabeln (die sämtl. *deutsch.* Ursprungs sind) s. das Näh. in *Groß'* Archiv, Bd. 42, S. 48 unter „Funker"; vgl. auch *Weber-Günther*, S. 187 (unter „Funkert"), sowie *Fischer*, Schwäb. W.-B. II, Sp. 1832 (unter „Funk" Nr. 3) und Sp. 1833 (unter „Funker").

[126] Diese Bezeichnung setzt ein Zeitw. *flu(h)ten* voraus, das aber (für sich *allein*) in *Wittichs* Vokabular nicht vorkommt. Das Stammwort ist das Subst. *Flu(h)te* (masc. gen.), hier im Sinne von „Brühe" (s. d.), sonst bes. = Wasser (Bach, Bad, Fluß, Flut, Gewässer, Quelle, See, Strom, Teich), das auch als Adj. (= naß) gebraucht wird. Es erscheint beliebt in Verbindungen, wie *biberischer Flu(h)te* (*Biberischerflute*) = Eiswasser (eigtl. „eisiges Wasser"), *bostender Flu(h)te* = laufendes Wasser (und dazu die Redensart: *Flu[h]te bostet mer herab* = ich schwitze (eigtl. „das Wasser läuft mir herab", in Übereinstimmung mit der Zigeunerspr. [vgl. das Näh. unter „schwitzen"]) und *grandich Flu(h)te* (eigtl. „großes [oder größtes] Wasser") = Meer (vgl. „Vorbemerkung", S. 19, Anm. 49), namentlich aber in *Zusammensetzgn.*, wie a) *am Anfang* stehend: *Flu(h)tesore* = Brücke (s. d.), aber auch Wasserfaß, *Flu(h)tekies* (eigentl. „Wasserstein") = Insel (s. d. betr. Analogie im Zigeunerischen), *Flu(h)tefläderling* (eigtl. „Wasservogel") = Bachstelze, *Flu(h)tekupfer* = Meergras oder Schilf, *Flu(h)tegroenikel* = Meerschweinchen, *Flu(h)tefu(h)l* oder *-schund* = Schlamm, *Flu(h)tekib* = Seehund, *Flu(h)tegachne* oder *-stierer* = Wasserhuhn, *Flu(h)tenolle* = Wasserkrug, *Flu(h)terolle* = Wassermühle; b) *ans Ende* gesetzt: *Scheinlingflu(h)te* = Augenwasser, *Flösselflu(h)te* = Harn (Urin), aber auch Regenwasser, *Pfladerflu(h)te* = Waschwasser, *Süßlingflu(h)te* =

Zuckerwasser; über *Biberischerflu(h)te* (in einem Wort geschr.) s. schon oben unter a. Eine weitere *Ableitung* von *Flu(h)te* (außer *abflu[h]ten*) ist das Adj. *flu(h)tich* = feucht, wässerig, auch als Subst. (*Flu(h)tich* gebr. = Nässe. — *Zu vgl.* (aus dem *verw. Quellenkr.*): W.-B. des Konst. Hans 254 (*Flude* = Wasser); *Pfulld. J.-W.-B.* 337, 342, 346 (ebenso, Bedeutg. auch: Bach; *grandig Flotte* = Meer); *Schwäb. Händlerspr.* 482, 488 (*Flude* oder *Flute*, auch *Flôte* = Wasser, *Fludi* = Kaffee [in *Pfedelb.* (210) dafür *Schwarzflude* od. *-floße*]; in *Lütz.* [215]: *flude[n]* = regnen). Der *Etymologie* nach gehört das (auch sonst im Rotwelsch bekannte) Wort (vgl. z. B. schon *Basl. Gloss.* 1733 [202: *Flodi*]) wohl zweifelsohne zu unserem deutschen „Flut". Vgl. *Fischer*, Schwäb. W.-B. II, Sp. 1597 vb. mit *Weigand*, W-B. I, Sp. 564/65.

[127] *Leile* hat die Grundbedeutg. „Nacht", kommt aber auch spezieller für Mitternacht, sowie ferner (außer für Abend) noch für Dämmerung oder Finsternis vor, sodann als Adj. gebraucht für dunkel oder finster. Auch sind damit ziemlich viele *Zusammensetzgn.* gebildet (und zwar sämtl. so, daß das Wort am *Anfange* steht), nämlich: *Leilebiken* = Abendessen (während Nachtessen durch *Leilebikus* u. *-achilerei* wiedergegeben), *Leileschenagel* = Nachtarbeit, *Leileschei(n)* = Nachtlicht, *Leilesitzling* = Nachtstuhl, *Leilekaffer* = Nachtwächter, *Leilekitt* = Wachthaus, *Leileschrende* = Wachtstube; bes. interessant sind noch die Umschreibungen *Leilefläderling* = (eigtl. „Nachtvogel") = Eule (s. d. betr. Übereinstimmg. mit d. Zigeun.; vgl. auch „Vorbemrkg.", S. 18), *Leileschei(n)* (eigtl. „Nachtlicht" [s. oben]) = Mond (s. d. betr. Analogie im Zigeun.; vgl. auch „Vorbemerkg.", S. 18, Anm. 47) oder auch Stern (daher *Leilescheischund* [eigtl. „Nachtlichtschmutz"] = Sternschnuppe). Zu *vergl.* (aus dem *verw. Quellenkr.*): Dolm. der Gaunerspr. 96 (*Leile* = Nacht); W.-B. des Konst. Hans 258 (*z' leili schefte* = „logieren", *heute leile* = heut' Nacht); *Schöll* 271 (*Leile*); *Pfulld. J.-W.-B.* 342 (*Beily* [vedr. für *Leily*]); *Schwäb. Händlerspr.* 484 (*Laile* od. [in *Pfedelb.* (211) *Leile*). Vgl. auch *Pfälz. Händlerspr.* 438 (*Laile*). Zur *Etymologie* (vom hebr. *lailâ[h]* = „Nacht") s. Näh. in *Groß'* Archiv, Bd. 38, S. 229 (unter „Leilest"); vgl. auch noch *Fischer*, Schwäb. W.-B. IV, Sp. 1148/49.

[128] *Ratte*, für dieselben Bedeutungen wie *Leile* (also z. B.

auch als Adj. für „dunkel") gebraucht, kommt in *Zusammensetzgn.* seltener vor, doch findet sich *Rattekahla* = Abendessen, *Rattebutterei* = Nachtessen u. die Umschreibg. *Rattefläderling* = Eule (s. Anm. 127). Zu vergl. (aus d. verw. Quellenkr.): Dolm. der *Gaunerspr.* 96 (*Ratte* = Nacht); *W.-B. des Konst. Hans* 255, 256, 257, 258 (*Ratiginger* = Nachtdiebe, *Ratte* = Nacht, *zwei Rattene* = zwei Nächte); *Schöll* 272 (*Ratte*); *Pfulld. J.-W.-B.* 342 (ebenso); *Schwäb. Gaun.-u. Kundenspr.* 73 (desgl.); *Schwäb. Händlerspr.* 480 (*ratt[e]* = dunkel, in *Pfedelb.* [214] auch *Ratte* = Nacht. in U. [214]: *Rattebutte[n]* = Nachtessen). Zur *Etymologie* (vom gleichbed. zigeun. *rat* oder [in Deutschl.] *ratt*, schon altind. *ratri*) s. die Angaben in *Groß'* Archiv, Bd. 47, S. 212, Anm. 1, u. dazu noch *Finck*, S. 82.

[129] Das (hier substantivisch gebrauchte) Zeitw. *biken* bedeutet: essen (kauen, schmausen, verzehren); vgl. dazu: *grandich bikt* = satt (eigtl. „viel gegessen"). Weitere *Zusammensetzgn.*: *ab-, auf-, ausbiken* = ab-, auf-, ausessen. *Ableitungen*: die Substantive *Bikerei* = Essen (Frühstück, Gastmahl, Gericht, Mahlzeit, [das] Speisen) oder (in latinis. Form) *Bikus* = Essen (Gastmahl, Gericht, Kost, Mahlzeit, Schmaus, Speise), beide (namentl. aber das letztere) auch in *Zus.* beliebt; vgl. *Schimmerlingsbikerei* od. *Flößlingbikus* = Fischessen, *Strohbuzerbikus* = Gansessen, *Langohrbikus* = Hasenessen, *Stupfelbikus* = Igelessen, *Rondlingbikus* = Wurstessen; ferner: *Groenereibikus* = Hochzeitsschmaus, *Begerbikerei* od. *-bikus* = Leichenschmaus, *Leilebikus* = Nachtessen (vgl. oben Anmerkung 127]. Vermutlich dürfen zu *biken* aber auch noch in Beziehung gesetzt werden das Zeitw. *bikern* = hungern (*mich bikert['s]* = mich hungert [wofür früher *mich kohlert* gebräuchlich gewesen; s. *Wittichs* „Einltg.", S. 21]) sowie das Adj. *bikerich* = gierig, hungrig, dann auch = habgierig, geizig. Zu vergl. (aus dem *verw.* Quellenkr.): Dolm. der *Gaunerspr.* 92 u. 94 (*bicken* = essen u. *Bicker* = Hunger); *Schwäb. Gaun.- u. Kundenspr.* 69, 74 (*bicken* = essen, *Bikus* = Kost, *Bickerle* = Sparsamer [der nichts gibt]); *Schwäb. Händlerspr.* 480, 482 (*bicken* = essen, *Bickerei* od. *Bickus* = Essen [in *Pfedelb.* (211): *Pickus* = Kost]; *bikerisch* = hungrig [in *Pfedelb.* (210)]: *bikerischer Klob* = Geizhals). Zur *Etymologie* des (auch sonst im Rotwelsch sowie in den verw. Geheimspr. [z. B. bei den *Pfälz. Händlern* (437)] verbreiteten) Wortes

(wohl jedenfalls vom deutsch. Zeitw. *picken,* älter *bicken* [so schon mhd. neben *becken*], d. h. eigtl. [zunächst von Tieren gebr.] „mit der Schnabelspitze zufahrend stoßen oder aufnehmen" [*Weigand,* W.-B. II, Sp. 425]) s. Näh. bei *Weber-Günther,* S. 184 (unter „picken"); vgl. auch A.-L. IV, 69 u. 524/25 vbd. m. *Wagner* bei *Herrig,* S. 227 u. *Fischer,* Schwäb. W.-B. I, Sp. 1096 (unter „picken"). Die Latinisierung *Pickus* hat m. Wiss. zuerst *Zimmermann* 1847 (373, 383) verzeichnet.

[130] Das Zeitw. *butten* wird in *denselben* Bedeutungen gebraucht wie *biken* (daher z. B. auch *grandich buttet* = satt sowie die *Zus. ab-, auf-, ausbutten*). Desgl. entspricht die *Ableitg. Butterei* im wes. den Substantivierungen *Bikerei* u. *Bikus,* während es in *Zusammensetzgn.* seltener vorkommt (vgl. aber *Matschebutterei* = Fischessen u. *Rattebutterei* = Nachtessen (s. oben S. 37, Anm. 128). Über das stammverwandte *Pu(t)lak* = Hunger s. das Nähere unter „Appetit". *Zu vergl.* (aus dem *verw. Quellenkr.*): Dolm. der Gaunerspr. 92 (*butten* = essen); W.-B. des Konst. Hans 258 (ebenso; vgl. [255] *Buttschnurr* = „Steigbettler"); *Pfulld. J.-W.-B.* 337 (*butten* = essen, schlucken, *abbutten* = abfressen); *Schwäb. Händlerspr.* 480 (*butten* = essen, *Butterei* = [das] Essen, in U. [214]: *Rattebutte[n]* = Nachtessen); s. auch *Pleißlen der Killertaler* (nach *Kapff* [212]: *butten* = essen) u. *Metzer Jenisch* 216 (*butte*). Zur *Etymologie*: Nach A.-L. 528 vbd. m. *Wagner* bei *Herrig* 226 ist *butten* wohl eine Nebenform zu ndd. *biten* = „beißen" (vgl. schon *Ndd. Lib. Vagat* [75]: *botten,* wie noch jetzt im *Hennese Flick* von *Breyell* [457]). Vgl. auch *Günther,* Rotwelsch, S. 52 sowie (über die Verbreitg. des Ausdr. in den südd. Mundarten) *Fischer,* Schwäb. W.-B. I, Sp. 1564, Nr. 2, der indessen über die Etymologie schweigt.

[131] Auch das (hierin substantivierte) Zeitw. *kahla* (seltener *-le*) bedeutet „essen, verzehren"; dazu die *Zus. ab-, auf-, auskahla.* — Mit der *Ableitg. Kahlerei* (im wes. gleichbed. mit *Bikerei* u. *Butterei*) sind gebildet worden die *Zus. Flotschekahlerei* = Fischessen u. *Groenereikahlerei* = Hochzeitsschmaus. *Zu vergl.* (aus dem *verw. Quellenkr.*): Dolm. der Gaunerspr. 92 (*kahlen* = essen); W.-B. des Konst. Hans 259 (*z' kahlet* = zu essen); *Pfulld. J.-W.-B.* 337, 339, 340 (*kahlen* = abessen, abfressen, *kohlen* = essen, *z' viel kahlen* = überfressen); *Schwäb. Gaun.- u. Kundenspr.* 69 (*kahlen*); *Schwäb. Händlerspr.*

(U. [214] u. *Lütz* [214]: *khäle[n]*). Zur *Etymologie* (aus der *Zigeunerspr.* [vgl. oben „Einleitg.", S. 30]) s. *Fischer*, Schwäb. W.-B. IV, Sp. 576 (unter „k**o**le[n]") u. Sp. 165 (unter „k**a**le[n]") (der übrigens auch „eine Mischung" mit dem gleichbed., aus d. *Hebr.* stammenden *achlen* für möglich hält) vbd. mit *Liebich*, S. 130, 195 u. 241 (*chāwa* = ich esse, speise), *Miklosich*, Beiträge I/II, S. 22 (unter „khād") u. Denkschriften, Bd. 26, S. 217/18 (unter „cha": bei d. *deutsch.* Zig. *chāva* altind. *khād*), *Jühling* 220 (*Chalo* = Fresser, *Chaben* = Essen, aber *chala* = es beißt [anders oben „Einltg.", S. 30), *Finck*, S. 67 (Wurzel: *xā-*).

[132] Diese Ausdrücke werden wohl alle drei (am häufigsten aber die beiden ersten) als miteinander *gleich*bedeutend gebraucht, und zwar (außer in der obigen. Bedtg. noch) für: albern, blöde (= blödsinnig), dämlich, dumm, geisteskrank, irrsinnig, läppisch, närrisch, schwachsinnig, töricht, unklug, unsinnig, unvernünftig, unverständig, wahnsinnig. *Zusammensetzungen* damit sind: *Nillicheschei* od. *Ni(e)sicheschei* (d. h. eigtl. „närrischer [oder Narren-] Tag") = Fastnacht (s. d. betr. Übereinstimmg. mit der Zigeunerspr.) und *Nillichegiel*, *Ni(e)siche-* und *Nuschichegiel* (d. h. eigtl. „närrisches Maul, Gesicht") = Fastnachtsmaske, dann einerseits noch spezieller = „Affengesicht" (s. d.) als Bezeichnung einer besonderen Art von Fastnachtsmasken, andererseits allgemeiner = Larve oder Maske überhaupt. Die genannten Adjektive sind *Ableitgn.* von den Hauptw. *Nille*, *Ni(e)se*, *Nusche* = Dummkopf (dummer Mensch), Geck, Narr, Tor, Tropf (dazu die *Zus.*: *Nille-* od. *Ni[e]sekitt* = Irrenhaus [Narren-, Tollhaus] u. *Nille-* od. *Ni[e]seki[e]bes* = Tollkopf). Eine weitere (substant.) *Ableitg.* von *Nille*, *Ni(e)se*, *Nusche* ist endlich *Nillerei*, *Ni(e)serei* od. (seltener) *Nuscherei* = Blödigkeit (d. h. Blödsinn), Dummheit, Kinderei, Irrsinn, Wahnsinn. Zu vergl. (aus dem *verw.* Quellenkr.): Dolm. der Gaunerspr. 96 (*Nille* = Narr); ebenso: Schöll 271 u. Pfulld. J.-W.-B. 342 (hier [339] ferner das Adj. *nilli* = einfältig). Zur *Etymologie*: Nach *Fischer*, Schwäb. W.-B. IV, Sp. 2082 (unter „Nülle" I) ist *Nülle* (od. *Nille*) = Narr, Dummkopf usw. identisch mit *Nolle* = dicker Mensch, Einfältiger, das wohl zu *Knoll(en)*, schwäb. auch *G'noll*, *Noll* = „rundlicher harter Körper", „zusammenhängende runde Masse" (schon mhd. *knolle* =

„Erdscholle, Klumpen" *und* „grober, plumper Mensch"; vgl. ahd. *hnol* = „Erhöhung", angels. *cnoll* = „Bergspitze", engl. *knoll* = „Hügel") gehört; s. *Fischer*, a. a. O., Sp. 2055 (unter „Nolle", Nr. 3) vbd. mit Sp. 541 (unter „Knoll[e(n)]", bes. Nr. 3c) u. *Weigand*, W.-B. II, Sp. 1080 (unter „Knollen"). Schon A.-L. 578 hat *Nille* = „Narr, Geck, Spaßmacher" und „penis" gleichfalls auf „Knolle" zurückgeführt. Auch bei der letzteren Bedeutung, die (neben der selteneren von „vulva") auch sonst volkstümlich ist (s. *Müller* in d. „Anthropophyteia", Bd. VIII, S. 4 u. 10, u. *Günther*, ebds. Bd. IX, S. 31, Anm. 2 vbd. mit *Grimm*, D. W.-B. VII, Sp. 980), handelt es sich wohl um dasselbe Wort, denn *Grimm*, a. a. O. leitet es zwar zunächst von dem Zeitw. *nollen* (od. *nullen*) = „futuere" her, stellt dieses aber zum mhd. *nol* = „mons Veneris" (s. Näh. a. a. O., Sp. 879 unter „nollen"). Überhaupt werden die Begriffe „Dummkopf" u. „penis" öfter ja durch denselben Ausdruck wiedergegeben (vgl. z. B. *Schmeller*, Bayer. W.-B. II, Sp. 642 betr. d. Wort „Schwanz"). — Die Bezeichnung *Niese* = Dummkopf hat *Fischer*, a. a. O., IV, Sp. 2044 vbd. mit Sp. 2050 zu *Nise* als Kurzform des Eigennamens *Dionysius* — freilich nur mit einem Fragezeichen — in Verbindung gebracht. Über *Nusche* wage ich keine Vermutung aufzustellen.

[133] S. Abendessen.

[134] Das Zeitw. *ruadle(n)* (-la, *ruedle*) = fahren ist auch noch enthalten in den *Zus. aus-, darüber-, ein-, heraus-, nach-, um-* u. *wegruadle(n)*. Es gehört zu dem Subst. *Ruadel* (od. *Ruedel*) = Wagen, bes. Fahrzeug auf dem Lande, Karren. *Zu vergl.* (aus dem *verw. Quellenkr.*): *Schwäb. Händlerspr.* 488 (*Rudel* = Wagen). Das in älteren rotw. Quellen vorkommende Zeitw. *rodeln* (s. z. B. auch *W.-B. des Konst. Hans* 259 u. *Schöll* 272) dürfte wegen seiner Bedeutung („führen, mit sich führen") nicht ohne weiteres zum Vergleiche herangezogen werden, jedenfalls dagegen aber *gradeln* od. *radeln* = fahren, das z. B. *Schintermicherl* 1807 (288) u. *Karmayer* 63 u. 129 haben. Denn seiner *Etymologie* nach ist das Zeitw. *ruadle(n)* wohl nur aufzufassen als eine dialektische Färbung von „radeln" (s. dazu *Günther*, Rotw., S. 98, 99, Anm. 118), ebenso wie *Ruadel* (*Ruedel*) eine solche von „Radel", Dim. von „Rad", sein dürfte. Über das Symn. *Rädling* (-leng) s. Näh. unter

„Eisenbahnwagen".

[135] Das Zeitw. *bohle(n)* (-la) = fallen, werfen (Spr.) kommt noch vor in den *Zus. ab-, auf-, einbohlen* (= einstürzen), *hin-, nach-, nieder-, umbohlen.* Zu vergl. (aus d. verw. Quellenkr.): *Schwäb. Händlerspr.* (in *Pfedelb.* [209, 210]: *bohlen* = fallen, *nausbolen* = hinauswerfen). Für „werfen" ist *bohlen* auch in rotw. Quellen des 19. Jahrh. bekannt (s. z. B. *Pfister* bei *Christensen* 1814 [317]; *v. Grolman* 10 u. T.-G. 133; *Karmayer* G.-D. 192). *Etymologie:* Nach *Fischer,* Schwäb. W.-B. I, Sp. 1271 handelt es sich um ein schwäbisches Wort mit der Grundbedeutung „rollen, im Bogen werfen", ahd. *bolôn,* mhd. *boln* = „rollen, werfen, schleudern" (*Lexer,* Mhd. Hand-W.-B. I, Sp. 324), das *transit.* u. *intransit.* gebraucht wird, so daß daraus auch die Bedeutg. „fallen" entstehen konnte. Über das stammverwandte *Bolle* = Kartoffeln s. unter „Bratkartoffeln".

[136] Das einfache *dogen* (-ga), auch *doken,* kommt vor in dem Sinne von: a) geben (hergeben); b) beschenken; c) schlagen (hauen, fechten). Zu der Bedeutg. unter a) gehören (außer *abdogen* [s. auch unter „abliefern"]) die *Zus. aus-, heraus-* u. *vordogen* = aus-, herausgeben und vorschießen (leihen), zu der unter c): *zudogen* = zuschlagen sowie das Subst. *Dokschure* (eigtl. „Hauding") = Hacke (s. d. betr. die Übereinstimmung mit der Zigeunerspr.). Als *Ableitg.* ist wohl anzusehen *Doge* = Schläge (falls nicht etwa = *Doge[n]* als subst. Zeitwort). In dem bes. *verw.* Quellenkreise ist das Wort m. Wiss. unbekannt, dagegen kommt es sonst vereinzelt vor im Rotw. des 19. Jahrh. (s. z. B. *v. Grolman, Akt. Gesch.* 1813 [312: *Koberment gedockt* = Schläge gegeben] u. W.-B. 16 u. T.-G. 95 u. 118 [*docken* = geben, schenken]; *Christensen* 1814 [320, 331: *tocken* = geben, *die Vehm tocken* = die Hand geben]; *Karmayer* 30 [*docken* = reichen, geben) sowie in d. *Krämerspr.* (s. *Eifl. Hausierspr.* (491: *geduckt* = gegeben). Die *Etymologie* bleibt unklar. Auch *Fischer,* Schwäb. W.-B. II, Sp. 241 (unter „docke[n]") gibt keine Erklärung.

[137] Das Zeitw. *bosten* (wofür früher *holchen* gebräuchl. [s. oben „Einltg.", S. 26]) = gehen, fliehen, folgen, kommen, laufen, spazieren (gehen) kommt noch vor in den *Zus.*: *aufbosten* = auflaufen, *ausbosten* = ausgehen, auslaufen,

darüberbosten = darübergehen, *ei'bosten* = einlaufen, *herabbosten* = herabgehen, -laufen, *hinausbosten* = hinausgehen, *nachbosten* = nachfolgen, *umher-*, *unterbosten* = umher-, untergehen, *verbosten* = verlaufen, *wegbosten* = weglaufen, *zurückbosten* = zurücklaufen; ferner in den *Verbindungen: schiebes bosten* = davongehen, sich entfernen, entspringen, entweichen, fliehen, fortgehen (früher dafür *malochen* [s. „Einltg.", S. 27]), *schenzieren bosten* = hausieren gehen, *Jahre bosten* = jagen (eigtl. [in den] Wald gehen [um zu jagen]), *begerisch bosten* = lahm gehen, *ins Sauft bosten* (eigtl. „ins Bett gehen") = niederkommen, *grandiche Rande bosten* (eigt. „[mit einem] dicken Bauch gehen") = schwanger gehen, endl. noch in der längern Umschreibung *Flu(h)te bostet mer herab* = ich schwitze (s. darüber schon oben S. 36, Anm. 126 vbd. m. S. 17, Anm. 44). Eine *Ableitg.* ist das Subst. *Boster* = Läufer. *Zu vergl.* (aus d. *verw. Quellenkr.*): *Pfulld. J.-W.-B.* 337, 339, 340, 342 (*posten* = gehen, *boschen* = laufen, *auspostet* = ausgelaufen, *durchbosten* = durchlaufen, *verposten* = entfliehen); *Schwäb. Händlerspr.* 481 (*pŏschten* [in *Pfedelb.* (210): *boschten*] = gehen, *plæ̂te poschten* [in *Pfedelb.* (209): *boschten*] = fortgehen, durchgehen, in *Pfedelb.* [208/9]: *naus-* u. *abboschten* = auslaufen u. durch- od. fortgehen). — Die Form *boschen* (*bôschen*) = gehen hat auch schon *v. Grolman, Akt. Gesch.* 1813 (312) u. *W.-B.* 11 u. *T.-G.* 96, das Subst. *Boster* findet sich in der Zus. *Leili-Boster* = Nachtdieb bei *Pfister* bei *Christensen* 1814 (325). *Etymologie:* Nach *Fischer*, Schwäb. W.-B. I, Sp. 1318 bedeutet *poste(n)* (*bošte*) im Schwäb. „herumlaufen, kleine Aufträge besorgen" u. ä., eigentl. soviel wie „Postgänge machen", so daß es also zu unserem Lehnwort *Post* (aus dem ital. *posta*, mlat. *posta* = „[Post-]Standort", aus *posita*, zu lat. *ponere* [s. *Weigand*, W.-B. II, Sp. 456, vbd. m. *Seiler*, Lehnwort III, S. 186) gehört. Näheres (auch über andere südd. Mundarten) s. ebds. vbd. mit *Grimm, D. W.-B.* II, Sp. 267 (unter „besten") u. VII, Sp. 2025 (unter „posten", Nr. 1)

[138] Das Zeitw. *pfiche(n)* = gehen, folgen findet sich noch in den *Zus. auspfichen* = ausbrechen, *herabpfichen* = herabgehen, *hinauspfichen* = hinausgehen sowie in den *Verbindgn. schiebes pfichen* = davongehen, fortgehen (entrinnen) und *schenzieren pfichen* = hausieren gehen. *Zu vgl.* (aus dem *verw. Quellenkr.*):

Pfulld. J.-W.-B. 337, 339, 340 (*pfichen* = gehen [ausgehen, entfliehen, herumziehen]); *Schwäb. Händlerspr.* 481 (u. *Lütz.* [214] *pfiche[n]* = gehen, *pficht* = er ist fort). Die *Etymologie* des Wortes (das bei *Fischer*, Schwäb. W.-B. nicht angeführt ist) bleibt zweifelhaft. Nur unsichere Hypothesen bei A.-L. IV, 245/46.

[139] a) Das in dieser Verbindung enthaltene Wort *Gleis* = Milch kommt auch noch in folgenden Zus. vor: α) am *Anfang* stehend: in *Gleisnolle* = Melkfaß (oder Milchtopf, -napf), *Gleisschottel* = Melkgefäß (eigtl. Milchschüssel), *Gleiskechelte* = Milchbrötchen (Spr.), *Gleisglansert* = Milchglas, *Gleisschnall* = Milchsuppe und *Gleisschund* (eigtl. „Milchdreck") = Rahm oder Sahne (dem das obige *abgeschunde Gleis* entspricht!; β) am *Ende* stehend: *Schmunkgleis* = Buttermilch. Zu vgl. (aus d. verw. Quellenkr.) *Dolm. der Gaunerspr.* 96 (*Glais*); *Pfullend. J.-W.-B.* (*Gleis*; *Gleiskittle* = Milchhaus, *Gleispolifska* oder -*schnalla* = Milchsuppe); *Schwäb. Händlerspr.* 484 (*Gleiß*); s. auch *Metzer Jenisch* 216 (*Gleiss*). Zur *Etymologie* des Wortes (höchstwahrscheinlich von unserem deutsch. *gleißen*, d. h. glänzen) sowie über weitere Belege im Rotw. usw. s. Näh. *Groß'* Archiv, Bd. 33, S. 256, Anm. 2 verbd. mit Bd. 42, S. 49 (unter „Gleißer"); vgl. auch *Weber-Günther*, S. 177/78 (unter „Klais") und *Fischer*, Schwäb. W.-B. III, Sp. 689. — b) Zu *abgeschunde*, das ein Zeitw. *abschunden* voraussetzt, vgl. das ähnliche *einschunden* = einsalben, einschmieren, während das einfache *schunden* im W.-B. durch „austreten (schwer")", d. h. cacare, wiedergegeben ist. Es ist (gleich dem Adj. *schundich* [schondich (Spr.)] = beschmutzt, dreckig, kotig, schmierig, schmutzig, trübe, unflätig, unreinlich, unsauber) *abgeleitet* von dem Hauptw. *Schund* od. *Schond* = Dreck, Kot, Schmutz, Unflat, Unrat, auch spezieller noch Asche, Dünger (Mist), Exkremente, Lehm. Dazu die *Verbindg. näpfiger Schund* = Kalk (worüber das Näh. schon oben S. 17) sowie mannigfache *Zusammensetzgn.*, so: a) mit Sch. *am Anfang*: *Schundkitt* = Abort, *Schundschottel* = Aschenbecher, *Schundbolle* = Kartoffeln (eigtl. etwa „Dreckknollen"), *Schundfurschet* = Mistgabel, *Schundfläderling* = Mistkäfer (eigtl. „Mistvogel"), *Schundsitzling* = Nachtstuhl; b) mit Sch. *am Ende*: *Gleisschund* = Rahm, Sahne (s. oben lit. a), *Flu(h)teschund* (eigtl. „Wasserdreck") =

Schlamm, *Leilescheischund* = Sternschnuppe (worüber Näh. schon oben S. 37, Anm. 127). *Zu vgl.* (aus dem *verw. Quellenkr.*): *Dolm. der Gaunerspr.* 89, 92, 93, 97 (*Schund* = Exkremente, *Schund-Kitte* = Abtritt, *Schompolle* [dial. statt: Schundbolle] = „Grundbirnen", d. h. Kartoffeln; *schunden* = Notdurft verrichten; vgl. [90]: *beschunden* = betrügen [also ähnl. wie unser „bescheißen" gebr.; vgl. *Weigand, W.-B.* I, Sp. 213]); *Pfulld. J.-W.-B.* 339, 341, 344 (*Schund* = Dreck, Kot, Schutt; vgl. auch [342] *Schunplotzer* = Maurer); *Schwäb. Händlerspr.* 479, 480, 482, 484, 486 (*Schund* = Dreck, Schmutz, aber auch = Acker, Feld; *schundig* = dreckig, schmutzig, *Schumbolle* = Kartoffeln, *Schundplutzer* oder *Schunplotzer* [in *Degg.* (215): *Schundblozer*] = Maurer, in U. [214]: *schunde[n]* = cacare, *beschunden* [in *Lütz.* (214): *b'schunderle(n)*] = betrügen). S. auch noch *Metzer Jenisch* 216 (*schunde* = cacare und *Schund-Bais* = Abtritt). Zur *Etymologie* (vom deutsch. Stammwort „schinden", daher Grundbedg. von Schund eigtl. „Abfall beim Schinden") sowie über weitere rotw. Belege s. d. Näh. in *Groß'* Archiv, Bd. 47, S. 139.

[140] Das Stammwort ist *basche(n)* = kaufen; vgl. *einbaschen* (Spr.), *verbaschen*. *Ableitungen* davon sind die Subst. *Bascher* = Käufer, *Verbascher* = Handelsbursche, *Verbaschere* = Handelsfrau. *Zu vgl.* (aus dem *verw. Quellenkr.*): *Pfulld. J.-W.-B.* 337, 341 (*baschen* = kaufen, *verbaschen* = ausbieten); *Schwäb. Händlerspr.* 487 (*verpassen* oder *verpâschen* = verkaufen). S. auch *Metzer Jenisch* 217 (*verpasse* = verkaufen). Zur *Etymologie* sowie über weitere Belege im Rotw. (schon 1687: *verpassen* = verkaufen) s. *Groß'* Archiv, Bd. 43, S. 62 u. Anm. 1. Der dort (im Anschluß an *Schmeller, Paul, Kluge* u. a.) vertretenen Ansicht, die das Wort *paschen* (= schmuggeln usw.) vom französ. *passer* oder ital. *passare* (= „[die Landesgrenze] überschreiten") herleitet (dafür auch z. B. *Seiler*, Lehnwort III, S. 101 u. Anm. 2), steht noch eine andere gegenüber, die *hebräischen* Ursprung annimmt; s. darüber Näh. bei H. *Klenz*, W.-B. nach der neuen deutsch. Rechtschreibung, Leipzig 1904, S. 173, Sp. 3 und *Weigand, W.-B.* II, Sp. 379. *Fischer*, Schwäb. W.-B. II, Sp. 1261 (unter „verpaschen" u. „verpassen", Nr. 4) hat keine Erklärung gegeben.

[141] Stammwort: *bikeren* = kaufen; *Ableitung*: das Subst. *Bikerer* = Käufer. In den *verw. Quellen* unbekannt, ebenso m.

Wiss. auch sonst im Rotw. Auch über die *Etymologie* läßt sich nichts Gewisses sagen; ein Zusammengang mit d. Adj. *bikerich* (s. oben S. 37, Anm. 129) dürfte kaum anzunehmen sein.

[142] Mit dem Zeitw. *greme(n)* = kaufen (erkaufen) sind noch gebildet die *Zus.*: *ausgremen* = auskaufen und *vergremen* = handeln. Dazu die *Ableitungen*: *Gremer* = Käufer (*Zus.*: *Trabertgremer* = Pferdehändler), *Vergremer* = Handelsbursche, *Vergremere* = Handelsmädchen (*Zus.*: *Vergremerskaffer* = Handelsmann, fem. aber *Vergremmoss* [= Handelsfrau]). *Zu vgl.* (aus d. *verw.* Quellenkr.): *Schwäb. Händlerspr.* 487 (*vergrimmen* = verkaufen; in *Lütz.* [215]: *kremen* = kaufen). Die *Etymologie* ist unsicher. Auch *Fischer*, Schwäb. W.-B. II, Sp. 1200 (unter „verkräme[n]") und Sp. 1202 (unter „verkrümme[n]" Nr. 2) gibt keinen näheren Aufschluß darüber.

[143] Stammwort: *kemere* = kaufen; vgl. *verkemere* = verkaufen, handeln. *Ableitungen: Kemerer* = Käufer, Krämer (*Zus.*: a) mit K. *vorne: Kemererskitt* = Kauf- oder Krämerladen; b) mit K. *hinten: Trabertkemerer* = Pferdehändler, *Groenikelkemerer* = Schweinehändler), *Verkemerer* = Verkäufer, Handelsmann, fem. *Verkemere* = Handelsfrau (*Zus.* damit: *Verkemerers-Benk* oder *-Fiesel* = Handwerksbursche und *Verkemeresmodel* [sic] = Handelsmädchen [aber *Verkemerskaffer* = Handelsmann]). *Zu vgl.* (aus dem *verw. Quellenkr.*): *Pfulld. J.-W.-B.* 337, 341 (*kimmern* = kaufen, *verkimmern* = anbieten). Häufigere Belege im sonstigen Rotwelsch seit dem *Lib. Vagat* (54, 55). S. Näh. darüber sowie über die (nicht ganz sichere) *Etymologie* in *Groß'* Archiv, Bd. 42, S. 58 (u. Anm. 1), 59 (unter „Kümmerer"). Nur Hypothesen bei *Fischer*, Schwäb. W.-B. IV, Sp. 832, nach welchen d. Ausdr. „kaum zu beurteilen" ist. — Während *verkümmeln* = verkaufen (s. *Schwäb. Händlerspr.* in *Pfedelb.* [215]) wohl bloß eine Weiterbildung von *verkümmern* ist (s. auch *Fischer*, a. a. O., Sp. 123), sind dem Stamme nach davon zu sondern die Zeitw. *kündigen* = kaufen (s. z. B. ähnl. schon: *Dolm. der Gaunerspr.* 94 [*künnigen*]) und *verkündigen* = verkaufen (s. z. B. auch *Schwäb. Gauner- u. Kundenspr.* 77). Näh. hierüber im Archiv, a. a. O., S. 58, 59, Anm. 1; vgl. auch *Fischer*, a. a. O., Sp. 1204 vbd. mit Sp 1189 (unter „verkenne[n]").

[144] S. abbiegen.

[145] S. abgeben.

[146] S. abbeißen.

[147] *Fu(h)lkitt* bedeutet (ebenso wie *Schundkitt*) wörtl etwa „Kothaus", zu *Kitt* = Haus u. *Fu(h)l* = Dreck, Kot (Exkremente), Mist. Weitere *Zusammensetzgn.* damit sind noch: a) mit F. *vorne: Fu(h)lnolle* = Nachthafen; b) mit F. *hinten: Flu(h)tefu(h)l* = Schlamm. *Ableitungen* davon sind: das Subst. *Fu(h)lete* = „Abweichung" (Diarrhöe) u. das Zeitw. *fu(h)la* = „austreten (schwer)", d. h. cacare. *Zu vergl.* (aus dem *verw. Quellenkr.*): *Schwäb. Händlerspr.* (*Lütz.* [214]: *füle[n]* = cacare, *Fūl-kitt* = Abtritt, *Fūl-nolle* = Nachttopf). Zur *Etymologie* (vom zigeun. *fūl* = Kot, Dünger u. dgl. [vgl.

Einleitg. S. 29]), s. *Fischer*, Schwäb. W.-B. II, Spalte 1821 (unter „füle[n]") vbd. mit *Pott* II, S. 391/92, *Liebich*, S. 135, 190, 216, *Miklosich*, Beiträge I/II, S. 10 u. Denkschriften, Bd. 26, S. 238/239 (unter „khul") u. *Finck*, S. 58. Bei *Jühling*, S. 220 (unter „Chen") ist auch *fuhlen* (od fuhla) = „schwer austreten" als zigeun. angeführt. — *Kitt* bedeutet Haus (Landhaus), ferner: Gebäude, Obdach, Wohnung, auch Käfig od. Stall (für Tiere). Das Dimin. *Kittle* ist angeführt für: Gartenhaus sowie für Arrest, Gefängnis, Haft oder Kerker; dazu: *im Kittle* = gefangen. Verbindungen mit *Kitt* sind: *grandiche Kitt* (d. h. „großes Haus") = Hof u. *dofe Kitt* (d. h. „schönes Haus" = Schloß (vgl. „Vorbemerkung", S. 19, Anm. 49.) Sehr zahlreich sind die *Zusammensetzungen*, so a) mit *Kitt voran*: *Kittkaffer* = Hausherr, *Kittpatris* = Hausvater, *Kittmoss* = Hausfrau, *Kittmamere* = Hausmutter, *Kittschenegler* (fem. -ere) = Hausknecht (-magd), *Kittkenluf* od. *-kib* = Haushund, *Kittglitschin* = Hausschlüssel; b) mit *Kitt hinten* (außer den obigen drei Synon. für Abort) noch: *Schenagelskitt* = Arbeitshaus, *Dercherkitt* = Armenhaus, *Bich-* oder *Lobekitt* = Bank (d. h. Bankhaus; dazu: *grandiche Lobekitt* = „Münze", d. h Münzwerkstätte, Syn.: *Bichpflanzerskitt*), *Ruechekitt* = Bauernhaus, *Zschorkitt* = Diebesherberge, *Schlumerkitt* = Herberge, *Sinsekitt* = Herren-(od. Herrschafts-)haus, *Finkelkitt* = Hexenhaus, *Nille-*, *Ni(e)se-* od. *Nuschekitt* od. *Hegelkitt* = Irrenhaus, Narrenhaus (vgl. auch „Tollhaus"), *Kemererskitt* = Kauf- od. Krämerladen, *Nikel-* od. *Schnurrantekitt* = Komödien- od. Schauspielhaus (Theater), *Begerkitt* = Krankenhaus (Siechenhaus, Spital) od. Leichenhaus (vgl. *grandich Begerkitt* = Hospital, *Lanenger-Begerkitt* [eigtl. „Soldaten-Krankenhaus"] = Lazarett), *Bommer-* od. *Keifkitt* = Leihhaus, *Kaflerkitt* = Metzgerhaus (vgl. *grandiche Kaflerkitt* = Schlachthaus), *Gallach-* oder *Kolbekitt* = Pfarrhaus (vgl. *grandich Kolbekitt* = Kloster [s. d. betr. Übereinstimmg. mit der Zigeunerspr.], *Buzereikitt* = Polizeiamt, *Sturmkitt* = Rathaus (s. Näh. unter dies. Wort), *Klasskitt* = Schießhaus, *Plauderkitt* = Schule (auch: Lehrerhaus), *Blibelkitt* = „Stundenhaus" (d. h. „Versammlungshaus der Methodisten"), *Patriskitt* = Vaterhaus, *Leilekitt* = Wachthaus (wörtl. „Nachthaus"), *Pfladerkitt* = Waschhaus, *Johlekitt* = Weinhaus, *Schofelkitt* = Zuchthaus. Während in allen diesen Fällen *Kitt* mehr oder weniger die Bedeutg. von „Haus" im gewöhnl. Sinne des

Wortes hat, erscheint es etwas spezieller gebraucht in den Ausdrücken *Gachne-, Stenzel-* od. *Stiererkitt* = Hühnerhaus, *Keiluf-* od. *Kibekitt*, Hundehütte, *Fläderlingskitt* = Vogelbauer u. *Luberkitt* = Uhrgehäuse. Mit dem Dimin. *Kittle* sind gebildet: a) im Sinne von „kleines Haus, Häuschen": α) *am Anfang*: *Kittlekies* = Backstein od. Dachziegel; β) *am Ende*: *Ruchekittle* = Bauernhäuschen(Spr.), *Begerkittle* (d. h. „Totenhäuschen") = Sarg (s. d. betr. Übereinstimmg. mit d. Zigeun., vgl. schon „Vorbmrkg.", S. 18); b) im Sinne von „Gefängnis" u. dergl.: *Kittlebuz* = Gefangenwärter. *Zu vergl.* (aus dem *verw. Quellenkr.*): *Dolm. der Gaunerspr.* 89-93, 97, 98, 101 (*Kitt* = Haus u. *kittlen* = schlafen; ferner schon mehrere Zus. mit *Kitt* [*Kitte*], näml.: *Sefle-* od. *Schund-Kitte* = Abtritt, *Prinzen Kitt* = Amtshaus, *Ruochen Kitt* = Bauernhaus, *Kocheme-Kitt* = Diebesherberge, *Sturmkitt* = Rathaus u. *Baiskitt* = Wirtshaus; mit *engerer* Bedeutg. von K. noch: *Flotschen-Kitt* = Fischkasten); *W.-B. des Konst. Hans* 253-255, 257, 258 (Zus.: *Ruoche-Kitt* = Bauernhaus, *T'schorr-Kitt* = Diebesherberge, *Gallacha-Kitt* = Pfarrhaus, *Sturm-Kitt* = Rathaus, *Baiserkitt* = Wirtshaus, *Schofelkitt* = Zuchthaus); *Schöll* 272, 274 (*die Kitteren* = die Häuser u. *Kitts* = Herbergen [der „Stappler"]); *Pfulld. J.-W.-B.* 337, 338, 340, 342, 343, 345, 346 (*Kitt* = Aufenthaltsort, Haus [Bauernhaus]; Zus.: a) *mit Kitt*: *Bäkerischkitt* od. *Bollerskitt* = Krankenhaus, *Kollachekitt* = Pfarrhaus, *Rauschkitt* = Strohhaus, *Baiserkitt* = Wirtshaus, *Schofelkitt* = Zuchthaus; b) *mit Kit*[*t*]*le*: *Schmelzkittle* = Abtritt, *Gleiskittle* = Milchhaus); *Schwäb. Gaun.- u. Kundenspr.* 67, 69 (*Kittchen* = Arrest, Gefängnis, *Kittchenbos* = Arrestaufseher); *Schwäb. Händlerspr.* 479, 482, 488 (*Kitt* = Haus, Arrest, *Kittle* = Arrest, *Drîfekitt* = Arrest od. Zuchthaus, in U. [213]: *Schmelzkitt* [in *Pfedelb.* (213): *Schmelzkittle*] = Abtritt u. *Derches-* od. *Mangkitt* = Bettelhaus; in *Lütz.* [214]: *Fūl-Kitt* od. *Schofel-Kitt* = Abtritt [hier letzteres also in *anderem* Sinne gebraucht als sonst üblich!]). S. noch *Pfälz. Händlerspr.* 438 u. *Metzer Jenisch* 216 (*Kittche* = Gefängnis bezw. Arrest). Die *Etymologie* des Wortes (das schon im Rotwelsch des 17. Jahrh. auftritt [vgl. *Schütze*, S. 74, unter „Kittchen"]) ist noch *nicht* sicher festgestellt (vgl. *Stumme*, S. 19 sowie *Fischer*, Schwäb. W.-B. IV, Sp. 426), jedoch erscheint es wohl immer noch besser, *deutschen* Ursprung zu vermuten (s. Näh. darüber bei *Günther*, Rotwelsch, S. 51 vbd. mit *O. Weise* in d.

Zeitschr. des Allgem. Deutsch. Sprachvereins, Jahrg. XVI [1901], Sp. 328; vgl. auch *Weber-Günther*, S. 177, unter „Kittche") als (wie neuerdings z. B. wieder *Seiler*, Lehnwort IV, S. 491 u. Anm. 1 in Übereinstimmg. mit A.-L. 558 befürwortet hat) es herzuleiten von dem jüdischen *kissê* = „Sitz, Sessel", dessen *Form* und engere *Bedeutung* dagegen Bedenken erregen müssen.

[148] Der Ausdr. *Schmelzkitt* gehört zu dem Stamme *schmelz-* des Zeitworts *schmelza* = „austreten (schwer)", d. h. cacare. Eine ähnl. *Zus.* damit ist auch *Schmelznolle* = Nachthafen. *Ableitungen* davon sind: die Subst. *Schmelzer* = After, Hinterer u. *Schmelzede* = „Abweichung" (d. h. Diarrhöe). *Nicht* zu *Schmelzer* im *obigen* Sinne zu stellen, sondern unmittelbar von dem Zeitw. *schmelzen* abzuleiten ist die *Zus.* *Buxenschmelzer* = Feigling, die wörtlich dem gleichbed. südd. „Hosenscheißer" (vgl. dazu *Groß'* Archiv, Bd. 56, S. 183) entspricht. *Zu vergl.* (aus dem *verw. Quellenkr.*): *Dolm. der Gaunerspr.* 37 (*schmelzen* = Notdurft verrichten); *Pfulld. J.-W.-B.* 337 (*Schmelzkitle* od. *Schmelzköhrle* = Abtritt); *Schwäb. Gaun.- u. Kundenspr.* 66, 68, 74 *schmelzen* = cacare, *Schmelzer* = Podex, *Schmelzgusch* = Abtritt [vgl. betr. *-gusch*, wohl zu franz. *coucher*: Fischer, *Schwäb. W.-B.* III, Sp. 936)); *Schwäb. Händlerspr.* 479, 480, 485 (hat ebenfalls *schmelzen*, *Schmelzer* u. *Schmelzgusch* [od. *-kanti*, in U. (213): *Schmelzkitt*, in *Pfedelb.* (208): *Schmelzkittle*] in gleichem Sinne). Die *Etymologie* des Wortes ist zwar nicht ganz sicher, doch dürfte es kaum zu gewagt sein, darin nur eine Begriffsverengerung zu erblicken von unserem gemeinsprachl. *schmelzen* = „flüssig werdend zergehen" od. vielmehr von dessen *transit.* Bedeutg. „schmelzen *machen*, in Fluß bringen". S. Näh. bei *Weigand*, W.-B. II, Sp. 747. (bes. (für die Bedeutg. im *Jenischen*) zu beachten dort: altnord. *melta* = „verdauen"); vgl. ferner bei Grimm, D. W.-B. IX, Sp. 1025 (unter „schmelzen", Nr. IV): ndl. *smelten* - „stercus liquidum egerere".

[149] S. (betr. *Schund*) das Näh. schon unter „abgerahmte Milch".

[150] Richtiger dürfte die Bedeutg. wohl durch „sich abschaffen", volkstüml. für „sich abarbeiten", wiederzugeben sein, da *schenegeln* = arbeiten ist; vgl. dazu als

Gegensatz: *nobis schenegla* = faulenzen (eigtl. „nichts arbeiten"). Das Zeitw. stammt her von dem Subst. *Schenagel* = Arbeit (auch Beruf, Geschäft, Gewerbe). Weitere *Ableitungen* davon sind: das Subst. *Schenegler* = Arbeiter (Dienstbote, Dienstknecht, Gesinde, Knecht. Lohndiener), fem.: *Scheneglere* = Magd u. das Adj. *scheneglich* = fleißig. Mit den Hauptw. *Schenagel* u. (bes.) *Schenegler* sind mancherlei Zus. gebildet worden, so a) mit *Schenagel*: α) am Anfang: *Schenagelskitt* = Arbeitshaus, *Schenagelsbich, -lobe* od. *-kies* = Lohn (eigtl. „Arbeitsgeld"); β) *am Ende: Griflingschenagel* = Handarbeit, *Leileschenagel* = Nachtarbeit; b) mit *Schenegler (nur am Ende u. bes. für Gewerbe od. Berufe beliebt): Stradeschenegler* = Chausseearbeiter, Straßenarbeiter, *Rutschenegler* = Eisenbahnarbeiter, *Glansertschenegler* = Glaser, *Kittschenegler* = Hausknecht (fem.: *-ere* = Hausmagd), *Bichschenegler* = Münzarbeiter, *Hitzlingschenegler* = Ofensetzer, *Trabertschenegler* = Pferdeknecht, *Jerusalemsfreundschenegler* = Schäferknecht (zur Erklärg. s. d. Näh. unter „Hammel"). *Zu vgl.* (aus dem *verw. Quellenkr.*): Dolm. der Gaunerspr. 89 (*schinnageln* = arbeiten); Schöll 271 (*schönegle*); Pfulld. J.-W.-B. 337-348 (*schinepeln* [sic] u. *Schineplerei* = Arbeit, aber [richtig] *Schinegglerei* = Handwerk; vgl. auch *Schiankterei* = Kanzlei; für: „*Manobisch, schingeln*" = „Faulenzer" [339] ist wohl zu lesen: „[ma] nobisch schinegeln" = „faulenzen"; vgl. noch *Schineller[in]* = [Bauern] Knecht [bzw. -Magd], *Fuchsschineller* = Goldarbeiter); Schwäb. Gaun. u. -Kundenspr. 66, 67 (*schenägeln, Schenagel* = Arbeit, *Schenagelswinde* = Arbeitshaus); Schwäb. Händlerspr. 479 (*schenig[e]len* oder [seltener] *schineg[e]len* [in Pfedelb. (208): auch *schenegln*], *Schenachel* = Arbeit, auch Handwerkszeug, vgl. dazu in Degg. [215]: *de[n] Schenagel reiße[n]* = arbeiten; in U. [214]: *Schenal-penk* u. *-mŏs* = Knecht u. Magd). Vgl. auch noch *Pleißlen der Killertaler* 416 (*schenēge[n]*), Pfälz. Händlerspr. 438 (*Schineggel* = Arbeit, *schenigle* = arbeiten) u. Metzer Jenisch 216 (*schinnegle* = arbeiten). Zur *Etymologie* (vom rotw. *Schinagole* = Schubkarren, Zus. vom *Schin* = hebr. *schîn*, dem Anfangsbuchstaben des Wortes „Schub" und *Agole* = „Karren, Wagen", vom gleichbed. hebr. *agâlâ[h]*, jüd. *agôlô*) s. das Näh. in *Groß' Archiv*, Bd. 46, S. 304 ff. vbd. mit Bd. 38, S. 22 (unter „Aglon") u. 283 (unter „Schien"); vgl. auch Weber-Günther, S. 164 (unter „schenägeln").

[151] Mit *schnellen* = schießen (auch knallen) sind noch zusammengesetzt: *herab-* und *niederschnellen*, ferner — als Substantivierung — *Fläderlingschnellen* = (das) Vogelschießen. *Ableitungen*: *Schnelle* oder *Schneller* = Büchse, Flinte, Gewehr (Schießgewehr), Pistole (dazu *Schnellepflanzer* = Büchsenmacher). *Zu vgl.* (aus dem *verw. Quellenkr.*): Dolm. der Gaunerspr. 99, 101 (*schnellen* = schießen, *geschnellt* = geschossen, *verschnellen* = verschießen); W.-B. des Konst. Hans 255 (*g'schnellt* = geschossen); *Pfulld. J.-W.-B.* 344 (*schnellen* = schießen, als Subst. *Schnellen* = Schuß); *Schwäb. Händlerspr.* 485 (*schnellen*, in *Lütz.* [214]: *Schneller* = Gewehr). Zur *Etymologie* des (schon seit dem 17. Jahrh. im Rotw. auftretenden) Wortes s. A.-L. 602 vbd. mit *Grimm*, D. W.-B. IX, Sp. 1296 unter „schnellen", Nr. I, 1, bes. lit. δ sowie *Weigand*, W.-B. II, Sp. 764, wonach *schnellen*, mhd. *snellen* (Ableitg. vom Adj. *schnell*) = „durch starken Widerdruck in hohem Grade sich fortbewegen machen" besonders von Bogen und Pfeilen, dann auch von Kugeln gebräuchl. gewesen; vgl. auch *Schneller* u. a. = „die Vorrichtung zum Abdrücken am Schießgewehr" (1691 bei *Stieler*).

[152] S. abbiegen.

[153] *Beschrenken* bedeutet auch schließen (oder sperren) schlechthin sowie ver- od. zuschließen (daher *b'schrenkt* auch = verschlossen); dazu die *Zus. anb'schrenke* = anschließen und die *Ableitg. Beschrenker* = Schließer. Dagegen setzt *zuschrenken* = zuschließen ein einfaches *schrenken* = schließen voraus, das aber im Vokab. fehlt. *Zu vgl.* (aus dem *verw. Quellenkr.*): Schöll 272 (*aufschrenken* = aufmachen); *Pfulld. J.-W.-B.* 339, 344 (*schränken* = schließen, einschließen, *aufschränken* = eröffnen); *Schwäb. Gaun.- und Kundenspr.* 73 (*Schränker* = Hausdieb); *Schwäb. Händlerspr.* (in *Lütz.* [215]: *schränke[n]* = schließen, *Schrenke* = Tür, in U. [214]: *abschränke[n]* = verschließen). Zur *Etymologie* des zweifellos rein deutschen (mit „Schrank" und „Schranke" verwandten) Wortes *schränken* usw., das schon im Rotw. des 17. Jahrh. bekannt gewesen, s. d. Näh. in *Groß'* Archiv, Bd. 42, S. 73, 74 (unter „Schränker").

[154] Das Zeitwort *febere(n)* (-ra) = schreiben oder beschreiben (daher *gefebert* = schriftlich) kommt noch vor in

den *Zus.*: *auf-, aus-, ein-, heraus-, nach-, nieder-, über-, unter-* und *vorfebern.* Mit dem Stamm *feber-* sind gebildet die Subst. *Feberschure* = Bleistift (eigentl. „Schreibding") und *Feberklettert* = Schreibtisch. *Ableitungen* sind: *Feberer* = Schreiber (dazu *grandicher Feberer* = Schriftgelehrter) und *Feberei* = Schrift oder (das) Schreiben. *Zu vgl.* (aus dem *verw. Quellenkr.*) *Dolm. der Gaunerspr.* 98 (*febren* und *Febrer*); *W.-B. des Konst. Hans* 254, 257 (*febere* und *Feberer, ausfebern* = ausschreiben); *Schöll* 274 (*febern* = schreiben [in der Bettlerspr.]); *Pfulld. J.-W.-B.* 337, 341, 344 (hier ebenfalls *febern, Feberer* und *ausfebern,* ferner noch *Feberei* = Schreibzeug); *Schwäb. Händlerspr.* 480, 486 (*fæberen* oder *fêberen* und *Pfeberei* = Brief). Vgl. auch *Pfälz. Händlerspr.* 437 (*fêwere* = schreiben). Zur *Etymologie,* die *Fischer,* Schwäb. W.-B. II, Sp. 996 als „unklar" bezeichnet, s. Hypothesen (betr. nordischen Ursprungs) in *Groß'* Archiv, Bd. 43, S. 64 ff. unter „Feberer"; vgl. dazu auch weiter unten über *Fehma* (unter „Hand").

[155] Mit *schallen* = singen sind noch zusammengesetzt: *nach-* und *vorschallen. Ableitungen*: *Schaller* = Sänger (fem.: *-erin,* *Zus.*: *Schallerfläderling* = Singvogel, insbes. Amsel, Kanarienvogel) und *Schallerei* = Gesang. *Zu vgl.* (aus dem *verw. Quellenkr.*): *Dolm. der Gaunerspr.* 99 (*schallen* = singen); desgl. *W.-B. des Konst. Hans* 254 und *Pfulld. J.-W.-B.* 343 (hier [340, 342] auch: *Schallen* = Gesang und *Schaller* = Sänger); *Schwäb. Gaun.- u. Kundenspr.* 73, 74 (*schallen, Schaller* = Sänger, *Schallerle* = Organist, *Schallerkasten* = Kirche); *Schwäb. Händlerspr.* 483, 486 (*schallen, Schaller, Duftschaller* [d. h. „Kirchensänger"] = Lehrer). Zur *Etymologie* (von userm deutsch. Zeitw. *schallen*) sowie über weitere Belege s. Näh. in *Groß'* Archiv, Bd. 42, S. 69-71; vgl. auch *Weber-Günther,* S. 180 u. 188.

[156] S. *abgehen.*

[157] *Begeren* bedeutet: sterben, umkommen, auch spezieller ersticken. Dazu das Partiz. *begert* = gestorben, verstorben (entleibt, entseelt, leblos, starr, tot) sowie die Negation *begert nobis* (eigtl. „stirbt nicht") = unsterblich und die Zus. *Begertflössling* (d.h. „toter Fisch") = Hering. Als Subst. gebraucht ist *Begert* = Leiche. Die dafür sonst im Rotwelsch vorkommende Vokabel *Beger* u. ähnl. (auch = Tod), das

Stammwort für das Zeitw. *begern* (vgl. unter „Etymologie"), ist für sich *allein* in *Wittichs* Vokabular *nicht* angeführt, wohl aber sind *damit* (od. vielleicht auch bloß mit dem Stamme *beger-* des Zeitw. *begeren*) zahlreiche *Zusammensetzgn.* gebildet worden, so *Begersins* = Arzt (Doktor), auch bes. Wundarzt (u. dazu die Verbdg. *schofler Begersins* = Quacksalber), *Begerschure* = Gottesacker (Kirchhof), auch Grab, Gruft, *Begerkies* = Grabstein, Leichenstein, *Begerfläderling* = Käuzchen, Steineule (vgl. dazu betr. die Übereinstimmg. mit der Zigeunerspr. schon „Vorbemerkung", S. 18 sowie unter „Käuzchen"), *Begerkitt* = Krankenhaus (Siechenhaus, Spital) u. Leichenhaus (vgl. *grandiche B.* = Hospital, *Lanenger B.* = Lazarett, u. das Dim. *Begerkittle* = Sarg [s. dazu schon oben S. 44, Anm. 147 unter „Abort"]), *Begergadscho* od. *Begerkaffer* = Leichenbeschauer, letzteres auch Totengräber, *Begersauft* = Leichenbett (Sterbe-, Totenbett), *Begermoss* = Leichenfrau, *Begerbikus* = Leichenschmaus, *Begerbochdam* = Leichentuch, *Begerkluft* = Sterbekleid, *Begersore* = Totenbahre, *Begerkritzler* = Totenschein. *Ableitungen* (von *begeren*) sind: das Subst. *Begerei* = (das) Sterben, Krankheit, auch speziell Seuche, u. das Adj. *begerisch* = sterblich, krank (gebrechlich, leidend, unpäßlich) u. speziell lahm (daher: *begerisch bosten* = lahm gehen; vgl. ferner die Negat. *nobis begerisch* = wohl [gesund], die Verbdg. *begerische Mufferei* = Totengeruch u. die Zus. *Begerischsauft* = Krankenbett). Auch als Subst. wird *Begerisch* gebraucht = Siechtum oder spezieller: Epilepsie (Fallsucht), während *grandich Begerisch* die Schwindsucht bedeutet. *Zu vergl.* (aus dem *verw. Quellenkr.*): Dolm. der Gaunerspr. 95 (*begerisch* = krank, vgl. auch 98: *begerisch gekeilt werden* = hart geschlagen werden); *Schöll* 271, 273 (*Beger* = Tod, *begern* = sterben); *Pfulld. J.-W.-B.* 341, 345 (*bäkeren* = sterben, *bägeret* = gestorben, *bäkeret* = tot, *Bäkerei* = Krankheit, *bäkerisch* = krank, *Bäkerischkitt* = Krankenhaus); *Schwäb. Gaun.- u. Kundenspr.* 67, 72, 76 (*begern* = sterben od. krank sein [hierfür auch *bechern*], *abgebegert* = gestorben, *Begerer* = Arzt, *Begerwinde* = Krankenhaus); *Schwäb. Händlerspr.* 486, 487 (*bêkeren* = sterben [vgl. in *Pfedelb.* (213): *bägert* u. *beechert* = gestorben], *bêkerisch* [in *Pfedelb.* (213): *beecherisch*] = sterbenskrank, todkrank, *Bêkerwinde* = Spital). Zur *Etymologie* (vom hebr. *peger* = „Leichnam") sowie über weitere Belege im Rotw. s. Näh. in *Groß'* Archiv, Bd. 42, S. 69 u. Anm. 1 (unter

„Begerschaberer") vbd. mit Bd. 43, S. 29 (unter „Pöckerer"). Vgl. auch noch *Fischer*, Schwäb. W.-B. I, Sp. 576 vbd. mit Sp. 363/64 (unter „auf-bägere[n]").

[158] Mit *bugle* (-la) od. *buk(e)le(n)* (-la) = tragen, bringen, holen (Spr.) finden sich noch die *Zusammensetzungen*: *fortbugla* = fortbringen, forttragen, *herausbukla* = heraustragen, *mitbukle* = mitbringen, *umher-*, *wegbukle* = umhertragen, wegtragen sowie die Verbindung *schiebes bukle* = davontragen. *Ableitungen* sind: die Subst. *Bukler* (in der Zus. *Kritzlerbukler* = Briefträger, Postbote) u. *Buklete* = Last, Traglast. *Zu vgl.* (aus dem *verw.* Quellenkr.): Dolm. der Gaunerspr. 100 (*buckeln* = tragen); Schöll 272 (*buklen*); Pfulld. J.-W.-B. 345 (ebenso); *Schwäb. Gaun.- u. Kundenspr.* 76 (*buckeln*); *Schwäb. Händlerspr.* (in Pfedelb. [213] *bukeln*, in Lütz. [215] *buckle[n]*). Zur *Etymologie* (vom deutsch. *Buckel* od. *Puckel*) sowie über weitere rotw. Belege s. Näh. in *Groß'* Archiv, Bd. 47, S. 209 u. Anm. 2. Vgl. auch *Fischer*, Schwäb. W.-B. I, Sp. 1504 (mit weiteren Angaben).

[159] Mit *pfladere(n)* (-ra) = waschen (auch: baden, ferner putzen, reinigen, säubern, wischen) sind noch zusammengesetzt: *auf-* u. *auspfladere(n)* (-ra) = auf- u. auswaschen (ausspülen). Mit dem Stamme *pflader-* zusammenges. Hauptwörter sind *Pfladerschottel* = Waschbecken, *Pfladersore* = Wäsche, *Pfladermoss* = Wäscherin, *Pfladerkitt* = Waschhaus, *Pfladerflu(h)te* = Waschwasser. *Zu vgl.* (aus dem *verw.* Quellenkr.): Dolm. der Gaunerspr. 89, 91, 101 (*Fladerei* = Wäsche, *Fladerer* = „Balbierer", Doktor); Pfulld. J.-W.-B. 343, 346 (*fladeren* = waschen, *Flader-Schury* = Schermesser); *Schwäb. Gaun.- u. Kundenspr.* 77 (*flattern* = waschen); *Schwäb. Händlerspr.* 488 (*pfladere*); vgl. auch Pleißlen der Killertaler 435 (*fladere[n]*) u. Metzer Jenisch 207 (*flädere*). Zur (nicht ganz sichern) *Etymologie* sowie über weitere rotw. Belege s. *Groß'* Archiv, Bd. 42, S. 44, 45 u. Anm. 1, 2. — *Fischer*, Schwäb. W.-B. II, Sp. 1537 gibt keine Erklärung.

[160] S. Abort.

[161] S. abbiegen.

[162] Mit *pfreimen* (-ma) = bezahlen (zahlen), vergüten ist noch zusammenges. *auspfreimen* = auszahlen; als Subst. gebraucht: *Pfreimen* = Steuern. *Ableitung*: *Pfreimerei* = Zahlung (Sold, Verdienst). *Zu vgl.* (aus dem *verw. Quellenkr.*): *Pfulld. J.-W.-B.* 337, 338, 346 (*pfräumen* = auszahlen, bezahlen, zahlen); *Schwäb. Händlerspr.* 479, 488 (*pfreimen* = bezahlen, zahlen). Zur *Etymologie*: Nach *Fischer*, Schwäb. W.-B. I, Sp. 1078 ist *pfreimen* wohl nur eine Nebenform von *bereimen* (s. darüber das Näh. weiter unten unter „bezahlen"), wozu die (z. B. bei *Karmayer* 17 vorkommende) Form *bepreimen* (vgl. *Groß'* Archiv, B. 33, S. 305, Anm. 3, lit. a) den Übergang zu vermitteln scheint.

[163] Mit *zaine[n]* (od. *zeine[n]*) = bezahlen (zahlen) sind noch zus. *an-* u. *auszeine[n]* (-na). Als Subst. gebraucht ist *Zeine* = Zahlung. *Zu vgl.* (aus dem *verw. Quellenkr.*): *W.-B. des Konst. Hans* 259 (*zainen* = zahlen); *Schwäb. Händlerspr.* in U. [214]: *zaine[n]*= bezahlen). Die *Etymologie* ist unklar.

[164] S. abbiegen.

[165] *Grandicher Flederling* heißt wörtlich „großer Vogel", während **grandich** *Flederling* = Storch, eigentlich wohl durch „größter Vogel" (d. h. der in Deutschland bekannte größte Vogel) wiederzugeben sein dürfte mit Rücksicht auf das, was *Wittich* an anderer Stelle (s. unter „Bischof") über den Gebrauch von *grandich* (im Gegensatz zu *grandicher*) als Superlativ im Jenischen ausgeführt hat (vgl. dazu auch schon „Vorbemerkung", S. 17, Anm. 42 u. Näh. noch in m. Anm. zu „Bischof"). — Mit *Flederling* (od. *Fläderling*) schlechthin werden auch einzelne Vogelarten bezeichnet, so die Elster, der Kuckuck, der Star und die Taube (vgl. dazu „Vorbemerkung", S. 16). Aber auch manche *Zusammensetzungen* mit dem Worte finden sich sowohl für bestimmte *Gattungen* von Vögeln (s. *Schallerflederling* = Singvogel, *Flu[h]teflederling* = Wasservogel) als auch für einzelne *Arten*. So kommt *Schallerflederling* auch spezieller für die Amsel und den Kanarienvogel und *Flu(h)teflederling* für die Bachstelze (als e. Art Übersetzung) vor (neben der Bezeichng. *jenischer Flederling*, worüber das Näh. noch weiter unten bei „Bachstelze"); vgl. ferner: *Stämpfflederling* (eigtl. „der schimpfende Vogel") = Elster (s. d. betr. Übereinstimmg.

mit der Zigeunerspr.), *Leile-* od. *Ratteflederling* (d. h. „Nachtvogel") = Eule (s. d. betr. Übereinstimmg. mit d. Zigeunerspr., vgl. auch oben S. 37, Anm. 127), *Begerflederling* (d. h. „Totenvogel") = Käuzchen, Steineule (vgl. dazu schon oben S. 98, Anm. 157), *Schmuserflederling* (d. h. „der sprechende Vogel") = Papagei (s. d. betr. Übereinstimmg. mit d. Zigeunerspr., vgl. auch schon „Vorbemerkung", S. 18), *Dofeflederling* (d. h. „der schöne Vogel") = Pfau (s. d. betr. Analogie im Zigeun., vgl. auch „Vorbemerkung", S. 18, Anm. 47), *Schofeleiflederling* (d. h. „Unglücksvogel") = Rabe (vgl. „Vorbemerkg.", S. 19, Anm. 49) u. *Furschetflederling* (d. h. „Gabelvogel") = Schwalbe (nach deren gabelförmigem Schwanze; s. betr. die Übereinstimmg. mit d. Zigeun. unter „Schwalbe"). Beachtenswert ist, daß *Flederling* in gewiss. Zus. auch für *andere* Tiere (Insekten) vorkommt, so in *Kupferflederling* = Heuschrecke und *Schundflederling* = Mistkäfer. Seltener sind endlich Zus., in denen das Wort *vorangesetzt* ist, so: *Flederlingskitt* = Vogelbauer, *Fl.-bäzeme* = Vogeleier, *Fl.-nolle* = Vogelnapf u. *Fl.-schnellen* = Vogelschießen. — Zu vgl. (aus dem *verw. Quellenkr.*): Dolm. der Gaunerspr. 101 (*Fletterling* = Vogel); Schwäb. Händlerspr. 488 (*Fläterling* = Vogel [in *Pfedelb.* (213): *Flätterling* auch spezieller = Taube, wozu noch bemerkt sei, daß gerade *diese engere* Bedeutg. im alten Rotw. zuerst vorkommt; s. z. B. Hildb. W.-B. 1753ff (227) u. *Rotw. Gramm.* n. 1755 (18. u. D.-R. 47)]). Seiner *Etymologie* nach gehört das Wort natürlich zu „*flattern*"; s. Günther, Rotwelsch, S. 60 vbd. mit Fischer, Schwäb. W.-B. II, Sp. 1545 (unter „Flätterling"). —

Das (in der Verbindg. *grandich[er] Flederling* enthaltene) Adj. *grandich* (oder *grandig*) hat außer der häufigsten und allgemeinsten Bedeutung „groß" noch folgende: bedeutend, begütert, dick, erwachsen, gewichtig, hoch, hochherzig, lang, mächtig, prächtig, reich, viel, voll, vorzüglich, endlich auch noch „wütend" (doch geht es in *diesem* Sinne wahrscheinl. auf einen *anderen* Stamm zurück; s. d. Näh. unten bei der „Etymologie" a. E.); mit vorgesetzter Verneinung (*nobis grandich*) ist es = wenig, winzig, als *Adverb* gebraucht bedeutet es: oft (häufig), als *Subst.* (*Grandich*): Gewalt, Höhe. Der Komporat. *grandicher* kommt nicht nur für „größer", sondern auch für „mehr" („mehrfach", „vielmals") vor. In *Verbindungn.* erscheint *grandich*: a) zuweilen mit einem *Zeitw.*, so *grandiche pflanzen* (eigtl. etwa „den Großen spielen") = hoffärtig (aufgeblasen, stolz, übermütig) sein (wogegen *grandicher pflanzen* nur durch „verlängern" wiedergegeben ist), viel häufiger aber natürlich: b) mit *Hauptwörtern*, und zwar in d. R. (und nicht selten in unmittelbarem Anschluß an die Zigeunersprache) als umschreibender Ersatz für Begriffe, für die es im Jenischen keine besonderen selbständigen Bezeichnungen gibt (vgl. „Vorbemerkung", S. 17ff.), so α) für Sachen im weit. S. (einschl. z. B. Gebäude u. dergl.): *grandiche Jahre-* od. *Krachersäftling* (d. h. „große Waldtraube") = Ananas, *grandiche Duft* (d. h. „große Kirche") = Dom (s. d. betr. d. Zigeun.), *grandicher Kies* (d. h. „großer Stein") = Felsen (s. d. betr. d. Zigeun.), auch Quaderstein, *grandiche Kitt* (d. h. „großes Haus") = Hof, *grandiche Kolbekitt* (d. h. „großes Pfarrhaus") = Kloster (s. d. betr. d. Zigeun.), *grandiche Schoflerei* (d. h. „großes Gericht") = Kreis- (Land-, Kriminal-) Gericht (s. betr. d. Zigeun. unter „Kreis-" u. „Kriminalgericht"), *grandicher Sins-Obermann* (d. h. etwa „des großen Herrn- [des Landesherrn] Hut") = Krone (s. d. betr. d. Zigeun.), *grandiche Lobekitt* (d. h. „großes Geldhaus") = Münze, Münzwerkstätte, *grandiche Hegerle* (d. h. „große Knödel") = Nudeln, *grandiche Kaflerkitt* (d. h. „großes Metzgerhaus") = Schlachthaus, *grandiche Schrende* (d. h. „große Stube") = Saal (s. d. betr. d. Zigeun.), *grandicher Spraus* (d. h. „großes [langes] Holz") = Stange (s. d. betr. Analog. im Zigeun.); ferner β) auch für — mehr od. weniger — abstrakte Begriffe; so: *grandich Flu(h)te* (d. h. „großes" [od. größtes] Wasser) = Meer (vgl. schon oben S. 36, Anm. 126), *grandich Ulma* (d. h. „viele Leute") = Menge, *grandich Lanenger* („viele Soldaten") = Heer (s. d. betr. d. Zigeun.), ferner *grandicher Funk* (d. h. „großes Feuer") = Feuersbrunst (s. d. betr. d. Zigeun.), *grandich Bogelo* (d. h. „großer Hunger") = Heißhunger, *grandich Begerisch* (d. h. „großes [schweres] Siechtum") = Schwindsucht, *grandich Schure* od. *Sore* (d. h. „viele Dinge") = Reichtum, Überfluß, Vermögen; sodann γ) für *Tiere*: so (außer *grandich[er] Flederling* noch); *grandiche Gachne* (d. h. „großes Huhn") = Hahn, *grandich Jerusalemsfreund* (d. h. „großes Schaf [Hammel]") = Schafbock, *grandich Babing* od. *Strohbuzer* (d. h. „große Gans") = Schwan (s. d. betr. d. Zigeun.); endlich δ) für

Menschen, und zwar: aa) nach deren *Eigenschaften*, wie *grandicher Kaffer* (d. h. „großer Mann") = Riese (s. d. betr. d. Zigeun.) bezw. *nobis grandicher Kaffer* = Zwerg; zu vgl. auch die (wohl als partes pro toto für die Personen *selbst* gebräuchl.) Bezeichngn. *grandicher Rande* = Dickbauch, *grandicher Ki(e)bes* = Dickkopf oder Starrkopf u. *grandicher Giel* (Grandichergiel) = Großmaul (wobei noch zu erwähnen, daß *solche* Verbindungen auch als Adjektive gebraucht vorkommen, s. z. B. *grandicher Rande* = beleibt, wohlbeleibt, bes. auch schwanger, trächtig, *grandicher Muffer* = großnasig; vgl. auch *grandich Sore* (s. oben) = vermögend; bb) nach dem *Stande* od. *Beruf*, wie z. B. *grandicher Sins* (d. h. „großer Herr") = Amtmann, Richter (s. d. betr. d. Zigeun.), aber auch Fürst, Herrscher u. dgl. m. (s. d. betr. d. Zigeun.), *grandicher Feberer* (d. h. „großer Schreiber") = Schriftgelehrter u. a. m. Auf die weiteren Beispiele *dieser Art* ist — um Wiederholungen zu vermeiden — ausführlicher erst in der Anm. zu dem Worte „Bischof" eingegangen, da dort *Wittichs* Bemerkung über die in seinem Jenisch eigentümliche Art steht, die Steigerung von Rangstufen durch Hinzufügung von *grandicher* (als Komparativ) u. *grandich* (als Superlativ) vorzunehmen (vgl. S. 101). Als bloße wörtl. Übersetzungen unserer deutsch. Bezeichnungen erscheinen natürlich *Grandicher-Patres* u. *Grandichemamere* = Großvater, -mutter. — Zu vgl. betr. *grandich* (aus dem *verw.* Quellenkr.): W.-B. *des Konst. Hans* 256, 259 (*grandig* = gewaltig, stark); *Schöll* 271 (*grandig* = groß, stark, viel); *Pfulld. J.-W.-B.* 339, 340, 342, 344, 345 (*grandig* = groß, *grandiger Kanoffer* od. *Gschor* = „Erzdieb", *grandiges Schuberle* od. *Balderle* = Gespenst, *grandig Flotte* = Meer, *grandige Kehr* = Schloß [Gebäude], *grandige Duft* [od. *Kangeri* (aus dem Zigeun.)] = Tempel); *Schwäb. Händlerspr.* 481 (*grandig* = groß); auch dem *Metzer Jenisch* (216) bekannt. Der *Etymologie* nach geht das (schon zu Beginn des 17. Jahrh. im Rotw. auftretende) Wort wohl unmittelbar auf roman. Ursprung, und zwar noch eher auf das italien. *grande* als auf das französ. *grand*, zurück. S. Näh. in *Groß'* Archiv Bd. 38, S. 270 (unter „Sens") u. dazu noch *Weber-Günther*, S. 173 (unter „garant") sowie *Fischer*, Schwäb. W.-B. III, Sp. 790. Nur in dem Sinne „wütend" — wozu das bes. in der bayr. Mundart allgemeiner gebräuchl. *grandig* = „mürrisch, verdrießlich, übel aufgelegt" u. dergl. zu vergleichen ist —

dürfte es wohl auf einen *anderen* Stamm zurückgehen. S. dazu d. Näh. bei *Fischer*, a. a. O. unter u. zu „grandig", Nr. 2, c verbd. mit *Schmeller*, Bayer. W.-B. I, Sp. 1003 (unter „Grand") sowie Sp. 999 (unter „grennen").

[166] S. abbiegen.

[167] Über die Adj. *ni(e)sich, nillich* od. *nuschich* s. d. Näh. schon oben unter „aberwitzig". *Giel* bedeutet: Maul (Schnauze), Mund (Lippe), dann auch allgemeiner (gleichsam als pars pro toto) Gesicht, Miene, Signalement (s. d. betr. Übereinstimmg. mit d. Zigeunerspr.). Andere *Zus.* bzw. *Verbdgn.* mit *Giel* sind noch *Grandichergiel* = Großmaul (s. dazu schon oben S. 100, Anm. 165), *Schmusichergiel* = Plappermaul sowie *oberkünftiger Giel* (d. h. eigtl. etwa „Obermaul") = Gaumen (s. d. betr. Übereinstimmg. m. d. Zig., vgl. auch „Vorbemerkung", S. 17). Vielleicht dürften als Ableitungen von *Giel* auch das Zeitw. *giele(n)* (-la) = (sich) erbrechen, übergeben (auch als Subst. gebr.) u. das Adj. *gielerich* = übel („zum Übergeben [Erbrechen] schlecht" [Spr.]) betrachtet werden. Zu vgl. (aus dem *verw. Quellenkr.*): *Pfulld. J.-W.-B.* 338, 342, 345 (*Giel* = Maul, *gillen* = erbrechen, speien); *Schwäb. Händlerspr.* 4841 (*Gîl* = Mund). Der *Etymologie* nach gehört das (als rotw. schon im *Lib. Vagat.* [54] bekannte) Wort zu dem bereits mhd. *giel* = „Maul, Rachen, Schlund" (s. *Lexer*, Mhd. Hand-W.-B. I, Sp. 1011; vgl. auch *Schmeller*, Bayer. W.-B. I, Sp. 892), bildet also „einen der nicht häufigen Fälle der Erhaltung von *Archaismen* im Rotwelsch" (so: *Fischer*, Schwäb. W.-B. III, Sp. 651; vgl. auch schon *Wagner* bei *Herrig*, S. 207 u. *Behaghel* in d. Z. der Allg. Deutsch. Sprachver. Jahrg. 1905, Sp. 158). Das Zeitw. *gil(l)en* = erbrechen usw. hat *Fischer*, a. a. O., Sp. 658 — freilich nur mit einen Fragezeichen — zu dem hebr. *gilla* = „enthüllen" in Beziehung gesetzt.

[168] Als eine *Zus.* mit *Bos* = After (Hinterer) könnte vielleicht aufgefaßt werden *Boslem* = Exkremente (das wäre dann eigtl. — da *Lehm* auch im *Wittich*'schen Vokabular für „Brot" vorkommt — soviel wie „Afterbrot"). Ebenso scheint ein gewisser Zusammenhang vorzuliegen zwischen *Bos* u. dem Zeitw. *bosen* od. *bosme* = lecken, zu dem möglicherweise die Redensart *jann' mei Bos* = „leck mich (im A....)" (s. d. W.-

B.) den Übergang gebildet hat. *Zu vgl.* (aus dem *verw. Quellenkr.*): *Schwäb. Gaun.- u. Kundenspr.* 74 (*Bos* = Podex [ganze Hinterseite]); *Schwäb. Händlerspr.* 485 (*Boß* = Podex; vgl. dazu noch in *Pfedelb.* [211]: *muff mei Boß* = „l. m. i. A."). Die *Etymologie* ist unsicher. *Fischer*, Schwäb. W.-B. I, Sp. 1303 hat das hebr. *bōš* = „sich schämen" herangezogen, jedoch nur mit einem Fragezeichen. Weniger gesucht erscheint es m. E., in *Bos* zu erblicken nur eine Abkürzung (nach Art der sog. Aphärese) von der Zusammensetzg. *Schundbos* u. ä. (wörtl. etwa „Kothaus", zu *Schund* = Kot u. dgl. [s. oben S. 41, Anm. 139] u. *Bos* = Haus, älterer rotw. Form für *Bais* u. ä., aus dem gleichbed. hebr. *bajit* [vgl. Archiv, Bd. 38, S. 221, Anm. 1]), die sich zu Anfang des 19. Jahrh. in einzelnen Sammlungen der Gaunerspr. als Bezeichnung für den „Hinteren" findet (so z. B. bei *Karmayer* 150 [neben *Schandbus* (138)]; vgl. *Pfister* 1812 [303: *Schonnboos*] u. *v. Grolman* 58 u. 63 u. T.-G. 101 [*Schonboos* u. *Schandbus* od. -*buß*]).

[169] S. Abort.

[170] Dieselbe Ausdrucksweise haben auch die Zigeuner (s. *Liebich*, S. 139 u. 174: *hakko bersch* [d. h. „jedes Jahr"] = alljährlich). — *Jane* od. *Jahne* = Jahr findet sich auch noch in den *Verbdgn. voriges Ja(h)ne* = vorjährig u. *nobis dofs Ja(h)ne* (d. h. eigtl. „kein gutes Jahr") = Mißjahr (s. d. betr. d. Zigeunerspr.) u. in den Zus. *Ja(h)neschei* = Jahrestag u. *Neuja(h)ne* = Neujahr (Spr). *Zu vgl.* (aus dem *verw. Quellenkr.*): *Dolm. der Gaunerspr.* 94 (*Jone* = Jahr, daher *Jone Gschok* = Jahrmarkt); *W.-B. des Konst. Hans* 257, 259 (*Jane* = Jahr, *Jann* = Jahre); *Pfulld. J.-W.-B.* 341 (*Jane* = Jahr). Die *Etymologie* bleibt zweifelhaft. *Fischer*, Schwäb. W.-B. IV, Sp. 74 hat hingewiesen teils auf *Jam* = Tag (in der Form *Jäm[m]chen* = Jahr [s. dazu schon oben „Einleitg.", S. 26, Anm. 70]), teils auf das hebr. *schānā*, jüd. *schōnō* = Jahr, das auch in die Gaunerspr. eingedrungen ist (s. z. B. schon *Christensen* 1814 [322: *Schone*], u. dann öfter bis zur Neuzeit [vgl. A.-L. 603 u. *Groß* 492 (*Schono, -num*), *Rabben* 121 u. *Ostwald* 137 (*Schone, -num*)]). Jedoch erscheint es vielleicht am einfachsten, auch hier (gleichwie möglicherweise ja bei *Jäm[m]chen*) nur eine absichtliche Entstellung des Auslauts von „Jahr" anzunehmen.

[171] Auch diese Umschreibung ist bei den Zigeunern gebräuchlich (s. *Liebich*, S. 139 u. 174: *hakko diwes* [d. h. „jeden Tag"] = alltäglich). — Das jenische *Schei* (od. *Schein*) = Tag (wofür früher *Jamm* gebräuchlich gewesen [vgl. oben „Einltg.", S. 26, Anm. 70]), hat noch verschiedene Nebenbedeutungen, so: Helle (auch als Adj. gebr. = hell), Licht (Wachslicht, Kerze), Fackel (Wachsfackel), Ampel, Lampe, Laterne u. endlich Fenster. Mehrere dieser Bedeutungen begegnen auch in den *Zusammensetzungen* mit dem Worte, so: a) = Tag (nur *ans Ende* gestellt) in: *Nilliche-* (*Ni[e]siche-* od. *Nuschiche-*)*schei* = Fastnacht (vgl. oben S. 39, Anm. 132), *Ja(h)neschei* = Jahrestag (vgl. oben Anmerkg. 170), *Bäzemeschei* (eigtl. „Eiertag") = Karfreitag (s. d. betr. Übereinstimmg. mit der Zigeunerspr., vgl. auch „Vorbemerkung", S. 18), *Brandlengschei* (eigtl. „Kuchentag") = Kirchweihe, *Flössleschei* = Regentag, *Bosserstschei* (eigtl. „Fleischtag") = Sonntag (vgl. schon oben S. 31, Anm. 119); b) = *Licht* (od. *Lampe*): α) vorangestellt: in *Scheischure* (eigtl. „Licht- [od. Lampen-] Ding") = Docht u. *Scheinpflanzer* = Lichtzieher; β) *ans Ende* gestellt: in *Schuberleschein* (d. h. „Gespensterlicht") = Irrlicht (s. d. betr. die Zigeunerspr.), *Leileschei(n)* = Nachtlicht, dann aber auch Mond u. Stern (vgl. dazu schon oben S. 37, Anm. 127); c) = *Fenster*: in *Scheiglansert* = Fensterglas. Zu vgl. (aus dem verw. Quellenkr.): *W.-B. des Konst. Hans* 255, (*Schaispringer* = „Diebe, die bei Tag stehlen"); übereinstimmend damit in der Bedeutg.: *Scheinspringer* bei *Schöll* 269, 270 u. im *Pfulld. J.-W.-B.* 345 (vgl. hier [339] auch noch *Prenzenschein* = Feiertag, während *Schein* — ohne Zusatz — [337] so viel wie „Auge" bedeutet); *Schwäb. Händlerspr.* 487 vbd. mit 479, 480, 483 (*Schein* = Tag, Nebenbedtgn.: Auge, Fenster, Licht; vgl. in *Pfedelb.* [214]: *Bichschein* = Zahltag). In den übrigen rotw. Quellen findet sich *Schein* für „Tag" (abges. von der oben erwähnten Zus.) m. Wiss. zuerst bei *Schintermicherl* 1807 (288), für „Auge" zuerst bei *Pfister* bei *Christensen* 1814 (328), dagegen schon im *Basl. Glossar v.* 1733 (201) für „Glas". Aus den Krämerspr. vgl. noch: *Pfälz. Händlerspr.* 438 (*Schainche* = Auge, Fenster, Lampe), *Metzer Jenisch* 216 (*Scheinche* = Augen), u. *Winterfeld. Hausierspr.* 441 (*Scheincher* = Fenster). Der *Etymologie* nach gehört das Wort wohl zweifelsohne zu unserem gemeinsprachl. *Schein* (in dem ursprünglichsten Sinne von

„ins Auge fallende Helle", mhd. *schîn*, ahd. *scîn* = „Glanz, Helligkeit, Sichtbarkeit" usw. (s. *Weigand*, W.-B. II, Sp. 690/91); vgl. auch A.-L. 597. Über das stammverwandte *Scheinling* = Auge s. das Näh. unter „Augapfel".

[172] Dieselbe Umschreibung kennt auch die Zigeunersprache; s. *Liebich*, S. 145 u. 174 (*mangamáskero lowo*, d. h. eigtl. „Bettelgeld" = Almosen). — Betr. *Dercher-* s. das Näh. unter „abbetteln". Das jenische *Bich* = Geld (Geldstück, Kupfergeld), Münze, dann auch Barschaft, Gehalt (Sold), Summe kommt in mancherlei *Zusammensetzgn.* vor, so a) *am Anfang* stehend: α) für Personen: in *Bichsins* = Bankier, aber auch Münzmeister, u. *Bichschenegler* = Münzarbeiter (auch wohl *Bichpflanzer*, argum.: *Bichpflanzerskitt* = Münzwerkstätte, vgl. auch noch die Umschreibg. *nobis dufter Bichpflanzer* [d. h. eigtl. „kein guter Geldmacher"] = Falschmünzer); β) für Sachen: *Bichkitt* = Bankhaus, *Bichschure* = Geldkasse od. -kasten, *Bichrande* = Geldsack; b) *ans Ende* gesetzt: (außer in *Dercherbich* noch) in *Stradebich* = Chausseegeld (Pflaster-, Wegegeld), *Schenagelsbich* = (Arbeits-) Lohn, *Duftbicht* (eigtl. „Kirchengeld") = Opfergeld, *Kritzlerbich* = Papiergeld. *Zu vgl.* (aus dem *verw. Quellenkr.*): nur *Schwäb. Händlerspr.* 481 (*Bich, Pich* od. *Spich* = Geld; dazu [in *Pfedelb.* (214): *Bichschein* = Zahltag]); die *Pfälz. Händlerspr.* 438 hat die Form *Pech*. Über sonstige Belege im Rotwelsch usw. (wo die Form *Pich* od. *Picht* — neben *Bicht* — vorwiegt) sowie die (nicht sichere) *Etymologie* des Wortes s. Näh. in *Groß'* Archiv, Bd. 33, S. 279, 280 u. Anm. 1 u. 2 (im Anschluß an A.-L. 583 [unter „Pich"]). — *Fischer*, Schwäb. W.-B. I, Sp. 1094 gibt keine Erklärung.

[173] Auch hiermit (wie schon in der „Vorbemerkung" S. 18 erwähnt) sachlich übereinstimmend die Zigeunerspr.; s. *Liebich*, S. 174 (*tschutschĭnéngĕri dai*, d. h. „die Brustmutter" = Amme; doch wird *dai* dabei auch wohl weggelassen [s. S. 166, vgl. auch *Finck*, S. 93]). Das jenische Wort *Schwächerle* = Brust (bes. Weiberbrust), bei Tieren = Euter (daher *Horbogen-, Trabert-, Groenikelsschwächerle* = Kuh-, Pferdeeuter, Schweinezitzen), dann auch = Herz, geht zurück auf das Zeitw. *schwächen* = trinken (saufen, zechen), aber auch = dursten (in der Wendg. *mich schwächert's*). Zu *ersterer* Bedtg.: *geschwächt* = betrunken, berauscht, *halbgeschwächt* =

halbtrunken sowie die *Zus.*: *ausschwächen* = austrinken (aber *schwäch' [a]uf* = trink' aus), *beschwächen* = betrinken, *ver-* u. *vorschwächen* = ver-, vortrinken. Zu beachten ist, daß das (*un*verkleinerte) Subst. *Schwächer* nur so viel wie „Rausch, Trunkenheit" (auch wohl „berauscht, betrunken") bedeutet (vgl. „Vorbemerkg.", S. 13, Anm. 33). Weitere *Ableitungen* (von *schwächen*) sind dann noch: d. Adj. *schwächerich* = durstig (Spr.), als Subst. = Durst, u. d. Subst. *Schwäche* = Tränke, Viehtränke (daher *Trabertschwäche* = Pferdetränke), *Schwächet* = Getränk, *Schwächerei* = Sauferei, Trank, Trinkgelage, Zeche. *Zusammensetzgn.* mit dem Stamm *schwäch-* (des Zeitworts *schwächen*) sind endlich: *Schwächglansert, -nolle, -schottel* = Trinkglas, -schale, -schüssel, alle drei aber auch (allgemeiner) = Trinkgefäß. *Zu vgl.* (aus dem *verw.* Quellenkr.): Dolm. der Gaunerspr. 91 u. 100 (*schwächen* = trinken, *Dobrisch schwächen* = Tabak rauchen; *es schwächet mich* = es dürstet mich); W.-B. des Konst. Hans 255, 256, 258, 259 (*schwäche[n]* = trinken, *z' Schwächet steken* = zu trinken geben, *Dow're schwäche* = Tabak rauchen; *es schwächert mi* = es durstet mich); Schöll 271 (*schwächen* = trinken, *Schwächer* = Durst); Pfulld. J.-W.-B. 337, 339, 343, 345 (*schwächen* = trinken, saufen, aussaufen, *verschwächen* = versaufen [verdr.: erlaufen], *Schwäche* od. *Schwächer* = Rausch, *Schwächerei* = Trunkenheit); Schwäb. Gaun.- u. Kundenspr. 67, 68, 76 (*schwächen, ausschwächen, Schwäche* = Trunk; *Schwächem* = Durst); Schwäb. Händlerspr. 487 (*schwächen*, in *Pfedelb.* [208, 209, 212-14]: *ausschwächen*, ferner *Schwäche* = Trank, *Schwächem* = Durst, *Schwächere* = Wirtshaus, *schwecherisch* = durstig, *Schwächbruder* = Saufbruder, in *Lütz.* [215] *Schwächer* = Rausch). Vgl. noch Metzer Jenisch 216, 217 (*schwäche* = trinken, *beschwächt* = betrunken). Zur (nicht sicheren, aber vermutl. auf das Hebr. zurückzuführenden) *Etymologie* s. ausführl. Groß' Archiv, Bd. 43, S. 42 ff. (unter „Schwächer"); vgl. auch *Weber-Günther*, S. 169 (unter „Schwäche"). —

Das zweite (in der *Zus. Schwächerlemamere* enthaltene) Wort, *Mamere* = Mutter, findet sich auch noch in der Verbindg. *Patres* (d. h. Vater) *und Mamere* = Eltern (s. d. betr. d. Zigeunerspr., die ebenfalls kein eigenes Wort für „Eltern" hat [vgl. auch „Vorbemerkung", S. 17, Anm. 44]) sowie in den folgenden *Zus.*: a) *am Anfang* stehend: *Mamereglied*, das drei Bedeutgn. hat, nämlich α) Oheim (als „Mutterbruder"), β) Tante (als „Mutterschwester"), γ) Neffe (v. mütterl. Seite her; vgl. zu α u. β betr. die Überstimmg. mit d. Zigeun. Näh. unter „Oheim" u. „Tante"), weiter *Mameregroenikel* = Mutterschwein; b) ans *Ende* ges.: *Grandichemamere* = Großmutter, *Kittmamere* = Hausmutter, *Schoflemamere* (eigtl. „schlechte Mutter") = Stiefmutter. Zu vgl. (aus dem *verw.* Quellenkr.): Dolm. der Gaunerspr. 96 (*Mamaire* = Mutter), *Schöll* 271 (*Mammere*); *Pfulld. J.-W.-B.* 342 (*Mamere*); *Schwäb. Händlerspr.* 484 (wie *Schöll*). Zur *Etymologie*: Nach *Fischer*, Schwäb. W.-B. IV, Sp. 1432 ist das (auch sonst noch im Rotw. vorkommende) Wort — wie übrigens auch schon *Schöll* 271 vermutet hat — wohl ohne Bedenken herzuleiten vom französ. „*mamère*". Eine Heranziehung der Zigeunersprache ist daher nicht nötig, wie denn z. B. auch die *Sulzer Zigeunerliste v. 1787* (251) ausdrückl. das rotw. *Mammere* dem gleichb. zigeun. *Mamma* (vgl. *Finck*, S. 71: *máma*) gegenübergestellt hat.

[174] Auch die Zigeunerspr. hat *denselben* Ausdruck (*momĕlin*) für Licht (Fackel, Kerze) u. Ampel (Lampe, Leuchter); s. *Liebich*, S. 147, 174, 196, 214, 218 u. 219. Im übrigen s. über *Schei(n)*. Näh. schon oben unter „alltäglich".

[175] S. unter „absingen" u. „Adler".

[176] Auch die Zigeunersprache kennt (wie schon in der „Vorbemerkung", S. 17 erwähnt) diese Umschreibung (eigtl. „großer Herr" für „Amtmann" u. dergl. (s. *Liebich*, S. 127 u. 174: *bāro rai*; vgl. auch *Jühling*, S. 225 [= „Bezirksamtmann"]), desgl. für die Bedeutgn. „Richter", „Herrscher" u. „Oberherr" (s. d. Vork. im W.-B.), während für die weiteren Bedeutgn. „Fürst" u. „Landesherr" bes. Benennungen bestehen. Über *grandich Sins* = König (fem. *grandich Sinse*) — wobei *grandich* als Superlativ zu betrachten — s. d. Näh. noch unter „Bischof"; vgl. auch schon „Vorbemerkung", S. 17, Anm. 42. Zusammensetzgn. mit *Sins* (od. *Sens*) = Herr (Edelmann, Gebieter [vgl. fem. *Sinse* od. *Sense* = Herrin (Dame, Edeldame) u. d. Dimin. *Sinsle* = Junker]) sind: a) *im Anfang*: *Sinsekitt* = Herrenhaus, Herrschaftshaus u. *Sinseschrende* = Herrenzimmer, während in *Sinsemoss* = Herrin (Dame, Edeldame) und *Sinsemodel* = Fräulein doch wohl eher

das fem. *Sinse* steckt; b) *am Ende* (beliebt bes. als Berufsbezeichngn.): *Begersins* = Arzt (Doktor), Wundarzt (u. dazu *schofler Begersins* = Quacksalber, vgl. auch oben S. 98, Anm. 157), *Bich-, Kies-, Lobesins* = Bankier (*Bichsins* auch = Münzmeister), *Fehtesins* = Quartierherr (fem. *-sinse* = Quartierfrau), *Sturmkittsins* = Ratsherr, *Dupfsins* = Wundarzt, *Näpflingsins* = Zahnarzt. Zu vgl. (aus d. verw. Quellenkr.): W.-B. des Konst. Hans 254, 259 (*Sinz* = Herr, *Sinst* = der regierende Herr); Schöll 272 (*Sens* = Herr); Pfulld. J.-W.-B. 338, 340, 341 (*Sens* = Herr, *Obersens* = Beamter, *Senserei* = Herrschaft, Kanzlei); Schwäb. Händlerspr. 482 (*Sens* = Herr, in U. [213] = Amtsrichter [in *Pfedelb.* (208) dafür: *Seetzer*] u. *Senserei* = Amtsgericht). Über weitere Belege im Rotw. seit d. 15. Jahrh. (woraus hier bes. erwähnt sei, daß *grandiger Sims* für „Amtmann" od. „Edelmann" schon bei A. Hempel 1687 [168] vorkommt) sowie über die nicht sichere) *Etymologie* s. ausführl. *Groß'* Archiv, Bd. 38, S. 269ff (unter („Sens").

[177] *Bu(t)z* bedeutet bes. auch noch Büttel, Polizeidiener, Polizist. Eine *Verbindung* damit ist *grandicher Bu(t)z* = Polizeiwachtmeister und (als nochmal. Steigerung) *grandich Bu(t)z* = Polizeidirektor (s. dazu das Näh. noch unter „Bischof"). *Zusammensetzgn.* damit sind: a) *am Anfang*: *Bu(t)zekeiluf* od. *-kib* = Polizeihund; b) *am Ende*: *Dofes-, Kittle-* oder *Lekbu(t)z* = Gefangenwärter. Eine *Ableitung* ist: *Bu(t)zerei* = Polizei (dazu weiter die *Zus. Bu[t]zereikitt* = Polizeiamt). *Zu vgl.* (aus dem *verw. Quellenkr.*): Pfulld. J.-W.-B. 338 (*Butz* = „Bettelvogt"); Schwäb. Gaun.- u. Kundenspr. 63, 73 (*Buz* = Polizei, *verdeckter Buz* = Geheimpolizist): Schwäb. Händlerspr. 485 (*Butz* od. *Betz* [in *Pfedelb.* (212): auch *Buz*] = Polizist; vgl. in *Lütz.* [215]: *Grünlingsbutz* = Waldhüter). Vgl. auch *Pfälz. Händlerspr.* 437 u. *Metzer Jenisch* 216 (*Buts* bzw. *Butz* = Polizist). Zur *Etymologie* des (rein deutschen) Wortes sowie über seine sonstigen Belege im Rotw. (in der Form *Putz* schon seit d. Mitte des 18. Jahrh.) s. ausführl. *Groß'* Archiv, Bd. 42, S. 10ff u. zu vgl. dazu etwa noch *Fischer*, Schwäb. W.-B. I, Sp. 1571 (unter „Butz", Nr. 3, b).

[178] S. auch unter „Weinbeere" u. „Weintraube". *Zus.* mit dem Worte sind (außer *Jahre-* od. *Krachersäftling*, das in gleicher Weise für Brombeere, Erdbeere, Heidelbeere u. Himbeere gebräuchl. ist) noch das ähnl. *Staubertsäftling* =

Mehlbeere (so daß *Säftling* also bes. auch die „Beere" bedeutet [vgl. *Wittichs* Bemerkg. im Text], obwohl es dafür [*ohne* Zus.] im W.-B. — vielleicht bloß versehentlich — *nicht* aufgeführt ist) sowie (am *Anf.* stehend) *Säftlingsore* = Weinberg (s. dazu betr. *Sore* Näh. unter „Brücke"). *Zu vgl.* (aus dem *verw.* Quellenkr.): *Dolm. der Gaunerspr.* 100 (*Saftling* = Trauben); *Pfulld. J.-W.-B.* 343 (*Säftling* = Rebe); *Schwäb. Gaun.- u. Kundenspr.* 75 (*Säftling* = Traube); *Schwäb. Händlerspr.* 487 (ebenso; vgl. im *Pfedelb.* [214]: *Säftlingjole* = Wein). Der *Etymologie* nach gehört das Wort natürlich zu unserem gemeinspr. *Saft*; vgl. *Günther*, Rotwelsch, S. 61.

[179] a) Mit *Jahre* = Wald (Forst, Gehölz, auch bes. Fichtenwald) sind (außer *Jahresäftling*) noch folgende *Zus.* gebildet worden: *Jahrekrächerle* = Haselnuß, *Jahrestöber* (d. h. „Waldbaum" = Tanne; *Jahreschure* (d. h. etwa „Waldding") = Hirsch u. *Jahrestierer* (d. h. „Waldhuhn") = Rebhuhn (s. d. betr. Übereinstimmg. mit d. Zigeun.). Als *Verbindg.* erscheint *Jahre bosten* (eigtl. nur „[in den] Wald gehen" [vgl. oben S. 40, Anm. 137]) für das Zeitw. „jagen". Zu vgl. (aus dem *verw.* Quellenkr.): W.-B. *des Konst. Hans* 254 (*Jahre* = Wald); *Schöll* 271 (*Jaare*); *Pfulld. J.-W.-B.* 346 (*Jahre*; vgl. [339, 341]: *Jahrhegel* = Förster, Jäger); *Schwäb. Händlerspr.* 488 (*Jâre*). Über weitere rotw. Belege sowie die *Etymologie* (vom hebr. *jaa'r* = „Wald") s. d. Näh. in *Groß'* Archiv, Bd. 38, S. 251, Anm. 2; vgl. auch Bd. 42, S. 7 (unter „Jahrhegel") sowie noch *Fischer*, Schwäb. W.-B. IV, Sp. 79 (unter „Jare").

b) Mit *Kracher* (das in *denselben* Bedeutgn. wie *Jahre* gebraucht wird) sind im wes. auch die *gleichen* Zusammensetzgn. gebildet worden, so außer *Krachersäftling* noch *Kracherkrächerle* (= Haselnuß), *Kracherstöber* (= Tanne) u. *Kracherschure* (= Hirsch); dagegen ist neben *Jahrestierer* (= Rebhuhn) allerdings nur *Krachergachne* als Synon. angeführt. Auch *Kracher bosten* hat den *gleichen* Sinn wie *Jahre bosten*. Zu vgl. (aus dem *verw. Quellenkr.*): *Pfulld. J.-W.-B.* 340, 346 (*Krach* = Holz, Wald); *Schwäb. Gaun.- u. Kundenspr.* 77 (*Kracher* = Wald sowie die geogr. Bezeichg. *Schwarzkracher* = Schwarzwald); *Schwäb. Händlerspr.* 488 (*Kracher* = Wald). Über weitere rotw. Belege sowie zur *Etymologie* (von unserem gemeinspr. Zeitw. *krachen*) s. d. Näh. in *Groß'* Archiv, Bd. 46, S. 11 (u. Anm. 1) u. 12; vgl. auch *Weber-Günther*, S. 181 (unter „Krachet") u. *Fischer* Schwäb. W.-B. IV, Sp. 662 (unter „Krachert").

[180] Mit *bible(n)* = beten, auch predigen sind ferner noch zusammengesetzt: *nach-* u. *vorbible(n)* = nach- u. vorbeten, sodann (mit dem Stamme *blibel-* [des Zeitworts]) die Substantive *Blibelulma* = fromme Leute, auch „Stundenleute", d. h. Methodisten, *Blibelkaffer, -moss, -kitt* = „Stundenmann, -frau, -haus" (in gleichem Sinne) und *Blibelschlang* (eigtl. „Betkette") = Rosenkranz (s. d. betr. Übereinstimmg. mit der Zigeunerspr.). *Ableitungen* sind: das Subst. *Bliblerei* = Gebet u. das Adj. *bliblich* = gläubig, heilig

(dazu die *Verbdg. bliblicher Schuberle* = heiliger Geist). In dem *verw. Quellenkreise* hat das Wort nur die *schwäb. Händlerspr.* (in *Lütz.* [214]: *b'lipple[n]* = beten). Zur *Etymologie* bietet einigen Aufschluß das veraltete schwäb. *Blippenplapper*, eine „spöttische Ablautbildung" für „Plapperer" (nach *Fischer*, Schwäb. W.-B. I, Sp. 1206).

[181] S. abbetteln.

[182] S. abbiegen.

[183] Über *Funk* = Feuer s. abbrennen. Das Zeitw. *pflanzen* (Grundbedeutg.: machen [daher: *aufpflanzen* = aufmachen (Spr.)], verfertigen) versieht in Verbindg. mit anderen Wörtern die Rolle eines Aushilfsbegriffs in vielen Fällen, wo im Jenischen keine besonderen Bezeichnungen vorhanden sind (vgl. darüber schon die „Einleitg." S. 24 sowie m. „Vorbemerkg.", S. 16, Anm. 40), so z. B. in den Redensarten *grandiche pflanzen* (d. h. eigtl. „den Großen machen" oder „spielen") = hoffärtig (aufgeblasen, stolz, übermütig) sein (dagegen: *grandicher pflanzen* [eigtl. „größer machen"] = verlängern), *Blatt* (blatt) *pflanzen* = im Freien übernachten (s. d. Näh. unter „übernachten"), *Strauberts pflanzen* (eigtl. „Haare machen") = kämmen, *Bomme* od. *Keif pflanzen* (eigtl. „Schulden machen") = leihen, *Käfferle pflanzen* = Onanie treiben (s. zur *Erklärung* Näh. unter diesem Ausdr.), *schofle Falle (-la) pflanzen* (eigtl. „böse Sachen machen") = „huren" (s. Näh. unter „böse"); mit *auspflanzen* ist endlich (als Gegensatz zu dem obigen *den Funk anpflanzen*) gebildet: *d(en) Funk auspflanzen* = löschen (auslöschen), wonach dann wohl auch das *einfache auspflanzen* die Bedeutg. von „ausblasen" erhalten hat. Besonderer Beliebtheit erfreut sich aber (ganz wie im Rotwelsch) die Ableitung *Pflanzer*, fem. *-erin* (= „Verfertiger[in]") in *Zusammensetzgn.* mit Substantiven als Bezeichnungen für die verschiedensten Berufsarten, insbes. die Gewerbe, so: *Klass-* od. *Schnellepflanzer* = Büchsenmacher, *Schures-* od. *Stiepenpflanzer* = Bürstenbinder, *Griflengtrittlingpflanzer* = Handschuhmacher, *Nollespflanzer* = Häfner, Töpfer, auch Kesselflicker, *Oberman(n)pflanzer* = Hutmacher (Kappen-, Mützenmacher) od. Kürschner, *Straubertsschurepflanzer* = Kammacher, *Schottel* (od. *Schottle-*) *pflanzer* = Korbmacher, *Rädlengpflanzer* = Kutschenbauer,

Wagner, *Bochdampflanzer* = Leineweber, Tuchmacher, *Scheinpflanzer* = Lichtzieher, *Scharflingpflanzer* = Messerschmied, *Kies-* od. *Lobepflanzer* = Münzarbeiter (auch wohl *Bichpflanzer*, argum.: *Bichpflanzerskitt* = Münzwerkstätte u. zu vgl. *nobis dufter Bichpflanzer* = Falschmünzer [worüber Näh. auch schon oben S. 105, Anm. 172]), *Hitzlingpflanzer* = Ofensetzer, *Kritzlerpflanzer* = Papiermacher, *Dächles-* od. *Pflotscherpflanzer* (fem.: *-erin*) = Schirmflicker(in), *Glitschinpflanzer* = Schlosser, *Trittlingpflanzer* = Schuhmacher (Schuster), *Sprauspflanzer* = Stockmacher, *Streiflingpflanzer* = Strumpfwirker, *Gengle-* od. *Luberpflanzer* = Uhrmacher, *Lattepflanzer* = Waffenschmied, *Schrendepflanzer* = Zimmermann. *Zu vgl.* (aus dem *verw. Quellenkr.*): *Dolm. der Gaunerspr.* 98 (*Nuschepflanzer* = Schuhmacher); *Pfulld. J.-W.-B.* 337-339, 342-344 (*pflanzen* = machen, *toxpflanzt* = abgerichtet, *krank* od. *dildi pflanzen* = einstecken; *Fleppapflanzer* = Büchermacher, *Tschuripflanzer* = Messerschmied, *Girchen-* od. *Nuschenpflanzer* = Schuhmacher, *Zinkenpflanzer* = Petschaftfälscher); *Schwäb. Gaun.- u. Kundenspr.* 75 (*Pflanzer* [ohne Zus.] = Schuhmacher); *Schwäb. Händlerspr.* 483, 486, 487 (*Schottelpflanzer* = Korbmacher, *Stichlingpflanzer* = Schneider, *Trittlingpflanzer* = Schuster, *Gänglingpflanzer* [in *Pfedelb.* (213): *Gluckerspflanzer*] = Uhrmacher; ferner ebenfalls noch in *Pfedelb.* [208, 210-213]: *Kruch* [od. *Hallas*] *pflanzen* = lärmen, *Bummen pflanzen* = Schulden machen, *Plamppflanzer* = Bierbrauer, *Schuberlespflanzer* = „Geistererlöser" [Tätigkeit des kathol. Pfarrers], aber auch = Teufel, *Obermannpflanzer* = Hutmacher, *Zainepflanzer* = Korbmacher, *Dickköpfpflanzer* = Nagelschmied, *Staudenpflanzerin* = Näherin, *Kluftenpflanzer* = Schneider; endl. noch in U. [213]: *Mulumpflanzer* = Arzt). Zur *Etymologie* s. d. Näh. in *Groß' Archiv*, Bd. 46, S. 12ff. (wo auch die meisten der oben angeführten Zus. erklärt sind).

[184] S. abbiegen.

[185] Mit *schniffen* = anpacken, erfassen, nehmen, holen (Spr.), bes. aber = stehlen (entwenden, rauben, berauben) sind noch zusammengesetzt: *aus-, heraus-* u. *wegschniffen* = aus-, heraus-, wegstehlen. *Ableitungen*: die Subst. *Schniffer* = Dieb, Gauner, Räuber (dazu die *Zus. Schnifferulma* = Diebesbande) u. *Schnifferei* = Diebstahl sowie das Adj. *schniffich* = diebisch. *Zu vgl.* (aus dem *verw. Quellenkr.*): *Pfulld.*

J.-W.-B. 337, 339, 345 (schniffen = ausplündern, stehlen, als Subst. *Schniffen* = Diebstahl); *Schwäb. Händlerspr.* 486, 487 (*schniffen* = stehlen [ausplündern (s. *Pfedelb.* [208])], *Schniffer* = Strolch). Übrigens sind die Vokabeln *schniffen*, *Schniffer* (Nebenf. *schnipfen* [auch *schnüffen*] u. *Schnipfer*) u. *Schnifferei* schon dem Rotwelsch des 17. u. 18. Jahrh. bekannt gewesen (vgl. z. B. *A. Hempel* 1687 [168: *schniffen* = „mausen", *Schnifferey* = „Mauserei", *ein grandiger Schniffer* = „ein rechter Erzdieb", *Hornickel-, Trabertschniffer* = Kuh-, Pferdedieb]; *Waldh. Lex.* 1726 [187-189, 190: alles im wes. ebenso, außerdem noch für Pferdedieb auch *Zußgenschniffer* u. *Schniffer* auch = „einer, der das Geld aus der Ficke (Tasche) ziehet"]; *Münchner Deskription* 1727 [192: *schniffen* u. das *Schniffen* oder Rauben]; *Basl. Glossar* 1733 [202: *schnüffen* = stehlen]; *Hildburgh. W.-B.* 1753 ff. [288, 231: *geschnipft* = gestohlen, *Schnipffer* = „Spitzbub"]; *Körners Zus. zur Rotw. Gramm.* v. 1755 [241: *schniffen* od. *schnipfen* = stehlen]). Zur Etymologie s. *Landau* im Schweiz. Archiv für Volksk., Bd. IV, S. 240 vbd. mit *Grimm*, D. W.-B. IX, Sp. 1333 (unter „schnipfen", Nr. 3). Danach bedeutet *schnipfen* od. *schniffen* mundartlich (so z. B. im *Schwäbischen* [vgl. *Schmid*, Schwäb. W.-B., S. 474]) soviel wie „mit einer schnellen Bewegung etwas wegschnappen, entwenden, listig stehlen"; es ist hauptsächl. auf die oberdeutschen Mundarten beschränkt geblieben; vgl. u. a. noch *Schmeller*, Bayer. W.-B. II, Sp. 578 u. *Hügel*, Wien. Dial.-Lex., S. 143.

[186] Mit *butschen* ist zusammengesetzt *ausbutschen* = ausfragen, ausforschen, forschen. Es ist sonst m. Wiss. in den Geheimsprachen nicht bekannt. Der *Etymologie* nach stammt es aus der Zigeunersprache her (s. „Einltg.", S. 29). Vgl. Näh. bei *Pott* II, S. 375 (unter „Pchuczav"), *Liebich*, S. 154 u. 198 (*putschawa* = ich frage, forsche), *Miklosich*, Denkschriften, Bd. 27, S. 41 (unter „phuč": bei d. deutsch. Zig.: *pučava* = ich frage, *pučjum* = Frage usw.), *Jühling*, S. 225 (*putsch* = frage [Imperat.], *Putschaben* = die Frage, das Fragen), *Finck*, S. 81 (*p'utš-, p'utšew-* [*p'utšej-, p'utšed-*] = „fragen, forschen").

[187] S. abbiegen.

[188] Das Adj. *dof* (weit seltener: *duft* [das in der modern.

Gaun.- u. Kundensprache überwiegt]) mit der Grundbedtg. „gut" (dazu Komparat.: *döfer* = besser) wird in überaus weitem Sinne gebraucht, wie folgende Übersicht der verschiedenen einzelnen Begriffe (bei denen das [gleichzeitige od. alleinige] Vorkommen der Form *duft* in Klammern angemerkt ist) dartut. Es bedeutet nämlich noch: anständig, anwendbar (auch *duft*), artig, aufrichtig, beliebt, bequem, bieder, brav, brauchbar (nur *duft*; s. d. Verbdgn. unter dies. Worte), dienstfertig, dienstwillig, echt, edel, ehrbar, ehrenhaft, ehrenwert, ehrlich, fein, folgsam, freundlich, friedfertig, frisch (Spr.); geeignet, zufällig, gefühlvoll, geheilt, gemütlich, gemütvoll, genesen, geschmeidig, gesund, getreu, gerecht, geziemend, gnädig, günstig (auch *duft*), gütig, gutmütig, heil, heilsam, herzlich, hochherzig, höflich, hold (auch *duft*), hübsch (auch *duft*), keusch, kostbar, leutselig, lieb, liebenswürdig, lieblich (auch *duft*), liebreich (auch *duft*), nobel (auch *duft*), nützlich, prächtig, sanft, sauber, schamhaft, schön, sittsam, tauglich (auch *duft*), treu, tüchtig (auch *duft*), tugendhaft, unschuldig, verschämt, vortrefflich, vorzüglich, wahrhaft, wohlwollend, willig, züchtig; dazu weiter die Verneinung *nobis dof* (eigtl. „nicht gut") = garstig, nichtswürdig, treulos, unecht, unkeusch, unnütz, unrichtig, untauglich, untreu, unzüchtig, wertlos. Sowohl *dof* wie *nobis dof* sind dann auch zu Hauptwörtern erhoben worden, und zwar ersteres für „Glück" od. „Pracht", letzteres für „Trübsal" oder (flektiert: *nobis Dofs*) für „Übel" (vgl. „Vorbemerkg.", S. 15, Anm. 38). Die Umschreibung *dof diberen* od. *schmusen* (d. h. „gut reden", [von jmd.]), bedeutet „(jmd.) loben". Ferner sind *dof* u. *nobis dof* in Verbindg. mit Substantiven zur Umschreibung zahlreicher Begriffe verwendet worden, für die es im Jenischen an besonderen (selbständigen) Bezeichnungen fehlt (vgl. dazu „Vorbemkg.", S. 17, 18, Anm. 47 u. S. 19, Anm. 48). So: a) Verbindgn. mit *dof*: *dofer Schmunk* (d. h. etwa „gutes Fett, Schmalz") = Butter, *dofer Kies* (d. h. „schöner Stein") = Diamant, Edelstein, *dofer Schwimmerling* (d. h. „schöner Fisch") = Forelle, *dofer Benges* od. *Benk* (d. h. etwa „lieber Bursche") = Geliebter, Liebhaber u. *dofe Model* (d. h. „liebes Mädchen") = Geliebte, Liebhaberin (wogegen bei *dofer Benk, Freier* od. *Fiesel* im Sinne von „Junker" nach *Wittich dofer* als Komparativ aufgefaßt werden soll, so daß die Umschreibung soviel wie

„*besserer* Jüngling" od. „*besserer* junger Mann" bedeute), *dofer Rädling* (d. h. „schöner Wagen") = Kutsche, *dofer Lanenger* (d. h. etwa „schöner [feiner] Soldat") = Offizier, *dofe Kitt* (d. h. „schönes Haus") = Schloß. Durch die Zusammenziehung in *ein* Wort sind noch *enger* verbunden worden: *Dofefläderling* (d. h. „schöner Vogel") = Pfau (s. dazu schon oben S. 18, Anm. 47) u. *Dofelehm* (d. h. „gutes [feines] Brot") = Weißbrot (Gegens. *Schoflelehm* [d. h. „schlechtes Brot"] = Schwarzbrot); b) Verbdgn. mit *nobis* (-es) *dof* od. *duft*: *nobes dofer Glitschin* (d. h. „kein guter Schlüssel") = Dietrich (s. d. betr. Analogie in d. Zigeunerspr., vgl. auch schon „Vorbemerkung", S. 18), *nobis dufter Bich-, Kies-* od. *Lobepflanzer* = Falschmünzer (s. dazu schon oben S. 105, Anm. 172) u. *nobis dofs Jahne* = Mißjahr (s. dazu schon oben S. 104, Anm. 170). Zu vgl. (aus dem verw. Quellenkr.): Dolm. der Gaunerspr. 93 (*tof* = gut); W.-B. des Konst. Hans 256, 259 (*dof* = gut); Schöll 271 (*tov* = gut); Pfulld. J.-W.-B. 338, 340, 344 (*tofe* = gut, *töfer* = besser, *dov* = schön, *Tofe* = Biedermann); Schwäb. Gaun.- u. Kundenspr. 70 (*duft* [*dov*] = gut); Schwäb. Händlerspr. 481, 484 (*dof* [in Pfedelb. (212): *dov*] = gut, schön; in Pfedelb. [209]: auch *döver* = besser). Vgl. auch Pfälz. Händlerspr. 437 (*dôf* od. *tôf* = gut. Zur *Etymologie* (vom hebr. *Tôb[h]* [*tōf*] = „gut") s. Groß' Archiv, Bd. 50, S. 156; vgl. auch Weber-Günther, S. 155, Seiler, Lehnwort IV, S. 490, u. Fischer, Schwäb. W.-B. II, Sp. 246 (unter „tof") u. 445 (unter „duft").

[189] *Ki(e)bes* (-bis), eigtl. = Haupt, Kopf, Schädel, auch bes. Hinterkopf, ferner noch = Stirn u. Hals findet sich in der Verbindg. *grandicher Ki(e)bes* = Dickkopf od. Starrkopf (s. dazu schon oben S. 100, Anm. 165), in der längeren Umschreibung *nobis Strauberts auf'm Ki(e)bes* (d. h. eigtl. „keine Haare auf dem Kopfe") = Kahlkopf sowie in den folgenden Zus.: a) *am Anfang*: in *Ki(e)besschlang* = Halskette, *Ki(e)besstrauberts* = Haupthaare, Kopfhaare; b) *am Ende*: in *Straubertski(e)bes* = Lockenkopf, *Vorderki(e)bes* = Vorderkopf sowie (in übertrag. Sinne) in *Nille-* od. *Ni(e)seki(e)bes* = Tollkopf u. *Toberichki(e)bes* = Pfeifenkopf. Zu vgl. (aus dem verw. Quellenkr.): Dolm. der Gaunerspr. 95 (*Kiebes* = Kopf); W.-B. des Konst. Hans 254 (*Kibes*); Schöll 272 (ebenso; vgl. *kibesen* = enthaupten); Pfulld. J.-W.-B. 341 (desgl.); Schwäb. Gaun.- u.

Kundenspr. 72 (*Gîbes*); *Schwäb. Händlerspr.* 483 (*Kibes* od. *-bis*; vgl. dazu in *Pfedelb.* [210]: *Kahlkibes* = Kahlkopf). Vgl. auch *Pfälz. Händlerspr.* 438 (*Kiwes* = Kopf) u. *Metzer Jenisch* 216 (*Kibes* [Kibes] = Kopf). Im *Pleißlen der Killertaler* 435 ist *Kîvis* = Verständnis. — Über die sonstigen verschiedenen Formen im Rotwelsch s. *Groß'* Archiv, Bd. 56, S. 55 u. Anm. 1. Zur (nicht sicheren) *Etymologie* vgl. *Pott* II, S. 16, *Günther*, Rotwelsch, S. 36 u. Anm. 1 u. bes. jetzt noch *Fischer*, Schwäb. W.-B. IV, Sp. 360/61 („wenn nicht etwa zu zigeun. *chīw* = „Deckel" [s. *Finck*, S. 68: xīw] ... nur zu *Kabas*, rotw. = Kopf [s. schon *Lib. Vagat.* (54)] zu stellen", wozu mhd. *kabez*, aus lat. *caput* [Haupt], heranzuziehen, vielleicht mit ablaut. Form *Kibes*, *Kabes* wie *piff, paff*).

[190] *Bauser* = Angst (Beängstigung), Entsetzen, Erschrecken, Furcht, Schreck ist vielleicht — ebenso wie das Adj. *bauserich* = ängstlich, furchtsam, auch als Subst. (für „das Grauen") gebraucht (vgl. dazu *bauserich sein* = befürchten, [sich] beunruhigen sowie die Verneinung *nobis bauserich* = furchtlos) erst eine Ableitung von dem Zeitw. *bausen* = fürchten. Zu vgl. (aus dem *verw. Quellenkr.*): *Dolm. der Gaunerspr.* 92 (*bausen* = fürchten); W.-B. *des Konst. Hans* 257 (ebenso, auch: *es baust ihm* = er fürchtet sich, ferner noch: *Bauser* = Angst); *Schöll* 271, 273 (*bausen* = fürchten, *Bauser* = Angst); *Pfulld. J.-W.-B.* 337, 343, 344 (*Bauser* = Angst, Schauer, *bauserich* = ängstlich, scheu); *Schwäb. Händlerspr.* 479 (*Baußer* u. *Baußam* [in *Pfedelb.* (208): *Bausam*] = Angst). Die *Etymologie* ist unsicher, denn die Hypothesen A.-L.'s (523: Ableitg. vom deutsch. Zeitw. *bauschen* [pauschen], mhd. *bûschen, biuschen*, = „schwellen machen" bzw. spätmhd. u. älternhd. *bûsen, bausen* = „aufschwellen"; s. Näh. bei *Weigand*, W.-B. I, Sp. 171) erscheinen doch wohl zu gewagt. *Fischer*, Schwäb. W.-B. I, Sp. 733 gibt keine Erklärung. Nach gefl. Mitteilgn. von *Dr. A. Landau* (Wien) soll vor etwa 50 Jahren *Boitsi haben* = „Furcht haben" in der galizisch-jüdischen Schülersprache gebräuchlich gewesen sein, das wahrscheinlich auf das kleinruss. *bojati sja* = „sich fürchten", poln. *bać sie* (3 Pers. Sing. Praes.: *boi sie*) zurückgeht, doch wagt L. keinen unmittelbaren Zusammenhang dieser Ausdrücke mit dem rotw. *bausen* anzunehmen.

[191] S. abbiegen.

[192] S. abkaufen.

[193] Das Zeitw. *kluften* scheint in *Wittichs* Jenisch nur im *Zus.* üblich zu sein, wie (außer *ankluften* [wozu *nobis ankluftet*, d. h. „nicht angekleidet", „unbekleidet" = nackt] noch): *auskluften* = ausziehen, entkleiden (daher *auskluftet* ebenfalls = nackt) u. *verkluften* = verkleiden. Es gehört zu den Subst. *Kluft* = Kleid (Anzug, Gewand, Tracht), womit auch einige *Zusammensetzgn.* (so: *Kafferskluft* = Manneskleid, *Lanengerkluft* = „Montur", *Begerkluft* = Sterbekleid) sowie die *Verbdg. unterkünftige Kluft* = Unterkleid gebildet sind. Eine weitere *Ableitg.* (von *Kluft*, bzw. *kluften*) ist dann *Klufterei* = Kleidung, Bekleidung (Anzug, Gewand), womit ebenfalls wieder zwei *Zus.* vorhanden sind, näml. *Mossklufterei* = Frauenkleid u. *Kafferklufterei* = Männerkleider. *Zu vgl.* (aus dem *verw. Quellenkr.*): *Dolm. der Gaunerspr.* 95 (*eine ganze Klufterei* = „Kleidung von Kopf bis Fuß"); *W.-B. des Konst. Hans* 253 (*Klufterey* = die Kleider); *Pfulld. J.-W.-B.* 341 (*Klufterei* = Kleid, vgl. [337] *Klufting usmalochen* od. *abketschen* = auskleiden); *Schwäb. Gaun.- u. Kundenspr.* 66, 71 (*Kluft* od. *Klufterei* = Kleid, *ankluften* = anziehen); *Schwab. Händlerspr.* 483 *Kluft* = Kleid, u. dazu noch in *Pfedelb.* [208, 212]: *Kluftenpflanzer* = Schneider u. *ankluften* = anziehen); vgl. auch *Pleißlen der Killertaler* 435 (*Kliftle* = Kleid, Anzug) sowie noch *Metzer Jenisch* 216 (*Kläft* = Rock). Über die sonstigen Belege u. Formen im Rotw. sowie die *Etymologie* (vom hebr. *chălîfôt* = „Kleider, insbes. Feier- od. Ehrenkleider") s. Näh. in *Groß'* Archiv, Bd. 38, S. 273/74 (unter „Kluftier") u. d. Anm. verbd. mit Bd. 46, S. 10, Anm. 1. Vgl. auch noch *Seiler*, Lehnwort IV, S. 491 u. *Fischer*, Schwäb. W.-B. IV, Sp. 508 (unter „Kluft" II) vbd. mit Sp. 435 (unter „Klaffot").

[194] S. abgehen.

[195] Als *Zus.* mit *schmol(l)en* = lachen (kichern) findet sich noch *ausschmol(l)en* = auslachen. *Zu vgl.* (aus dem *verw. Quellenkr.*): *Schöll* 272 (*schmollen* = scherzen); *Pfulld. J.-W.-B.* 342 u. *Schwäb. Händlerspr.* 483 (= lachen). Zur *Etymologie*: Da wir heute unter *schmollen* meist soviel wie „mit mürrischem Stillschweigen unfreundlich sein" verstehen (s. *Weigand*, W.-

B. II, Sp. 751), erscheint die in den Geheimsprachen begegnende — fast *entgegengesetzte* — Bedeutung zunächst auffällig; jedoch handelt es sich hier *nicht* etwa um eine sog. *Enantiosemie*, d. h. Umkehrung des Sinnes in das Gegenteil (s. *Behaghel* in d. Z. des Allg. Deutsch. Sprachv., Jahrg. 1905, Sp. 158 gegen *Günther*, Rotwelsch, S. 21, Anm. 14), vielmehr hat *schmollen* (mhd. *smollen*) anfangs nur die gleichsam „neutrale" Bedeutg. „das Gesicht verziehen" gehabt, aus der sich dann *sowohl* der Begriff „das Gesicht *zum* Lächeln verziehen" od. „*lächeln*" (so z. B. noch bei *Schiller* u. *Uhland*) entwickeln konnte (vgl. d. engl. *to smile*) als auch der uns jetzt geläufige des *mürrischen* Stillschweigens. Vgl. (außer *Weigand*, a. a. O.) noch v. *Schmid*, Schwäb. W.-B., S. 472 u. *Grimm*, D. W.-B. IX, Sp. 1105/6, Nr. 1.

[196] Das Adj. *g'want* hat in *Wittichs* W.-B. noch folgende Bedeutungen: anständig, artig, behend, brauchbar, fein, flink, geschickt, geschmeidig, gewandt, nützlich, tauglich, tüchtig; dazu die Verneinung *nobis g'want* = nichtsnutzig. Zu vgl. (aus dem *verw. Quellenkr.*): *W.-B. des Konst. Hans* 257, 258 (*e Gwandter* = „ein Handfester" u. *der gwandtste* = der Beste); *Schwäb. Händlerspr.* 481 (*gwant* = gut [in *Pfedelb.* (210, 212): *quant* = geschickt, gut, schön; ebendas. (212) *Quantheit* = Schönheit, in *Eningen* (206, Anm. 1): *Gwanderpenk* = Schultheiß]); vgl. auch *Pleißlen der Killertaler* 435, 436 (*gwant* = gut, schön, *gwanter Jôle* od. *Plempel* = Wein) u. *Metzer Jenisch* 216 (*gewandt* = gut). Über die sonstigen Belege im Rotw. (s. z. B. schon *Ndd. Lib. Vaget* [77: *quant* = „vel eft grot") u. den Geheimspr. sowie über die *Etymologie* s. *Weber-Günther*, S. 172 (unter „gewahnd"). Der Ableitung des Wortes vom latein. *quantum* (s. A.-L. IV, S. 70; *Günther*, Rotwelsch S. 34; *Stumme*, S. 22, 23) steht gegenüber die Auffassung, die darin nichts anderes als unser deutsches „gewandt" erblickt. So u. a. auch *Fischer*, Schwäb. W.-B. III, Sp. 607, der jedoch ausdrückl. bemerkt, daß in Schwaben das Wort (das z. B. auch die Tübinger Studenten gebrauchen) aus der Schriftsprache aufgenommen sein müßte, da das Partiz. zu „wenden" schwäb. *g(e)wend(e)t* heißt.

[197] S. anfassen.

[198] Das Zeitw. *dibere(n)* (-ra) = reden, sprechen (erzählen,

plaudern, auch spezieller antworten, beantworten) kommt noch vor in den *Zus.*: *nachdiberen* = nachsagen, *verdiberen* = verraten (dazu das subst. Partiz. *Verdibert* = Verrat) u. *vordiberen* = vorsagen sowie in d. *Verbdgn. dof diberen* = loben (vgl. oben S. 111, Anm. 188) u. *nobis diberen* = stumm sein (s. d. betr. Übereinstimmg. mit d. Zigeunerspr.). Dazu die *Ableitungen*: *Diberer* = Plauderer, Sprecher, *Verdiberer* = Verräter, *Diberei* = Erzählung, Gerede, Gespräch, Geschwätz, dann auch spezieller Untersuchung od. Verhör u. das Adj. *diberich* = gesprächig. *Zu vgl.* (aus dem *verw. Quellenkr.*): *Dolm. d. Gaunerspr.* 49 97, 99 (*tiebern* od. *madiebern* = reden, schwatzen, *Madiberei* = „Jaunersprache"); *Pfulld. J.-W.-B.* 337, 340, 343-45 (*diberen* = aussagen, sprechen, schwatzen, *gedibert* = abgeredet, *Dib(l)erei* = Sprache, Geständnis); *Schwäb. Gaun.- u. Kundenspr.* 70, 74, 75 *diberen* = reden, sprechen, *Gediwer* = Geschwätz); *Schwäb. Händlerspr.* 486 (*diberen* = sprechen, in Pfedelb. [210]: *Gediewer* = Geschwätz); vgl. auch *Pleißlen der Killertaler* 435 (*debere[n]* = schimpfen) u. *Pfälz. Händlerspr.* 437 (*dībere* = sprechen). Über weitere Belege im Rotw. sowie die *Etymologie* (vom hebr. *dibbêr* = „reden, sprechen", Partiz. *mĕdabbêr*) s. Näh. bes. bei *Weber-Günther*, S. 162 (unter „dewern"); vgl. auch *Wagner* bei *Herrig*, S. 236; *Günther*, Rotwelsch, S. 27; *Seiler*, Lehnwort IV, S. 489/90; *Fischer*, Schwäb. W.-B. II, Sp. 186.

[199] Das Zeitw. *schmusen* hat im wes. dieselben Bedeutgn. wie *diberen*. Von *Zus.* damit finden sich: *aufschmusen* = aufsagen, *ausschmusen* = aussagen, aussprechen, *nachschmusen* = nachsprechen u. *vorschmusen* = vorsagen, von *Verbindungen*: *dof schmusen* u. *nobis schmusen* in gleichem Sinne wie *dof* u. *nobis diberen* (s. oben Anm. 198) sowie *Bremser schmusen* = „auslassen" (d. h. furzen). *Ableitungen* sind: *Schmuser* = Plauderer, Schwätzer, Sprecher (vgl. *Schmuserfläderling* = Papagei [s. oben S. 100, Anm. 165]) u. *Schmuserei* = Diberei sowie das Adj. *schmusich* = gesprächig (vgl. dazu *Schmusichergiel* = Plappermaul). *Zu vgl.* (aus dem *verw. Quellenkr.*): *Dolm. der Gaunerspr.* 97 (*schmusen* = reden); *W.-B. des Konst. Hans* 256 (= sagen; vgl. 258: *auf Jenisch schmusen*); *Schöll* 272 (= sagen; vgl. 273: *Schmusereyen* [ohne Übers.]); *Pfulld. J.-W.-B.* 337, 340, 344-46 (*schmusen* od. *schmußen* = aussagen, schwatzen, sprechen, verraten,

verschmusen = ausplaudern, *abgeschmust* = abgeredet, abgeurteilt, *Schmuserei* = Geständnis); *Schwäb. Gaun.- u. Kundenspr.* 74 (*schmußen* = reden, sprechen; vgl. [68] *Glattschmuser* = Denunziant); *Schwäb. Händlerspr.* 486 (*schmusen* = sprechen, [in *Pfedelb.* (208): aussagen; vgl. ebendas. (214) *zuschmusen* = zutragen]). *Zu vgl.* auch noch *Schwäb. Falschmünzerprozeß 1791/92* (261, 263: *anschmusen* = anreden), ferner *Pfälz. Händlerspr.* 438 (*schmûsen* = sprechen) u. *Winterfeld. Hausiererspr.* 442 (*doufe schmusen* für a) „beichten" u. b) „sich verbürgen"). Noch weitere Belege bei *Schütze,* S. 90. Zur *Etymologie* (vom hebr. *schĕmû'ôth* [jüd. *schemûoß* ausgespr.] = „Erzählungen", plur. von *schĕmû'â* = „Nachricht [Geschichte], Gerücht, Gerede") s. *Stumme,* S. 14 u. 21 vbd. mit *Grimm,* D. W.-B. IX, Sp. 1135, *Weigand,* W.-B. II, Sp. 755 (unter „Schmus") u. *Seiler,* Lehnwort IV, S. 494.

[200] Das Zeitw. *linzen* (od. *lenzen*) = bedeutet a) blicken, schauen, sehen (auch: beobachten, besehen, besichtigen, betrachten, ersehen, gaffen, gucken, spähen; ferner aber auch b) fragen (erfragen). Zu der Bedeutg. unter a) gehören (außer *anlinzen*) noch die Zus. *auflinzen* = aufsehen, *auslenzen* = aussehen, *herablinzen* = herabschauen, *herumlinzen* = herumblicken, *nachlinzen* = nachsehen, *niederlinzen* = niederblicken, *überlinzen* = übersehen, *umlinzen* = umblicken, schauen, *weglinzen* = wegsehen, *zulinzen* = zuschauen, *zurücklinzen* = zurücksehen; zu der unter b): *auslinzen* = (aus)forschen. *Ableitgn.*: *Linzer* = Spiegel, *Linzere* (fem.) = Brille (Zus.: *Stradelinzer* = Wegweiser) u. (mit dem Stamme des Zeitw.: *linz-*): *Linzgrifling* = Zeigefinger. *Zu vgl.* (aus dem *verw.* Quellenkr.): *Dolm. der Gaunerspr.* 100 (*Verlenz* = Verhör); W.-B. des Konst. Hans 257, 259 (ebenso, ferner *lenzen* = sehen, *anlenzen* = ansehen); *Schöll* 273 (*Verlenz* = Verhör); *Pfulld. J.-W.-B.* 343-345 (*linzen* = schauen, sehen, *verlenzen* = verhören, *Verlinz* = Verhör); *Schwäb. Händlerspr.* (*Lütz.* [215]: *lensen* = sehen). Zur *Etymologie* des Wortes (das deutsch. Ursprungs ist) s. d. Näh. in *Groß'* Archiv, Bd. 42, S. 60, 61 unter „Linser" (ebds. Anm. 4 noch weitere rotw. Belege); vgl. auch *Fischer,* Schwäb. W.-B. IV, Sp. 1258 (unter *linzen*) vbd. mit Sp. 1175 (unter „lenzen").

[201] S. abschließen.

[202] S. abbiegen.

[203] S. angenehm.

[204] S. anmutig.

[205] S. anreden.

[206] S. ansagen.

[207] Zu *bleisgeren* = bezahlen, zahlen (auch als Hauptw.: *Bleisgeren* = Steuern) s. noch die *Zus. ausbleisgeren* = auszahlen. In dem *verw. Quellenkr.* (u. wohl auch sonst im Rotw.) anscheinend *un*bekannt. *Etymologie*: aus der Zigeunerspr. (s. „Einltg.", S. 29). Vgl. Näh. bei *Liebich*, S. 152 u. 185 (*pleisserwāwa* = „ich bezahle, vergelte"); *Miklosich*, Denkschriften, Bd. 27, S. 46, 47 (unter „pleisker": bei d. deutsch. Zig. *pleisservāva* = „bezahlen", vgl. slaw. *plati-ti*); *Finck*, S. 78 (*plaiserw* - [*plaiserd* -]= „bezahlen, ersetzen, lohnen, vergelten").

[208] S. abzahlen.

[209] S. ankleiden.

[210] S. abbrennen; vgl. auch anbrennen.

[211] Mit *Bommerling* sind gebildet die *Zus. Bommerlingstöber, -kies, -brandling, -jo(h)le* = Apfelbaum, -kern, -kuchen, -wein sowie (ans *Ende* gesetzt) *Scheinlingbommerling* = Augapfel. *Zu vgl.* (aus dem *verw. Quellenkr.*): Dolm. der Gaunerspr. 89 (*Bommerlen* = Apfel); W.-B. des Konst. Hans 254 (*Bommerling*); *Schöll* 271 (*Pommerling*); *Pfulld. J.-W.-B.* 337 (ebenso, Bedtg.: = *Äpfel*; vgl. *Pommerlingsteberling* = Apfelbaum); *Schwäb. Gaun.- u. Kundenspr.* 66 (*Bommerling*, Nebenbdtg. [71]: *Kartoffel*); *Schwäb. Händlerspr.* 479, 484 (*Bommerling* = Apfel, Obst); *dieselbe Form* hat auch die *Pfälz. Händlerspr.* 437 (für Apfel); vgl. noch *Metzer Jenisch* 216 (*Bomeche*). Auch sonst im Rotw. seit Anf. des 18. Jahrh. bekannt. Zur *Etymologie* (vom französ. *pomme*) s. *Pott* II, S. 36; A.-L. 585, *Günther*, Rotwelsch, S. 38; *Fischer*, Schwäb. W.-B. II, Sp. 1283.

[212] *Stöber* = Baum (Dimin. *Stöberle* = Bäumchen) wird auch

als Bezeichnung *einzelner* Baumarten gebraucht, für die keine besonderen jenischen Ausdrücke vorhanden sind (vgl. d. W.-B. unter „Birke"), so für Birke, Buche, Eiche und Fichte. Dagegen sind für andere Bäume (bzw. baumartige Gewächse) besondere *Zusammensetzgn.* mit *Stöber* gebildet worden, so (außer *Bommerlingstöber*) noch: *Stielingstöber* = Birnbaum, *Scharriselestöber* = Kirschbaum, *Staubertsäftlingstöber* = Mehlbeerbaum, *Kräcker(le)stöber* = Nußbaum, *Blaulingstöber* = Pflaumenbaum, *Jahre-* oder *Kracherstöber* = Tanne (vgl. oben S. 108, Anm. 179, lit. a u. b), *Kupferstöber* (eigtl. etwa „Grasbaum") = Weidenbaum, *Jo(h)lestöber* = Weinstock, *Blauhanzestöber* = Zwetschgenbaum. Andere *Zus.* mit *Stöber* (am *Anfang* stehend) sind noch: *Stöberspraus* = Baumholz oder Stamm (s. d. betr. Übereinstimmg. mit d. Zigeunerspr.), *Stöberschmaler* = „Baumkatze", d. h. Eichhörnchen (s. betr. Übereinstimmg. m. d. Zigeunerspr. schon. „Vorbemerkung", S. 18 sowie noch unter „Baumkatze"), *Stöbersschure* oder *-sore* = Obst. *Zu vgl.* (aus dem *verw. Quellenkr.*): *Schöll* 271 (*Steber* = Baum); *Pfulld. J.-W.-B.* 338 (*Stöberling,* vgl. [337] *Pommerlingsteberling* = Apfelbaum); in der *schwäb. Händlerspr.* (479, 487) ist dagegen nur *Stemmerling* = Baum, Stock bekannt. Die *Etymologie* des (auch sonst noch im Rotw. [bes. in d. Form *Steber*] vorkommenden) Wortes ist *unsicher;* vielleicht gehört es zu unserem „Stab" od. damit stammverw. Ausdr. in andern Sprachen (vgl. bei *Weigand,* W.-B. II, Sp. 940 unter „Stab": lit. *stabarai* = „trockene *Baumäste*"). *Miklosich,* Beitr. III, S. 19 (unter „Steber") hat zunächst *slaw.* Ursprung (vgl. neusl. *steber* = „Säule" u. bes. serb. *stabar* = „Stamm") vermutet.

[213] *Kies,* eigentl. a) = Stein (Gestein), bes. auch Kieselstein, dann auch b) = Kern, kommt in *beiden* Bedeutgn. in zahlreichen *Verbindgn.* u. *Zusammensetzgn.* vor, so in der Bdtg. unter a: in den *Verbdgn. dofer Kies* = Diamant, Edelstein u. *grandicher Kies* = Felsen (s. dazu schon oben S. 100, Anm. 165) od. Quaderstein sowie in den folgenden *Zus.*: α) mit K. *vorne*: *Kieslobe* = Pflastergeld (eigtl. „Steingeld") u. *Kiesguffer* = Steinhauer, Steinmetz; β) mit K. *am Ende*: *Kittlekies* = Backstein od. Dachziegel, *Funkkies* = Feuerstein, *Begerkies* = Grab-, Leichenstein, *Flu(h)tekies* (eigtl. „Wasserstein") = Insel

(vgl. schon oben S. 36, Anm. 126); *Stradekies* = Kilometer-, Meilenstein; ferner in der Bedtg. unter b: (außer *Bommerlingkies*) noch: *Stieling-, Scharrisele-, Kräckerle-, Blauling-* u. *Blauhanzekies* = Birnen-, Kirschen-, Nuß-, Pflaumen- u. Zwetschgenkern. — Eine *Ableitg.* von *Kies* = Stein ist das Adj. *kiesich* = steinig. Zu trennen ist der Etymologie nach: *Kies* = Geld, worüber das Näh. unter „Bank". Zu vgl. (aus dem *verw. Quellenkr.*): Pfulld. J.-W.-B. 344 (*Kißel* = Stein); Schwäb. Händlerspr. 487 (*Kûß* od. *Kisel* [in Lütz. (215): *Khis*] = Stein; vgl. auch [484]: *Kîseler* [in Pfedelb. (218): *Kieseler*], *Kî(e)slerspink-* od. *Kî(e)slerfisl* = Maurer). *Etymologie*: wohl jedenfalls zu unserem gemeinsprachl. „Kies" bzw. „Kiesel" (mhd. *kis, kisel*); vgl. *Groß'* Archiv, Bd. 43, S. 9 (unter „Kîseler"), auch *Fischer*, Schwäb. W.-B. IV, Sp. 420 (unter „Kis", Nr. 4, c), 422 (unter „Kisel", Nr. 3) u. 872 (unter „Kus").

[214] *Brandling* (-leng) = Kuchen erscheint noch in d. folgenden *Zus.* a) am *Anfang* stehend: *Brandlingschei* (= eigtl. „Kuchentag") = Kirchweihe u. *Brandlingweisleng* (eigtl. „Kuchensonntag") = Kirchweihsonntag; b) ans *Ende* gesetzt: (außer *Bommerlingbr.* noch): *Bäzemebrandling* = Eierkuchen, *Niesichescheibrandling* = Fastnachtskuchen, *Krachersäftlingbr.* = Heidelbeerkuchen, *Girall-* od. *Räslingbr.* = Käsekuchen, *Scharriselebr.* = Kirschkuchen, *Süßlingbr.* = Lebkuchen, *Blauhanzebr.* = Zwetschenkuchen, *Sorebrandling* = Zwiebelkuchen. Zu vgl. (aus dem *verw. Quellenkr.*): Pfulld. J.-W.-B. 342 (*Brandling* = Küchlein); Schwäb. Gaun.- u. Kundenspr. 73 (Form ebenso, Bedtg.: Pfannkuchen); Schwäb. Händlerspr. 483 (Bedtg.: Kuchen, in *Pfedelb.* [212] = Pfannkuchen). Vielleicht ist auch statt *Bundling* = Kuchen im *Dolm. der Gaunerspr.* 35 zu lesen: *Brandling*. *Etymologie*: Das Wort, das sonst im Rotwelsch, wenigstens in der Form *Brändling* (od. *Brendling*), für „Kaffee" (s. z. B. auch schon *Dolm. der Gaunerspr.* 94 [*Brendling*]) oder „Schnaps" (vgl. A.-L. 526) u. dergl. m. (s. z. B. schon *Körners Zus. zur Rotw.-Gramm.* v. 1755 [209: *Brandling* = „Kofent"]) vorkommt, gehört wohl zu unserem Zeitw. *brennen*.

[215] *Jo(h)le* = Wein (Rebensaft) kommt noch vor in der Verbdg. *gesicherter Jo(h)le* = Glühwein, Punsch, und in den folgenden *Zusammensetzgn.*: *Jo(h)lesore* = Weinfaß,

Jo(h)leglansert = Weinglas od. -flasche, *Jo(h)lekitt, -spraus, -schnall, -stöber* = Weinhaus, -rebe, -suppe, -stock. *Zu vgl.* (aus dem *verw. Quellenkr.*): W.-B. des *Konst. Hans* (*G'finkelterjole* = Branntwein [vgl. dazu oben „Einltg.", S. 28]); *Pfulld. J.-W.-B.* 346 (*Jole* = Wein); *Schwäb. Gaun.- u. Kundenspr.* 77 (ebenso); *Schwäb. Händlerspr.* 488 (*Jole* od. *Jôli* [in *Pfedelb.* (214): *Jole* od. *Säftlingsjole*] = Wein; vgl. 484]: *Stielingsjôle* [eigtl. „Birnenwein"] = Most); vgl. auch *Pleißlen der Killertaler* 435 (*Jôle* od. *gwanter Jôle* = Wein) u. *Metzer Jenisch* 217 (*Jole* = Wein). Die Form *Joli* hat schon das *Basl. Glossar* v. 1733 (202). Die *Etymologie* ist unsicher; nach *Fischer*, Schwäb. W.-B. IV, Sp. 103/4 (unter „Jole", Nr. 1) handelt es sich vielleicht um eine der zahlreichen rotw. Verunstaltungen des hebr. *jajin* = Wein (s. darüber Näh. bei *Weber-Günther*, S. 156; vgl. auch A.-L. 550 u. *Günther*, Rotwelsch, S. 81).

[216] Zu *Bog(g)elo* (od. *Bogalo*) = Hunger (Appetit) vgl. noch die *Verbdg. grandich Bogelo* = Heißhunger u. die *Ableitung bogelich*, das aber im W.-B. nur durch „gierig" od. „knickerig" (nicht durch „hungrig") wiedergegeben ist. *Zu vgl.* (aus dem *verw. Quellenkr.*) nur: *Schwäb. Händlerspr.* (*Lütz.* [215]: *Boggelo* = Hunger). *Etymologie*: aus der Zigeunerspr. (s. „Einleitg.", S. 29); vgl. A.-L. 526 (unter „Bock" [wo auch *bokelo* (-kalo) = hungrig, *Bokillo* = Geiz u. *bockelig* = geizig od. hungrig als *gaunersprachl.* angeführt ist]) u. *Günther*, Rotwelsch, S. 31 vbd. mit *Pott* II, S. 396 (unter „Bokh"), *Liebich*, S. 129, 201, 206, 211 (*bōk* = Hunger, Geiz, Habgier, *bōkĕlo* [od. -ŏlo] = hungrig, geizig, habgierig), *Miklosich*, Beitr. I/II, S. 20, 25 u. Denkschriften, Bd. 26, S. 180/81 (unter „bokh": bei den deutsch. Zig.: *bōk* = Hunger), *Jühling*, S. 220 (*Bok* = Hunger), *Finck*, S. 52 (*bok* = Hunger, Geiz u. *bok'elo* = hungrig, geizig). Über d. Ursprung aus dem Altind. s. *Pott* u. *Miklosich*, a. a. O.

[217] Mit *Put(t)lak* = Hunger (Appetit, auch Gier) ist gebildet die *Verbdg. grandich P.* (= gr. *Bogelo*), also = Heißhunger. *Zu vgl.* (aus d. *verw. Quellenkr.*): *Pfulld. J.-W.-B.* 340 (*Buttlak* = Hunger); *Schwäb. Gaun.- u. Kundenspr.* 69 (*puttlachen* = essen). — In der Form *Buttlack* (nebst d. Adj. *buttlakig* = hungrig) tritt die Vokabel auch sonst im Rotw. des 19. Jahrh. auf (vgl. z. B. *Pfister* 1812 [296] u. bei *Christensen* 1814 [318]; *v. Grolman*, *Aktenmäß. Gesch.* 1813 [313] u. W.-B. 12 u. T.-G. 103;

Karmayer 24). *Etymologie*: Der erste Bestandteil des Wortes gehört wohl ohne Zweifel zu *butten* = essen (worüber das Näh. schon oben S. 38, Anm. 130 unter „Abendessen"). Einige Schwierigkeiten macht dagegen die Endung *-lak*. Vielleicht dürfte sie in Beziehung gesetzt werden zu dem rotw. bezw. geheimspr. Adj. *la(c)k* = schlecht, böse, schlimm u. dgl. (s. z. B. aus dem *verw. Quellenkr.: Dolm. der Gaunerspr.* 100 [*lack* = übel]; *Pfullend. J.-W.-B.* 337, 338, 344 [*lak* = abgemattet, bös, schlimm]; *Schwäb. Händlerspr.* 480, 486 [*lack* = dumm, schlecht (in *Pfedelb.* [209] auch bös, vgl. ebds. *lacke Schix* = Dirne)]; mit flekt. Endung [*laker* = liederlich, falsch], bei *Schöll* 272, womit zu vgl. *locker* = falsch, schlecht bei *Pfister* bei *Christensen* 1814 [325], zu welcher Form dann wieder noch *lock* = klein, schlecht, arm usw. in dem [freilich nicht mehr verwandten] *Hennese Flick von Breyell* [456] paßt). Danach wäre dann *Put(t)lak* od. *Buttla(c)k* zu deuten etwa als Umschreibung für „(mit dem) Essen (steht es) schlecht" oder als reine Negation „Essen — nicht". Fraglich bleibt übrigens auch noch die Herkunft des Adj. *la(c)k*. Während z. B. *Fischer*, Schwäb. W.-B. IV, Sp. 910 ff. das zigeun. *láko* = „leicht, gering" (*Finck*, S. 69) herangezogen hat, ist darin vermutl. eher eine mundartl. Nebenform zu *lau* = „nicht frisch, matt, abgestanden, ohne Salz, ungewürzt" u. dgl. (vgl. *Schmeller*, Bayer. W.-B. I, Sp. 1432; *Grimm*, D. W.-B. VI, Sp. 34 vbd. m. Sp. 285/86) zu erblicken (nach gefl. Mitteilungen von Dr. A. *Landau*).

[218] *Ruf* = Hunger (Appetit) ist m. Wiss. in dem speziell *verw. Quellenkr. nicht* bekannt, dagegen die Form *Roof* u. ähnl. (sowie d. Adj. *roofig* = hungrig) *sonst* hier u. da im Rotw. usw. anzutreffen (vgl. z. B. *Christensen* 1814 [318 u. 324]; *v. Grolman* 57 u. T.-G. 1 B.; *Karmayer* G.-D. 215; *Thiele* 297; A.-L. 592 u. *Groß* 487 [hier *Roëw, Roow* u. *Raiwon*]; *Rabben* 112; *Ostwald* 123; in der *Pfälz. Händlerspr.* [438]: *Rôch* od. *Rauch*). Zur *Etymologie* (vom hebr. *râ 'âb* = „Hunger" s. A.-L. 592 u. 457 unter „Roëw").

[219] *Schnurrand* od. (besser) *Schnurrant* hat auch noch die (etwas allgemeinere) Bedeutgn. „Gaukler" od. „Komödiant" (Schauspieler). S. dazu die *Zus.* a) mit Sch. *voran*: *Schnurrantekitt* = Komödien-, Schauspielhaus, *Schnurrantekritzler* = Komödienzettel, Programm; b) mit Sch.

am Ende: *Randeschnurrant* = Taschenspieler. In dem *verw. Quellenkr.* m. Wiss. unbekannt, dagegen hat d. *Kundenspr.* II (423): *Schnurrant* = Bettler. Zur *Etymologie* s. A.-L. IV, Sp. 293: „Nach dem mhd. snarrence ist *Schnurrant* der umherziehende Bettelmusikant, wahrscheinlich vom schnarrenden Laute seiner Leier so genannt". Es handelt sich (nach *Grimm*, D. W.-B. IX, Sp. 1413) bei dem mundartlich, besonders auch in *Schwaben*, verbreiteten Ausdruck (s. v. *Schmid*, Schwäb. W.-B., S. 475), der aber auch noch der Schriftsprache unserer klassischen Literatur (z. B. bei *Goethe*) — für einen „Possenreißer" — geläufig gewesen, um eine Ableitung von dem latinisierten Zeitwort *schnurrare*, gleichbed. mit *schnurren* (od. *schnorren*), d. h. eigtl. „(mit der Schnurrpfeife [u. dgl.]) als Bettelmusikant umherziehen", dann „betteln" überhaupt (vgl. *Grimm*, a. a. O., Sp. 1420, Nr. 8), wofür es insbes. bekanntl. auch im Rotwelsch usw. verbreitet erscheint (vgl. A.-L. 293 u. 602 sowie [aus dem *verw. Quellenkr.*]: *Dolm. der Gaunerspr.* 90 [*schorren* (sic) = betteln]; *W.-B. des Konst. Hans* 255 [*Schnurrer* = Bettelleute]; *Schöll* 273 [Form ebenso]; *Pfulld. J.-W.-B.* 336 bis 338 [*schnurren* = (ab)betteln, *ausschnurren* = ausbetteln, *Schnurrer* = Bettler]; *Schwäb. Gaun.- u. Kundenspr.* 67, 68 [*schnurren* (gehen) = betteln (gehen), *auf die Schnurre* = auf den Bettel]); *Schwäb. Händlerspr.* 479 [*schnurren*]). In *Wittichs* W.-B. ist es aber *nicht* angeführt.

[220] S. abschaffen.

[221] Betr. *Kitt* s. Abort.

[222] Betr. *Bich* s. Almosen.

[223] Das Adj. *lenk* (mundartl. = *link* [so bei *Wittich* nur in d. Spr. u. vereinzelt in einer *Zus.*] = arg (Grundbed.: falsch) umfaßt (ähnlich wie sein Gegenstück *dof* od. *duft*) noch eine große Zahl mehr od. weniger ähnlicher Begriffe, nämlich: bösartig, böse (vgl. dazu d. Komparat.: *lenker* = böser), böswillig, buhlerisch, eifersüchtig, elend, erzürnt, frech, garstig, gefährlich, gehässig, gefühllos, gemütlos, gewalttätig, gottlos, grausam, grimmig, grob, hartherzig, haßartig, heftig, nichtswürdig, ruchlos, streng, tückisch, unverschämt, wüst; als Subst. gebr.: = Gefahr od. Schmach. Dazu die *Verbdg. lenker Kritzler* (eigtl. „böser Brief") =

Steckbrief (s. d. betr. Analogie im Zigeuner., vgl. auch „Vorbemerkung", S. 18, Anm. 47) u. d. Zus. *Linkfi(e)sel* = böser Mann (Syn.: *lenker Kaffer*). Zu vgl. (aus d. verw. Quellenkr.): *Dolm. der Gaunerspr.* 92, 97 (*link* = falsch, *linke Fleppe* = falscher Paß); *Pfulld. J.-W.-B.* 339 (*link* = falsch); *Schwäb. Gaun.- u. Kundenspr.* 74 (*link* = falsch, schlecht, *Linkmichel* = falscher Mensch, *linker Schenagel* = nicht passende Arbeit); *Schwäb. Händlerspr.* 486 (*lenk* = schlecht [in *Pfedelb.* (209): auch = bös, falsch]; in *Degg.* [215]: *Linkmichel* = schlechter Kerl). Über sonstige rotw. Belege (seit d. 17. Jahrh.) s. *Schütze* 78; betr. *Linkmichel* s. auch *Groß'* Archiv, Bd. 51, S. 152, Anm. 2 u. Bd. 59, S. 266. Zur *Etymologie* (Erweiterng. des gemeinspr. *link* als Gegensatz zu *recht*, nach der *Hand* genommen [*Weigand*, W.-B. II, Sp. 70]) s. *Pott* II, S. 15, 16; A.-L. 567, vgl. auch *Fischer*, Schwäb. W.-B. IV, Sp. 1254 (betr. lenk).

[224] Das Adj. *schofel* (auch *schoffel*) hat im wes. die gleichen Bedeutgn. wie *lenk*. Es fehlt nur unter „gemütlos" u. „wüst" (wohl bloß versehentlich), während anderseits *nur schofel* (*nicht* aber *lenk*) angeführt ist unter den Ausdrücken: arm, entzwei, gemein, kümmerlich, lasterhaft, niederträchtig, schamlos, schlecht (wofür *lenk* gewiß nur versehentl. fortgelassen), traurig, treulos, unanständig, verrucht; als *Subst.* gebraucht ist es = Gefahr, Schmach (wie *Lenk*) u. außerd. noch = Not. Der Komparat. *schofler* ist durch „böser" wiedergegeben. Viel häufiger als mit *lenk* sind mit *schofel Verbindgn.* od. *Zusammensetzgn.* für selbständige Begriffe gebildet worden, nämlich: a) *Verbindgn. schofle Model* = Beischläferin, Dirne (Freudenmädchen, Hure [für letzteren Ausdr. Syn. auch: *schofle Schüx*]), *schofle Moss* = Ehebrecherin, Kebsweib (für letzt. auch: *schofle Goi*), *schofler Kaffer* (auch — *Benk*, — *Fiesel* od. — *Freier*) = Heuchler (alles [außer *sch. Benk*] auch unter „Hurenkerl" angeführt; *sch. Benk* [Benges] oder *Fiesel* auch = Krüppel); *schofler Begersins* = Quacksalber, *schofler Kritzler* (wie *lenker Kr.* [s. oben Anm. 223] = Steckbrief; vgl. auch noch die Redensart *schofle Falle (-la) pflanzen* = „huren"; b) Zusammensetzungen (d. h. in *einem* Wort geschr.): *Schofielehm* = Schwarzbrot (vgl. als Gegenst. *Dofelehm* = Weißbrot [oben S. 111, Anm. 188]), *Schoflergalm* = Stiefkind, *Schoflemamere* = Stiefmutter, *Schoflerpatris* =

Stiefvater, *Schofelkitt* = Zuchthaus. *Ableitungen: Schofelei* = Unglück (s. dazu *Schofeleifläderling* = Rabe [vgl. oben S. 100, Anm. 165]), *Schoflerei* = Gericht, Amtsgericht (vgl. dazu *grandige Schoflerei* = Land- [Kreis-, Kriminal-] Gericht u. *Schoflereisitzling* = Richterstuhl, dagegen *Schoffeleischure* = Gerichtsvollzieher). *Zu vgl.* (aus dem *verw. Quellenkr.*): *Dolm. der Gaunerspr.* 91, 92, 97, 99, 101 (*schofel* = falsch, streng, *Schofel-fleppe* = falscher Paß, *schofel Marum, Lehm* [od. Lechem] = schwarzes Brot, *Schofel Kitt* = Zuchthaus); *W.-B. des Konst. Hans* 256, 257, 259 (*schofel* = bös, *schofler Kaffer* = böser Mann, *Schofelkitt* = Zuchthaus); *Schöll* 272, 273 (*schovel* = schlimm, *schovel Gasche* = schlimme Leute); *Pfulld. J.-W.-B.* 344, 346 (*schofel* = schlimm, *Schofelkitt* = Zuchthaus); *Schwäb. Gaun.- u. Kundenspr.* 74 (*schofel* = schlecht); *Schwäb. Händlerspr.* 486 (ebenso, abweichend vom sonst. Sprachgebr. in *Lütz.* [214]: *Schofel-Kitt* = Abtritt [vgl. oben S. 44, Anm. 147]). *Etymologie:* Die Vokabel, die etwa seit Mitte des 18. Jahrh. im Rotw. u. dann auch in unserer Schriftsprache auftritt, ist jüdisch-deutscher Herkunft (von „einem nicht gerade üblichen" *schōfēl* (statt: *schāfāl*), dem Partizip des hebr.-rabb. *schāfēl* = „niedrig gemacht, gedemütigt werden, sinken"). S. *Weigand, W.-B.* II, Sp. 776 vbd. mit A.-L. 603 u. 475, *Günther, Rotwelsch,* S. 94, *Stumme,* S. 19 u. *Seiler,* Lehnwort IV, S. 495.

[225] Zu *Stumpf* (auch = Entrüstung, Trotz, Zorn) gehören als *Ableitungen*: a) das Adj. *stumpfich* oder (seltener) *stämpfich*) = ärgerlich, empfindlich, entrüstet, ergrimmt, erzürnt, gereizt, grimmig, trotzig, unwillig, verdrießlich, verstimmt, wütend, zänkisch, zornig; b) das Zeitw. *stumpfen* (stümpfen) oder (häufiger) *stämpfen* (*erstere* Formen für: schmähen, lästern, *letztere* Form für: bedrohen, beleidigen, beschimpfen, drohen, fluchen, schelten, schimpfen, zanken; dazu die Zus.: *ausstämpfen* = ausschelten, -schimpfen, -zanken); c) die (zunächst auf das Zeitw. *stämpfen* zurückgehenden) Substantive: *Stämpfer* = Schmäher, Zänker und *Stämpferei* = Wortwechsel, Zank, Zänkerei, Zwist. Zu dem Stamme *stämpf-* (des Zeitw. stämpfen) gehört auch die Zus. *Stämpffläderling* (d. h. eigtl. der „schimpfende Vogel") = Elster (s. d. betr. Übereinstimmg. mit der Zigeunerspr.). *Zu vgl.* (aus dem *verw. Quellenkr.*): *Pfulld. J.-W.-B.* 338, 340, 343, 346

(*stumpf* = bös [345: = taub], *Stumpf* = Haß, Zorn, *stimpfen* = schelten, zanken); *Schwäb. Händlerspr.* 485, 488 (*stumpf* = zornig [in *Pfedelb.* (214) als Subst. *Stumpf* = Zorn], *stumpfen* = schimpfen). Übrigens dürften sich die Vokabeln bis ins 18. Jahrh. hinein verfolgen lassen. So findet sich z. B. im *W.-B. von St. Georgen* 1750 (219, 220) *stumpf* = unsicher, im *Schwäb. Falschmünzerprozeß* von 1791/92 (261 ff.) mehrmals *Stumpf* oder *stumpf machen* = „Lärmen" oder „Angst machen" (v. S. der Gauner) sowie das Subst. *Stumpfmacher* = „Lermen- (d. h. Lärm-) Macher"; vgl. noch ebds. (263) sowie in der *Uracher Jauner- und Betrügerliste* 1792 (268): *anstimpfen* od. *anstempfen* (= anschmusen), d. h. etwa Überreden eines leichtgläubigen Opfers v. S. der Betrüger. Bei *Schintermicherl* 1807 (288) — der auch *stumpf* = „hart od. böse" hat — bedeutet das Zeitw. *stimpfen* = bellen (von Hunden). *Etymologie*: Bei *Stumpf* = Ärger, Zorn usw. liegt wohl nur eine Substantivierung vom Adj. *stumpf* vor, das u. a. in dem Sinne von „böse" schon im Mhd. bekannt gewesen (s. *Weigand*, W.-B. II, Sp. 999) und sich noch bis in die neuere Zeit hinein in der bayr.-österreich. Mundart erhalten hat (vgl. bes. *Schmeller*, Bayer. W.-B. II, Sp. 761 m. Hinweis auf *Castelli* [Öster. W.-B., 1847], S. 239: *stumpf* = böse, verdrießlich). Für das Zeitw. *stumpfen, stämpfen* vgl. noch bes. *Schmeller*, a. a. O., Sp. 760 (*stimpfen, stümpfen* = „sticheln, [be]kritteln, schmähen") u. Sp. 762 (*stumpfieren* = „kritteln, [be]spotten"); auch *v. Schmid*, Schwäb. W.-B., S. 518 vbd. m. 515 (*stumpfieren* = schimpfen, lächerlich machen, *stumpflerisch* = spöttisch, anzüglich).

[226] S. Aas.

[227] S. arg.

[228] S. abbetteln.

[229] Über *Dercher-* s. abbetteln. — *Ulma* (-me) = Leute kommt noch vor: a) in den *Zusammensetzungen: Schniffer-* od. *Schorerulma* = Diebesbande, *Fehteulme* = Herbergsleute (Spr.), *Dächlespflanzerulma* = Schirmflickerleute (Spr.), *Steinhäuflesulme* = Städter, *Blibelulma* (-e) = fromme Leute, „Stundenleute" (d. h. Methodisten); b) in den *Verbindgn.*: *jenische Ulma* = „fahrende Leute" u. *grandich Ulma* (d. h. „viele Leute") = Menge (s. d. betr. Übereinstimme, mit d. Zigeun.). Das Wort ist in dem bes. verw. Quellenkr. m. Wiss. unbekannt u. auch sonst im Rotwelsch (wenigstens in *gleicher Form u. Bedeutg.*) selten; vgl. aber z. B. schon *Lib. Vagat* 55 (*Wyßulm* = „einfaltig volck"), dann öfter wiederholt, ferner *Münchner Deskription* 1727 (192: *die platten Ulm*, etwa im Sinne von „Gaunern" u. dergl.) u. *Schintermicherl* 1807 (289: *Ulm* = Leute); dagegen hat *Pfister* bei *Christensen* 1814 (327) die Form *Ohlem* (= Menge), die sich dem jüd. (hebr.) Stammworte mehr annähert. Ihrer *Etymologie* nach geht die Vokabel nämlich zurück auf das hebr. *'ôlâm* = „Ewigkeit, Welt", jüd. *ôlem* od. *ulen* = „Welt, dann Leute, Menschenmenge" (wie französ. *monde* = „Welt" u. „Leute"); vgl. A.-L. 426 (unter „Olam") u. *Wagner* bei *Herrig*, S. 237.

[230] S. abbetteln u. Abort.

[231] S. Aas, vgl. „Vorbemerkung", S. 15, Anm. 36 (subst. Partiz.).

[232] *Dofes* ist im W.-B. auch durch „Gefängnis, Gewahrsam, Haft" u. „Kerker" wiedergegeben; dazu: *im Dofes* = gefangen sowie die *Zusammensetzg. Dofesbu(t)z* = Gefangenwärter. *Ableitg.*: das Zeitw. *ei'dofema* = einkerkern (einsperren, einstecken). Zu vgl. (aus dem *verw. Quellenkr.*): *Pfulld. J.-W.-B.* 340 (*Doves* = Gefängnis); *Schwäb. Gaun.- u. Kundenspr.* 67 (*Doves* = Arrest, *Ratte-Doves* = Dunkelarrest); *Schwäb. Händlerspr.* 479, 488 (*Dôfes* [in *Pfedelb.* (214): *Doves*] = Arrest, Zuchthaus). Vgl. auch *Pfälz. Händlerspr.* 437 (*Dôfes* = Gefängnis). Über sonstige Belege im Rotwelsch sowie die

Etymologie des Wortes (wohl vom hebr. *tâfaf* = „ergreifen, gefangen nehmen") s. *Groß'* Archiv, Bd. 38, S. 288 (mit weiteren Angaben); vgl. auch noch *Fischer*, Schwäb. W.-B. II, Sp. 246/47, welcher meint, daß der Ausdruck „vielleicht volkstümlich an *tôf* (gut) ironisch angelehnt" sei.

[233] S. Abort.

[234] *Lek* hat dieselben Bedeutgn. wie *Dofes* u. außerdem noch insbes. die von „Zuchthaus" (s. oben i. Text); vgl. dazu: *im Lek* = gefangen; *Zus*.: *Lekbu(t)z* = Gefangenwärter; *Ableitg*.: *ei'leken* = *ei'dofema*. Zu vgl. (aus dem *verw. Quellenkr.*): *Dolm. der Gaunerspr.* 92, 100 (*Leck* = Gefängnis, *Leik* = Turm); *W.-B. des Konst. Hans* 254 (*Lek*, plur. *Leke* = Gefängnis); *Schöll* 272 (ebenso, vgl. 273: *in der Leke* = in der Gefangenschaft); *Pfulld. J.-W.-B.* 340 (*Leke* [sing.] = Gefängnis); in der *schwäb. Händlerspr.* unbekannt. Zur *Etymologie* bemerkt *Fischer*, Schwäb. W.-B. IV, Sp. 1172 nur, daß sie „unklar" sei; *Stumme*, S. 21, hat das hebr. *lâqach* = „nehmen, ergreifen" herangezogen; vgl. auch A.-L. 566 unter „Lekach" vbd. mit 561 unter „Leck", wo jedoch in erster Linie *deutscher* Ursprung des Wortes angenommen (mhd. *lûchen* od. *liechen*, ahd. *lûhhan*, *liohhan* = „schließen, zuschließen", das auch das Stammwort für unser „Loch" [schon mhd. *loch* oder (seltener) *luch* auch = Gefängnis]) gewesen ist; s. *Weigand*, W.-B. II, Sp. 75, vbd. mit *Grimm*, D. W.-B. VI, Sp. 1093, 1094, Nr. 4). Demnach dürfte *Lek* = Loch zu deuten sein, wofür auch die Form *Locke* (= Gefängnis) schon im älteren Rotwelsch (s. A. *Hempel* 1687 [169]; *Waldheim. Lex.* 1726 [187]; *Körners Zus. zur Rotw. Gramm.* von 1755 [240]) spricht, ferner der gleiche Gebrauch von *Loch* in der *modernen Gaun.- u. Kundenspr.* (s. z. B. *Rabben* 83 u. *Ostwald* [Ku.] 96), bei den *Studenten* (vgl. *Kluge*, Studentenspr., S. 18 [schon in älterer Zeit]: *Hundsloch* = Karzer), *Schülern* (s. *Eilenberger*, Pennälerspr. S. 15 u. 42: *Loch* = Karzer) und *Soldaten* (s. *Horn*, Soldatenspr., S. 9 u. 121: *Loch* = Arrestlokal) sowie auch wohl in der allgemeinen Umgangssprache (vgl. dazu u. a. *Blumschein* in d. Wiss. Beih. zur Zeitschr. des Allg. Deutsch. Sprachv. III, S. 117).

[235] S. angenehm.

[236] S. anmutig.

[237] S. absterben und Amtmann.

[238] S. abgerahmte Milch.

[239] *Schottel* (plur.: *Schottle*) = Schüssel, Büchse (Gefäß, „Gelte", Geschirr, Korb, Kübel, Schale, Tasse, Teller, Wanne) ist beliebt in zahlreichen *Zusammensetzungen* für allerlei Behältnisse, so (außer *Schundschottel*) noch: *Lehmschottel* = Brotbüchse, *Soreschottel* = Erbsen- od. Linsenschüssel, aber auch Pfefferbüchse u. Porzellantasse, *Schmunkschottel* = Fettbüchse, *Bossertschottel* = Fleischbüchse, *Flößlingschottel* = Heringbüchse, *Süßlengschottel* = Kaffeetasse, aber auch Zichorienbüchse, *Staubschottel* = Mehlschüssel, *Gleisschottel* = Milchgefäß, eigtl. Milchschüssel, *Hornikelgielblättlingschottel* = Ochsenmaulsalatschüssel, *Horbogebossertschottel* = Rindfleischbüchse, *Spronkertschottel* = Salzbüchse, *Schwächschottel* = Trinkgeschirr, Trinkschale, *Pfladerschottel* = Waschbecken. Mit *Schottel* am Anfang ist dagegen nur *eine* Zus. gebildet worden, nämlich *Schottelpflanzer* = Korbmacher. Zu vgl. (aus dem *verw. Quellenkr.*): Dolm. der Gaunerspr. 95, 98 (*Schodel* = Schüssel, *Schottel* = Korb, *Schottelpflanzer* = Korbmacher); *Pfulld. J.-W.-B.* 342 (*Schottel* = Kachel); *Schwäb. Händlerspr.* 481, 483, 488 (*Schottele* = Korb, Glas [in *Pfedelb.* (212): Schoppen], Wanne, *Schottelepflanzer* = Korbmacher). *Etymologie*: Die Vokabel, die sonst im Rotw. auch in der Form *Schuttel* vorkommt (s. z. B. *Pfister* bei *Christensen* 1814 [330]), ist doch wohl nur eine (dialekt.) Veränderung von uns. gemeinspr. „Schüssel" (mnd. *schottel* od. *schuttel* [*Weigand*, W.-B. II, Sp. 805]); s. *Günther*, Rotwelsch, S. 52; vgl. auch *Groß'* Archiv, Bd. 46, S. 31.

[240] *Sprate* hat auch die allgemeinere Bedeutung von „Stecken" od. „Stock". Zu vgl. (aus dem *verw. Quellenkr.*): Dolm. der Gaunerspr. 99 (*Sprade* = Stock); ebenso: Pfulld. J.-W.-B. 345 u. *Schwäb. Händlerspr.* 487. Die *Etymologie* ist unsicher. Da sich jedoch in der *Pfälzer Händlerspr.* (439) die Form *späte* = Stock findet, könnte man vielleicht an unser gemeinsprachl. „Spaten" denken, das verwandt ist mit dem griech.-lat. *spatha* = „zweischneidiges Schwert" u. dergl. (s. Näh. bei *Weigand*, W.-B. II, Sp. 904), ital. *spada*, auch rotw.

(z. B. bei *Pfister* bei *Christensen* 1814 [330]) *Spaden* = Degen (vgl. dazu *Pott* II, S. 17; *Günther*, Rotwelsch, S. 37).

[241] *Stenz* heißt ebenfalls eigentlich „Stock" („Stecken"), bedeutet dann aber auch (die damit ausgeteilten) Prügel (auch im plur. *Stenze* = Schläge). *Zus.* damit: *Dercherstenz* = Bettelstab; *Ableitgn.*: zunächst das Zeitw. *stenzen* = hauen, prügeln, schlagen (*Zus. niederstenzen* = niederschlagen, *verstenzen* = verhauen, *zustenzen* = zuschlagen) u. davon wieder das Subst. *Stenzerei* = Schlägerei (Fehde). *Zu vgl.* (aus dem *verw. Quellenkr.*): *Schwäb. Gaun.- u. Kundenspr.* 68, 72, 76 (*Stenz* = Stock, *Flatter-* od. *Flosserstenz* = Schirm; *stenzen* = durchhauen); *Schwäb. Händlerspr.* 487, 488 (*Stenz* od. *Stanz* [in *Pfedelb.* (213): auch *Stenzling*] = Stock, *Stenz kriegen* = Prügel bekommen; Nebenbdtg. [483]: „Louis"; in U. [215]: *stenzen* = schlagen, in *Pfedelb.* [213] dagegen = stehlen). Über weitere Belege im Rotw. sowie die (nicht sichere) *Etymologie* s. das Näh. in *Groß'* Archiv, Bd. 42, S. 76 u. Anm. 1 u. 2 (unter „Stanzer") vbd. m. Bd. 56, S. 59, Anm. 1.

[242] *Kritzler* hat noch die Bedeutgn.: Brief, Dokument, Schreiben oder Schrift, Urkunde, Zettel. Dazu folgende *Zusammensetzgn.*: a) mit *Kr. vorne*: *Kritzlerbukler* = Briefträger, Postbote, *Kritzlerrande* = Brieftasche, auch Papiersack, *Kritzlerbich* od. *-lobe* = Papiergeld, *Kritzlerpflanzer* = Papiermacher, *Kritzlerrädling* = Postwagen; b) mit *Kr. hinten*: *Dercherkritzler* = Bettelbrief, *Schnurrantekritzler* = Komödienzettel (Programm), *Sprauskritzler* = Steckbrief (ein wohl aus der Zigeunersprache übernommenes Wortspiel [vgl. schon „Vorbemerkg.", S. 18, Anm. 46], worüber das Näh. noch unter „Steckbrief"), *Begerkritzler* = Totenschein. Als *Verbindg.* erscheint *lenker* od. *schofler Kritzler* = Steckbrief (vgl. Näh. schon oben S. 121, Anm. 223 u. Anm. 224). *Zu vgl.* (aus dem *verw. Quellenkr.*): *Schwäb. Händlerspr.* 480 (*Kritzler* = Brief); auch *Pleißlen der Killertaler* 435 (Bedtg.: Brief, auch [nach *Kapff* 213]: Paß, Wandergewerbeschein; *kritzle[n]* = schreiben). In der Pennälersprache bedeutet *Kritzler* den Federhalter (s. *Eilenberger*, S. 38). Der *Etymologie* nach gehört der Ausdr. jedenfalls zu unserem gemeinspr. Zeitw. *kritzeln* = „kratzend fein schreiben", Dim. von d. ält. nhd. u. mhd. *kritzen*, ahd. *krizôn* = „einritzen", vielleicht mit Kreis verw., aber schwerlich zu kratzen (s. *Weigand*, W.-B. I, Sp. 1155);

vgl. auch *Fischer*, Schwäb. W.-B. IV, Sp. 771.

[243] S. abbiegen.

[244] S. (betr. alle drei Ausdr.) Abendessen.

[245] S. abfallen.

[246] Das einfache *schnüren* = erhängen, hängen (henken) ist schon dem ältesten Rotwelsch (so z. B. dem *Lib. Vagat* [55: *schnuren*]) bekannt gewesen. Aus dem *verw. Quellenkr.* vgl. *Dolm. der Gaunerspr.* 93 (*schüren* [sic] = henken u. *geschürt* [sic] *werden* = gehenkt werden); *W.-B. des Konst. Hans* 257 (*g'schürt* [sic] = gehängt); *Schöll* 271 (*schmieren* [sic] = hängen, aber richtig [273]: *die Geschnürten* = die Gehängten); *Pfulld. J.-W.-B.* 337, 340 (*schnüren* = aufhenken, *schniren* = henken). *Etymologie*: Der Ausdr. ist wohl nichts anderes als eine Begriffsverengerung unseres gemeinsprachl. schnüren. Vgl. A.-L. 602, vbd. m. *Grimm, D. W.-B.* IX, Sp. 1407, Nr. 1; s. auch *Horn*, Soldatensprache, Sp. 124 u. Anm. 6.

[247] Die Aufforderung *schupf dich* (od. *schupf dich auf*) ist auch wiedergegeben durch „sei ruhig", „schweig still" od. „halts Maul" (für letzteres auch: *schupf' de' Giel* [s. unter „Maul"]). *Zu vgl.* (aus dem *verw. Quellenkr.*): *Schwäb. Händlerspr.* 487 (*schupf dich auf* = still). *Etymologie*: Die auch schon dem älteren Rotwelsch bekannte Wendung (s. schon A. Hempel 1687 [169: *schuff dich* = pack dich]) braucht nicht erst mit A.-L. 599 auf hebr. Ursprung zurückgeleitet zu werden, sondern gehört wohl (wie das schles. *schupf dich* = „setz' dich nieder" [s. *Grimm, D. W.-B.* IX, Sp. 2010, Nr. 4, d] u. das schwäb. *verschupfen, ab-, wegschupfen* = wegschieben, -stoßen [s. v. *Schmid*, Schwäb. W.-B., S. 481 u. *Fischer*, Schwäb. W.-B. II, Sp. 1322]) einfach zu unserem mundartl. Zeitwort *schupfen* (od. schuppen) = schieben; vgl. dazu auch *Groß'* Archiv, Bd. 47, S. 145, 146. Dort insbes. auch Näh. über *schupfen* = backen, eine Bedeutung, die ebenfalls in *Wittichs* Jenisch bekannt ist. Dazu die *Ableitungen: Schupfer* = Bäcker, jedoch nur in der *Zus. Lehmschupfer*, fem. -*ere* (d. h. eigtl. „Brotbäcker[in]"; vgl. dazu die weitere Zus. *Lehmschupferhitzling* = Backofen) u. *Schupferei* = Bäckerei. *Zu vgl.* (aus dem *verw. Quellenkr.*): *W.-B. des Konst. Hans* 254

(*Leemschlupfer* [sic] = „Beck"); *Pfulld. J.-W.-B.* 337 (*Lächumschupfer*); *Schwäb. Händlerspr.* 479 (*schupfen* = backen, *Schupferei* = Bäckerei, *Lêmschupfer* [in *Pfedelb.* (208): auch *Schupferbink*] = Bäcker).

[248] S. abbiegen.

[249] S. abgehen.

[250] S. anbrennen.

[251] Mit *stichle(n)* = nähen ist ferner noch zusammengesetzt *ei'stichle* = einnähen. *Ableitungen: Stichler* = Schneider (vgl. dazu *Stichlersmoss* = Schneidersfrau) u. *Stichlere* = a) Schneiderin, b) Nadel. Zu vgl. (aus dem *verw. Quellenkr.*); *Dolm. der Gaunerspr.* 96, 98 (*Stichler* = Schneider, *Stichlerin* = Näherin); *Pfulld. J.-W.-B.* 345 (*Stichler* = Schneider); *Schwäb. Gaun.- u. Kundenspr.* 73 (ebenso); *Schwäb. Händlerspr.* 484, 486 (ebenso, doch *Stichler* auch = Metzger [wie *nur so im Pleißlen der Killertaler* 436]; *sticheln* = nähen). Zur *Etymologie* (v. deutsch *sticheln*, d. h. eigtl. „Stiche machen" [beim Nähen usw.]) s. Näh. in *Groß'* Archiv, Bd. 42, S. 24 u. 76 (unter „Stichling" u. „Stich[e]ler" [= Schneider]). Über das stammverwandte *Stichling* = Gabel s. unter diesem Worte.

[252] S. angenehm.

[253] S. ansagen.

[254] Weitere *Zus.* mit *guffe(n)* (*-fa*) = schlagen (prügeln, auch fechten) sind noch: *einguffen* = einhauen, einschlagen, *niederguffa* = niederschlagen, *verguffen* = verhauen, *zuguffen* = zuschlagen. *Ableitungen: Guffe* = Schläge (wenn nicht bloß subst. Infin.), *Guf(f)es* = Hieb(e), Prügel; *Guf(f)erei* = Fehde, Schlägerei, auch *Guffer* in den *Zusammensetzgn. Galmeguffer* = Lehrer, Schullehrer (eigtl. „Kinderprügler") u. *Hertling-* od. *Kiesguffer* = Steinhauer, Steinmetz. Zu vgl. (aus dem *verw. Quellenkr.*): W.-B. *des Konst. Hans* 255 (*guft* = geschlagen); *Pfulld. J.-W.-B.* 343-345 (*gufen* = schlagen, prügeln, *niedergufen* = niederschlagen, *Gufes* od. *Guves* = Prügel, Schlag, Streich); *Schwäb. Gaun.- u. Kundenspr.* 68, 72, 74 (*guffen* = schlagen, *Guffer* = „Bickel" [d. h. Spitzhacke], Meißel, *Gufferei* =

Schlägerei); *Schwäb. Händlerspr.* 483, 485-487 (*guffen* = prügeln, schlagen, *Galmeguffer* = Lehrer [in U. (214): *Galmenguffer*, in *Pfedelb.* (211): Form ebenso, Bedeutg. spezieller: Oberlehrer, während der „Unterlehrer" *Schrazeskneppler* (vgl. dazu: *Groß'* Archiv, Bd. 47, S. 140) heißt], *Hertlingguffer* = Steinhauer; speziell in *Pfedelb.* [212, 213] ferner noch: *Gufes* = Schläge, *Gufferei* = Schlägerei, *Galmegufferei* = Schule u. *Guffertemente* = Ohrfeige). Vgl. auch noch *Pfälz. Händlerspr.* 438 (*kuffese* = schlagen). Über weitere rotw. Belege sowie die *Etymologie* des Wortes (vom mundartl. [ält. bayr.] *Goffe* = „Hinterbacke") s. das Näh. in *Groß'* Archiv, Bd. 47, S. 137 u. Anm. 2; vgl. auch *Weber-Günther*, S. 178 u. *Fischer*, Schwäb. W.-B. III, Sp. 905 (der in der Endung *-es* bei *Guf[f]es* das hebr. *-ôth* erblickt [vgl. „Vorbemerkg.", S. 13, Anm. 32]).

[255] S. abschreiben.

[256] S. anschauen.

[257] Das einfache *nikle(n)* (-la) hat die doppelte Bedeutung von a) = tanzen u. b) = „spielen", d. h. musizieren (daher auch *vornikle* = a) vortanzen u. b) vorspielen), während *nur die erstere* (u. wohl jedenfalls ursprünglichere [vgl. die rotw. Belege u. die Etymologie]) festgelegt ist in *herum-* (od. *umher-*) *nikla* (-le) = herum- (od. umher-) tanzen. *Ableitungen*: *Nikler* = a) Tänzer, b) Musikant, Spieler (Zus.: *Vornikler* = Vortänzer); fem.: *Niklere* = Tänzerin; *Niklerei* = Tanz, Theater, *Nikelei* (besser wohl gleichfalls *Niklerei*[?]) = Musik, Spiel. Mit dem Stamm des Zeitw. (*nikel-*) sind gebildet die Zus.: *Nikelkitt* = Komödienhaus u. *Nikelschure* = Klarinette od. Klavier (vgl. auch *Nikleschure* = Leierkasten, während für „Harfe" und „Harmonika" das vollere *Niklengschure* angeführt ist). Zu vgl. (aus dem *verw.* Quellenkr.): W.-B. des Konst. Hans 255 (*nikle* = tanzen [wohl zugleich der früheste Beleg]); *Schöll* 272 (*niklen* = tanzen); *Pfulld. J.-W.-B.* 345 (*nikeln*, Bedeutg. ebenso); *Schwäb. Händlerspr.* (*Lütz.* [215]: *nickle[n]* = tanzen). Die *Etymologie* des Wortes ist zwar nicht ganz sicher, doch liegt es jedenfalls viel näher, es mit *Fischer*, Schwäb. W.-B. IV, Sp. 2028 (wie d. schwäb. *nickle(n)* = „Kopf und Nacken hin- und herbewegen") zu unserem Zeitw. *nicken* zu stellen, als es mit *Stumme*, S. 20 mit dem hebr. *niggên* = „Musik machen" in

Zusammenhang zu bringen, zumal ja die ursprünglichere Bedeutg. doch wohl zweifelsohne „tanzen" gewesen ist.

[258] S. abbiegen.

[259] Das Zeitw. *durme(n)* bedeutet: schlafen, (schlummern), dann auch: liegen, ruhen; daher: *aufdurme* eigtl. wohl = „aufhören zu schlafen"; weitere *Zus.* sind noch: *ausdurme(n)* = ausschlafen (vgl. *ausdurmt* = erwacht), *ei'durme* = einschlafen, *herumdurma* = herumliegen, *hindurmen* = (sich) hinlegen, *niederdurmen* = (sich) niederlegen. *Ableitung*: das Adj. *durmerich* = schläfrig. Zu vgl. (aus dem *verw. Quellenkr.*): *Pfulld*. *J.-W.-B.* 344 (*Durmklamine* = Schlafzimmer [während schlafen hier durch *schlaunen* wiedergegeben]); *Schwäb. Gaun.- u. Kundenspr.* 74, 77 (*durmen* = schlafen, *Durmel* = Schlaf, *Durmmalfes* = Schlafrock); *Schwäb. Händlerspr.* 485 (*durmen* [in *Pfedelb.* (212): *dormen*] = schlafen, desgl. in *Pfedelb.* [212]: *dormisch* = schläfrig, *i hab Darming* = ich bin schläfrig u. *Dommmalfes* = Schlafrock). Vgl. auch *Pfälz. Händlerspr.* 437 (*durme* = schlafen). Über weitere Belege im Rotw. usw. (seit Anf. des 17. Jahrh.) sowie über die *Etymologie* (zunächst vielleicht vom deutsch. mundartl. *durmeln* [turmeln u. ä.]) = taumeln, schlummern, leicht schlafen, *Durmel* [Turmel u. ä.] = Taumel, Schläfrigkeit, leichter Schlaf [mhd. *türmeln, turmeln* = taumeln, *türmel, turmel* = Taumel, Schwindel (vgl. *Grimm*, D. W.-B. II, Sp. 1733 ff; *Schmeller, Bayer. W-B.* I, Sp. 621/22 u. a. m.)], das aber auch wohl vom französ. *dormir* [in letzter Linie also vom lat. *dormire*] beeinflußt worden [vgl. „Vorbemerkung", S. 10, Anm. 25 u. 26) s. Näheres bei *Weber-Günther*, S. 172 u. 174, Anm. 2 vbd. mit *Pott* II, S. 17, A.-L. 534 u. *Günther*, Rotwelsch, S. 23, vgl. auch *Fischer*, Schwab. W.-B. II, Sp. 500 (unter „durme[n]" vbd. mit Sp. 499 (unter „Durmel").

[260] S. abwaschen.

[261] Wörtl. Übersetzg. aus dem Deutschen in Übereinstimmg. auch mit der Zigeunerspr. (s. *Liebich*, S. 140 u. 178). Mit *Schei(n)ling* = Auge (Blick) sind noch zusammengesetzt auch: *Scheinlingstrauberts* (d. h. eigtl. „Augenhaare") = Augenbrauen (s. d. betr. die Zigeunerspr.) u. *Scheinlingflu(h)te* = Augenwasser. Zu vgl. (aus dem *verw.*

Quellenkr.): *Dolm. der Gaunerspr.* 89 (*Scheinling* = Auge); *Schöll* 271 (ebenso); *Pfulld. J.-W.-B.* 337, 342 (ebenso, Nebenbdtg. auch: Licht); *Schwäb. Händlerspr.* 479 (*Scheinling[e]* = Augen [in *Pfedelb.* (209) auch = Brille]). Vgl. auch *Pleißlen der Killertaler* 435 (*Schenling* = Augen, Fenster). Zur *Etymologie* des — auch sonst im Rotwelsch (etwa seit Anf. des 18. Jahrh.) öfter begegnenden — Wortes (mit den Nebenbedeutgn. „Fenster" [so schon bei A. *Hempel* 1687 (168: *Scheindling*)], „Laterne" [s. schon *Hermann* 1818 (336)], „Spiegel" [s. *Fröhlich* 1851 (410); vgl. A.-L. 597 u. Neuere] u. ä. m.) — vom deutsch. Zeitw. *scheinen* — s. *Weber-Günther*, S. 186 vbd. mit *Pott* II, S. 20 u. A.-L. 597.

[262] Mit *Strauberts* = Haar(e), (Borsten) sind noch folgende *Zus.* gebildet worden: a) am *Anfang* stehend: *Straubertsschure* = Haarnadel, Haaröl u. Kamm, *Straubertski(e)bes* = Lockenkopf; b) ans *Ende* gesetzt: Ki(e)bessstrauberts = Haupt-, Kopfhaar, *Trabertstrauberts* = Pferdehaar, *Groenikelsstrauberts* = Schweinsborsten, *Jerusalemfreundsstrauberts* (d. h. „Schafhaare") = Wolle (s. d. betr. Übereinstimmg. mit der Zigeunerspr.). Als *Verbindgn.* kommen vor: *Straubertspflanzen* (d. h. etwa „Haare machen") = kämmen, *nobis Strauberts* (d. h. „keine Haare") = kahl sowie das längere *nobis Strauberts auf dem Ki(e)bes* = Kahlkopf. Eine *Ableitg.* ist das Adj. *straubertsich* = haarig. Zu vgl. (aus dem *verw. Quellenkr.*): *Dolm. der Gaunerspr.* 93 (*Straupert* = Haar); *Schöll* 271 (*Straubert*); *Schwäb. Händlerspr.* 479, 481 (*Straubert* [in *Pfedelb.* (210) auch *Straub* od. *Straupert* = Haar, letztere Form sowie [in *Pfedelb.* (208) auch *Straub*] auch = Bart [womit schon das ältere Rotwelsch übereinstimmt, s. u. a. W. *Scherffer* 1650 (160)). Vgl. noch *Metzer Jenisch* 216 (*Straubert* = Haar). Der *Etymologie* nach gehört das Wort wohl zu unserem Zeitw. *(sich) sträuben*, d. h. „sich starr empor richten (vom Haar)" (s. *Weigand*, W.-B. II, Sp. 984). Über das -s am Ende s. schon „Vorbemerkung", S. 12, Anm. 29.

[263] Betr. *Flu(h)te* s. abbrühen.

[264] S. abbeißen.

[265] S. anbrennen.

[266] S. abgehen.

[267] S. abbrennen, vgl. anzünden.

[268] S. abbiegen.

[269] S. (zu allen drei Ausdr.) Abendessen.

[270] S. abfahren.

[271] S. anfragen.

[272] S. anschauen.

[273] S. abgeben.

[274] S. abgehen.

[275] S. ankleiden.

[276] Stammwort: *sicheren* = kochen (braten); vgl. dazu: *gesichert* (= gekocht, gebraten) in den Verbindgn. *gesicherter Babingermass* od. *Strohbutzerbossert* = Gänsebraten u. *gesicherter Jo(h)le* = Glühwein, Punsch; *nobis gesichert* = ungekocht; ferner (als *Zus.* mit dem Stamm *sicher*-): *Sicherbenk, -fiesel* oder *-kaffer* = Koch. *Ableitung: Sichere* = Küche (u. dazu *Sichereglitschin* = Küchenschlüssel). Zu vgl. (aus dem *verw. Quellenkr.*): Dolm. der Gaunerspr. 95 (*sichern* = kochen, *Sicherei* = Küche); W.-B. des Konst. Hans 254, 257 (*Sicherey* od. *Zicherey* = Küche); Pfulld. J.-W.-B. 337, 340, 342, 344 (*sichern* = aussieden, schmälzen, *gesichert* = gesotten, *versichern* = ausschmälzen, *Sicherei* = Küche); Schwäb. Gaun.- u. Kundenspr. 69, 72 (*sichern* = kochen, *gesichert* = gekocht, *Sichere* = Küche); Schwäb. Händlerspr. 483 (*sichern* = kochen, in *Pfedelb.* [210, 211]: *gesichert* = gesotten u. *Sichere* = Küche). Über die unsichere *Etymologie* (vielleicht vom hebr. sîr = „Topf") s. *Groß'* Archiv, Bd. 43, S. 51.

[277] S. anlachen.

[278] Was hier unter „auslassen" zu verstehen ist, ergibt sich aus der deutlicheren Bezeichnung bei *Kapff* in seinen Ergänzungen zur *schwäb. Händlerspr.* (*Lütz.* 214: *bremse[n]* = „furzen", *Bremser* = „Furz"). Die *Etymologie* bleibt unsicher,

doch könnte man vielleicht an einen Vergleich mit dem knarrenden Geräusch des Bremsens denken; vgl. etwa auch *Fischer*, Schwäb. W.-B. I, Sp. 1395 (unter „bremse[n]", Nr. 5: *bremse[n]* = „prickeln in der Nase, z. B. vom kohlensaurem Getränke").

[279] Zu dieser Redensart s. (betr. *schmusen*) das Näh. unter „ansagen".

[280] S. abgehen.

[281] S. abbiegen.

[282] S. ansagen.

[283] S. Ärger.

[284] S. aufwachen.

[285] Das Zeitw. *schlanne(n)* (-na) entspricht in seinen Bedeutgn. (schlafen [schlummern], liegen, ruhen) ganz dem Syn. *durme(n)*, so auch in den *Zus.*, nämlich (außer *ausschlauna* [wozu zu vgl.: *ausg'schlaunet* = erwacht]) noch *einschlauna* = einschlafen, *herumschlauna* = herumliegen, *hinschlaunen* = (sich) hinlegen, *niederschlaune* = (sich) niederlegen. *Ableitung*: das Adj. *schlaunerich* = schläfrig. Zu vgl. (aus dem *verw. Quellenkr.*): *Dolm. der Gaunerspr.* 98 (*schlaunen* = schlafen); W.-B. des Konst. Hans 256 (*schlauna* = schlafen); Schöll 271 (*Schlauna* = Schlaf); Pfulld. J.-W.-B. 339, 342, 344 (*schlaunen* = schlafen, *verschlaunen* = einschlafen, *nobus schlaune* = schlaflos sein, *Schlane* = Schlaf, *Schlaunklamine* = Schlafzimmer, *Schlaumalfes* [sic] = Schlafrock, *schlaunerig* = schläfrig); Schwäb. Händlerspr. (Lütz. 215: *schlaune[n]* = schlafen). *Etymologie*: Der Ausdruck, der sich bis in den *Lib. Vagat.* zurückverfolgen läßt (s. dort 55: *schlun* = schaffen [lies: schlaffen]) stammt her von einem in deutsch. Mundarten bekannten Zeitwort (z. B. alemann: *schlunen*). S. *Pott* II, S. 17, A.-L. 601 (unter *schlonen*), *Kluge*, Unser Deutsch (2. Aufl.), S. 81 vbd. mit W.-B. (7. Aufl.), S. 43 (unter „schlummern") u. *Stalder*, Schweiz. Idiotikon usw., Bd. II, S. 333 (*schlunen*); vgl. auch *Weber-Günther*, S. 180. Über das stammverwandte *schlummern* s. d. Näh. unter „Herberge".

[286] S. abschreiben.

[287] S. anschauen.

[288] S. anlachen.

[289] S. ansagen.

[290] S. abwaschen.

[291] S. anfassen.

[292] Das Zeitw. *schoren* (z'schore [Spr.]) = stehlen (entwenden), (be)rauben), findet sich noch in d. *Zus.*: *herausschoren* = herausstehlen u. *wegschoren* = wegstehlen. *Ableitungen*: *Schorer* = Dieb, Räuber (vgl. dazu *Schorerulma* = Diebesbande) u. *Schorerei* = Diebstahl. Mit dem stammverw. Hauptw. *Zschor* = Dieb, Räuber, dagegen ist zusammenges. *Zschor-Kitt* = Diebesherberge. *Zu vgl.* (aus dem *verw. Quellenkr.*): W.-B. des Konst. Hans 253, 255, 257, 260 (*schornen* = stehlen, *T'schor* od. *Schorne* = Dieb, *T'schorr-Kitt* = Diebesherberge, *T'schor-Bais* = Diebeswirtshaus, *T'schor-Kaffer*, -*Gaya* = Mann [bzw. Frau], der [die] gestohlene Sachen kauft); *Schöll* 268, 271-73 (*dschornen* = stehlen, *Dschorn* = Raub, *Tschor* = Dieb, „Jauner"); *Pfulld. J.-W.-B.* 337-39, 343, 345 (*schornen* = stehlen, ausplündern, *Schornen* = Diebstahl, *Gschor* = Dieb, Schelm, Spitzbube); *Schwäb. Gaun.- u. Kundenspr.* 75 (*tschornen* = stehlen); *Schwäb. Händlerspr.* 486 (*schôren* [in U. (214): *tschôren*] = stehlen). Zur *Etymologie* der (auch *sonst* im Rotwelsch [seit Anf. des 18. Jahrh.] bekannten) Vokabeln — aus der Zigeunersprache (vgl. Einltg., S. 30) — s. die Angaben in *Groß'* Archiv, Bd. 48, S. 326, Anm. 1 u. dazu noch *Jühling*, S. 227 (*Tschoraben* = das Stehlen, *Tschormasskäro* = Dieb) u. *Finck*, S. 92 (*tšōr* = „Dieb, Räuber", *tšōr[d]-* = „stehlen, rauben"); vgl. auch *Fischer*, Schwäb. W.-B. II, Sp. 432 (unter „Tschor[n]" bzw. „tschor[n]e[n]").

[293] S. (zu beiden Ausdr.) Abort.

[294] S. abgerahmte Milch.

[295] Das Zeitw. *flös(s)le(n)* od. *flessle* bedeutet (außer: „harnen", „pissen") auch noch „regnen" (Spr.) u. dementsprechend das Subst. *Flösle* = a) Harn („Pisse", Urin), b) Regen. Für die Bedeutg. unter a) auch: *Flöslete*. Mit dem Stamm (*flössel-*) des Zeitw. *flöss(e)le(n)* erscheinen gebildet die Zus. *Flösselflu(h)te* = a) Harn („Pisse"), Urin, b) Regenwasser, *Flösselnolle* = Nachthafen, Urintopf u. *Flösselglansert* = Uringlas, ferner noch *Flösselreifling* = Regenbogen u. *Flösselschei* = Regentag. Zu vgl. (aus dem *verw. Quellenkr.*): *Dolm. der Gaunerspr.* 101 (*flöslen* = „Wasser abschlagen"); *Pfulld. J.-W.-B.* 338 (*flößeln* = „brunzen", Nebenbedtg.: beweinen, heulen); *Schwäb. Händlerspr.* 484, 485, 488 (*flößlen* = mingere, *flößeln* od. *flößeren* = regnen [aber *flößeren* = weinen]; dazu in *Pfedelb.* [211] noch *Flößl* = „Kandel", d. h. Dachrinne). Vgl. auch *Pleißlen der Killertaler* (nach *Kapff* [212]: *flüssne[n]* = mingere). Zur *Etymologie* von *flös(s)len* u. ä. (dessen Bedeutungen im sonstigen Rotwelsch sehr wechseln [vgl. z. B.: a) *Basler Betrügnisse* um 1450 (15: *geflössel* = ertränkt) u. dann öfter im 16. u. 17. Jahrh.; b) *Lib. Vagat.* 53 (*flößlen* = „seichen") u. dann öfter (s. oben; vgl. auch noch *Pfister* 1812 [298: *Flössel* = Urin]); c) *D. Schwenter* um 1620 (140: *flösseln* = sieden; vgl. *Flos* = Suppe); d) *A. Hempel* 1687 (168: *flösseln* = weinen); e) *Schintermicherl* 1807 (289: *flösseln* = regnen; vgl. *Flos* = Wasser)]) s. *A.-L.* 541 (unter „Floß") u. *Fischer*, Schwäb. W.-B. II, Sp. 1585/86 (unter „flössere[n]" u. „flössle[n]"). An erster Stelle dürfte wohl als Quelle dafür zu betrachten sein das mundartl. *Floß* für „kleines fließendes Wasser" (vgl. auch mhd. *vlôz* = „Fluß, Strömung" u. a. m. [s. *Weigand*, W.-B. I, Sp. 558 u. 559 unter „Floß" 1 u. 2]), weiterhin überhaupt das gemein-deutsche *Fluß* bzw. *fließen* usw. Vgl. auch das stammverwandte (rotw. u.) jenische *Flößling* = Fisch, worüber d. Näh. noch weiter unten, sowie das alte rotw. *Floßart* (*Flossert*) u. ä. = Wasser (vgl. Näh. bei *Weber-Günther*, S. 186).

[296] S. Amme.

[297] Zu *glemse(n)* (-sa) = weinen (beweinen), heulen, jammern, schreien (als Subst. *Glemsen* = Tränen, *Ableitung*: *Glemserei* = Heulerei) vgl. (aus dem *verw. Quellenkr.*): *Dolm. der Gaunerspr.* 93, 101 (*klemsen* = heulen, weinen); *Schwäb. Händlerspr.* (U. [214]: *glimse[n]* = weinen). Die *Etymologie* ist

unsicher. *Fischer,* Schwäb. W.-B. hat das Wort nicht aufgeführt.

[298] S. anzahlen.

[299] S. (zu beiden Ausdr.) abzahlen.

[300] S. Ärger.

[301] S. ankleiden.

[302] Dazu das Diminutiv *Doberle* = Beil. In den *verw. Quellen* m. Wiss. unbekannt u. desgl. wohl im älteren Rotwelsch (denn in der *Sulzer Zigeunerliste* v. 1787 [252] ist es nur als Zigeunerwort — für rotw. *Hekerling* — aufgeführt), dagegen findet es sich in einigen Sammlungen des 19. Jahrh. (wie *Pfister* 1812 [297], *v. Grolman* 17 u. T.-G. 84, *Karmayer* G.-D. 196). Zur *Etymologie* aus der Zigeunerspr. (vgl. „Einltg.", S. 29) s. Näh. bei *Liebich,* S. 162, 180 u. 182 (*tōwer* = Axt, Beil); *Miklosich,* Beiträge III, S. 20 u. Denkschriften, Bd. 27, S. 83 (unter „tover": bei den deutsch. Zig.: *tover*; vgl. pers. u. hind. *tabar,* kurd. *taver,* armen. *tapar,* russ. *topor* usw.); *Jühling,* S. 89 (*Dowär* = Axt, Beil); *Finck,* S. 89 (*tower* = „Axt, Beil").

[303] S. abbrühen.

[304] Betr. *Fläderling* s. Adler.

[305] Der Ausdruck *jenisch* ist hier, wie die nachfolgenden Bemerkungen *Wittichs* im Text zeigen, in dem Sinne von „zu den fahrenden Leuten gehörig" oder „auf sie Bezug habend" (vgl. „Vorbemerkung", S. 5 u. Anm. 7) genommen. Übereinstimmend damit die weiteren Verbindungen: *jenischer Benk* (Benges) od. *Fi(e)sel* = „fahrender Bursche", *jenische Moss* u. *Model* = „fahrende Frau" u. „fahrendes Mädchen", *jenische Ulma* = „fahrende Leute". Bemerkt sei hierzu noch, daß nach *Jühling,* S. 220 von den Zigeunern „alle herumziehenden Leute", die *„nicht* Zigeuner" sind, als *Chalo-Jenische* (zu *Chalo* = Fresser [ebds. S. 220]?) bezeichnet werden. Im übrigen vgl. betr. die *Etymologie,* die verschiedenen *Bedeutungen* u. die *Belege* für das Wort *jenisch*

(im Rotw. usw.) die ausführl. Angaben in m. „Vorbemerkg.", S. 4, Anm. 6 ff.

[306] Bestätigt ist dieser Ausdruck auch von *Liebich*, S. 156, 165 u. 180 u. *Finck*, S. 92 (*rómeno tširklo*), die jedoch beide keine Erklärung hinzugefügt haben. Näheres darüber soll sich nach einer Mitteilg. *Wittichs* in seinen (auch von *Groß*, Handb. für Untersuchungsrichter, S. 511, Amn. 2 a. E. angeführten) Aufsätzen im Jahrg. 1912, Heft 1 der „Mitteilungen über die Vogelwelt" (S. 89, 212 ff.) finden, die ich leider nicht einsehen konnte.

[307] S. aufhören.

[308] *Lehm* (od. [seltener] *Lechem*) = Brot kommt auch noch in folgenden *Zusammensetzgn.* vor: a) *im Anfang* stehend: *Lehmschottel* = Brotbüchse, *Lehmrande* = Brotsack, *Lehmschure* = Brotschrank; b) *ans Ende* gesetzt: *Dercherlehm* = Bettelbrot, *Schmunklehm* = Butterbrot, *Lanengerlehm* od. *-lechem* (d. h. „Soldatenbrot") = Kommißbrot (s. d. betr. Übereinstimmg. mit d. Zigeun.), *Schoflelehm* od. *Schofellechem* (Spr.) = Schwarzbrot, *Dofelehm* od. *dofer Lehm* (Spr.) = Weißbrot, *Süßlinglehm* = Zuckerbrot. Betr. die Vermutung, daß auch *Boslem* = Exkremente zu *Lehm* zu ziehen s. schon oben unter „After". Zu vgl. (aus dem *verw. Quellenkr.*): Dolm. der Gaunerspr. 91 (*Lechem* od. *Lehm* = Brot, *schofel* —, *gehechelter* — (= schwarzes, weißes Brot); W.-B. des Konst. Hans 254 (*Leham* = Brot, *Lehmschlupfer* [sic] = Bäcker); Schöll 271 (*Lehem* = Brot); Pfulld. J.-W.-B. 337, 338 (*Lächum* = Brot, *Lächumschupfer* od. *Lemer* = Bäcker, *Lächumrande* = Brotsack); Schwäb. Gaun.- u. Kundenspr. 67 (*Lechum* od. *Lehm* = Brot, *Kafferlechum* = Bauernbrot); Schwäb. Händlerspr. 479, 480 (*Lêm* [in *Pfedelb.* (209): *Lehm*] od. *Lechem* = Brot, *Lêmschupfer* = Bäcker, in *Pfedelb.* [208]: *Kafferlehm* = Bauernbrot). S. auch noch *Pfälz. Händlerspr.* 436, 437 (*Lêchem* od. *Leachem* = Brot, *Finne Lêchum* = Stück Brot) u. *Metzer Jenisch* 216 (*Lēm*). Zur *Etymologie* (vom gleichbed. hebr. *lĕchĕm*) s. *Groß'* Archiv, Bd. 43, S. 25, 26 (dort in den Anmerkgn. auch über die sonst. Belege im Rotw.); vgl. auch *Weber-Günther*, S. 157/58 (unter „Legem") u. *Fischer*, Schwäb. W.-B. IV, Sp. 1081 u. 1082 (unter „Lechem" u. „Lehm").

[309] Mit *Hitzling* = Ofen (*am Anfang*) sind noch folgende *Zus.* gebildet: *Hitzlingschwä(t)zling* = Ofenruß (s. d. betr. *Schwetzling* [wohl für *Schwärzling*] = Ruß), *Hitzlingpflanzer* od. *-schenegler* = Ofensetzer, *Hitzlingbossert* = Rauchfleisch. *Zu vgl.* (aus dem *verw. Quellenkr.*): *Dolm. der Gaunerspr.* 89, 91 (*Hitzling* = Ofen, *Lechem-* od. *Lehmhitzling* = Backofen); *Schöll* 271 (*Hitzling* = Ofen, aber auch = Sonne); *Pfulld. J.-W.-B.* 337, 343 (*Hitzling* = Ofen, *Lächumschupferhitzling* = Backhaus); *Schwäb. Händlerspr.* 487 (*Hitzling*). Zur *Etymologie* des Wortes (das im Rotw. schon 1687 — bei *A. Hempel* [167] — für „Stube" vorkommt) vom deutsch. Subst. *Hitze* vgl. A.-L. 549, *Günther*, Rotwelsch, S. 60 u. *Fischer*, Schwäb. W.-B. III, Sp. 1702.

[310] S. (betr. *Kittle*) Abort u. (betr. *Kies*) Apfelkern; vgl. dazu auch „Vorbemerkg.", S. 19, Anm. 48 sowie die Anm. zu „Ziegelstein" im W.-B.

[311] S. abbrühen.

[312] S. abwaschen.

[313] Mit *Rutsch* = Bahn, Eisenbahn sind *zusammengesetzt*: *Rutschschenegler* = Eisenbahnarbeiter u. *Rutschrädling* = Eisenbahnwagen. *Zu vgl.* (aus dem *verw. Quellenkr.*): *Schwäb. Gaun.- u. Kundenspr.* 69 (*Rutsch* = Eisenbahn); *Schwäb. Händlerspr.* 480 (ebenso); s. auch *Pleißlen der Killertaler* 436 (*Rutscher* = Wagen, Eisenbahn). Zur *Etymologie* (vom Zeitw. *rutschen*) s. *Groß'* Archiv, Bd. 42, S. 67 (unter „Rutscher").

[314] *Sitzleng* (-ling) = Bank (Kanapee) oder Stuhl (Schemel, Sessel) kommt auch vor in den *Zus. Leile-* od. *Schundsitzleng* = Nachtstuhl u. *Schoflereisitzling* = Richterstuhl. *Zu vgl.* (aus dem *verw. Quellenkr.*): *Schwäb. Händlerspr.* 487 (*Sitzling* = Stuhl, Bank); s. auch im *Metzer Jenisch* (217) *Setzerling* = Stuhl, während der *Hennese Flick* von *Breyell* (450) dafür *Sitterd*, das *Bargunsch von Zeele* (470) *Zitterik* hat. Der *Etymologie* nach gehört der Ausdr. natürlich zu *sitzen*.

[315] S. Almosen u. Abort.

[316] Vgl. dazu die *Verbindg. grandiche Lobekitt* = Münze, Münzwerkstätte. — *Lobe* = Geld, Geldstück, Münze (ferner

Barschaft, Gehalt, Sold, Summe) findet sich ferner noch in folgenden *Zusammensetzgn.*: a) *am Anfang*: *Lobesins* = Bankier, *Lobeschure* = Geldkasse od. -kästen, *Loberande* = Geldsack, *Lobepflanzer* = Münzarbeiter (dazu: *nobis dufter Lobepflanzer* = Falschmünzer); b) *am Ende*: *Stradelobe* = Chausseegeld, *Schenagelslobe* (eigtl. „Arbeitsgeld") = Lohn, *Duftlobe* (eigtl. „Kirchengeld") = Opfergeld, *Kieslobe* (eigtl. „Steingeld") = Pflastergeld. *Zu vgl.* (aus dem *verw. Quellenkr.*): *Pfulld. J.-W.-B.* 340 (*Labe* = Geld); *Schwäb. Gaun.- u. Kundenspr.* 70 (*Labai*); *Schwäb. Händlerspr.* 481 (*Lôbe*); ebenso auch im *Metzer Jenisch* 216. Über weitere Belege aus dem Rotw. usw. sowie zur *Etymologie* aus der *Zigeunerspr.* (vgl. „Einleitung", S. 30) s. Näh. in *Groß'* Archiv, Bd. 33, S. 270/71 und Anm. 3 vbd. noch m. *Liebich*, S. 144, 201, 223 (*lōwo* = Geld, Münze), *Miklosich*, Denkschriften, Bd. 27, S. 7 (bei d. deutsch. Zig.: *lōvo*) u. *Finck*, S. 71 (*lōwo* = Münze, plur. *lōwe* = Geld); vgl. auch *Fischer*, Schwäb. W.-B. IV, Sp. 901 (unter „Labe") u. 1310 (unter „Lobe").

[317] S. Almosen und Amtmann.

[318] Mit *Kies* = Geld, Geldstück, Münze sind ferner noch zusammengesetzt: a) *am Anfang*: *Kiesreiber* = Beutel, Geldbeutel (-tasche), Säckel, *Kiesschure* = Geldkasse od. -kästen, *Kiesrande* = Geldsack, *Kiespflanzer* = Münzarbeiter (vgl. *nobis dufter Kiespflanzer* = Falschmünzer); b) *am Ende*: *Schenagelskies* = Lohn u. *Duftkies* = Opfergeld. *Zu vgl.* (aus dem *verw. Quellenkr.*): *Dolm. der Gaunerspr.* 90 (*Kis* = Beutel u. *kislen* = Beutel schneiden); *W.-B. des Konst. Hans* 254 u. 258 (*Kies* = Silber, Geld; vgl. auch [255]: *kiesle* = Beutel schneiden); *Schöll* 269, 270 (*Kis* = Beutel, Geld; *Kißler* = Beutel schneiden); *Pfulld. J.-W.-B.* 340 (*Kiß* = Geld, *Kißrande* = Geldbeutel); *Schwäb. Gaun.- u. Kundenspr.* 69, 70 (*Kies* = Geld, *Kiesreiber* = Geldbeutel); *Schwäb. Händlerspr.* 481 (*Kîs* [in *Pfedelb.* (211): *Kies*] = Geld, *Kis-* [od. *Kies*]*reiber* = Geldbeutel). Über weitere Belege im Rotw. und die *Etymologie* (vom hebr. *kîs* = „Beutel, Geldbeutel, Geld", jedoch vielleicht auch mit Einfluß des rotw. *Kisow* od. *Kisof[f]* = Silber[geld] aus hebr. *kesef* = „Silber") s. Näh. in *Groß'* Archiv, Bd. 33, S. 254, Anm. 1 u. bes. S. 260 ff. u. die Anmerkgn.; vgl. auch noch *Seiler*, Lehnwort IV, S. 491 u. *Fischer*, Schwäb. W.-B. IV, Sp. 420 (unter „Kis", Nr. 4, lit. a u. b, mit Hinweis auf d. zigeun.

kísik = „Beutel, Geldbeutel" [*Finck*, S. 64]).

[319] S. Bank u. Amtmann.

[320] *Bochdam* bedeutet auch allgemeiner Leinwand od. Tuch. *Zus.* damit sind: a) *am Anfang*: *Bochdampflanzer* = Leinenweber od. Tuchmacher; b) *am Ende*: *Begerbochdam* = Leichentuch. *Zu vergl.* (aus dem *verw. Quellenkr.*): *Dolm. der Gaunerspr.* 100 (*Bockdam* = „Tuch en général"); *W.-B. des Konst. Hans* 255 (*Bokdam* = Tuch); *Pfulld. J.-W.-B.* 342 u. 345 (*Bokdame* = wollenes Tuch; *Dame* = Leinwand, Tuch). Auch sonst im Rotw. (bei *Schintermicherl* 1807 [288] z. B. in der Form *Poktam* [= Leinwand]) bekannt. Zur *Etymologie* (aus der Zigeunerspr. [vgl. „Einleitung", S. 29]) s. A.-L. 585 (unter „Pochtam" [der an eine zigeunerische Verstümmelung von *begodim*, Plur. des hebr. *beged* = „Kleid", dachte]) vbd. mit *Pott* II, S. 367/68 (unter „Pochtan"), *Liebich*, S. 152, 181, 219 (*pōchtánn* = Leinwand, Barchent), *Miklosich*, Beiträge III, S. 17 u. Denkschriften, Bd. 27, S. 48 (bei den deutsch. Zig.: *pōchtan* = Leinwand), *Jühling* 220 (*Bochtan* = Leinwand) u. *Finck*, S. 79 (*póxtan* = „Leinwand, Tuch, Barchent").

[321] S. Almosen.

[322] *Gore* hat ungefähr dieselben Bedeutgn. wie *Bich*, *Kies* u. *Lobe*, also (außer Barschaft noch) bes. Geld (Geldstück, Münze), auch Gehalt, ist aber in *Zus.* weniger beliebt; vgl. jedoch *Stradegore* = Chausseegeld. Unter den *verw. Quellen* hat das Wort nur die *Schwäb. Gaun.- u. Kundenspr.* 70 (*Gore* = Geld). Nach *Horn*, Soldatenspr., S. 96, soll es auch bei den württembergischen Soldaten gebräuchlich sein. Die *Etymologie* ist unsicher; auch *Fischer*, Schwäb. W.-B. III, Sp. 751 gibt darüber keinen Aufschluß.

[323] S. Bank.

[324] Die Bedeutung von *Rande* = Bauch (Wanst) ist erst eine Begriffsübertragung, denn ursprünglich ist der Ausdr. so viel wie: Beutel, Sack (Bündel, Felleisen, Quersack, Ranzen [auch: Büchsenranzen], Rucksack, Tornister), Tasche. In *diesem* Sinne ist er verwendet in folgenden *Zus.*: a) *am Anfang* (selten): *Randeschnurrant* = Taschenspieler; b) *am Ende* (sehr

häufig): *Dercherrande* = Bettelsack, *Kritzlerrande* = Brieftasche, *Lehmrande* = Brotsack, *Bich-*, *Kies-* u. *Loberande* = Geldsack, *Bäzemerande* = Hodensack, *Sprausrande* = Holzsack, *Buxen-* od. *Kopelrande* = Hosensack (-tasche), *Stupflengrande* = Igelsack, *Schmalerrande* = Katzensack, *Staubertrande* = Mehlsack, *Malfesrande* = Rocktasche, *Dächlesrande* = Schirmsack, *Toberichrande* = Tabaksbeutel, *Toberichschurerande* = Zigarrentasche. Mit *Rande* = Bauch sind gebildet nur die *Zus. Randeschure* = Bauchgrimmen u. die *Verbindg. grandicher Rande* = Dickbauch, als Adj. gebr. = beleibt, wohlbeleibt, insbs. auch schwanger (trächtig); vgl. dazu *gr. Rande bosten* = schwanger gehen. *Zu vgl.* (aus dem *verw. Quellenkr.*): Dolm. der Gaunerspr. 98 (*Rante* = Sack); *W.-B. des Konst. Hans* 255, 260 (*Rande* = Sack, Felleisen); *Schöll* 271 (*Rande* = Sack); *Pfulld. J.-W-B.* 338, 340, 343, 345 (*Rande* = Bündel, Sack, Tasche, *Lächumrande* = Brotsack, *Kißrande* = Geldbeutel); *Schwäb. Gaun.- u. Kundenspr.* 67 (*Rande* = Bauch [nur so!]); *Schwäb. Händlerspr.* 485, 487 (*Rande* = Ranzen, Tasche, [in *Pfedelb.* (208) auch = Bauch]); s. auch *Pleißlen der Killertaler* 436 (*Rande* = Portemonnaie). Zur *Etymologie* des — im Rotwelsch schon früh auftretenden Wortes (vgl. *Lib. Vagat.* [55]: *Rantz* = Sack), das auch als Quelle unseres gemeinsprachl. „Ranzen" zu betrachten ist, s. *Günther*, Rotwelsch, S. 96 vbd. mit *Grimm*, D. W.-B. VII, Sp. 111 (unter „Ranzen", Nr. 2), *Kluge*, W.-B. (7. Aufl.), S. 363, Sp. 2 und *Weigand*, W.-B. II, Sp. 526 (unter „Ranzen" u. „Ränzel"); vgl. auch *Horn*, Soldatenspr., S. 65. Auch unser *Ranzen* ist wohl für „Bauch", „dicken Leib, auch im Zustand der Schwangerschaft", zunächst als „ein niedriges Volkswort des 18./19. Jahrhunderts", dann auch im Schriftdeutsch gebräuchlich geworden. S. *Grimm*, D. W.-B., a. a. O. vbd. mit *Kluge*, a. a. O.

[325] S. (betr. *Schure*) abbiegen.

[326] *Kaffer* (Plur. *Käffer* [Spr.]) hat auch in *Wittichs* Jenisch — in wesentlicher Übereinstimmg. mit dem Rotwelsch (vgl. *Groß'* Archiv, Bd. 48, S. 331/32) — mehrfache Bedeutgn., nämlich: a) Mann (Kerl); b) spezieller: Ehemann (Gatte, Gemahl); c) Bauer (Landmann). Zu der Bedeutg. unter a gehört das Dimin. *Käfferle* mit den Bedeutgn. a) Junggeselle u. b) Greis (alter Mann), während die Redensart *Käfferle pflanzen* = Onanie treiben wohl (wie noch weiter unten auszuführen ist) an die Bedeutung unter c angeknüpft hat. Mit K. in der Bedeutg. unter a (= Mann) sind gebildet worden: α) *die Verbindungen: grandicher Kaffer* = Riese (s. d. betr. die Übereinstimmg. mit d. Zigeun.; vgl. auch „Vorbemerkung", S. 17) nebst dem Gegensatz *nobis grandicher Kaffer* = Zwerg sowie *schofler Kaffer* = Heuchler (od. auch „Hurenkerl"); β) folgende *Zusammensetzgn.*: aa) mit K. *am Anfang*: *Kaffermalfes* = Gewand für Männer, *Kafferkluft, -klufterei* = Mannskleid, -kleider, *Kafferstreifling* = Socken; bb) mit K. am Ende (bes. beliebt für Standes- u. Berufsbezeichnungen, wie im Rotw. [vgl. „Vorbemerkung", S. 12, Anm. 29]): *Dercherkaffer* = Bettelmann, *Rädlingskaffer* = Fuhrmann, *Vergremers-* od. *Verkemerskaffer* = Handelsmann, *Kittkaffer* = Hausherr, *Fehtekaffer* = Hauswirt, Herbergsgeber, Quartierherr, *Finkelkaffer* = Hexenmeister, Schwarzkünstler, *Sprauskaffer* = Holzmacher, *Sicherkaffer* = Koch, *Begerkaffer* = Leichenbeschauer, aber auch Totengräber, *Leilekaffer* = Nachtwächter, *Blibelkaffer* = „Stundenmann" (Methodist). Mit K. in der Bedeutg. unter b (= Ehemann) sind *zusammengesetzt*: α) *im Anf.*: *Kaffersglied* = Mannsschwester; β) *am Ende*: *Modelkaffer* = Tochtermann (Schwiegersohn); zu vgl. hierzu auch das (gleichsam menschliche Begriffe auf Tiere übertragende) *Trabertkaffer* = Hengst (eigtl. „Pferde[ehe]mann", männl. Pferd im Gegens. zu *Trabertmoss* = Stute [s. d.]; betr. der Zigeunerspr. s. unter „Hengst"). Mit K. in der Bedeutg. unter c (= Bauer) sind *keine Zus*. od. *Verbdgn*. gebildet worden. Mit dem Dimin. *Käfferle* findet sich noch die *Verbdg. nobis vergrönter Käfferle* (eigtl. „nicht verheiratetes Männchen") = Junggeselle, die insofern pleonastisch erscheint, als ja auch schon das einfache *Käfferle* dasselbe bezeichnet. Über die Redensart *Käfferle*

pflanzen s. schon oben. *Zu vgl.* (aus dem *verw. Quellenkr.*): *Dolm. der Gaunerspr.* 91, 96, 98 (*Kaffer* = Mann, *Grönkaffer* = Ehemann, *Gaskekaffer* = Schulmeister); *W.-B. des Konst. Hans* 255, 256, 259 (*Kaffer* = Kameraden [s. dazu: *Groß'* Archiv, Bd. 43, S. 22 u. Anm. 1], *schofler Kaffer* = böser Mann, *T'schorkaffer* = Mann, der gestohlene Sachen kauft); *Schöll* 271 (*Gaver* = Mann); *Pfulld. J.-W.-B.* 338, 341, 342 (*Kafer* = Mann, Biedermann, *kochemer Kafer* = kluger Mann); *Schwäb. Gaun.- u. Kundenspr.* 67 (*Kaffer* = Bauer, Dorfbewohner, *Kafferlechem* = Bauernbrot.); *Schwäb. Händlerspr.* 479, 483 (*Kaffer* = Mann, Bauer). S. noch *Pfälz. Händlerspr.* 438 (*Kafrînum* = Mann). Über weitere Belege im Rotw. sowie die *Etymologie* (aus dem Hebr. [*kâfâr*, Verbindgsform *kĕfar*, = Dorf, bzw. rabbin. *kaphri* = „Dorfbewohner, Bauer"]) s. d. ausführl. Angaben in *Groß'* Archiv, Bd. 48, S. 328 ff. u. dazu noch *Weber-Günther*, S. 165, *Seiler*, Lehnwort IV, S. 490 u. *Fischer*, Schwäb. W.-B. IV, Sp. 145.

[327] Mit *Ruch* = Bauer (Landmann) sind *zusammengesetzt*: *Rucheg'fahr* = Bauerndorf (vgl. dazu die *folgende* Anm.), *Ruchamoss* = Bauernfrau (vgl. S. 378, Anm. 329) u. *Ruchekitt* = Bauernhaus. *Zu vgl.* (aus dem *verw. Quellenkr.*): *Dolm. der Gaunerspr.* 90 (*Ruoch* = Bauer, *Ruochen Kitt* = Bauernhaus); *W.-B. des Konst. Hans* 253 (im wes. ebenso); *Pfulld. J.-W.-B.* 338 (*Ruech* = Bauer, *Ruechekehr* = Bauernhaus, *Ruchemalfes* = Bauernkittel, *Ruchegasche* = Bauernvolk u. a. m.); *Schwäb. Händlerspr.* 479 (*Rûch* od. *Ruoch* = Bauer); s. auch *Pleißlen der Killertaler* 436 (*Ruch*). Über sonstige Belege im Rotw. sowie die *Etymologie* (wahrscheinl. vom mhd. Adj. *rûch* u. ä. = „rauh") s. Näh. in *Groß'* Archiv, Bd. 42, S. 5.

[328] Für *G'fahr* (Gefahr) = Dorf (Ortschaft) war früher im Jenischen *Palar* gebräuchlich (s. „Einleitung", S. 27); über d. Synon. *Mochum* (-am) bzw. *Hegesle* (= kleines Dorf) s. unter „Dorf". Außer *Rucheg'fahr* finden sich *keine Zus.* mit dem Worte. *Zu vgl.* (aus dem *verw. Quellenkr.*): *Dolm. der Gaunerspr.* 91 (*G'far* = Dorf); *Pfulld. J.-W.-B.* 339 (*Gfart*); *Schwäb. Händlerspr.* 480 (*Gefar*); s. auch *Metzer Jenisch* 216 (*G'fār*), u. *Pfälz. Händlerspr.* 438 (*Kfâr*). Dagegen hat die *Schwäb. Gaun.- u. Kundenspr.* 68 die stammverwandte Form *Kaff*; ähnlich bei den *schwäb. Händlern* in Lütz. 214 (*Khāf*). Über sonstige Belege im Rotwelsch u. die *Etymologie* (vom hebr. *kâfâr* =

Dorf [vgl. oben Anmerkung 326 (zu *Kaffer*)]) s. Näh. in *Groß'* Archiv, Bd. 48, S. 328 u. Anm. 3; vgl. auch *Fischer*, Schwäb. W.-B. III, Sp. 135 (unter „G[e]fahr" II); insb. noch über die Form *Kaff* s. Archiv, Bd. 48, S. 329, Anm. 2 u. dazu noch *Fischer*, a. a. O., Bd. IV, Sp. 143 (unter „Kaf[f]", Nr. 1) vbd. mit Bd. III, Sp. 2 (betr. *Gab* = Dorf, das nach ihm zum zigeun. *gāw* = Dorf [s. *Finck*, S. 58; vgl. *Jühling*, S. 221] zu stellen ist).

[329] *Moss* od. (seltner) *Mos* bedeutet: a) Frau (Frauensperson, Frauenzimmer), Weib, sodann enger b) entsprechd. der Bedtg. von *Kaffer* unter b): Ehefrau (Gattin, Gemahlin); dazu das Dimin. *Mössle* = Jungfrau; eine *Ableitung* davon ist *mossich* = weiblich od. weibisch. In der Bedeutg. unter a) findet sich das Wort in den *Verbindungen*: *schofle Mos(s)* = Ehebrecherin, Kebsweib und *jenische Mos(s)* = fahrende Frau sowie in folgenden *Zusammensetzgn.*: α) *am Anfang* stehend: *Mos(s)malfes* = Gewand für Frauen, Frauen- od. Weiberrock, *Mos(s)klufterei* = Frauenkleid, *Mos(s)fürflamme* = Frauenschürze, *Mos(s)schrende* = Frauenstube; β) *ans Ende* gesetzt (bes. für *Standes- u. Berufsbezeichn*. [vgl. „Vorbemerkg.", S. 12, Anm. 29]): *Derchermos(s)* = Bettelfrau, *Vergremmos(s)* = Handelsfrau, *Kittmos(s)* = Hausfrau, *Deisel-* od. *Disselmos(s)* = Hebamme, *Finkelmos(s)* = Hexe, *Begermos(s)* = Leichenfrau, *Fehtemos(s)* = Quartiersfrau, *Jerusalemsfreundmos(s)* = Schäferin, *Blibelmos(s)* = „Stundenfrau" (Methodistin), *Pfladermos(s)* = Wäscherin. Dagegen beziehen sich *mehr* auf die Bedeutg. unter b (= Ehefrau) die *Zus.*: *Ruchamos(s)* = Bauernfrau, *Stichtlersmos(s)* = Schneidersfrau, *Trittlingpflanzersmos(s)* = Schustersfrau u. *Lanengersmos(s)* = Soldatenfrau, wohl auch noch *Sinsemos(s)* = Dame, Herrin, das aber auch zu Gruppe a gerechnet werden könnte. Über *Trabertmos(s)* = Stute (als Gegens. zu *Trabertkaffer*) s. schon oben S. 376, Anm. 326; vgl. dazu betr. d. Zigeunerspr. Näh. unter „Hengst". Zu vgl. (aus dem *verw. Quellenkr.*): Dolm. der Gaunerspr. 91, 101 (*Moos* = Weib, *Grünt'-Moss* = Ehefrau); *Schöll* 272 (*Moos* = Weib); *Pfulld. J.-W.-B.* 339, 340, 342, 346 (*Mosch* = Eheweib, *Musch* = Frau, *Muß* = Weib, *Fingelmuß* = Hexe, *Oldrischmus* = Mutter); *Schwäb. Gaun.- u. Kundenspr*. 69, 70 (*Moß* = Frau, *Mößle* = Fräulein, *Finkelmos* = Hexe); *Schwäb. Händlerspr*. 483 (*Moß* = Frau, Weib

[in *Pfedelb.* (211) auch: Mutter]; *Dimin.*: *Mößle* od. *Mêßle* = Mädchen [in *Pfedelb.* (209 u. 213) auch = Fräulein, Tochter]; *Zus.*: *Finkelmoss* = Hexe, in *Pfedelb.* [208 u. 214]: *Rammelsmoß* = Bäuerin, *Baizersmoß* = Wirtin, *Wittmoß* = Witwe, in U. [214]: *Schenalmoss* = Magd). S. auch noch *Metzer Jenisch* 217 (*Muss* = Weib) u. *Pfälz. Händlerspr.* 438 (*Moss* = Frau). Über noch weitere Belege im Rotwelsch u. die *Etymologie* des Wortes (das *deutschen* Ursprungs u. eigentl. eine pars pro toto [spätmhd. *mucze* od. *mutz(e)* = „weibl. Geburtsglied"] gewesen) s. ausführl. *Groß'* Archiv, Bd. 50, S. 345 ff.; vgl. auch „Anthropophytoia", Bd. IX, S. 34 ff. u. *Weber-Günther*, S. 178 (unter „Moß") sowie *Fischer*, Schwäb. W.-B. IV, Sp. 1770 (unter „Moß") vbd. mit Sp. 1827 (unter „Musch").

[330] S. (betr. *Kitt*) Abort.

[331] S. (betr. *Ulme*) arme Leute.

[332] S. Apfelbaum.

[333] *Spraus* = Holz hat auch noch die engeren Bedeutgn.: Block, Dorn, Pfahl, Pflock, Prügel, Scheitholz, Stab, Stecken, Stock; dazu das Dimin. *Spräusle* = Splitter u. die *Ableitung sprausich* = hölzern. *Zus.* mit *Spraus* sind noch: a) *am Anf.*: *Sprausrande* = Holzsack, *Sprauskaffer* = Holzmacher, *Sprauskritzler* = Steckbrief (s. Näh. unter diesem Worte; vgl. auch schon „Vorbemerkung", S. 18, Anm. 46 sowie die Anm. zu „Attest"), *Sprauspflanzer* = Stockmacher; b) *am Ende* (außer *Stöberspraus*): *Johlespraus* = Weinrebe. Mit *Spräusle* ist gebildet *Funkspreisle* (sic) = Zündhölzer. Eine *Verbindg.* ist *grandicher Spraus* = Stange (s. d. betr. wes. Übereinstimmg. mit d. Zigeun.) u. *a'gefunkter Spraus* (eigtl. „angebranntes Holz") = Kohle. *Zu vgl.* (aus dem *verw. Quellenkr.*): *Dolm. der Gaunersprache* 94 (*Spraus* = Holz); W.-B. *des Konst. Hans* 255 (*Sprauß*, Bedeutg. ebenso); *Pfulld. J.-W.-B.* 340, 346 (*Form*: ebenso, *Bedtg.*: auch Wald, *Sprausfetzer* = Zimmermann); *Schwäb. Gaun.- u. Kundenspr.* 77 (*Sprausfetzer*); *Schwäb. Händlerspr.* 482, 488 (wie *Pfulld. J.-W.-B.*, dazu in *Degg.* [215]: *Funk-Spraus* = Zigarre). Auch das *Metzer Jenisch* (216) kennt *Spraus* = Holz. Zur *Etymologie* des Wortes (wohl verwandt mit unserem gemeinspr. „Sproß") sowie noch über sonstige Belege im Rotw. s. *Groß'* Archiv, Bd. 42, S. 55, Anm. 1.

[334] Die Bezeichnung des Eichhörnchens als *Stöberschmaler*, d. h. „Baumkatze", ist sicher aus der Zigeunersprache übernommen, in der das Tier sachlich ganz ebenso heißt (näml. [nach *Liebich* 156, 181, 191] *rukkéskri* od. *rukkengĕri mádschka* od. [nach *Finck* 72] *rakéskeri mátška*, d. h. etwa die sich auf Bäumen aufhaltende Katze, zu *ruk(k)* = Baum u. *mátška* (madschka) = Katze [s. *Liebich*, S. 156, 181, 214 u. *Finck*, S. 72, 82]); vgl. auch schon „Vorbemerkung", S. 18. Ein Synon. damit ist auch *romésk(e)ri mátška*, d. h. „Zigeunerkatze" (s. *Liebich*, S. 156 u. 191 u. *Finck*, S. 72), wie denn das Eichhörnchen neben dem Igel und dem Fuchs (sowie dem Federvieh) zu den „Leckerbissen" der Zigeunerküche gehört (s. *Liebich*, S. 85). — Neben *Schmaler* = Katze (auch Kater; Dimin.: *Schmalerle* = Kätzchen) findet sich im Jenischen auch die gleichbd. Form *Schmaleng* (plur. *Schmaling* [vgl. „Vorbemerkung", S. 13, Anm. 30). Mit *Schmaler* sind zusammengesetzt noch *Schmalerbossert* = Katzenfleisch und *Schmalerrande* = Katzensack. Zu vgl. (aus dem *verw. Quellenkr.*): *Pfulld. J.-W.-B.* 341 (*Schmaling* = Katze); *Schwäb. Gaun.- u. Kundenspr.* 71 (*Gschmaling*); *Schwäb. Händlerspr.* 482/83 (*Schmâle* [in *Pfedelb.* (211): *Gschmale*], *Schmâling* [in *Pfedelb.* (211): *Schmarling*] oder *Gschmâling* [in *Pfedelb.* (211): auch *Gschmarling*] = Katze); s. auch *Pfälz. Händlerspr.* 438 (*Schmalert*) u. *Regensb. Rotwelsch* 489 (*Schmali* u. a. m.). Der *Dolm. der Gaunerspr.* (98) kennt das Synon. *Schmalfus*, das schon im *W.-B. von St. Georgen* 1750 (207) verzeichnet ist und sich — gleich den Formen *Schmaler* (zuerst dial.: *Schmola* bei *Schintermicherl* 1807 [289]) u. *Schmaling* — bei den Gaunern bzw. Kunden bis in die Neuzeit erhalten hat (vgl. z. B. *Groß* 491 u. *Ostwald* [Ku.] 133). Der *Etymologie* nach gehören alle diese Ausdrücke gewiß zu unserem Adj. *schmal*; s. *Pott* II, S. 23; *Wagner* bei *Hersig*, S. 249; *Günther*, Rotwelsch, S. 57 u. 63, Anm. 64; vgl. auch *Fischer*, Schwäb. W.-B. III, Sp. 481 (unter „G[e]schmaling").

[335] S. Angst.

[336] S. anreden.

[337] S. ansagen.

[338] S. abbetteln.

[339] S. Adler.

[340] S. Aas; vgl. „Vorbemerkg.", S. 15, Anm. 36 (Substantivierung eines Partizips).

[341] S. Ärger.

[342] S. anschauen.

[343] S. Angst.

[344] Das Zeitw. *bodera* (-re) od. *budera* (-re) = begatten (erzeugen), als Subst. gebr. = Begattung (Beischlaf) ist m. W. nicht nur in dem *verw. Quellenkreis*, sondern auch *sonst* im Rotw. usw. *un*gebräuchlich. Es ist nach *Fischer*, Schwäb. W.-B. I, Sp. 1557 (unter „budere[n]") ein gemein-schwäbischer Ausdruck mit den Bedeutungen: a) „klopfen, schlagen", b) „poltern" u. c) „*Unzucht treiben*", der seinerseits zu dem Hauptw. *Buder* (Nebenf. zu *Bauder*) = „Stoß" (s. W.-B. I, Sp. 1506 vbd. m. Sp. 69) gehört, wobei (bezügl. der Bedeutg. unter c) „volkstüml. etymol. an *buttern*, auch an *pudern* (d. h. ,mit Puder bestreuen') gedacht werden" mag.

[345] Das Zeitw. *kirme(n)* (mit *gleicher* Bedeutg. u. Verwendung wie *bodera*) kommt für „Unzucht treiben" auch in der *schwäb. Gaun.- u. Kundenspr.* (76) vor, desgl. (noch etwas allgemeiner) für „coire" in der *schwäb. Händlerspr.* (in U. [213]). Es scheint sich auch hier zunächst um ein *schwäb.* (bzw. überhaupt südd.) Dialektwort (mit ursprüngl. wohl allgemeinerer Bedeutg.) zu handeln; s. *Fischer*, Schwäb. W.-B. III, Sp. 213 (unter „g[e]hirme[n]") mit weitern Angaben über südd. Mundarten.

[346] Das Zeitw. *schnirgla* (-le) — ebenfalls gleichbed. m. *bodera* — ist m. Wiss. sonst in den Geheimsprachen *nicht* bekannt. *Etymologisch* darf man es (nach gefl. Mitteilung von Dr. *A. Landau*-Wien) vielleicht stellen zu mundartl. *Schneck(e)* = „feminal", vulva u. dgl. (s. z. B. *Schmeller*, Bayer. W.-B. II, Sp. 567 [unter „Schneck", lit. g] u. ausführl. Angaben bes. bei *Aigremont* in d. „Anthropophyteia", Bd. VI, S. 48, 49; vgl.

auch *Müller*, ebds. Bd. VIII, S. 11) bzw. (schwäb. u. bayr.) *Schnickel* = „penis" (s. v. *Schmid*, Schwäb. W.-B., S. 474 u. *Schmeller*, a. a. O., Sp. 567 [mit Anführg. v. holl. *sneukelen* = „Hurenhäuser besuchen"]) oder (schles.) *Schnicke* = „penis", *schnicken* = „supprimere abiquam" (s. *Weinhold*, Beitr. zu e. schles. W.-B., S. 87; vgl. auch *Müller*, a. a. O. S. 6).

[347] S. abbiegen.

[348] S. abbetteln.

[349] S. Adler.

[350] S. anmutig.

[351] Diese Vokabel setzt ein Zeitw. *verfinkeln* = behexen voraus, das aber im Vokabular nicht angeführt ist, ebenso wie ein einfaches *finkeln* (im Rotw. für „kochen [sieden, braten]" usw. bekannt) fehlt, während als *Ableitungen* von letzterem die Subst. *Finkler* = Zauberer, Schwarzkünstler, *Finklere* = Zauberin, *Finklerei* = Hexerei, Zauberei u. als *Zus.* mit dessen Stamm *finkel-*: *Finkelmoss* = Hexe, *Finkelkaffer* = Hexenmeister u. *Finkelkitt* = Hexenhaus erscheinen. Über das — gleichfalls zu diesem Zeitw. gehörige — Subst. *Gefinkelter* = Branntwein s. Näh. unter diesem Ausdr. *Zu vgl.* (aus dem *verw. Quellenkr.*): *Schöll* 270 (*Fenkel Caspar* = Betrug mit Hexerei); *Pfulld. J.-W.-B.* 340 (*Fingelschize* = Hexe); *Schwäb. Gaun.- u. Kundenspr.* 70 (*Finkelmos* = Hexe); *Schwäb. Händlerspr.* (in *Pfedelb.* [210]: *Finkelmoß* = Hexe, *Finkelschütz* = Hexenmeister). — Das einfache *Finckel* = Hexe kannte die *Scharfrichtersprache* v. 1813 (308). Zur *Etymologie*: Den Übergang von der Bedeutg. des — zu dem Stammwort *Funk* u. ähnl. = Feuer (vgl. Bd. 63 S. 35 u. Anm. 125) gehörenden — Zeitw. *finkeln* od. *fünkeln* = kochen usw. (s. schon *Lib. Vagat* [53]: *fünckeln* = sieden od. braten u. dann öfter) zu den Begriffen *Finklerei* = Hexerei, *Finklere* od. *Finkelmoss* = Hexe usw. haben höchstwahrscheinlich Ausdrücke wie „Teufelsbraten" u. „Hexenküche" (u. überhaupt die Vorstellung von dem Zubereiten [Kochen] von allerlei Zaubertränken durch die Hexen) vermittelt; s. dazu *Pott* II, S. 34; vgl. auch *Groß'* Archiv, Bd. 50, S. 350 (unter „Fingelmusch").

[352] S. Axt.

[353] *Buxa* (-e), plur. *Buxen* = Beinkleid, Hose kommt auch vor in *Zus.*, nämlich *Buxeschmelzer* = Feigling (vgl. dazu schon Bd. 63, S. 132, Anm. 293 zu „austreten [schwer]") u. *Buxerande* = Hosensack. Zu vgl. (aus dem *verw. Quellenkr.*): *Pfulld. J.-W.-B.* 340 (*Buchsen* = Hosen); *Schwäb. Gaun.- u. Kundenspr.* 71 (*Buxen* = Hosen); *Schwäb. Händlerspr.* 482 (ganz ebenso). S. auch *Pleißlen der Killertaler* 434 (*Form*: ebenso, *Bedtg.*: auch Unterhosen) u. *Regensburg. Rotw.* 490 (*Buxen* = Hose). *Etymologie*: Es handelt sich um ein schon früh (17. Jahrh.) ins Rotwelsch — auch in Süddeutschl. — eingedrungenes *niederd.* Wort. S. *Pott* II, S. 17 u. *Günther*, Rotwelsch, S. 51 vbd. mit *Kluge*, Unser Deutsch (2. Aufl.), S. 81; vgl. auch *Fischer*, Schwab. W.-B. I, Sp. 1495 (unter „Buchse[e]").

[354] Mit *Kopel* (plur. *Kopla*) = Beinkleid, Hose zusammengesetzt ist nur *Kopelrande* (= Buxerande). In dem *verw. Quellenkr.* ist der Ausdr. unbekannt. Der *Etymologie* nach handelt es sich zwar wahrscheinlich um ein *Zigeunerwort* (s. „Einleitung" S. 30), jedoch müßte bei seiner Aufnahme ins Jenische eine Umstellung (Transposition) der Buchstaben der letzten Silbe stattgefunden haben, da es im Zigeunerischen — nach *Jühling*, S. 221 — *Cholep* lautet (s. ebds. S. 228: früher dafür auch *Chochlep*). Vgl. ferner *Pott* II, S. 163, 170 (unter „Chólov"); *Liebich*, S. 130, 182, 211 (*chōlib* od. *chóleb* = Beinkleid, Hose); *Miklosich*, Denkschriften, Bd. 26, S. 222 (unter „cholov": bei den deutsch. Zig.: *cholib*); *Finck*, S. 69 (*xóliw* od. *xóluw* = "Hose"). In *dieser* Form ist die Vokabel vereinzelt wohl auch ins Rotwelsch eingedrungen (vgl. z. B. *v. Grolman* 39 u. T.-G. 102 [*Kollew* od. *Kollet* = Hosen] u. *Karmayer*, G.-D. 206 [ebenso]).

[355] *Lubne* hat im W.-B. auch die Bedeutgn.: Hure (Dirne [Buhldirne], Freudenmädchen), Ehebrecherin, Kebsweib (Mätresse). Dazu die *Zus. Lubnebenk* = „Hurenkerl" und die *Ableitg.*: *lubnen* = „huren". In dem *verw. Quellenkr.* ist das Wort *un*bekannt, dagegen ist es sonst im Rotw., wenngleich selten, anzutreffen. S. darüber sowie über die *Etymologie* (aus der Zigeunersprache [vgl. „Einleitung", S. 30]) d. näh. Angaben in *Groß'* Archiv, Bd. 38, S. 256/57 u.

„Anthropophyteia", Bd. VIII, S. 19 (vgl. auch Bd. IX, S. 26) u. dazu noch *Finck*, S. 71 (zig. *lúbni* [-li, -lin] = „Hure"); vgl. auch noch *Fischer*, Schwäb. W.-B. IV, Sp. 1311 (unter „Lubegane"). Nach *Miklosich*, Beitr. I/II, S. 32 u. Denkschriften, Bd. 27, S. 7 geht das Zigeunerwort auf das altind. *lubh* = „verlangen, begierig sein" zurück.

[356] Über *schofel* s. unter „arg". — *Schof(e)le Model* (auch *Schoflemodel*) ist im W.-B. auch noch durch „Dirne", „Freudenmädchen" u. „Hure" wiedergegeben. Mit *Model* = Mädchen (Frauensperson, Frauenzimmer), auch Braut, Schwester und Tochter (dazu d. Dimin. *Mödele* = junges [kleines] Mädchen) sind noch gebildet: a) die *Verbindgn.*: *dofe Model* = Geliebte (Liebhaberin, Liebste [wogegen *dufte Model* nur allgemeiner ein „brauchbares Mädchen" bedeuten soll]) u. *jenische Model* = „fahrendes Mädchen"; b) mehrere *Zusammensetzgn.*, näml. α) *am Anfang*: *Modelgalm* = Tochterkind, *Modelkaffer* = Tochtermann (Schwiegersohn), *Modelfiesel* = Tochtersohn; β) *am Ende* (bes. für *Stände* u. *Berufe* [vgl. „Vorbemerkung", S. 12, Anm. 29]): *Derchermodel* = Bettelmädchen, *Sinsemodel* = Fräulein, *Verkemeresmodel* = Handelsmädchen, *Galma-* od. *Schrabinermodel* = Kindermädchen, *Fehtemodel* = Quartiermädchen, *Jerusalemsfreundmodel* = Schäferin, *Schmelemermodel* = Zigeunermädchen. Zu vgl. (aus dem *verw. Quellenkr.*): Pfulld. J.-W.-B. 342 (*Model* = Mädchen); Schwäb. Händlerspr. 481, 483 (*Môdel* = Mädchen, Frau [in *Pfedelb.* (209): auch Fräulein u. Tochter]). Über die Belege im *sonst.* Rotwelsch usw. sowie die (nicht ganz sichere) *Etymologie* s. ausführl. *Groß'* Archiv, Bd. 50, S. 344 ff.; vgl. auch „Anthropophyteia", Bd. IX, S. 27 sowie *Fischer*, Schwäb. W.-B. IV, Sp. 1725 (nach dem *Model* „vielleicht einfach" aus „Modell" entstanden ist).

[357] S. abbeißen.

[358] S. ankleiden.

[359] *Bestieben* heißt auch noch spezieller: erwischen od. fangen. *Zu vgl.* (aus dem *verw. Quellenkr.*): Dolm. der Gaunerspr. 89, 90, 92 (*bestieben* = bekommen, *bestiebt werden* = arretiert od. erwischt werden); W.-B. des Konst. Hans 256, 257 ff. (*bestieben* [Partiz.: *bestiebt*] = bekommen); *Schöll* 272

(ebenso); *Pfulld. J.-W.-B.* 338, 339 (*bestieben* = bekommen, ertappen, fangen); *Schwäb. Händlerspr.* 479 (auch *Lütz.* [214]: *besti[e]be[n]* = bekommen [in *Pfedelb.* (209, 210, 212) auch = ertappen, fangen, geben u. schenken; in *Eningen* (S. 206, Anm. 1): *stieben* = geben u. die merkwürd. Subst. *Beistieber(in)* = Knecht, Magd u. *Käppelesstieber* = Pfarrer (zu *Käppele* = Kirche [vgl. *Groß'* Archiv, Bd. 49, S. 349]), wozu vielleicht *stieben* = laufen im *Pleißlen der Killertaler* 436 herangezogen werden dürfte]). Die *Etymologie* bleibt unsicher. A.-L. 524 hat das Wort zu dem gemeinspr. „stöbern" gestellt, *Stumme*, S. 19 denkt an einen Zusammenhang mit „stibitzen" (wofür *bestieben* = bestehlen im *Hildburgh. W.-B.* 1753 ff. [226] sprechen würde) od. auch an das latein. *stipare* = stopfen („in die Tasche stopfen?"), *Fischer*, Schwäb. W.-B. I, Sp. 941 (zu „bestieben", Nr. 2) bemerkt nur negativ: „vielleicht ein anderes Wort" als „bestäuben".

[360] S. Adler und Bauch.

[361] S. angenehm.

[362] S. (betr. *schmusen*) ansagen.

[363] Das Zeitw. *ko(h)len* = belügen, erlügen (während es für das einfache „lügen" — wohl nur versehentlich — im W.-B. fehlt), ferner verleugnen u. betrügen — nebst der *Zus. vorko(h)len* = vorlügen — gehört zu dem Hauptwort *Kohl* = Lüge (Fabel), das auch adjektivisch (= erlogen, verlogen) gebraucht wird. *Ableitungen* davon sind: *Kohler* = Lügner u. *Kohlerei* = das Lügen, der Betrug. *Zu vgl.* (aus dem *verw. Quellenkr.*): *Dolm. der Gaunerspr.* 90 (*Kohl machen* = „einen zum besten haben"); *W.-B. des Konst. Hans* 259 (*Kohl malochen* = lügen); *Pfulld. J.-W.-B.* 339, 342 (*kohlen* = erzählen, lügen, *ankohlen* = anführen, anlügen; *Schwäb. Gaun.- u. Kundenspr.* 67, 68, 72 (*Kohl* = Aufschneiderei, Lüge, *Kohl reissen* od. *kohlen* = lügen, *ankohlen* od. *verkohlen* = betrügen); *Schwäb. Händlerspr.* 479, 483 (*Kohl reissen* od. *kôlen* = lügen, *verkôlen* = betrügen; dazu in *Pfedelb.* [208, 209, 211] noch: *Kohl* = Lüge, *ankohlen* = anlügen u. betrügen sowie *wegkohlen* = leugnen). Über sonstige Belege im Rotw. usw. sowie die *Etymologie* (vom hebr. *qôl* = „Stimme") s. d. Näh. in *Groß'* Archiv, Bd. 47, S. 135 (unter „Oberkohler") u. Anm. 1 u. 2; vgl. auch

noch *Seiler*, Lehnwort IV, S. 491 u. *Fischer*, Schwab. W.-B. IV, Sp. 570 (unter „Kol" II).

[364] S. anschauen.

[365] S. angenehm.

[366] S. anfassen.

[367] S. ausstehlen.

[368] Bei *dambes* = berauscht liegt offenbar der Fall eines adjektiv. Gebrauchs eines Substantivs (*Dambes* = Rausch [Spr.]) vor; vgl. „Vorbemerkung", S. 15, Anm. 38). Der *Etymologie* nach gehört *Dambes*, das als *Dampes* auch in süddeutsch. Mundarten (Schwaben, Bayern, Tirol usw.) für einen Rausch (mäßigen Grades) gebräuchlich ist (vgl. *Schmeller*, Bayer. W.-B. I, Sp. 510 u. bes. *Fischer*, Schwäb. W.-B. II, Sp. 46 mit ausführl. Lit.-Angaben über die verschied. Mundarten), vermutlich zu *Dampf* od. auch zu dem Zeitw. *dämmen* = „prassen, schwelgen" u. dgl. (s. *Schmeller*, a. a. O., Sp. 509 vbd. m. *Grimm*, D. W.-B. II, Sp 709). Die Endung *-es* (vgl. „Vorbemerkung", S. 13, Anm. 32) ist *hier* wohl als eine Abschwächung des latein. *-us* zu betrachten. — Im Rotw. u. in sonstigen Geheimspr. ist der Ausdr. m. W. *nicht* bekannt.

[369] S. Amme.

[370] *Molum* = berauscht kommt (gleichsam als Gegenstück zu dem ursprüngl. Subst. *Dambes* für „berauscht") auch als Hauptw. — für „Rausch" — gebraucht vor. *Zu vgl.* (aus d. verw. Quellenkr.): *Schwäb. Gaun.- u. Kundenspr.* 74 u. *Schwäb. Händlerspr.* 485, die übereinstimmend nur *Molum* = Rausch (also *nicht* als Adj.) haben. Seiner *Etymologie* nach ist das Wort aber als Adj. (bzw. Partiz.) aufzufassen, da es *nicht* etwa zu dem zigeun. *mōl* = „Wein" (s. *Finck*, S. 74; vgl. *Liebich*, S. 146 u. 259, *Miklosich*, Beitr. I/II, S. 14 u. Denkschriften, Bd. 27, S. 16 sowie *Jühling*, S. 224) gehört, sondern zurückgeht auf d. jüd. *môle* (hebr. *mâle'* = „erfüllend, voll", zu *mâlâ'* [*mâlê'*] = „erfüllen" [vgl. A.-L. 403]), das in die meisten deutschen Mundarten als *mole* (moule, moile) od. *molum* (målum) eingedrungen (so z. B. bes. in Thüringen u.

Sachsen, Hessen u. Westfalen) und (in d. Form *molum* = „besoffen") auch der Studentensprache (seit Anf. des 19. Jahrh.) bekannt gewesen ist (s. *Kluge*, Studentenspr., S. 105). Daß es jedoch in diese erst aus der Gaunersprache aufgenommen wäre (s. *J. Meier*, Hall. Studentenspr., S. 10), ist kaum anzunehmen, da im eigtl. Rotwelsch das Wort (und zwar i. d. R. in der Form *mole*) m. Wiss. nicht vor dem 19. Jahrh. vorkommt, und auch dann *meist* nur in dem allgemeinen Sinne von „voll, gefüllt" überhaupt (s. z. B. *v. Grolman*, T.-G. 131; *Karmayer*, G.-D. 121; *Groß* 479; nur bei *Thiele* noch bes. *mole jajin* = „voll Weines"; erst bei A.-L. 575 in d. Form *molum* = „betrunken" u. bei *Groß* 479 vbd. m. 476 [unter „lunen"]: *Molum* (-lun) = „Rausch"). S. *Weber-Günther*, S. 159/60 (unter „moule"); vgl. auch *Fischer*, Schwäb. W.-B. IV, Sp. 1733 (unter „Molum").

[371] Auch hierbei handelt es sich (wie bei d. Syn. *dambes*) um den adjektiv. Gebrauch eines Substantivs, *Schwächer* = Rausch (vgl. „Vorbemerkung", S. 15, Anm. 38).

[372] S. abschaffen.

[373] S. abgeben.

[374] *Ste(c)ken* hat (gleich *dogen*) auch die allgemeinere Bedeutung von „geben" (so z. B. *Fehma* oder *Grifling ste[c]ken* = die Hand geben), dann aber auch die von „hauen, prügeln" (s. auch: „fechten"). Zu vgl. (aus dem *verw.* Quellenkr.): Dolm. der Gaunerspr. 92 (*stecken* = geben); W.-B. des Konst. Hans 256, 259 (*steken* = geben, aber auch: sagen); *Schöll* 272 (ganz ebenso); *Pfulld.* J.-W.-B. 340, 344 (*steken* = hergeben, schenken, *Fehma steken* = Hand geben, *usserkinnig steken* = herausgeben); Schwäb. Gaun.- u. Kundenspr. 69 (*stecken* = geben); Schwäb. Händlerspr. (in *Pfedelb.* [210]: *stecken* = geben, *Griffling stecken* = die Hand geben); s. auch *Metzer Jenisch* 216 (*sticken* = geben). Zur *Etymologie*: Es handelt sich um nichts anderes als unser gemeinsprachl. Zeitw. *stecken*, das „Bewirkungswort" zu *stechen* (*Weigand*, W.-B. II, Sp. 957 unter „stecken" 1), das wohl auch (z. B. nach *Ku.* IV [433]) gleichbedeutend damit gebraucht wird, in der *neueren* Gaunersprache aber meist in einem engeren Sinne (nämlich: „heimlich geben" [„zustecken"], „heimlich zu *verstehen* geben"

(vgl. z. B. A.-L. 610; *Groß* 495; *Rabben* 125] od. „heimlich Unterschrift geben" [s. *Ostwald* 148]) vorkommt. Von Verbindungen wie *den Kohl stecken* = „den Staupenschlag geben" oder *einem Guffti* od. *Macks stecken* = „schlagen" (eigtl. „jmdm. Schläge geben") im älteren Rotwelsch (s. für die erstere Wendung: *A. Hempel* 1687 [168] u. *Waldheim. Lex.* 1726 [189], für die letztere: *W.-B. von St. Georgen* 1750 [218 u. 220]) sowie dem mundartl. volkstüml. „*einem eine* (näml. Ohrfeige) *stecken*" (s. *Schmeller*, Bayer. W.-B. II, Sp. 726) u. dgl. m. konnte sich dann die engere Bedeutung von „prügeln" usw. leicht entwickeln; außerdem mag auch der Anklang an „Stecken" (= Stock) dabei vielleicht noch mit eingewirkt haben.

[375] S. Ärger.

[376] S. abgerahmte Milch.

[377] S. abschreiben.

[378] S. anschauen.

[379] *Kochem* hat im W.-B. noch folgende Bedeutungen: gelehrt, gescheit, klug, schlau, vernünftig, verschlagen, verschmitzt, verständig. In dem *verw.* Quellenkreise der *älteren* Zeit tritt das Wort nur in dem bekannten engeren Sinne von „gaunerisch", „auf die Gauner bezüglich" u. dgl. oder in d. R. vielmehr *substantivisch* gebraucht für „Gauner" („Spitzbube", „Dieb") u. ä. auf, während es in der *neueren* Zeit dann wieder mehr seine ursprüngliche Bedeutung (vgl. unten „Etymologie") — von „klug", „gescheit" usw. — angenommen hat, also mit *Wittichs* Jenisch übereinstimmt (s. auch schon „Einleitung", S. 28 u. Anm. 92 vbd. mit „Vorbemerkung" S. 5, Anm. 8). *Vgl. Dolm. der Gaunerspr.* 91, 93, 94 (*Kocheme* [sing.] = Spitzbub, *Kocheme-Kitt* = Diebsherberge, *Kocheme Grunerej* od. *Gascherey* = Diebshochzeit, *Kochemgeis* = Diebsvolk u. a. m.); W.-B. *des Konst. Hans* 256 (*Kochem* = Dieb); *Schöll* 268, 271, 273 (*Kochum* = Dieb, *Kochumer* [plur.] = „Jauner", *Kochumebaiser* = Diebswirt); *Pfulld. J.-W.-B.* 308, 341, 343 (*Kochemer* = „Schelm", *Kochemer Kehr, -Kitt* od. -*Baiss* = Diebsherberge, als Adj. gebr. aber *kochem* = klug, daher *kochemer Baiser, Kaim*,

Kafer = kluger Wirt, Jud, Mann); *Schwäb. Gaun.- u. Kundenspr.* 70, 71, 77 (*kochem* = klug, *kochum* = hochfein, *cochum* = vortrefflich); *Schwäb. Händlerspr.* (in *Pfedelb.* [210]: *kochem* = gescheit, klug). Zur *Etymologie* (vom hebr. *châkâm* = „klug, weise") s. die Angaben in *Groß'* Archiv, Bd. 38, S. 197, Anm. 2 u. bei *Weber-Günther*, S. 157 (hier auch weiter *rotw.* Belege); vgl. auch *Fischer*, Schwäb. W.-B. IV, Sp. 560.

[380] Komparativ zu *dof*; s. angenehm.

[381] Ein danach zu erwartender Infin. *strupfen* = strafen ist im W.-B. nicht angeführt. Dagegen findet sich noch das (wohl als Stamm zu betrachtende) Hauptw. *Strupf* = Strafe (u. dazu: *Strupf bereimen* = Strafe bezahlen). *Zu vgl.* (aus dem *verw. Quellenkr.*): *Schwäb. Händlerspr.* (in *Pfedelb.* [213]: *Strups* = Strafe [aber *schripfen* od. *stricheln* = strafen]). Die *Etymologie* erscheint nicht sicher. Die z. B. bei v. *Schmid*, Schwäb. W.-B., S. 514 und *Schmeller*, Bayer. W.-B. III, Sp. 818 (unter „strupfen") angeführten Bedeutgn. wollen nicht recht passen; vielleicht liegt daher nur bloße Verunstaltung von „Strafe", „strafen" vor. Mit Bezug auf den (aus der Wendg. *Strupf bereimen* [für *Strupf*] zu entnehmenden) engeren Begriff „Geld*strafe*" könnte man allenfalls auch an das wienerische *Strupf'n* = Gulden (s. *Schranka*, Wien. Dial.-Lex., S. 167) denken.

[382] S. anbeten.

[383] S. anschauen.

[384] S. Amme.

[385] *Kasperei* = Betrug (bes. auch Wahrsagen) u. *Kasperer* = Betrüger (Wahrsager, Zauberer [Spr.]), fem. *Kaspere* = Wahrsagerin sind *Ableitungen* von dem Zeitw. *kaspere* = betrügen, auch zaubern (Spr.). *Zu vgl.* (aus dem *verw. Quellenkr.*): *Dolm. der Gaunerspr.* 90 (*Kasperer* = „Betrüger mit falschen Arzneien"); *Schöll* 270, 271 (*kaspern* = betrügen, *Fenkel Caspar* = „Betrug mit Hexerei", *Höllich Caspar* = „Betrug mit Beschwörung unschädlicher Geister u. Erhebung verborgener Schätze"); *Pfulld. J.-W.-B.* 338 (*kaspern* = betrügen, lügen); *Schwäb. Händlerspr.* (in *Pfedelb.*

[209]: *kaspern* = betrügen). Über weitere Belege im Rotw. s. *Schütze*, S. 72, 73. Zur *Etymologie* (vom hebr. *kâzab* = „belügen") s. *Groß'* Archiv Bd. 42, S. 21, 22 (unter „Kasper-Fehlinger"); vgl. auch *Fischer*, Schwäb. W.-B. IV, Sp. 250 (unter „kaspern") betr. Angaben über die mundartl. Verbreitg. des Wortes.

[386] S. belügen.

[387] *Fehlinger* findet sich schon in den *verw. Quellen* des 18. Jahrh., jedoch in dem engeren Sinne von „Betrüger mit falschen Arzneien" (so: *Dolm. der Gaunerspr.* 90; Synon.: *Kasperer* [s. oben Anm. 385]; vgl. [89] *Feling* = Arznei) u. dergl. (s. *W.-B. des Konst. Hans* 255 [= „falsche Ärzte, Ölträger"]). Eine nähere Einteilung der *Fehlinger* (in *Staats-* u. *gemeine Fehlinger*) gibt dann *Schöll* 1793 (269/70; vgl. 272: *Feling* = Arzneien); s. auch noch *Schwäb. Falschmünzerprozeß 1791/92* (262) und *Uracher Jauner- u. Betrügerliste 1792* (268) sowie weitere Belege in *Groß'* Archiv Bd. 42, S. 21 (unter „Fe(h)ling"). In *neuerer* Zeit ist dagegen der Ausdruck m. Wiss. sonst nirgends mehr gebräuchlich. Zur (nicht sicheren) *Etymologie* s. das Näh. in *Groß'* Archiv Bd. 42, S. 20, 21. *Fischer*, Schwäb. W.-B. II, Sp. 1042 hat die Vokabel nicht erklärt.

[388] *Sauft* (wohl auch im Sing. *Säuftleng*, argum.: plur. *Säuftling* [vgl. „Vorbemerkg.", S. 13, Anm. 30]) = Bett (Federbett), Lager, auch Kissen erscheint noch in der Redensart *in Sauft bosten* = niederkommen sowie in folgenden Zus.: a) im *Anfang*: *Sauftschottel* = Bettschüssel u. *Sauftschure* = Bettüberzug (Bettuch, Bettzüge); b) *am Ende*: *Rauschertsauft* = Streu- od. Strohlager u. *Galmesauft* (eigtl. „Kinderbett") = Wiege. Zu vgl. (aus dem *verw. Quellenkr.*): Pfulld *J.-W.-B.* 338, 341 (*Sanft* = Bett, Kissen); *Schwäb. Händlerspr.* 479 (*Sonft* od. *Saunft* = Bett; Nebenformen: *Senftling* u. *Sänftel* [in *Eningen* (206, Anm. 2): *Seifle*]); s. auch *Pleißlen der Killertaler* 436 (*Sempfle* oder *Siampfle*). Zur *Etymologie*: Es handelt sich wohl jedenfalls nur um eine (mundartl.) Verunstaltung von *Sanft* (bzw. *Sänftling*), einer alten rotw. Vokabel, die — in der Form *Senfterich* — schon im 15. u. 16. Jahrh. auftritt (s. *Basl. Betrügnisse* um 1450 [15]; *Lib. Vagat.* 55 [*Senfftrich*]), dann später als *Senftling* (so schon A. Hempel 1687 [167]), *Sänftling*,

Senffte (s. schon *Hildburgh. W.-B.* 1753 ff. [231]), *Sänft* (s. A.-L. 594) u. a. m. begegnet und ohne Zweifel zu unserem Adj. „sanft" gehört (s. *Weber-Günther,* S. 181 vbd. im *Pott* II, S. 11, A.-L. a. a. O., *Stumme,* S. 25). Der Übergang von *Sanft* (Sonft) zu *Saunft* (s. *Schwäb. Händlerspr.*) und von da zu *Sauft* ist leicht gegeben.

[389] S. abbetteln u. Attest.

[390] S. (betr. *Lehm*) Bäcker.

[391] *Fi(e)sel* = Bube (Jüngling) bedeutet auch noch spezieller: Freund, Kamerad, Kollege sowie ferner: Bräutigam, Geliebter, Liebhaber; dazu das Dimin. *Fi(e)sele* = Junge (Knabe), Sohn. *Verbindungen* damit sind: *schofler Fi(e)sel* = Heuchler, ferner, „Hurenkerl" u. auch Krüppel, *jenischer Fi[e]sel* = fahrender Bursche, *dofer Fi(e)sel* = Junker (während *dufter Fi(e)sel* für „brauchbarer Bursche" angeführt ist); als *Zusammensetzgn.* damit kommen (bes. auch als Standes- u. Berufsbezeichgn. [vgl. „Vorbemerkung" S. 12, Anm. 29]) noch (außer *Dercherfi[e]sel*) vor: *Linkfi(e)sel* = böser Mensch (Mann), *Verkemerfi(e)sel* = Handelsbursche, *Sicherfi(e)sel* = Koch, *Kenemerfi(e)sel* = „Lausbube", *Fehtefi(e)sel* = Quartierbursche, *Modelfi(e)sel* = Tochtersohn (während unter „Sohn" nur das Dim. *Fi[e]sele* [s. oben] angeführt ist), *Schmelemerfi(e)sel* = Zigeunerbursche. Zu vgl. (aus dem *verw.* Quellenkr.): *Pfulld. J.-W.-B.* 338, 341, 344 (*Fißel* = Bube, Junge, Knabe, *Visel* = Sohn); *Schwäb. Gaun.- u. Kundenspr.* 68, 76 (*Fiesel* = Bursche, *Bruchfiesel* = lumpiger Stromer); *Schwäb. Händerspr.* 482-84, 486 (*Fîsel* [Fisel], *Fîßel* = Junge, Mann, Sohn [in *Pfedelb.* (209, 210): Bursche, Junggeselle]; Zus.: *Kîslerfîsl* = Maurer, in *Pfedelb.* [209, 211, 212]: *Stibbersfisel* = Bettler, *Wägersfisel* = Kaufmannslehrling, *Facklersfisel* = Schreiberlehrling). Über sonstige Belege in Rotw. sowie die *Etymologie* s. ausführl. *Groß'* Archiv, Bd. 50, S. 137 ff.: vgl. auch noch *Fischer,* Schwäb. W.-B. II, Sp. 1523 (unter „Fisel", Nr. 5).

[392] S. (zu beiden Ausdr.) abbetteln.

[393] S. (betr. *Mos[s]*) Bauernfrau.

[394] S. (betr. *Ulma*) arme Leute.

[395] S. (betr. *Model*) Beischläferin.

[396] S. (betr. *Kaffer*) Bauer.

[397] Zu *manga* (dial. = mange[n]) vgl. (aus dem *verw. Quellenkr.*): *Pfulld. J.-W.-B.* 330, 338 (*mangölen* = abbetteln, betteln, *Mangöler* = Bettler); *Schwäb. Händlerspr.* 479 (*mangen* = betteln; in U. [213]: *Mangkitt* = Bettelhaus); s. auch noch *Metzer Jenisch* 216 (*mange* = betteln). Zur *Etymologie* (aus der *Zigeunerspr.* vgl. „Einleitung", S. 30]) s. *Fischer*, Schwäb. W.-B. IV, Sp. 1438 vbd. m. *Pott* II, S. 445 (unter „Mangawa"), *Liebich*, S. 145, 184 u. 197 (*mangāwa* = ich bitte, flehe, bettele), *Miklosich*, Beitr. III, S. 15 (unter „mangen") u. S. 30 u. Denkschriften Bd. 27. S. 9, 10 (unter „mang": bei d. deutsch. Zig.: *mangāva* = bitten, betteln), *Jühling*, S. 224 (*manga* = betteln) u. *Finck*, S. 72 (Stamm: *mang-* [mangd-] = „bitten, betteln, fordern").

[398] S. (betr. *Rande*) Bauch.

[399] S. (betr. *Stenz*) Ast.

[400] S. Bett u. Aschenbecher.

[401] S. (betr. *Schure*) abbiegen.

[402] S. Angst.

[403] *Kiesreiber* bedeutet eigentl. spezieller *Geld*beutel, *Geld*börse (Börse, Säckel), zus. aus *Kies* = Geld u. dgl. (s. Näh. unter „Bankier") u. *Reiber* = Beutel, das jedoch in *Wittichs* W.-B. nicht für sich allein vorkommt, sondern nur in gewiss. Zus. wie (außer *Kiesreiber*) noch *Toberichreiber* = Tabaksbeutel u. *Dämpferereiber* = Zigarrenbeutel. Zu vgl. (aus dem *verw. Quellenkr.*): Dolm. der Gaunerspr. 93, 98 (*Reipert* = Sack) *Megesreipert* = Geldbeutel [wozu betr. *Meges* = Geld zu vgl. *Groß*' Archiv, Bd. 33, S. 257, Anm. 2, lit. b u. *Fischer*, Schwäb. W.-B. IV, Sp. 572: zu hebr. *mäkäs* = „Abgabe"]); *Schwäb. Gaun.- u. Kundenspr.* 70 (*Kiesreiber* = Geldbeutel); *Schwäb. Händlerspr.* 481 (*Kîsreiber*, Bedtg. ebenso). Über weitere Belege

im Rotw. — seit dem 16. Jahrh. (s. schon *Lib. Vagat.* 54 [*Rippart* = „Säckel"]) — u. die *Etymologie* (wohl zu unserem Zeitw. *reiben*, mhd. *rîben*) s. Näh. bes. bei *Weber-Günther*, S. 179; vgl. auch *Pott* II, S. 34, 35; A.-L. 591 (unter „Reiber"); *Stumme*, S. 24.

[404] S. Bauch.

[405] S. ausweinen.

[406] Mit *plotze[n]* (-za) = werfen (bewerfen), schmeißen sind zusammengesetzt: *einplotza* = einwerfen (oder einfallen), *herab-, hin-, nach-, niederplotze[n]* = herab-, hin-, nach-, niederwerfen. Zu vgl. (aus dem *verw. Quellenkr.*): *Pfulld. J.-W.-B.* 337, 343 (*plozen* = fallen, *aufplozen* = aufbrechen, aufmachen, *niederplozen* = niederwerfen; *Schunplotzer* = Maurer); *Schwäb. Händlerspr.* 488 (*Schumplotzer* od. *Schundplotzer* [in *Degg.* (215): *Schund-blozer*] = Maurer; in *Pfedelb.* [212]: *niederpletzen* = niederwerfen). Zur *Etymologie* (zu d. mundartl., bes. schwäb. *plotzen* od. *blotzen* = „stoßen, schlagen [prügeln], werfen" [bes. mit Geräusch „hin- und herwerfen" u. dgl.]) s. die Angaben in *Groß'* Archiv, Bd. 47, S. 139, Anm. 2 u. dazu auch *Fischer*, Schwäb. W.-B. I, Sp. 1217.

[407] Zu *bereimen* = bezahlen (auch vergüten) s. die Wendung *Strupf bereimen* = Strafe bezahlen (vgl. oben unter „bestraft"). Auch *Bereime* = Zahlung ist wohl nichts anderes als der substantiv. Infinitiv (in dial. Aussprache), während *Bereimerei* = Verdienst als eine Ableitung davon erscheint. Zu vgl. (aus dem *verw. Quellenkr.*): *Schwäb. Händlerspr.* 479 (*beräumen* [in *Pfedelb.* (209): *bereimen*] = bezahlen, in *Pfedelb.* [208] auch: *ausbereimen* = auszahlen). Über sonstige Belege im Rotw. (vom 18. Jahrh. [s. *Kluge* Rotw. I, S. 239] bis zur Gegenwart) s. *Groß'* Archiv Bd. 33, S. 305, Anm. 3 unter lit. a. Ebds. auch über die *Etymologie* des Wortes, das von A. L. 524 zu dem ahd. (h)rim = Zahl (vgl. Näh. bei *Graff*, Althd. Sprachsch. II, Sp. 506) gestellt worden, während *Fischer*, Schwäb. W.-B. I, Sp. 863 zwar den Ausdruck „bereinigen" (im Sinne von „bezahlen") zum Vergleiche herangezogen hat, dann aber doch meint, eine Entstellung aus „bereinen" passe deshalb nicht, weil dieses ebenso wie das Adj. „rein"

in Schwaben nicht volksüblich sei.

[408] S. anzahlen.

[409] S. (zu beiden Ausdr.) abzahlen.

[410] S. angenehm.

[411] Mit *Blamb* ist *zusammengesetzt* nur *Blambglansert* (s. d. W.-B.), das auch unter „Schoppenglas" angeführt ist. *Zu vgl.* (aus dem *verw. Quellenkr.*): *Dolm. der Gaunerspr.* 90 (*Blembel* = Bier); *W.-B. des Konst. Hans* 254 (*B[l]empel*); *Pfulld. J.-W.-B.* 338 (*Blamp* od. *Blempel*); *Schwäb. Gaun.- u. Kundenspr.* 68 (*Plampe*); *Schwab. Händlerspr.* 480 (*Plamp* = Bier, dazu in *Pfedelb.* [208]; *Plamppflanzer* = Bierbrauer; abweichend in *Eningen* [206, Anm. 1]: *Plempel* = Wein). Im *Pleißlen der Killertaler* (436) ist *Plamp, Plempel* od. *Plimpel* = Getränk schlechthin, *Gañsplempel* = Wasser, *gwanter Plempel* = Wein. Über sonstige Belege in Rotw. (seit d. 17. Jahrh.) u. die *Etymologie* s. ausführl. *Groß'* Archiv, Bd. 46. S. 25 (u. Anm. 1) u. 26; vgl. auch *Weber-Günther*, S. 179 u. *Fischer*, Schwäb. W.-B. I, Sp. 1153 (unter „Plämpel").

[412] Mit *Glansert* = Glas (Humpen, Schoppen) aber auch Flasche („Bouteille", „Pulle") finden sich ferner noch folgende *Zus*.: *Gefinkelter-* oder *Sorufglansert* = Branntweinpulle (-flasche), *Feneter-* oder *Scheiglansert* = Fensterglas, *Gleisglansert* = Milchglas, *Grabegautsehertglansert* = Mostglas, *Schwächglansert* = Trinkglas, -geschirr, *Flösselglansert* = Uringlas, *Johleglansert* = Weinglas. *Zu vgl.* (aus dem *verw. Quellenkr.*): *Dolm. der Gaunerspr.* 93 (*Glensert* = Glas); *Schwäb. Händlerspr.* (U. [213]: *Glänzerle* = Glas). *Etymologie*: Das Wort, dem sich auch sonst im Rotwelsch noch manche *ähnliche* Formen zur Seite stellen lassen, gehört wohl sicher zu unserem gemeinspr. „Glanz" bzw. „glänzen". Vgl. *Pott* II, S. 33; *Weber-Günther*, S. 189; *Fischer*, Schwäb. W.-B. III, Sp. 607 (unter „Glänzer").

[413] S. abbiegen.

[414] S. alles Nähere unter „Apfelbaum".

[415] Mit *Stieling* = Birne ist ferner noch zusammengesetzt *Stielingkies* = Birnenkern. *Zu vgl.* (aus dem *verw. Quellenkr.*): *Dolm. der Gaunerspr.* 90 (*Stieling* = Birne); *Schöll* 271 (ebenso); *Pfulld. J.-W.-B.* 338 (*Stühling*); *Schwäb. Händlerspr.* 480, 484 (*Stîling*; vgl. *Stîlingsjôle* = Most); s. auch noch *Metzer Jenisch* 216 (*Stilche* od. *Stîlche*). Der *Etymologie* nach gehört das (schon Mitte des 18. Jahrh. im Rotw. bekannte) Wort (vgl. *Kluge*, Rotw. I. S. 232) ohne Zweifel zu unserm gemeinspr. „Stiel"; vgl. *Pott* II, S. 38 u. *Günther*, Rotwelsch, S. 61.

[416] S. (betr. *Kies*) Apfelkern.

[417] Vgl. auch Hoherpriester. Mit *Kolb* = Geistlicher, Pfarrer (Prediger, Priester) finden sich folgende *Zusammensetzgn*.: a) *am Anfang*: *Kolbekitt* = Pfarrhaus (u. dazu die Verbindg. *grandiche Kolbekitt* = Kloster [s. d. betr. Übereinstimmg. mit d. Zigeunerspr.]) u. *Kolbemalfes* = Priesterrock; b) *am Ende*: *Kaimekolb* (d. h. „Judenpfarrer") = Rabbiner (s. d. betr. Übereinstimmg. mit d. Zigeun.). *Zu vergl.* (aus dem *verw. Quellenkr.*): *Pfulld. J.-W.-B.* 341, 343 (*Kolb* = Pfarrer, Priester, *Unterkolb* = Kaplan); *Schwäb. Händlerspr.* 482 (unter „katholisch") u. 484 (*Kolp* [in *Pfedelb.* (212): *Kolb*] = Pfarrer,

in *Pfedelb.* [212]: *Oberkolb* = Oberpfarrer). Über weitere Belege im Rotw. u. die *Etymologie* des Wortes (vermutl. zu d. älteren Lehnw. [aus d. Latein.] *Kolbe* = „geschorener Kopf" mit Bez. auf die Tonsur der kathol. Geistlichen) s. *Groß'* Archiv, Bd. 38, S. 267/68; vgl. auch *Weber-Günther,* S. 172 (unter „Kolm").

[418] Auch die Zigeunersprache kennt die Umschreibung „großer Pfarrer", *bāro rašai* (raschai), für „Bischof" oder „Superintendent" (s. *Finck,* S. 82) u. dergl. (z. B. „Hoherpriester, Abt, Prälat, Oberpfarrer" [s. *Liebich,* S. 127]), ja nach *Jühling,* S. 225 sogar für den Papst (für den sonst [nach *Liebich,* S. 131 u. 228] *schwendo dād,* d. h. „heiliger Vater" gebräuchlich ist). Die von *Wittich* im Text erwähnte Art der Steigerung der Rangstufen im Jenischen (durch *grandicher — grandich*) ist mithin den Zigeunern hier — wie auch i. d. Regel sonst — *nicht* bekannt (vgl. schon „Vorbemerkung", S. 17, Anm. 42; s. jedoch auch weiter unten die Anm. zu „Förster").

[419] Diese merkwürdige Art der Steigerung, bei der *grandicher* als eine Art *Komparativ* erscheint (wie es denn auch zuweilen zur Erklärung dabei ausdrücklich durch „größer" wiedergegeben ist), während die einfache — unflektierte — Grundstufe (der „Positiv") als *Superlativ* fungiert, erinnert an einen in gewissem Umfange auch in unserer Gemeinsprache zu beobachtenden Sprachgebrauch, wonach etwa ein „besseres Kindermädchen" nicht so hoch geschätzt wird wie ein „gutes", ein „älterer Herr" jünger zu sein pflegt als ein „alter" usw. Konsequent ist diese Gradsteigerung im W.-B. durchgeführt (außer bei *Kolb, grandicher Kolb, grandich Kolb*) noch in folgenden Fällen: *Sins* = „Herr" (Edelmann, Gebieter), *grandicher Sins* = Fürst (Herrscher), Oberherr (Landesherr) — jedoch auch für Beamte (Amtmann, Richter) gebr. —, *grandich Sins,* d. h. „der größte Herr", = König (fem. *grandich Sinse* = Königin); *Grünwedel* = Forstmann (schlechthin) od. Forstwart, *grandicher Grünwedel* (d. h. — wie hier ausdrückl. hinzugefügt ist — eigtl. „der größere Forstmann") = Förster, *grandich Grünwedel* (d. h. „der größte Forstmann") = Oberförster; *Schuker* = Gendarm, *grandicher Schuker* = Wachtmeister (Obergendarm), *grandich Schuker* = Oberwachtmeister; *Bu(t)z* = Polizeidiener, *grandicher Bu(t)z* = Polizeiwachtmeister, *grandich Bu(t)z* = Polizeidirektor.

Dagegen fehlt zu *Lanenger* = Soldat, *grandicher Lanenger* (*Grandicher-Lanenger*) = Offizier, insbes. Hauptmann ein Superlativ *grandich L.*, den man etwa für den Oberst oder General erwarten dürfte; vielmehr hat *grandich Lanenger* im Vokab. die Bedeutg. von „Heer", ist demnach als Plural und in dem Sinne von „(sehr) *viele* Soldaten" auszulegen. In gleicher Weise ist *grandich* auch sonst noch verwendet worden, so z. B. in *grandich Ulma* = Menge (eigtl. „[sehr] viele Menschen"), *grandich Schure* od. *Sore* = Reichtum, Überfluß, Vermögen (eigtl. „[sehr] viele Dinge"), u. in anderen Fällen ist es, weil ein (durch den Zusatz von *grandicher* gekennzeichnetes) Mittelglied fehlt, wohl einfach durch „groß" oder „sehr groß" wiederzugeben, so z. B. bei *grandich Flu(h)te* = Meer (eigtl. „[sehr] großes Wasser"), *grandich Begerisch* = Schwindsucht (eigtl. „[sehr] großes Siechtum") oder *grandich Babing* od. *Strohbutzer* = Schwan (eigtl. „[sehr] große Gans"). Dagegen könnte man die Verbindg. *grandich Flederling* = Storch (in entsprechender Übertragung der für menschliche Rangunterschiede aufgestellten Regel auf die Tiere) ihrem eigtl. Sinne nach wohl durch „*größter* Vogel" (nämlich unter den bei uns in Deutschland bekannten Arten) wiedergeben, da in *grandicher Flederling* = Adler eine Mittelstufe gegeben ist (vgl. schon oben unter „Adler").

[420] S. abbeißen.

[421] S. abbetteln.

[422] S. abschreiben u. abbiegen; vgl. dazu auch, „Vorbemerkung", S. 19, Anm. 48.

[423] S. Augapfel.

[424] S. anschauen.

[425] S. aberwitzig.

[426] S. abbiegen.

[427] Zu *Rat* = Blut (Geblüt) gehören die *Ableitungen ratich* = blutig u. *verratten* = verbluten. In dem *verw. Quellenkr.*

ungebräuchlich u. auch sonst im Rotw. selten (vgl. jedoch z. B. *Groß* 486). Zur *Etymologie* (aus der *Zigeunersprache* [vgl. „Einleitung", S. 30]) s. Näh. bei *Pott* II, S. 272 (unter „Rat"), *Liebich*, S. 154 u. 186 (*rād*), *Miklosich*, Denkschriften, Bd. 27, S. 54 (bei d. deutsch. Zig.: *rād*, zu altind. *rakta*, hind. *rātā* = „rot"), *Jühling*, S. 225 (*Ratt*) u. *Finck*, S. 82 (*rat*).

[428] Diese Wendung, die m. Wiss. sonst nirgends bekannt ist, bleibt auch etymologisch unklar.

[429] *Keif* = Borg(en), Kredit, aber auch Schulden kommt noch vor in der *Verbindg. Keif pflanzen* (eigtl. „Schulden machen") = borgen, leihen u. in der *Zus. Keifkitt* = Leihhaus. Aus dem *verw. Quellenkr.* darf wahrscheinlich schon *keif* = teuer im *W.-B. des Konst. Hans* (260) hierher gezogen werden, als Subst. erscheint das Wort in der *Pfälz. Händlerspr.* (438) in der Form *Kôfes* = Schuld. — Die (allgem.) *Kundenspr.* kennt die Redensart *Keif machen* = Schulden (auf der Penne) machen (s. *Ku.* III [426] u. IV [431]; *Ostwald* [Ku.] 78) sowie ein Adj. *keif* = schuldig (s. *Ostwald*, a. a. O.). Seiner *Etymologie* nach stammt *Keif* wohl jedenfalls aus dem Hebr. (*chôb* = „Schuld", jüd. *chuf, chof*, poln.-jüd. *choiw*); s. A.-L. 368 (unter „Chuw"); vgl. auch *Fischer*, Schwäb. W.-B. IV, Sp. 310 (der jedoch auch eine Ableitung vom jüd. *Keifel* = „Geldstück" zur Wahl stellt).

[430] Betr. *pflanzen* s. anbrennen. — *Bomma* (od. Bomme[r]) = Schulden kommt außerdem noch vor in der *Zus. Bommerkitt* = Syn. zu *Keifkitt* (s. Anm. 429). Zu vgl. (aus dem *verw. Quellenkr.*): Schwäb. Händlerspr. 486 (*Bommer* [in *Pfedelb.* (212): *Bummen*] = Schulden; dazu in *Pfedelb.* [212] noch *bummich* = schuldig); *Pleißlen der Killertaler* 434 (*Bommer* = Schulden). *Etymologie*: Nach *Fischer*, Schwäb. W.-B. I, Sp.1286 (unter bzw. zu „Pommer", Nr. 6 [d. i. schwäb. = „Schulden, spez. Trink- u. Spielschulden"]) gehört der Ausdruck zu dem volkstüml. „Pump" bzw. „pumpen", dessen Ursprung bekanntlich in der Gaunersprache zu suchen ist. (S. schon bei *A. Hempel* 1687 [168]: *pompen* — borgen, u. *so* auch noch bei den *schwäb. Händlern* [in *Pfedelb.* (209)]; in *Körner's Zus. zur Rotw. Gramm.* v. 1755 [241]: die Subst. *Pumpes* = Schuld, *Pumpesmacher* od. *Pumper* = Borger). Vgl. *Günther*, Rotwelsch, S. 54 vbd. m. *Kluge*, W.-B. S. 358 u. *Weigand*, W-B. II, Sp. 491

(unter „pumpen", Nr. 3).

[431] S. Beutel; vgl. Bankier.

[432] S. Augenbrauen.

[433] S. (zu beiden Ausdr.) arg.

[434] Mit *Goi* (= Frau, Weib) kommt noch vor die *Verbindg. schofle Goi* = Kebsweib (also mit engerem Sinne als *lenke Goi*, während sonst die Adj. *lenk* u. *schofel* ja ungefähr gleichbedeutend gebraucht werden; vgl. Näh. unter „arg"). Zu vgl. (aus dem *verw. Quellenkr.*): *W.-B. des Konst. Hans* 255 (*Tschor-Gaya* = Frau, die gestohlene Sachen kauft); *Schöll* 272 (*Gaja* = Weib); *Pfulld. J.-W.-B.* 339, 346 (*Gai* = Frau, *Gaie* = Weib, *Grängoi* = Eheweib); *Schwäb. Händlerspr.* 481 u. 483 (*Goie* = Frau, *Goi* = Mädchen) s. auch noch *Pfälz. Händlerspr.* 437 (*Gôje* = Frau). Über weitere Belege im Rotw. u. die *Etymologie* (fem. zu rotw. *Goi* = „Mann" [in Zus.], vom hebr. *gôi*, pl. *gojim*, = „Volk, Nichtjude, Heide, Christ") s. Näh. in *Groß*' Archiv, Bd. 48, S. 325 ff. vbd. m. 323/24; vgl. auch noch *Fischer*, Schwäb. W.-B. III, Sp. 736 (unter „Goi", Nr. 2).

[435] S. Bauernfrau.

[436] Um was für „böse Sachen" es sich bei dieser Redensart wohl speziell handelt, dürfte daraus zu entnehmen sein, daß sie auch gleichbedeutend mit „huren" gebraucht wird, so daß das Wort *Falla* (Falle) hier vielleicht in der Bedeutg. von „Bett" zu nehmen ist, die es in volkstüml. Redeweise in manchen Gegenden hat (s. *H. Meyer*, Richt. Berliner, S. 39 u. *Horn*, Soldatensprache, S. 9 u. 100). Die rotw. Wendg. *Falle machen* u. ä. (für „zum [betrüglichen] Spiel verlocken" [s. A.-L. 538]) wird man dagegen — wegen ihres engeren Begriffs — wohl kaum damit in Zusammenhang bringen dürfen. — Erwähnt sei übrigens noch der Ausdruck *Falbais* = „Hurenschenke" bei *Castelli* 1847 (391), *Fröhlich* 1851 (397) u. in der *Wiener Dirnenspr.* 1886 (417).

[437] S. Bauer.

[438] S. Bettelbube.

[439] *Gof* (plur. *Gofa*) = böses Kind (Dim. *Göfle* [Gefle (Spr.)] ist in *gleicher* Bedeutg. auch der *schwäb. Händlerspr.* bekannt (483: *Gôf* = böses Kind, im Plur. [*Gôfe*] dagegen = Kinder schlechthin). *Fischer*, Schwäb. W.-B. III, Sp. 735 bemerkt dazu, daß die Bezeichnung (in Schwaben überhaupt) „nur geringschätzig od. tadelnd als Ausdruck des Unmuts" gebraucht wird, bes. für ein „unartiges, naseweises, widerwärtiges, krittliges Kind" („Range", „Göre"), während er sie der *Etymologie* nach unerklärt gelassen hat.

[440] S. Bierglas.

[441] S. abbrennen.

[442] *Zusammengesetzt* hiermit sind a) *am Anfang*: *Gefinkelterglansert* = Branntweinpulle (-flasche) u. b) *am Ende*: *Blauhanzegefinkelter* = „Zwetschgenwasser". Zu vgl. (aus dem verw. Quellenkr.): *Dolm. der Gaunerspr.* 90 ([*Finkeljochem* od.] *gefinkelter Jaiem* = Branntwein); *W.-B. des Konst. Hans* 254, 256 (*G'finkelterjole* = Branntwein); *Pfulld. J.-W.-B.* 338 (*Gfinkelter* = Branntwein); *Schwäb. Händlerspr.* 486 (*G[e]finkelte[r]* = Schnaps); s. auch noch *Metzer Jenisch* 217 (*Fünkeler* = Schnaps). Zur *Etymologie*: Wie die älteren Quellen zeigen, lautete der Ausdruck ursprünglich *Gefinkelter Jaiem, -jole*, d. h. „gebrannter Wein" (vgl. „Einleitung", S. 28), zu *finkeln* (fünkeln) u. ä. = „sieden, braten, kochen" (s. dazu schon oben unter „behext"). Vgl. *Günther*, Rotwelsch, S. 81; *Fischer*, Schwäb. W.-B. III, Sp. 163 (unter „g[e]finkelt").

[443] Mit *Katschete* sind im W.-B. *keine Zus.* gebildet worden, auch *fehlt* es in dem *verw. Quellenkreise* und kommt auch sonst im Rotw. nur *selten* vor (so z. B. bei *Pfister* 1812 [300: *Katschedi*, in einer Zusammensetzg.], *v. Grolman* 33 [*Katschedi*] u. *Karmayer*, G.-D. 203 [ebenso]: vgl. auch *Miklosich*, Beitr., S. 11 u. 22). Über die *Etymologie* des Wortes aus der Zigeunersprache (vgl. „Einleitung", S. 30) s. Näh. bei *Pott* II, S. 160 (unter „Chatschjevava"), *Liebich*, S. 130 u. 186 (*chatschérdi*), *Miklosich*, Beitr. III, S. 11 u. Denkschriften, Bd. 26, S. 218 (unter „chačar": bei den deutsch. Zig.: *chačerdi* = Branntwein, Partiz. von *chačāva* od. *chačevava* = „brennen, anzünden"), *Jühling*, S. 220 (*Chatschärti* = Schnaps) u. *Finck*, S. 68 (*xátšerdi* = „Branntwein").

[444] *Soruf* erscheint in *gleicher* Weise in *Zus.* verwendet wie *Gefinkelter* (*Sorufglansert, Blauhanzesoruf*). Zu vgl. (aus dem verw. Quellenkr.): *Pfulld. J.-W.-B.* 486 (*Sorof* = Branntwein); *Schwäb. Gaun.- u. Kundenspr.* 75 (*Soruff* od. *Soroff* = Schnaps); *Schwäb. Händlerspr.* 486 (*Sôruf* = Schnaps); ebenso auch in der *Pfälz. Händlerspr.* 439. Über weitere Belege im Rotw. sowie die *Etymologie* (vom hebr. *fârûf*, Part. pass. von *fâraf* = „brennen") s. Näh. in *Groß'* Archiv, Bd. 47, S. 223 u. Anm. 1 u. S. 229 u. Anm. 1; vgl. auch *Günther*, Rotwelsch, S. 85 u. in d. „Wiss. Beiheften zur Zeitschr. des Allgem. Deutsch. Sprachvereins", V. Reihe, Heft 36 (1913), S. 184.

[445] S. (betr. *Glansert*) Bierglas.

[446] S. auskochen.

[447] S. (zu beiden Wörtern) Aas.

[448] a) *Schmunk* bedeutet soviel wie: Schmalz (Fett, Mark, „Schmer"), in *Zus.* auch Butter, wofür sonst spezieller *dofer Schmunk*, d. h. „gutes (od. besseres) Fett (Schmalz)", gebraucht wird. Die *Zusammensetzgn.* sind: α) mit *Schm.* voran (außer *Schmunkbolle* noch): *Schmunklehm* = Butterbrot *Schmunkschure* = Butter-(od. Schmalz-)faß, *Schmunkgleis* = Buttermilch *Schmunkschottel* = Fettbüchse, *Schmunkhornikel* = Mastochse, *Schmunkbossert* = Speck; β) mit *Schm.* am Ende: *Bogaschmunk* = Kuhbutter, *Hornikelschmunk* = Ochsenfett, auch Unschlitt (s. d. betr. Übereinstimmg. mit der Zigeunerspr.), *Horbogeschmunk* = Rindsfett sowie ebenfalls Unschlitt. Eine *Ableitg.* ist das Zeitw. *schmunken* = schmälzen (schmelzen). Zu vgl. (aus dem *verw. Quellenkr.*): *Dolm. der Gaunerspr.* 91, 98 (*Schmunk* = Butter, Schmalz); *W.-B. des Konst. Hans* 253 (*Form:* ebenso, *Bedtg.:* Schmalz), *Pfulld. J.-W.-B.* 344 (ebenso, dazu: *schmunkig* = schmutzig); *Schwäb. Gaun.- u. Kundenspr.* 74, 75 (*Schmunke* = Schmalz; *Zus.:* *Schmunkbossert* = Speck); *Schwäb. Händlerspr.* 486 (*Schmunk* = Schmalz; dazu in *Pfedelb.* [209, 213]: *Rindsmunk* = Butter u. *Schmunkbossert* = Speck); s. auch *Pleißlen der Killertaler* 436 (*Schmoñg* = Schmalz) u. *Metzer Jenisch* 216 (*Schmunk* = Butter). Über weitere Belege im Rotw. usw. sowie die *Etymologie* des Wortes (das nach richtiger Ansicht *deutsch.* Ursprungs ist) s. das Näh. in *Groß'* Archiv, Bd. 47, S. 210 (unter „Schmunk-

Buckeler"); vgl. auch *Weber-Günther*, S. 180. — b) *Bolle* (-la) bedeutet — ebenso wie die Zus. *Schundbolla* (s. dazu Näh. schon unter „abgerahmte Milch") —: Kartoffeln (Erdäpfel). Zwei andere *Zus.* damit sind noch (nach den Spr.) *Bolleblättling* = Kartoffelsalat u. *Bolleschottel* = Kartoffelschüssel. *Zu* vgl. (aus dem *verw. Quellenkr.*): Dolm. der Gaunerspr. 93 (*Schompollen* = „Grundbieren" (d. h. Grundbirnen, schwäb. = Kartoffeln); Pfulld. J.-W.-B. 341 (*Bolle* = Kartoffeln); Schwäb. Händlerspr. 482 (*Bolle* od. *Schunbolle* = Kartoffeln). Zur *Etymologie* s. bes. *Fischer*, Schwäb. W.-B. II, Sp. 1274 (unter „Bolle", Nr. 5, bes. lit. b), wonach *Bolle* im allgem. einen „runden Körper, Klumpen, Kugel", weiter eine „rundliche (knorpelige) Frucht" u. bes. die Kartoffel bedeutet; vgl. dazu auch *Groß'* Archiv, Bd. 46, S. 298 (betr. *Bolle* = a) Zwiebel, b) Taschenuhr) sowie bes. über die Form *Schundbolle* u. ä. A.-L. 605 u. *Groß'* Archiv, Bd. 59, S. 263, 265, 283. Über die Verwandschaft von *Bolle* mit d. mhd. Zeitw. *boln* (ahd. *bolôn*) = „rollen, wälzen, werfen, schleudern" u. dgl. s. *Kluge*, W.-B., S. 64 u. *Weigand*, W.-B. I, Sp. 265; vgl. auch schon oben (unter „abfallen") betr. das jenische Zeitw. *bohlen*.

[449] S. angenehm.

[450] S. anmutig.

[451] S. (betr. *Mos[s]*) Bauernfrau.

[452] *Benges* od. *Benk* = Bube, Bursche, Jüngling, dann auch: Freund, Kamerad, Kollege, ferner: Geliebter, Liebhaber (Bräutigam), endlich noch: Sohn (sowie dazu d. Dimin. *Bengesle* = Junge, Knabe) erscheint beliebt in *Verbindungen* und *Zusammensetzgn.* (sowohl für Eigenschafts- wie Standes- u. Berufsbezeichnungen [vgl. dazu „Vorbemerkung", S. 12, Anm. 29]), so: a) in *Verbindgn.* (außer *dufter B.* noch): *jenischer Benges* od. *Benk* = fahrender Bursche, *schofler Benk* = Heuchler, auch Krüppel, *dofer Benk* = Junker, dann (gleich *dofer Benges*) auch: Geliebter (also wie das einfache *Benges* od. *Benk* [s. oben], während *dufter Benk* od. *Benges* nur durch „brauchbarer Bursche" wiedergegeben ist (s. oben im Text), *nobis vergrönter Benges* (d. h. eigtl. „nicht verheirateter Bursche") = lediger Mann; b) in *Zus.*: α) für *Eigenschaften*:

Lubnebenges = „Hurenkerl", *Kenemerbenges* (*-benk*) = „Lausbube"; β) für *Berufe*: *Verkemersbenk* = Handelsbursche, *Sicherbenk* = Koch, *Rattebenk* = Nachtwächter, *Groenikelbenk* = Sauhirt, Schweinehirt, *Jerusalemsfreundbenk* = Schäfer, Schafhirt, *Stradebenk* = Straßenwärter. Zu vgl. (aus dem *verw.* Quellenkr.): *Schwäb. Gaun.- u. Kundenspr.* 76 (*Bink* = Vater); *Schwäb. Händlerspr.* 482-484 (*Penk* = Herr, *Pink* [in *Pfedelb.* (211, 213): *Bink*] = Mann [in *Pfedelb.* (a. a. O) auch: Meister, Vater]; *Kislerpink* = Maurer, in *Pfedelb.* [208, 210, 211, 213] noch: *alter Bink* = „Ausdinger", *Schupferbink* = Bäcker, *Treppertsbink* = Fuhrmann, *Hausbink* = Hausherr, *Wägersbink* = Kaufmann, *Langraßlersbink* = Stationsvorstand [an d. Eisenbahn], in *Eningen* [206, Anm. 1]: *Penk* = Mann, *Stichelpenk* = Landjäger, *Gwanderpenk* = Schultheiß, *Plempenteilespenk* = Wirt; in U. [214]: *Schenägelspenk* = Knecht, *Balespenk* = Waldhüter). Sehr beliebt sind Zus. mit *Penk* (*Pink*) = Mann (vgl. dazu *Penkle* = Bube, Knabe) auch im *Pleißlen der Killertaler*, und zwar auch hier sowohl für Berufe (s. darüber Näh. in *Groß'* Archiv, Bd. 49, S. 349) als auch zur Kennzeichng. von Eigenschaften (s. z. B. [435, 436]: *Fetschnerspink* = schlechter Kerl u. *Schnellpenk* = geiler Mann; vgl. auch [nach *Kapff* 213]: *Schwenzlerspenk* = Dieb (zu *schwenzle(n)* = stehlen]). Über weitere Belege aus dem Rotw. sowie die *Etymologie* s. ausführl. *Groß'* Archiv, Bd. 49, S. 344 ff.; vgl. auch *Fischer*, Schwäb. W.-B. I, Sp. 819 (unter „Penk").

[453] S. Bettelbube.

[454] S. Bauer.

[455] *Galm* = Kind, plur. *Galme* (od. *-ma*) = Kinder (Nachkommen), Dimin. *Gälmle* (Kindlein [Spr.]) findet sich noch in der *Verbdg. dofer Galm* = braves Kind sowie in den folgenden *Zusammenstzgn.*: a) *am Anfang*: *Galmamodel* = Kindermädchen (-magd), *Galmeguffer* (d. h. eigtl. „Kinderprügler") = Lehrer, Schullehrer, *Galmesauft* (eigtl. „Kinderbett") = Wiege; b) *am Ende*: *Schoflergalm* = Stiefkind. Zu vgl. (aus dem *verw.* Quellenkr.): Dolm. der Gaunerspr. 95 (*Gallme* = Kind); *Pfulld. J.-W.-B.* 341 (*Galma* = Kind); *Schwäb. Händlerspr.* 483 (*Galme* = Kinder [sowohl kleinere wie auch größere], *Galmeguffer* = Lehrer [in *Pfedelb.* (211, 213): *Galmen*

= Kind (sic), *Galmenguffer* = Oberlehrer [im Gegensatze zu dem *Schrazeskneppler* = Unterlehrer; vgl. dazu schon oben unter „aufschlagen"] u. *Galmegufferei* = Schule]): s. auch *Metzer Jenisch* 216 (*Galmes* [neben Galster u. Gambes] = Kind). Über noch weitere rotw. Belege sowie die (nicht ganz sichere) *Etymologie* (vielleicht in erster Linie zu hebr. *gôlem* = „Leibesfrucht, Embryo" u. dergl.) s. *Groß'* Archiv, Bd. 47, S. 138 (womit im wes. übereinstimmt auch *Fischer*, Schwäb. W.-B. III, Sp. 34); vgl. jedoch auch Archiv Bd. 48, S. 350 (Nachtr. u. Berichtigungen: *Galme* zu mhd. *galmen* = „schallen"?)

[456] *Schrabiner* od. *Schrawiner* = Kinder, Nachkommen (nur im Plural) scheint weniger gebräuchlich zu sein als *Galme* (-ma), auch in *Verbdgn.* u. *Zus.*; s. jedoch noch *dofe Schrabiner* und *Schrabinermodel* als Synon. zu *dofe Galme* u. *Galmamodel* (s. d.) Zu vgl. (aus dem *verw. Quellenkr.*): Schwäb. Händlerspr. 483 (*Schrawêner* = Kinder). — Nach *Schütze* 90 soll *Schrab(b)iner* (das auch schon in *Ku.* III [428] angeführt) gemäß einer Mitteilung eines ostpreußischen „Kunden" der Plural zu *Schrappen* = Kind sein. Letzteres findet sich (jedoch meist für die *Mehrzahl* [„Kinder"]) vereinzelt auch in der Gaunersprache (s. z. B. *v.* Grolman 64 u. T.-G. 105 [*Schrappen* = Kinder]; *Karmayer* 149 (*Schrapp* od. *Schrampen* = Kind [also beides *sing.*]; A.-L. 604 [*Schrappen, Schrabben* od. *Schrammen* = Kinder]; *Groß* 492 [*Schrapfen* = kleine Kinder]; vgl. ferner noch *Hall. Lattcherschmus* 492 [*Schräppchens* = Kinder]). Die *Etymologie* bleibt unsicher (s. *Groß'* Archiv, Bd. 47, S. 140, Anm. 3 a. E.); vgl. A.-L. 604, der das angels. *screpan* (nach *Kluge* W.-B., S. 415: *crimpan*) = „schrumpfen", das engl. *shrimp* = „Knirps, Zwerg" sowie unser volkstüml. spött. *Krabbe* (eigtl. „kleiner Seekrebs") für ein kleines (munteres) Kind (s. *Paul*, W.-B., S. 304 u. *Weigand*, W.-B. I, Sp. 1131) herangezogen hat. — Über das Synon. *Stratz* (plur.: Stratze) s. unter „Hurenkind".

[457] S. Beischläferin.

[458] S. brauchbarer Bursche.

[459] S. Bettelbube.

[460] S. angenehm.

[461] S. brauchbares Kind.

[462] S. abbiegen. Ob es sich bei *Schure* = Bremse um die Tierbezeichnung oder um das gleichnamige Werkzeug handelt, ist nicht ersichtlich.

[463] S. abbrennen.

[464] S. Attest.

[465] S. (betr. *Rande*) Bauch.

[466] S. (betr. *-buckler*) abtragen.

[467] S. anschauen.

[468] S. Ananas.

[469] S. Bäcker.

[470] *Maro* = Brot (seltener als *Lechem* od. *Lehm*) kommt im W.-B. nur in *einer Zus.* vor, *Lanengermaro* (eigtl. „Soldatenbrot") = Kommißbrot (s. d. betr. Übereinstimmg. mit der Zigeunerspr.). *Zu vgl.* (aus dem *verw. Quellenkr.*): Dolm. der Gaunerspr. 91 (*Marum* = Brot, *gehechelter, schofel M.* = weißes, schwarzes Brot); *Pfulld. J.-W.-B.* 338 (*Maro* = Brot, *Kächeltemano* (sic, Druckf.) = „Bäckerbrot"); Schwäb. Händlerspr. 480 (*Maro*); s. auch *Metzer Jenisch* 216 (ebenso). — Über weitere Belege in Rotw. sowie die *Etymologie* (aus der Zigeunerspr. (vgl. „Einleitung", S. 30]) s. die Angaben in *Groß'* Archiv, Bd. 46, S. 22, 23 u. Anm. 1 u. dazu noch *Finck*, S. 72 (*māro*). Nach *Miklosich*, Denkschriften, Bd. 27, S. 10 läßt sich das Wort bis ins Altindische (*man̄ha* = „eine Art Gebäck") zurückverfolgen.

[471] S. Bäcker.

[472] S. (betr. *Schottel*) Aschenbecher.

[473] S. (betr. *Rande*) Bauch.

[474] S. (betr. *Schure*) abbiegen.

[475] Betr. *Flu(h)te* s. abbrühen. — Das Wort *Sore* nimmt eine ähnliche Aushilfsstellung ein wie (das auf *denselben* Stamm zurückzuführende) *Schure* (vgl. „Einltg.", S. 24 u. „Vorbmkg.", S. 16), jedoch kommt es für sich *allein* doch seltener vor als letzteres und auch in *Verbindgn.* u. *Zusammensetzgn.* mit anderen Vokabeln erreicht es nicht die gleiche Beliebtheit wie *Schure.* a) *Ohne* Zusatz erscheint es gebraucht: α) für *Tiere*: im Sinne von „Vieh"; β) für *Sachen*: in den Bedeutgn. „Ding, Sache", ferner „Ware" (wohl die ursprüngl. Bedtg.) u. spezieller noch: Porzellan, Zwirn sowie versch. Produkte des Pflanzenreichs, näml.: Erbsen, Linsen, Pfeffer und Zwiebeln. b) Eine *Verbindg.* mit *Sore* für einen allgemeinen (abstrakten) Begriff ist *grandich Sore* (ebenso wie *gr. Schure*) = Reichtum, Überfluß, Vermögen (eigtl. = „[sehr] viele Dinge"; vgl. dazu oben unter „Bischof"). c) *Zusammensetzgn.* mit *Sore* sind: α) im *Anfang*: *Soreschottel* = Erbsen- od. Linsenschüssel, aber auch: Pfefferbüchse und Porzellantasse u. *Sorebrandling* = Zwiebelkuchen; β) *am Ende*: (außer *Flu[h]tesore*, das noch die Nebenbdtg. „Wasserfaß" hat, noch): *Stöbersore* = Obst, *Kupfersore* (d. h. eigtl. „Grasding") = Sense, *Begersore* = Totenbahre, *Pfladersore* = Wäsche, *Johlesore* = Weinfaß, *Säftlingsore* = Weinberg, *Rondlingsore* = Wursthaut. Zu vgl. (aus dem *verw. Quellenkr.* [in dem der Aushilfscharakter des Wortes im allgem. noch nicht so scharf hervortritt wie in *Wittichs* Jenisch]): *Dolm. der Gaunerspr.* 89, 95, 99, 101 (*Sore* = allerhand Ware, *Mette Sōre* = Barche[n]t [zu *Mette* = Bett, vom jüd. *mittō*, hebr. *mittā*; s. Fischer, Schwäb. W.-B. IV, Sp. 1642], *g'socht Sore* = Krämerware, *Gschock Sore* = gestohlene Marktware); *W.-B. des Konst. Hans* 253 (*Sore* = „die in den Kammern und Kisten befindliche Ware"); Schöll 272 (*Sore* = Ware, *Achelsore* = Eßwaren); *Pfulld. J.-W.-B.* 339, 341-343, 345, 346 (*Sore* = Ware, Zeug, Sache, *Achselsore* od. *schluckige Sore* = Eßwaren, Lebensmittel, Speisen, *Kangerisore* = Kirchengerät [zu *Kangeri* = Kirche, aus d. Zigeunerspr.; vgl. z. B. Finck, S. 63], *Sichereisore* = Küchengerätschaften); *Schwäb. Händlerspr.* 488 (*Sore* = Ware). Über weitere Belege im Rotw. und die *Etymologie* des Wortes (die die gleiche wie die von *Schure* ist) s. Groß' Archiv, Bd. 38, S. 241/42; vgl. oben unter

"abbiegen".

[476] *Glied* bedeutet demnach: Bruder, Schwester (Geschwister) bzw. Sohn, Tochter. Dazu die *Zusammensetzgn.*: *Kafferglied* = Mannesschwester (Schwägerin), *Patrisglied* = a) Oheim väterlicherseits („Vatersbruder"), b) Tante väterlicherseits („Vatersschwester"), c) Neffe (väterlicherseits), *Mamereglied* = a) Oheim mütterlicherseits („Mutterbruder"), b) Tante mütterlicherseits („Mutterschwester"), c) Neffe (mütterlichereits). S. dazu betr. Übereinstimmg. mit d. Zigeunerspr. unter „Oheim" u. „Tante". — Zu vgl. (aus dem verw. Quellenkr.): *Pfulld. J.-W.-B.* 338, 344 (*Glied* = Bruder, Schwester); *Schwäb. Händlerspr.* (U. [214]: *Glied* = Schwester). *Etymologie*: Ein Zusammenhang mit dem rotw. *Gli(e)d* = Hure (worüber Näh. in *Groß'* Archiv, Bd. 42, S. 13, 14 u. „Anthropophyteia", Bd. IX, S. 22 ff.) wird kaum vorliegen, vielmehr dürfte der Ausdruck wohl — wie im wes. auch *Fischer*, Schwäb. W.-B. III, Sp. 692 (unter „Glid" II) anzunehmen scheint — schlechthin mit unserem gemeinsprachl. „Glied" (hier im Sinne etwa von „Familienglied") gleichbedeutend sein.

[477] S. abbrühen.

[478] S. Amme.

[479] S. brauchbarer Bursche.

[480] S. Bettelbube.

[481] S. abbiegen.

[482] S. Apfelbaum.

[483] S. Aschenbecher.

[484] *Klass* = Büchse (Flinte, Gewehr [Schießgewehr], Muskete) findet sich nur in zwei *Zus.*, näml. *Klasspflanzer* = Büchsenmacher und *Klasskitt* = Schießhaus. Zu vgl. (aus dem verw. Quellenkr.): *Dolm. der Gaun.* 93 (*Klosheim* = Gewehr); *W.-B. des Konst. Hans* 256 (*Klasse* [plur.] = Pistolen); *Schöll* 271

(*Glasse* = Flinte, Gewehr); *Pfulld. J.-W.-B.* 340, 344 (*Klassa* = Geschütz, *Klasse* = Gewehr, Schießgewehr, *klassen* = schießen, *Klasset* = Schuß); *Schwäb Gaun.- u. Kundenspr.* 70, (*Klass* = Gewehr); *Schwäb. Händlerspr.* 481 (*Klaß* [in *Pfedelb.* (209): *Klasse*] = Gewehr, Flinte). — Im sonst. Rotw. (wo das Wort übrigens schon 1724 [im *Duisb. Vokab.* (184)] — als *Classey* = Pistole — nachweisbar ist) gehen die Formen sehr auseinander. S. Näh. darüber sowie über die *Etymologie* (entw. vom hebr. kĕli ēma = „Gerät der Furcht" od. vom hebr. kĕli zimma — „Gerät der Schädlichkeit") in *Groß'* Archiv, Bd. 43, S. 12, Anm. * (zu „Klassensenteser").

[485] S. abschießen.

[486] S. (betr. -*pflanzer*) anbrennen.

[487] S. Bauch.

[488] S. Beischläferin.

[489] S. arg.

[490] *Hornikel* od. *Hornigel* = Ochse (Bulle, Stier) findet sich in den folgenden *Zusammensetzgn.*: a) *am Anfang*: *Schmunkhornikel* = Mastochse; b) *am Ende*: *Hornikelschmunk* = Ochsenfett, auch Unschlitt (s. d. betr. Übereinstmmg. mit d. Zigeun.), *Hornikelbossert* = Ochsenfleisch, *Hornikelgielblättling* = Ochsenmaulsalat, *Hornikelkafler* = Ochsenmetzger, *Hornikelstenkert* = Ochsenstall. In dem spez. verw. Quellenkr. ist der Ausdr. m. W. unbekannt, dagegen findet er sich im *Metzer Jenisch* 216 (in der Form *Hornigl* für „Kuh") sowie auch schon im ältern Rotwelsch für „Ochse" oder „Kuh" (s. z. B. *Schwenter* 1620 [137: *Hornnickl* = Ochsen]; bei *A. Hempel* 1687 [167: *Hornickel* = Kuh] u. a. m.). Zur *Etymologie* (wohl von *Horn* u. *Nickel*, Kurzform von *Nikolaus*, also e. Art. Personifizierung des Tiers durch e. menschl. Eigennamen) s. *Günther*, Rotwelsch, S. 80; vgl. auch *Pott* II, S. 11 u. *Fischer*, Schwäb. W.-B. III, Sp. 850 (betr. das analog gebildete *Gronickel* = Schwein, worüber Näh. auch noch unten unter „Eber").

[491] *Kritsch* = Bürgermeister (Ortsvorsteher, Schultheiß,

Ratsherr) ist schon dem *Dolm. der Gaunerspr.* 98, 101 bekannt gewesen (*Kritsch* = Schulz, Vogt; vgl. [89]: *Krisch* = Ammann [sic]); vgl. ferner: *Pfulld. J.-W.-B.* 346 (*Gritsch* = Vogt) u. *Schwäb. Händlerspr.* 486 (*Kritsch* = Schultheiß). Die *Etymologie* ist zweifelhaft. Von *Fischer*, Schwäb. W.-B. IV, Sp. 770 (unter „Kritsch" II) ist das zigeun. *krísni* = „Amt, Gericht" (s. *Finck*, S. 66; vgl. auch *Pott* II, S. 123 [unter „Krisni"]; *Liebich*, S. 138, 174 u. 202 [*grisni* = Gericht, Amt]; *Jühling*, S. 222 [*Grissni* = Gericht]) herangezogen worden.

[492] *Schar(r)le* (Synon. zu *Kritsch*) kommt in *dieser* Form und Bedeutung im *Dolm. der Gaunerspr.* noch *nicht* vor, vielmehr findet sich hier (93) nur das längere *Grandscharle* für „Hatschier", das *früher* auch in *Wittichs* Jenisch gebräuchlich gewesene (vgl. „Einleitung", S. 28), dagegen hat schon das W.-B. *des Konst. Hans* neben *Grandscharle* = Hatschier (so: 257, in den „Schmusereyen") auch noch *Scharle* = Schultheiß, Dorfvogt (so: 254, im Vokabular), und ebenso führt das *Pfulld. J.-W.-B. beide* Vokabeln auf (s. 339: *Granscharle* = Gardist; 346: *Scharle* = Vogt). Die neueren schwäb. Quellen kennen dagegen nur noch die letztere Form; s. *Schwäb. Gaun. u. Kundenspr.* 74 u. *Schwäb. Händlerspr.* 486 (*Scharle* od. *Schârle* = Schultheiß). *Etymologie*: Die Herkunft des Wortes *Schar(r)le* (auch in Grandscharle) bleibt unsicher; auch *Fischer*, Schwäb. W.-B. III, Sp. 790 (unter „Grandscharle") hat keine Erklärung gegeben. Über Hypothesen s. Näh. in *Groß*' Archiv, Bd. 49, S. 347 (unter „Scha[a]rbin[c]k"); ebends. (in Anm. 2) auch noch weitere rotw. Belege für *Scha(a)r(r)le* u. *Gran(d)schar(r)le*.

[493] S. (betr. *jenisch*) Bachstelze, (betr. *Benges* od. *Benk*) brauchbarer Bursche u. (betr. (*Fi[e]sel*) Bettelbube.

[494] *Stiepa* (plur. Stiebe [Spr.]) = Bürste (Kehrbesen [Besen]) — u. dazu die Zus. *Stiepenpflanzer* = Bürstenbinder (Spr.) — ist dem *verw. Quellenkr.* sowie auch sonst im Rotw. m. Wiss. *nicht* bekannt. Der *Etymologie* nach dürfte es wohl zu unserm gemeinsprachl. „stieben" bezw. „stäuben" gestellt werden (s. *Weigand*, W.-B. II, Sp. 955: *stäuben*, [eigtl.] „*stieben* machen, Staub erregen; *aber auch* in *denselben* Bedeutgn. wie *stauben*", d. h. „Staub von sich geben, Staub erregen, *Staub entfernen* [in *abstauben*]"; vgl. Sp. 970 unter „stieben").

[495] In *Rutscherschure* (sonst m. Wiss. nirgends bekannt) gehört der erste Bestandteil natürlich zu unserem Zeitw. *rutschen* (= „sich gleitend bewegen"); vgl. Näh. bei *Weigand*, W.-B. II, Sp. 630. — Betr. *Schure* s. d. folgde. Anm.

[496] S. abbiegen.

[497] S. (betr. *-pflanzer*) anbrennen.

[498] S. Amtsdiener.

[499] S. angenehm und Bratkartoffeln; vgl. auch „Vorbemerkung", S. 19, Anm. 49.

[500] S. (betr. *Lehm*) Bäcker.

[501] S. (betr. *Schure*) abbiegen.

[502] S. (betr. *Gleis*) abgerahmte Milch.

[503] *Strade* = Straße (Chaussee, Pfad, Weg) findet sich auch in einer Reihe von *Zusammensetzgn.* (nur am Anfang), nämlich: *Stradeschenegler* = Chausseearbeiter (Straßenarbeiter), *Stradebich*, *-gore* oder *-lobe* = Chausseegeld (Pflaster-, Wegegeld), *Stradekies* od. *-hertling* = Kilometerstein (Meilenzeiger), *Stradebenk* = Straßenwärter, *Stradelinzer* = Wegweiser. Zu vgl. (aus dem *verw.* Quellenkr.): Dolm. der Gauerspr. 99, 101 (*Strade* = Weg; *Stratekehr* = Straßenräuber); W.-B. des Konst. Hans 254, 259 (*Strade* = Weg, Straße, *Stradekehrer* u. *-kehra* = Straßenräuber u. *-raub*); Schöll 271 (*Strade* = Straße); Pfulld. J.-W.-B. 346 (Form: ebenso, Bdtg. Weg); Schwäb. Händlerspr. 487 (*Strate* [in *Pfedelb.* (212): *Strade*] = Straße); s. auch Metzer Jenisch 216 (*Strālje* = Straße). Über weitere rotw. Belege sowie die *Etymologie* (Wurzel wohl: ital. *strada* bzw. lat. *strata*, zu vgl. ndd. *Strât*) s. ausführl. Groß' Archiv, Bd. 42, S. 65, Anm. 1 (zu „Straderadler"); vgl. auch Bd. 54, S. 158-164 (unter „Stradehändler" u. „Stradekehrer").

[504] S. (betr. *-schenegler*) abschaffen.

[505] S. (betr. *Bich*) Almosen.

[506] S. (betr. *Gore*) Barschaft.

[507] S. (betr. *Lobe*) Bank.

[508] Zu *her(r)les* od. *her(r)lem* = hier, da (daher, daneben, danieder) *vgl.* (aus dem *verw. Quellenkr.*): *Dolm. der Gaunerspr.* 93 (*herles* = hier oder da); *W.-B. des Konst. Hans* 256 (*herrles* = hier); *Pfulld. J.-W.-B.* 340 (*hirles* = hier, hierher); *Schwäb. Händlerspr.* 480, 482 (*hirles* [in *Pfedelb.* (209) dagegen: *herlis*] = dieser, *herles* od. *hirles* = hierher! [komm her!], in *Lütz.* [214]: *hirlem* = hier); s. auch *Metzer Jenisch* 216 (*herlis* = hier). Zur *Etymologie* des (auch sonst hin und wieder im Rotw. begegnenden) Wortes s. *Fischer*, Schwäb. W.-B. III, Sp. 1680 (unter „hirles"), wonach es „gewiß" zu unserem „hier" zu stellen ist.

[509] S. (betr. *bosten* u. *pfichen*) = abgehen.

[510] Das Zeitwort *schef(f)ten* hat mehrfache Bedeutungen, nämlich: a) die ganz allgemeine von „sein" (s. weiter unten im Vokabular: *das schef[f]t Lore* = das ist nichts u. *schef[f]t a Ruch* = das ist ein Bauer; vgl. auch *dof schef[f]t's* = heil, d. h. eigtl. „es *ist* [geht] gut"), sodann b) die spezielleren von α) „sitzen" (niedersitzen) u. β) „kommen" (vgl. oben: *schef[f]t' her[r]les* = komm daher [hierher]) oder „gehen", bes. in der Verbindg. *schiebes schef(f)ten* = davongehen (fort-, weggehen), sich entfernen (s. [betr. *schiebes*] Näh. unter „davongehen"). Auch in dem *verw.* Quellenkr. lassen sich diese verschiedenen Bedeutgn. verfolgen, wobei in der ältern Zeit die unter a, in der neuern die unter b, β überwiegt. Vgl. *Dolm. der Gaunerspr.* 94 (*scheft* = ist); *W.-B. des Konst. Hans* 254 u. 256 (*scheften* = sein); *Schöll* 272 (*scheften* = sein, aber auch: haben, ferner: sich setzen); *Pfulld. J.-W.-B.* 345 *schefften* = gehen); *Schwäb. Händlerspr.* (in *Pfedelb.* [210, 214]: *schee[f]ten* = gehen [vgl. *scheeft ab, ist abgescheeft*], *zusammenscheften* = zusammenkommen; in *Lütz.* [215]: *schäfte[n]* = laufen); vgl. auch noch *Pfälz. Händlerspr.* 438 (*scheften* = sein; gehen). Über weitere rotw. Belege s. *Weber-Günther* S. 185 (wo jedoch die ältesten Beispiele [s. *Kluge*, Rotw. I, S. 218, 248, 251] aus Versehen fortgelassen sind). Ebends. auch Näh. über die *Etymologie* des Wortes, die nicht ganz sicher und vielleicht für seine verschiedenen Bedeutungen zu sondern ist. So hat

es *Stumme,* S. 14 für die Bedeutg. „sein" und bes. „sitzen" auf das hebr. *schebet,* infinit. construct. von *jâschab* = „sitzen, verweilen", zurückgeführt, während bezügl. der *anderen* Bedeutungen von A.-L. 597 u. *Meisinger* in d. Z. f. hochd. Mundarten, Jahrg. III (1902), S. 125 (unter Nr. 59) unser Zeitw. *„schaffen"* als Quelle betrachtet worden ist.

[511] S. Amtmann u. (betr. *Mos[s]*) Bauernfrau.

[512] S. Abend.

[513] S. da.

[514] S. abbetteln.

[515] S. abfahren.

[516] S. abgehen.

[517] S. unter „daher" a. E.

[518] *Lore* (lore) = nichts, nicht, auch wohl: nein (Spr.) ist sonst m. Wiss. in den Quellen nicht anzutreffen. Wahrscheinlich liegt hier aber nur eine Verunstaltung (wenn nicht gar ein Schreibfehler für *Lone* (lo[h]ne) vor, das vereinzelt schon im ältern Rotw. (etwa seit d. 18. Jahrh.) in den Bedeutungen „nichts" (nicht), nein (auch: „niemand") vorkommt (s. z. B. *Körners Zus. zur Rotw. Gramm.* v. 1755 [241 unter „wächeln": *lone* = nichts]; *Krünitz' Enzyklopädie* 1820 [351: *Lohne* = niemand, nein]; *v. Grolman* 43 u. T.-G. 112, 113 u. *Karmayer G.-D.* 208 [*lo[h]ne* = nein, nicht, nichts]). Dieses aber ist seinerseits (nach *Weber-Günther,* S. 156) vermutlich eine Abkürzung der volleren Form *lolohne, laulo(h)ne,* die in den älteren jüdisch-deutschen Glossaren durch „mit nichten" u. dergl. wiedergegeben ist (s. z. B. v. *Reitzenstein* 1764 [247]; vgl. *Thiele* 273) und auch im Rotw. den Begriff einer bes. starken Verneinung an sich trägt (s. z. B. *Kluge,* Rotw. 325, 367; vgl. auch 441). Es entspricht dem hebr. *lô lânû,* d. h. eigtl. „nicht uns" (s. schon *Thiele* 272, Anm.**), einer Abwehrformel bei Erwähnung schädlicher Sachen, eines traurigen Ereignisses, also etwa „Gott behüte" (nach gefl. Mitteilg. von *A. Landau*). Das *einfache lo* (loo), *lau, law* u.

a. = nicht (nichts), nein ist im Rotw. öfter anzutreffen (s. Belege bei *Weber-Günther*, a. a. O.), so namentl. auch in dem *schwäb. Quellenkr.*; vgl. *Dolm. der Gaunerspr.* 97 (*lau* = nein); *W.-B. des Konst. Hans* 255 (ebenso); *Schöll* 270 (Form: ebenso, Bedtg.: nichts); *Pfulld. J.-W.-B.* 342 (*lau, lo* = nichts); *Schwäb. Händlerspr.* 484 (*lo* = nicht); s. auch *Pfälz. Händlerspr.* 438 (*lô* = nein); merkwürdig die Form *lopach* = nichts (es ist nichts) in der *schwäb. Gaun.- u. Kundenspr.* 73 (während nein dort *none* heißt). Zur *Etymologie* von *lo, lau* (u. s. Nebenbedeutg. „falsch, schlecht") s. noch A.-L. 565 (unter „Lametaleph"); vgl. auch *Fischer*, Schwäb. W.-B. IV, Sp. 1020 u. 1261.

[519] S. Bauer.

[520] *Grif(f)leng* (*-ling*) = Hand (Faust, auch Finger und spezieller Daumen) findet sich auch in der Wendung *Grif(f)leng steken* = die Hände geben sowie in folgenden *Zusammenstzgn.*: a) *im Anfang*: *Grif(f)lingobermann* = Fingerhut, *Gri(f)lengschenagel* = Handarbeit, *Grif(f)lingtrittling* = Handschuh; b) *am Ende*: *Trittgrif(f)leng* (eigtl. „Fußfinger") = Zehe (s. d. betr. Übereinstimmung mit d. Zigeun.), *Linzgrif(f)ling* = Zeigefinger. *Zu vgl.* (aus dem *verw. Quellenkr.*): *Dolm. der Gaunerspr.* 93 (hier *Griffling* = Handschuh, während die Hand durch *Feme* wiedergegeben ist); *Pfulld. J.-W.-B.* 340 (*Grifling* = Hand); *Schwäb. Gaun.- u. Kundenspr.* 70 (*Griffling*); *Schwäb. Händlerspr.* 481 (*Griffling* = Hand, Finger). Das *Pleißlen der Killertaler* 435 kennt *Greiferle* = Hand. S. weiteres, bes. auch zur *Etymologie* des Wortes (das natürlich zu unserm „Griff" bezw. „greifen" gehört), noch in *Groß'* Archiv, Bd. 42, S. 50 (unter „Greifer"); vgl. auch *Fischer*, Schwäb. W.-B. III, Sp. 834.

[521] *Schiebes* (davon, fort, weg) kommt in *Wittichs W.-B.* nur vor in den Wendungen *schiebes bosten, pfichen* od. *schef(f)ten* = davongehen (fortgehen); vgl. auch: sich entfernen, entrinnen, entspringen, entweichen, fliehen, weggehen) sowie *schiebes bukle* = davontragen. *Zu vgl.* (aus dem *verw. Quellenkr.*): *Dolm. der Gaunerspr.* 91 (*Schiebes[-]machen* = durchgehen od. „echappieren" [womit im wes. übereinstimmend auch schon d. W.-B. von *St. Georgen* 1750 (216: *Schübes machen*, Bdtg. ebenso)]; *W.-B. des Konst. Hans* 258 (*schiabes malochen* = fortgehen [vgl. dazu „Einleitung", S. 27, Anm. 75]; *Schöll* 273 (*schiebes machen* = sich aus dem Staube machen); *Pfulld. J.-W.-B.* 339, 342 (*schibes* = fort, los, *schibisnaschen* = scheiden [s. betr. *naschen* in *Wittichs W.-B.* unter „fliehen"]); s. auch *Metzer Jenisch* 216 (*schiebes* = fort) u. *Eifler Hausiererspr.* 491 (*bod schiebes* = geh fort). Zur *Etymologie*: Am einfachsten ist das Wort *schiebes* doch wohl (mit *Stumme*, S. 20) von unserm deutsch. Zeitw. „schieben" (über dessen Gebrauch im Rotw. zu vgl. *Groß'* Archiv, Bd. 47, S. 146 ff.) herzuleiten, jedoch könnten immerhin auch *hebr.* Vokabeln mit von Einfluß gewesen sein; s. darüber Näh. bei *Weigand* im „Intelligenzblatt für die Provinz Oberhessen", Jahrg. 1846, Nr. 73, S. 296 (der zu jüd. *Schības gehen* = zu Grunde, verloren gehen das hebr. *schêbet* = „Ruhe, Aufhören" herangezogen); vgl. auch A.-L. 599 unter „schieben" u. *Weber-Günther*, S. 192.

[522] S. abgehen.

[523] S. unter „daher" a. E.

[524] S. (betr. *bukle*) abtragen.

[525] S. abbiegen.

[526] *Latt* = Degen, Säbel (Hirschfänger) kommt auch vor in der *Zus. Lattenkarle* = Gendarm (s. darüber Näh. unter diesem Worte) u. *Lattenpflanzer* = Waffenschmied. *Zu vgl.* (aus dem *verw. Quellenkr.*): *Schwäb. Händlerspr.* 486 (*Latt* = Seitengewehr); s. auch noch *Hennese Flick* von *Breyell* 450 (*Lott* = Degen). Auch in der Soldatensprache ist *Latt* in *gleichem* Sinne bekannt (s. *Horn*, Soldatenspr. S. 68), doch

bedeutet es bei den bayrischen Soldaten *auch das Gewehr*, und *ebenso* auch wohl bei den Gaunern (s. *Pollak* 221; *Ostwald* 93) u. Kunden (arg.: *August mit der Latte* = Landjäger, Gendarm [*Schwäb. Gaun.- u. Kundenspr.* 72 u. *Ostwald* (*Ku.*) 15]), was eigentlich auch natürlicher erscheint, da man doch den Ausdr. etymologisch wohl zu unserm Hauptw. *Latte* stellen darf (vgl. dazu noch *Groß'* Archiv, Bd. 51, S. 140 u. *Fischer* Schwäb. W.-B. IV, Sp. 1015 unter „Latt[e]", Nr. 2).

[527] S. angenehm u. Apfelkern. Eine etwas abweichende Umschreibung für „Diamant" kennt die Zigeunersprache, nämlich *dikkapáskĕro parr*, d. h. „durchsichtiger Stein" (*Liebich*, S. 132, 189); vgl. „Vorbemerkung" S. 19, Anm. 48.

[528] S. Adler.

[529] S. (betr. *Rande*) Bauch.

[530] S. (betr. *Ki[e]bes*) Angesicht.

[531] S. anfassen.

[532] S. ausstehlen.

[533] S. (betr. *Ulma*) arme Leute.

[534] S. (betr. *Kitt*) Abort.

[535] *Zopferei* = Diebstahl ist eine Ableitung von dem Zeitw. *zopfen*, das für „stehlen" — nach *Wittichs* „Einleitung" (S. 28) — jetzt veraltet sein soll, jedoch auch in diesem Sinne noch im W.-B. in der Zus. *herauszopfen* = herausstehlen angeführt ist, während es hier außerdem (ähnl. wie im Rotw.) — ohne Zus. — für „erwischen" vorkommt. *Zu vgl.* (aus dem *verw. Quellenkr.*): W.-B. *des Konst. Hans* 259 (*krank zopfen* = gefangen nehmen); *Schöll* 271, 273 (*zopfen* = nehmen, *krank zopfen* = gefangen nehmen); *Pfulld. J.-W.-B.* 337, 339-341, 345 (*zopfen* = ausplündern, herausnehmen, stehlen, *Zopfen* [als Subst.] = Diebstahl; *krankzopfen* = gefangennehmen, *kiwiszopfen* = köpfen u. a. m.); *Schwäb. Gaun.- u. Kundenspr.* 67 (*zopfen* = ausplündern); *Schwäb. Händlerspr.* 484, 486 (*zopfen* = ausplündern, nehmen, stehlen [in *Pfedelb.* (208, 213) auch:

ausplündern, nehmen u. verhaften], *Staubzepfer* [eigtl. „Mehldieb"] = Müller). Über weitere Belege im Rotw. (seit d. 17. Jahrh.) sowie die *Etymologie* (= Nebenform zu „zupfen", die bes. auch der allgem. schwäb. Mundart bekannt ist) s. Näh. in *Groß'* Archiv, Bd. 47, S. 152, Anm. 1 vbd. m. *v. Schmid*, Schwäb. W.-B., S. 550.

[536] S. abschaffen.

[537] S. angenehm.

[538] *Glitschin*, eigtl. = Schlüssel, dann auch Dietrich findet sich — außer in der Verbindg. *nobes dofer Glitschin*, ebenfalls = Dietrich (s. oben) — auch noch in folgenden *Zusammensetzgn.*: a) *am Anfang*: *Glitschinpflanzer* = Schlosser; b) *am Ende*: *Kittglitschin* = Hausschlüssel, *Duftglitschin* = Kirchenschlüssel, *Sichereglitschin* = Küchenschlüssel, *Sturmkittglitschin* = Rathhausschlüssel, *Luberglitschin* = Uhrschlüssel. In dem *verw.* Quellenkr. ist das Wort zwar nicht bekannt, wohl aber kommt es sonst in der neueren Gaunersprache sowie — in *ähnl.* Formen — auch schon im ältern Rotwelsch vor. S. *Groß'* Archiv, Bd. 43, S. 53, Anm. 1 vbd. mit S. 52, Anm. 3. Ebds. S. 52, 53 (im Text) auch ausführl. Angaben über die *Etymologie* — aus der *Zigeunersprache* (s. „Einleitung" S. 30); vgl. dazu auch noch *Finck*, S. 65 (der jedoch nur die Form *klídi[n]* anführt, während die älteren Sammlungen meist *glitschin* u. *glitin* als gebräuchlichste Form bei d. *deutsch.* Zig. haben).

[539] Eine ähnliche Umschreibung kennt auch die Zigeunersprache, wenigstens nach *Liebich*, S. 189, der *tschi tschātschi glitin*, d. h. „kein *rechter* Schlüssel", für „Dietrich" hat (vgl. „Vorbemerkung", S. 17), wogegen der Begriff bei *Finck*, S. 65 einfacher durch *bángi klídin*, d. h. etwa „falscher Schlüssel", wiedergegeben ist. — *Nobes* od. (häufiger) *nobis* hat außer der Hauptbedeutg. „nicht" auch noch die von „nein", „niemals" und „umsonst", ferner von „unbedeutend" od. „unnütz" sowie (als Subst. gebraucht) von „Null" u. „Tand" (s. d. Wörter betr. die Übereinstimmg. m. d. Zigeun.). Dazu zahlreiche *Verbindungen*, nämlich: a) mit *Zeitwortformen*, u. zwar α) mit *Infinitiven*: *nobis sehenegla* (d. h. „nicht[s] arbeiten") = faulenzen, *nobis diberen* od. *schmusen* (d.

h. „nicht[s] reden, sprechen") = stumm sein (s. d. betr. die Übereinstimmg. mit d. Zigeun.); β) mit der *ersten u. dritten Pers. Präs.* (als Umschreibg. für deutsche Adjektive): *gneis nobis* (d. h. „[ich] kenne [es] nicht") = unbekannt, *hauret nobis* (d. h. „[es] ist nichts") = ungültig, unzweckmäßig, *begert nobis* (d. h. „[er, sie, es] stirbt nicht") = unsterblich (s. d. betr. Übereinstimmg. m. d. Zigeun.); γ) mit *Partizipien* (z. Teil für deutsche Adjektive): *nobis vergrönt* (eigtl. „nicht verheiratet") = ledig (unverheiratet), *nobis ang'kluftet* (d. h. „nicht angekleidet") = nackt (unbedeckt), *nobis geschert* = ungekocht; b) mit *Adjektiven*: *nobis bauserich* = furchtlos, *nobis dof* = garstig, nichtsnutzig, unecht, unkeusch, unnütz, untauglich, untreu, unzüchtig, wertlos (vgl. auch die Substantivierung *nobis Dofs* = Trübsal, Übel), *nobis grandich* = machtlos, wenig, winzig, *nobis g'want* = nichtsnutzig, *nobis wo(h)nisch* (bzw. *gril[l]isch, diboldisch*), d. h. eigtl. „nicht katholisch (bzw. protestantisch, jüdisch") = ungläubig, *nobis begerisch* (d. h. „nicht krank") = wohl (gesund, unverletzt); c) *mit einem Substantiv* (für ein deutsches Adjektiv): *nobis Strauberts* (d. h. „keine Haare") = kahl; d) mit *Substantiven und vorgesetzten Adjektiven* (zur Umschreibung von Begriffen, für die es im Jenischen an einfachen Hauptwörtern fehlt): — außer *nobes dofer Glitschin* = Dietrich noch — *nobis dofer Bich-, Kies-* od. *Lobepflanzer* = Falschmünzer, *nobis vergrönter Käfferle* = Junggeselle, *nobis dofs Jahne* = Mißjahr (s. d. betr. Übereinstimmg. m. d. Zigeun.), *nobis grandicher Kaffer* = Zwerg; endlich erscheint es noch e) in einer fast satzartigen Wendung: nämlich *nobis Strauberts auf'm Ki(e)bes* (d. h. „keine Haare auf dem Kopfe") für das deutsche Subst. Kahlkopf. Zu vgl. (aus dem *verw.* Quellenkr.): Pfulld. J.-W.-B. 339, 342, 345 (*noves* = nicht; *nobus schlaune* = schlaflos; *Manobisch, schinegeln* = Faulenzer [wofür wohl richtig zu lesen, (ma) *nobisch schinegeln* = faulenzen], *nobis maker* [v. hebr. *makâr* = „bekannt"; s. Fischer, Schwäb. W.-B. IV, Sp. 1371] od. *nobis knais* = unbekannt); Schwäb. Gaun.- u. Kundenspr. 73 (*nobes* = nichts [es ist nichts], *lauter nobes* = alles nichts); Schwäb. Händlerspr. 484 (*nobis* = nein, *nôbis* = nicht [in Pfedelb. (212): *nowes* = nein, nicht u. *binowes* = gar nichts]). Auch in *nicht* verwandten Krämersprachen findet sich das Wort (s. z. B. in nordwestfäl. *Bargunsch* 446 [*nobis* = nein, nicht] u. im *Hennese Flick von Breyell* 456 [*nobes* = nein]). Über das Auftreten der Vokabel im ältern Rotwelsch (seit Auf. des 17. Jahrh. [s. z. B. schon *Ulenhart* 1617 [132, 132: *nobis* = nicht] u. dann öfter in verschiedenen Formen) s. Näh. bei *Weber-Günther*, S. 173/74 unter „*nowes*"; desgl. bezügl. der *Etymologie*, worüber u. a. folgendes ausgeführt ist: „Nach *Wagner* bei *Herrig*, S. 225 hängt das Wort ‚ohne Zweifel ... mit dem alten *Nobis* zusammen, welches wieder von der italienischen Nebenform *nabisso* (= in abisso; französ. *abîme*, griech.-lat. *abyssus* = Abgrund, Hölle) herzuleiten ist'. Dazu das bekannte *Nobiskrug* = Hölle; eigtl. ‚Höllenschenke' (s. dazu *Kluge*, W.-B. S. 332/33, *Weigand*, W.-B. II, Sp. 308 u. bes. *Grimm*, D. W.-B. VII, Sp. 862 ff.). Unbeschadet *dieser* Etymologie besteht aber vielleicht (nach gefl. Mitteilg. von Dr. *A. Landau*) auch noch ein gewisser Zusammenhang zwischen *nobis* = nicht und dem oben (Anm. 518) betrachteten *lo[h]ne*. Da nämlich *lô lânû* (woraus *lolone, lone* entstanden) der Anfang des 115. Psalmes ist, der in der Vulgata (Ps. 113) ‚Non nobis, Domine ..., sed nomini tuo da gloriam' lautet, so könnte dies analog zur Anwendung von *non nobis allein* in der Bedeutung ‚nein' geführt haben, zumal, gleichwie in *lone* lautlich *lô* = nein steckt, auch in *nobis* das *no* als *Negation* empfunden werden konnte. Ob aber dieser Parallelismus mehr als Zufall ist, muß dahingestellt bleiben." Über weitere Bedeutungsveränderungen von *nobis* in den *Krämersprachen* s. noch ebds. S. 174, Anm. 1.

[540] S. abbiegen.

[541] S. Brücke.

[542] S. Beischläferin.

[543] S. arg. u. Beischläferin.

[544] S. alltäglich u. abbiegen.

[545] S. absterben u. Amtmann.

[546] Mit *Scharfling* (od. *Scharpflengl* = Messer (auch spezieller: Federmesser od. Rasiermesser), Dolch ist nur die Zus. *Scharflingpflanzer* = Messerschmied gebildet. Zu vgl. (aus dem *verw.* Quellenkr.): Schwäb. Händlerspr. 484 (*Schärfling* =

Messer), wogegen in der *Schwäb. Gaun.- u. Kundenspr.* 74 der Ausdr. soviel wie „Rettich" bedeutet. Der *Etymologie* nach gehört er natürlich zu unserem Adj. *scharf*.

[547] *Duft* = Kirche (Gotteshaus, Kapelle, Tempel) erscheint auch noch in der *Verbindg*. *Duft halten* = Gottesdienst halten sowie in den *Zus.*: *Duftnolle* = Kelch, *Duftglitschin* = Kirchenschlüssel, *Duftkies* = Opfergeld. Zu vgl. (aus dem *verw. Quellenkr.*): *Dolm. der Gaunerspr.* 95 (*Duft* = Kirche); ebenso übereinstimmend auch *W.-B. des Konst. Hans* 254 u. *Pfulld. J.-W.-B.* 341 (hier [345] auch: *grandiche Duft* = Tempel); *Schwäb. Gaun.- u. Kundenspr.* 71 (*Duft* = Kirche, *Duftreiter* = Kirchenräuber); *Schwäb. Händlerspr.* 483 (*Duft*, Bedg. ebenso, *Dufter* od. *Duftschaller* = Lehrer), s. auch noch *Metzer Jenisch* 216 (*Duft* = Kirche) u. *Eifler Hausiererspr.* 490 (*Doft*). Über weitere Belege im Rotw. sowie die (unsichere) *Etymologie* des Wortes (vielleicht vom hebr. *tefillâ[h]* = „Gebet" od. zu *duft* [heb. *Tôb*] = gut) s. *Groß' Archiv*, Bd. 42, S. 70 u. Anm. 2 u. S. 71 (unter „Duftschaller"); vgl. auch *Weber-Günther*, S. 169. *Fischer*, Schwäb. W.-B. II, Sp. 445 hat der Ausdr. — allerdings nur mit einem Fragezeichen — zu dem Weihrauchduft in den katholischen Kirchen in Beziehung gesetzt.

[548] Dieselbe Umschreibung kennt auch die Zigeunerspr.; s. *Liebich*, S. 189 (*bari kangri* = Dom).

[549] S. Bauerndorf. — Über das frühere (jetzt veraltete) Synon. *Palar* s. „Einleitung", S. 27 u. Anm. 79.

[550] Die dritte Form (*Mochum* [Dim. *Mochumle* (Spr.)]) soll nach der „Einltg.", S. 27 — gleich den früheren, jetzt veralteten *Mokem* u. *Mogumle* — auch „Stadt" bedeuten (wie auch fast allgem. im Rotwelsch), während im W.-B. für „Stadt" nur *Steinhäufle* angeführt ist (vgl. „Einltg.", S. 25, Anm. 61). Zu vgl. (aus dem *verw. Quellenkr.*); *Dolm. der Gaunerspr.* 99 (*Mokum* = Stadt); *W.-B. des Konst. Hans* 251, 257 (*Mokem* = Stadt, Dimin.: *Mogumle* = Städtchen); *Schöll* 271 (*Mokum* = Stadt, Ortschaft); *Pfulld. J.-W.-B.* 339, 345 (*Mochum* = Stadt, Dorf); *Schwäb. Gaun.- u. Kundenspr.* 75 (Form.: ebens., Bedtg. Stadt); *Schwäb. Händlerspr.* 480 (Form: ebens. Bedtg.: *Dorf* [in *Degg*. (215) = Stadt]). Über weitere Belege im

Rotw. sowie die *Etymologie* (v. hebr. *mâqôm* = „Ort") s. *Groß'* Archiv, Bd. 47, S. 213 u. Anm. 2 u. S. 214; vgl. auch *Weber-Günther*, S. 159 u. *Fischer*, Schwäb. W.-B. IV, Sp. 1720/21 (unter „Mochum").

[551] Die Vokabel ist im *obigen* Sinne sonst nirgends bekannt; herangezogen werden könnten ja allenfalls (aus dem *verw. Quellenkr.*): *Dolm. der Gaunerspr.* 99 (*Hegis* = Spital, Bettelhaus), *Pfulld. J.-W.-B.* 337 (*Heges* = Armenhaus) u. *Schwäb. Händlerspr.* 482 (*Hêges* = kleines Haus), *wenn* man nämlich eine Bedeutungsveränderung von „kleines *Haus*" (Bettel- oder Armenhaus usw.) zu „kleines *Dorf*" für möglich hält. Auch für *Hegis* (-es) usw. in *jenem Sinne*, das auch z. B. schon im *Lib. Vagat*, 54 (*Hegiß* = Spital) vorkommt, ist die *Etymologie* übrigens zweifelhaft; A.-L.s Hypothesen (548 unter „Heckdisch") erscheinen zu gesucht. Dagegen könnte das jüd. *hekdisch* = „Siechenhaus, Bettlerherberge", vom neuhebr. *hekdêsch* = „was dem Heiligtum geweiht ist", „Geheiligtes" (zu *hâkdasch* = „abgesondert sein") als Quelle herangezogen werden (nach Dr. *A. Landau*). *Fischer*, Schwäb. W.-B. III, Sp. 1351 (unter „Hegis") hat keine Erklärung gegeben. — Vielleicht könnte *Heges* = Dörflein auch einfach aus unserm *deutsch. Hege* (= „Umhegung, Umzäunung" [vgl. *Weigand*, W.-B. I, Sp. 831]) weiter gebildet worden sein.

[552] S. abbiegen.

[553] S. Baumholz.

[554] *Stupfle* = Dorn, Stachel ist in dem *verw. Quellenkr.* zwar *nicht* bekannt, dagegen findet sich hier das Zeitw. *stupfen* = stechen, zu dem das Hauptw. als *Ableitg.* gehört; vgl. *Pfulld. J.-W.-B.* 337, 342, 344 (*ausstupfen* = ausstechen; *stupfeln* = nähen, *Stupfler* = Schneider [schon im *W.-B. des Konst. Hans* dafür: *Stupfer*]); *Schwäb. Gaun.- u. Kundenspr.* 69 u. 75 (*stupfen* = stechen, erstechen); *Schwäb. Händlerspr.* (in *Pfedelb.* [209, 213]: ebenso, sonst [486] dafür: *dupfen* [worüber Näh. in *Wittichs W.-B.* unter „stechen"]; vgl. 484, 486: *Stupfer* = Schneider, *Stupflerin* = Näherin, womit auch zu vgl. *Pleißlen der Killertaler* 436 [*Stupferles-Penk* = Schneider, *Stupferles-Senn* = Näherin, auch Floh, für *erstere* Bedtg. auch *Stupferin*, während *Stupfer* hier „Gabel" bedeutet]). Zur *Etymologie*: das

Stammwort *stupfen* = stechen (s. oben) gehört der südd., insbes. schwäbisch. u. bairischen Mundart an. S. Näh. bei *Groß'* Archiv, Bd. 42, S. 79 (unter „Stupfer") vbd. mir *v. Schmid*, Schwäb. W.-B., S. 515, Nr. 3 u. *Schmeller*, Bayer. W.-B. II, Sp. 774. Über den auf den *gleichen* Stamm zurückgehenden jenisch. Ausdr. *Stupfel* od. *Stupfleng* = Igel s. noch weiter unten.

[555] S. Abort.

[556] S. abgerahmte Milch.

[557] S. Ärger.

[558] S. angenehm u. Aas.

[559] S. aberwitzig.

[560] *Hegelei* ist — ebenso wie das Adj. *hegelich* = unverständig — eine Ableitung von *Hegel* = Dummkopf (dummer Mensch), Einfaltspinsel, Geck, Narr; dazu die Zusstzgn. *Hegelkitt* = Irrenhaus u. *Hegellauti* = närrischer Kerl, Possenreißer (wobei die Bedtg. des *-lauti* zweifelhaft bleibt). Auch das *Metzer Jenisch* 216 kennt *Hēgel* = Dummkopf, wogegen das Wort in den zunächst *verw.* Quellen in diesem Sinne *un*bekannt erscheint (s. jedoch *Pfulld.* J.-W.-B. 389 [*Jahrhegel* = Förster]). Über das Vorkommen der Vokabel im sonstigen *Rotwelsch* (in d. Formen *Hegel, Heckel, Häckel, Hög[e]l* mit den Bedtgn. „Narr, Geck; Lump; Schaf; Bauer") sowie ihre *Etymologie* s. die Angaben in *Groß'* Archiv, Bd. 42, S. 6, 7 u. dazu noch *Fischer*, Schwäb. W.-B. III, Sp. 1330 (unter „Hegel") vbd. mit Sp. 1011 (unter „Häckel" I, Nr. 2), der Heckel = „roher Mensch" zu *„hacken"* stellt. Vgl. auch *Weber-Günther*, S. 183 (unter „Häckel").

[561] S. Abend; vgl. über den Gebrauch des Substantivs als Adjektiv: „Vorbemerkg.", S. 15, Anm. 38 a. E.

[562] S. abbetteln.

[563] S. Amme.

[564] *Balo* = Schwein, Sau (Eber, Hauer, auch Ferkel) findet sich (in dem *verw. Quellenkr.*) schon bei *Schöll* 271, während das *Pfulld. J.-W.-B.* 343, 344 die Form *Bale* (= Sau, Schwein), die *schwäb. Gaun.- u. Kundenspr.* 75 aber *Male* (= Schwein) hat, was wohl nur verdruckt sein dürfte. Über weitere Belege im Rotw. sowie die *Etymologie* des Wortes (aus der *Zigeunerspr.* [vgl. „Einleitung", S. 29]) s. d. näh. Angaben in *Groß'* Archiv, Bd. 43, S. 32 u. Anm. 3 u. S. 33 u. Anm. 1 (zu „Balebumser"), u. dazu noch *Fischer*, Schwäb. W.-B. IV, Sp. 1419 (unter „Male") vbd. mit *Finck*, S. 49 (*bálo* oder *bālo* = „Schwein").

[565] *Groanikel* od. (häufiger) *Groenikel*, Syn. zu *Balo*, findet sich auch in verschied. Zusammensetzgn. (während solche mit *Balo* nicht gebildet sind) u. zwar: a) *am Anfang*: *Groenikelbenk* od. *-schure* = Sau- od. Schweinehirt, *Groenikelstenkert* = Sau- od. Schweinestall, *Groenikelbossert* = Schweinefleisch, *Groenikelkemerer* = Schweinehändler, *Groenikelkafler* = Schweinemetzger, *Groenikelschwächerle* = Schweinezitzen, *Groenikelstrauberts* = Schweinsborsten; b) *am Ende*: *Flu(h)tegroanikele* = Meerschweinchen u. *Mameregroanikel* = Mutterschwein. Zu vgl. (aus dem *verw. Quellenkr.*): *Dolm. der Gaunerspr.* 99 (*Kranickel* = Schwein); *Pfulld. J.-W.-B.* 343, 344 (*Kronickel* = Sau, Schwein); *Schwäb. Händlerspr.* 486 (*Krûnikel, Krônikel* [in *Pfedelb.* (213): *Graunickel*], auch wohl bloß *Nickel* = Schwein). Über weitere rotw. Belege sowie die *Etymologie* (zu mundl. *gronen* [*graunen*] u. ä. = „grunzen" [s. bes. *Schmeller*, Bayer. W.-B. I, Sp. 1000] u. *Ni[c]kel*, Abkürzung vom Eigennamen *Nikolaus* [vgl. oben unter „Bulle" betr. *Hornickel*], also eigtl. „Grunznikel" [wie in *Strelitz. Gloss.* v. 1747 (214/15)]) s. *Groß'* Archiv, Bd. 43, S. 33 u. Anm. 2 (zu „Kronickels-Bumser"); vgl. auch noch *Fischer*, Schwäb. W.-B. III, Sp. 849/50 (unter „Gronickel", mit Anfüh. von bayr. *Gronigl* = „Murrkopf" nach *Schmeller*, a. a .O. 1, Sp. 1772 unter „Nickel").

[566] S. angenehm.

[567] S. anmutig.

[568] S. Amtmann.

[569] Es liegt hier wohl vor der Fall des Gebrauchs eines Partizips (*vergrönt* = verheiratet [ehelich], von dem Zeitw. *vergrönen* od. *vergröneren* = [ver]heiraten, verehelichen) als Substantiv (s. „Vorbemerkung", S. 15, Anm. 36); vgl. als Gegensatz: *nobis vergrönt* = ledig (unverehelicht, unverheiratet) u. daher *nobis vergrönter Benges* od. *Käfferle* = lediger Mann, Junggeselle. Eine *Ableitg.* von *vergröne(re)n* ist *Vergrönerei* = Heirat, während *Groenerei* = Hochzeit (nebst d. *Zus. Groenereibikus* od. *-kahlerei* = Hochzeitsschmaus) ein einfaches *groenen* = heiraten voraussetzt, das aber im W.-B. nicht angeführt ist. *Zu vgl.* (aus dem *verw.* Quellenkr.): Dolm. der Gaunerspr. 91, 93, 94 (*Grunerej* = Hochzeit, *Kocheme Grunerej* = Diebshochzeit, *Grünt'schaj* od. *-Mos* = Ehefrau, *Grün-Kaffer* = Ehemann); *Schöll* 271 (*Grunerey* = Hochzeit); Pfulld. J.-W.-B. 339, 340 (*Gränerei* = Ehe, Hochzeit, *Kränerei* = Heirat, *Grenzgasch* = Ehe, *Grängoi* = Eheweib); *Schwäb. Gaun.- u. Kundenspr.* 68-70 (*krönern* = heiraten, *Krönerin* = Ehefrau, *Kroner* = Ehemann, *Krone* = Frau); *Schwäb. Händlerspr.* 482 (*krönen* od. *krö[h]nern* = heiraten, dazu [in *Pfedelb.* (209): *Krönerei* = Hochzeit, *Kröner, Krönerin* = Ehemann, -frau, ferner *vergrünt* [in *Pfedelb.* (213): *verkrönert*] = verheiratet). Zur (nicht sicheren) *Etymologie* des Wortes (das vermutlich mit dem Aufsetzen einer Krone als Hochzeitszeremonie zusammenhängt) s. Näh. in *Groß'* Archiv, Bd. 42, S. 56 u. Anm. 1 u. S. 57 u. Anm. 2 (unter „Krönerin") sowie Bd. 56, S. 69 (unter „Krone").

[570] S. Beischläferin.

[571] S. arg u. Bauernfrau.

[572] S. Bauer.

[573] S. angenehm.

[574] Der Plural *Bäzeme* bedeutet auch: „Hoden". Ebenso handelt es sich bei dem — nach *Wittich* (im Manuskript) mit Unrecht davon scharf gesonderten — *Betzam* od. *Bezem* = männliches Glied, penis, das — wie er selber bemerkte — „in der Aussprache kaum davon zu unterscheiden" ist, um *dasselbe* Wort, nur in etwas anderer Schreibung (vgl. die Etymol.). *Zus.* a) mit *Bäzem(e)* = Ei(er) sind: α) *am Anfang*:

Bäzemabrandleng = Eierkuchen, *Bäzemagachne* od. *-stierer* = Legehuhn, *Bäzemaschei* (eigtl. „Eiertag") = Karfreitag (s. d. betr. Übereinstimmg. m. d. Zigeun.; vgl. auch schon „Vorbemerkung", S. 18); β) *am Ende*: *Fläderlingbäzeme* = Vogeleier, *Strohbutzersbäzeme* = Gänseeier. b) Mit *Bäzeme* = Hoden ist gebildet *Bäzemerande* = Hodensack. c) Mit *Betzam* (Bezem) = penis fehlen Zusammensetzgn. im W.-B. *Zu vgl.* (aus dem *verw.* Quellenkr.): *Pfulld. J.-W.-B.* 339 (*Betzum* = Ei); *Schwäb. Händlerspr.* 480 (*Betze* od. *Betzum* = Eier, in *Pfedelb.* [209]: *Bezem* = Ei u. Eier, ebds. [211] *Bēzěmě* = membrum muliebre, dagegen in *Lütz.* [215] — übereinstimmend mit *Wittichs* Jenisch — = membrum virile); s. auch noch *Pfälz. Händlerspr.* 437 u. *Metzer Jenisch* 212 (*Bětzche* = Ei). Die Bedeutg. von *Betzam* (Bezem) = membrum virile kennt auch schon das Rotwelsch des 19. Jahrh. (s. z. B. *Pfister* 1812 [*Pehzem* = männliches Glied]; *v. Grolman* 7 u. *T.-G.* 98 [*Behzem*]; *Castelli* 1847 [391: *Bedzem*]; ebenso: *Fröhlich* 1851 [394] u. *Wiener Dirnenspr.* 1886 [417], während *A.-L.* 523 *Bezem* hat). — Über die sehr verschiedenen Formen des Wortes (in der *ursprgl.* Bedeutg. „Ei") im Rotw. sowie die *Etymologie* (vom gleichbed. hebr. *bêça* [jüd. bezo], plur. *beçîm*) s. *Weber-Günther*, S. 152/53 (unter „Bärkse") vbd. mit *A.-L.* 523 (unter „Beitze") u. 341 (unter „Beza"), *Günther*, Rotwelsch, S. 26, *Stumme*, S. 23 u. *Kleemann*, S. 235. Über die Bedeutungserweiterung (zu dem Begriff *penis*) s. *A.-L.* 523 u. *Müller* in d. „Anthropophyteia", Bd. VIII, S. 4 mit weiteren Angaben. Ob der Gebrauch des Wortes für membrum *muliebre* (bei d. schwäb. Händl. i. *Pfedelb.* [s. oben]) auf einer weiteren Bedeutungsverschiebung oder auf Ungenauigkeit beruht, mag dahingestellt bleiben.

[575] S. Apfelbaum.

[576] S. abbiegen.

[577] S. (betr. *Brandleng*) Apfelkuchen.

[578] S. arg.

[579] S. abbrennen.

[580] S. abfahren.

[581] S. bewerfen.

[582] S. aberwitzig.

[583] S. Dummheit.

[584] S. aufschlagen.

[585] S. (zu beiden Ausdr.) abkaufen.

[586] S. (zu beiden Ausdr.) Arrest.

[587] S. abgehen.

[588] S. aufnähen.

[589] S. abgerahmte Milch.

[590] Das Zeitw. *einspronken* (s. dazu die *Verbdg. eingespronkter Bossert* = Pökelfleisch) ist ebenso wie das einfache *spronkere* = salzen (richtiger doch wohl: *spronken*?) — u. dazu *g'spronkt* od. *gesprunkt* = gesalzen, salzig — eine Ableitung von dem Hauptwort *Spronkert* = Salz. Mit diesem sind zusammengesetzt: *Spronkert-Flössling, Spronkertflotscher* od. -*schwimmerling* (d. h. eigtl. „Salzfisch") = Hering (s. d. betr. Übereinstimmg m. d. Zigeun.), *Spronkertschottel* = Salzbüchse, *Spronkertbossert* = Salzfleisch, *Spronkertnolle* = Salznapf. Zu vgl. (aus dem *verw. Quellenkr.*): *Dolm. der Gaunerspr.* 98 (*Sprunkert* = Salz); übereinstimmd.: *Schöll* 271 u. *Pfulld. J.-W.-B.* 343 (hier [339] auch: *einsprunken* = einsalzen); *Schwäb. Händlerspr.* 485 (*Sprungert* [in *Pfedelb.* (212): *Sprunk*] = Salz). Auch die *Pfälz. Händlerspr.* 439 kennt *Sprungert*. Über weitere Belege des Wortes in Rotw. (wo es schon seit d. 15. Jahrh. — in sehr wechselnden Formen — auftritt) u. seine (nicht sichere) *Etymologie* s. Näh. bei *Weber-Günther*, S. 187/88 (unter „Sprunkert") vbd. m. *Pott* II, S. 35, *A.-L.* 610 u. *Hoffmann-Krayer* im Schweiz. Archiv für Volkskunde, Bd. III, S. 246, Anm. 132 (die an die Zeitw. „springen", „sprenkeln" u. „[be]sprengen" gedacht haben).

[591] S. aufwachen.

[592] S. ausschlafen.

[593] S. abbiegen.

[594] S. abschreiben.

[595] S. abfallen.

[596] S. bewerfen.

[597] S. Bahn.

[598] S. (betr. *Schenegler*) abschaffen.

[599] *Rädling* (-leng) = Fahrzeug (auf dem Lande), Wagen findet sich noch in der *Verbindg. dofer Rädling* (d. h. „schöner Wagen") = Kutsche sowie in folgenden *Zusammensetzgn.*: a) *am Anfang*: *Rädlingkaffer* = Fuhrmann u. *Rädlingpflanzer* = Kutschenbauer, Wagner; b) *am Ende*: *Kritzlerrädling* (eigtl. „Briefwagen") = Postwagen u. *Schmelemerrädling* = Zigeunerwagen. *Zu vgl.* (aus dem *verw. Quellenkr.*): *W.-B. des Konst. Hans* 255 (*Rädling* = Landkutsche); *Pfulld. J.-W.-B.* 346 (= Wagen); *Schwäb. Händlerspr.* 488 (ebenso; Syn. *Râdel* od. *Rudel*). Über weitere rotw. Belege u. die *Etymologie* (zu „Rad") s. Näh. in *Groß'* Archiv, Bd. 42, S. 25 u. Anm. 1 (unter „Radlinger") vbd. m. *Pott* II, S. 37, *A.-L.* 583 u. *Günther, Rotwelsch*, S. 99, Anm. 118; vgl. auch Archiv, Bd. 46, S. 27 (*Radlingpflanzer* = Wagner bei *Karmayer* 130).

[600] Das Adj. *biberisch* (bibrisch [Spr.]) = kalt (eisig, frostig), das auch als Subst. (= Kälte, Frost) gebracht wird, ist eine *Ableitung* von dem Zeitw. *biberen* = frieren (*mich biberts'* = mich friert's). Eine *Zus.* mit *biberisch* ist *Biberischerflu(h)te* = Eiswasser. *Zu vgl.* (aus dem *verw. Quellenkr.*): *Dolm. der Gaunerspr.* 94 (*biberisch* = kalt); *Pfulld. J.-W.-B.* 339, 341 (*biberisch* = kalt, *biberen* = frieren, *verbibern* = erfrieren); *Schwäb. Händlerspr.* 482 (*biberisch* = kalt, in *Pfedelb.* [209, 210]: *biberen* = frieren [z. B. *mi bibert's an d' Grifling* = mich friert's an den Händen] u. *verbiberen* = erfrieren). Sowohl das Adj. wie das Zeitw. sind auch sonst im Rotw. bekannt (letzteres auch mit den *Nebenbedeutgn.* „beten" u. „lesen"; s. *A.-L.* 524). Der *Etymologie* nach erscheint *biberen* (wie auch das gemeinspr. *bebern* = „heftig beben" u. d. mundartl. *bibbern* od. *bebbern* = „zittern" [s. z. B. *H. Meyer*, Richt. Berliner, 7. Aufl. (1911), S.

19]) wohl als „Iteritivbildung" von „beben". S. *Pott* II, S. 17 vbd. mit *Weigand*, W.-B. I, Sp. 173; vgl. auch *Günther*, Rotwelsch, S. 79, Anm. 81 u. S. 98, Anm. 118 sowie *Groß'* Archiv, Bd. 49, S. 338, Anm. 1 (zu S. 336).

[601] S. (betr. *Flu[h]te*) abbrühen.

[602] S. arg.

[603] Das Zeitw. *hauren* hat (ähnl. wie *schef[f]ten*) die doppelte Bedeutg. von: a) sein u. b) sitzen (niedersitzen). S. zur *ersteren* Bedeutg. noch die Umschreibung *hauret nobis* (eigtl. „es ist nichts") = ungültig, unzweckmäßig (vgl. oben unter „Dietrich"). Zu vgl. (aus dem *verw. Quellenkr.*): *Pfulld. J.-W.-B.* 337, 338, 342, 344-46 (*hauren* = ausruhen, bleiben, liegen, sitzen, *oberkinnig hauren* = aufsitzen, *beducht hauren* = still stehen [vgl. dazu betr. *beducht*: Weigand, W.-B. I, Sp. 225 unter „betuchen"], *scheffhauren* = warten, *Haurigerlaninger* = Schildwache); *Schwäb. Händlerspr.* (in *Pfedelb.* [209, 210]: *hawern* = dasein, sein, *ghawert* = gewesen). Über sonstige Belege im Rotw. sowie die *Etymologie* des Wortes (vom ältern deutsch, *hauren* [od. hauern] = „niederhocken, kauern") s. Näh. in *Groß'* Archiv, Bd. 42, S. 27, 28 u. Anm. 1 zu „Haurigerlaninger").

[604] S. Adler.

[605] S. (betr. *Stämpf-*) Ärger.

[606] Übereinstimmend hiermit auch die Zigeunersprache. S. *Liebich*, S. 118, 164 u. 193 u. *Finck*, S. 92 (*tšingerpáskero tširklo* = Elster, eigtl. der „zänkische", der „Zank- u. Streitvogel").

[607] *Patris* od. *Patres* = Vater findet sich auch in folgenden *Zusammensetzgn.*: a) *am Anfang*: *Patrisglied* (das — gleich *Mamereglied* [s. dazu oben unter „Amme"] — drei Bedeutgn. hat, näml.): α) Oheim (im Sinne v. „Vatersbruder"); β) Tante (im Sinne von „Vatersschwester"), γ) Neffe (väterlicherseits; vgl. schon oben unter „Bruder" sowie betr. Übereinstimmg. m. d. Zigeun. noch unter „Oheim" u. „Tante"), *Patriskitt* = Vaterhaus, *Patrissteinhäufle* = Vaterstadt; b) *am Ende*: *Grandicher-Patres* = Großvater, *Kittpatris* = Hausvater,

Schoflerpatris = Stiefvater. *Zu vgl.* (aus dem *verw. Quellenkr.*): *Dolm. der Gaunerspr.* 100 (*Patres* = Vater [so: auch *Sulz, Zigeunerliste* 1787 (251)]); *Schöll* 271 (*Patris*); *Schwäb. Händlerspr.* 487 (*Pâtris*). Über weitere rotw. Belege u. die *Etymologie* (von latein. *pater*, gen. *patris*) s. Näh. in *Groß'* Archiv, Bd. 50, S. 355 u. Anm 1; vgl. auch noch *Fischer*, Schwäb. W.-B. I, Sp. 677.

[608] S. Amme.

[609] Nach *Liebich*, S. 131 u. 193 umschreiben auch die Zigeuner den Begriff „Eltern" in gleicher Weise (*o dad te i dai*, d. h. Vater u. Mutter); vgl. „Vorbemerkung", S. 17, Anm. 44.

[610] S. Ärger.

[611] S. anschauen.

[612] *Lacha-* od. *Lachepatscher* = Ente (s. dazu die *Zus.*: *Lachepatscherstritt* u. *-stenkert* = Entenfuß, -stall sowie das *Dimin. Lachepatscherle* = „Küchlein" [d. h. *Enten*küchlein]) findet sich auch in der *schwäb. Händlerspr.* 480 (*Lachepatscher* od. *Lachpatsche*). Das ältere Rotwelsch kannte dafür den Ausdr. *Dreckpatscher* (s. z. B. auch: *Dolm. der Gaunerspr.* 92: *Treckpatscher*). S. dazu, insbes. auch über die *Etymologie* der Wörter, Näh. in *Groß'* Archiv, Bd. 47, S. 215, 216 u. Anm. 1; vgl. auch *Fischer*, Schwäb. W.-B. IV, Sp. 908.

[613] *Tritt* = Fuß (auch Fußstapfe, Fußtritt), Ferse, Schenkel, ferner (bei Tieren) Pfote sowie auch Schuh kommt noch vor in der *Verbindg. unterkünftiger Tritt* (d. h. eigtl. „der untere Fuß") = Fußsohle (s. d. betr. Übereinstimmg. m. d. Zigeun.) sowie in den folgenden *Zusammensetzgn.*: a) *am Anfang*: *Trittgrif(f)leng* (-ling) (eigtl. „Fußfinger") = (Fuß-) Zehe (s. d. betr. Übereinstimmg. m. d. Zigeun.); b) *am Ende*: (*außer Lachepatscherstritt* noch): *Babinger-* od. *Strohbutzerstritt* = Gänsefuß, *Traperttritt* = Gaul- od. Pferdefuß, *Gachne-*, *Stanzel-* od. *Stierertritt* = Hühnerfuß u. *Vordertritt* = Vorderfuß. Für „Handschuhmacher" ist im W.-B. *Grif(f)lingstrittpflanzer* angeführt, woraus sich *Grif(f)lingstritt* = Handschuh ergibt, obwohl im Vok. dafür nur *Grif(f)lengstrittleng* genannt ist. Auch in dem *verw. Quellenkr.* kommt statt *Tritt* durchweg in

gleicher Bedeutg. das stammverwandte *Trittling* vor (s. darüber Näh. unter „Ferse"), während sich in der sonst. Gaunerspr. vereinzelt auch *Tritt* für „Schuh" findet neben dem (häufigern) Dimin. *Trittchen* u. ä., das bes. auch in der neueren Kundenspr. u. in den Krämerspr. beliebt ist (vgl. z. B. auch: *Schwäb. Gaun.- u. Kundenspr.* 76 [*Trittchen* = Stiefel] u. *Metzer Jenisch* 217 [*Trittche* = Schuh]). Ausführl. *Belege* s. (betr. *Tritt*) in *Groß'* Archiv, Bd. 46, S. 299 u. 309 u. (betr. *Trittchen* u. ä.) ebds., Bd. 46, S. 18, 19, Anm. 2 vbd. mit *Weber-Günther*, S. 191/92. Die *Etymologie* bedarf keiner näheren Erläuterung.

[614] Mit *Stenkert* od. (seltener) *Stenker* = Stall (Käfig) sind noch folgende *Zusammensetzgn.* gebildet: *Strohbutzerstenkert* = Gänsestall, *Gachnestenkert* = Hühnerstall, *Keiluf-* od. *Kibestenkert* = Hundestall, *Horbogestenkert* = Kuhstall, Rinderstall, *Hornikelstenkert* = Ochsenstall, *Trabertstenker* (hier so!) = Pferdestall (s. dazu das Dimin. *Trabertstenkertle* = Füllenstall, wofür eigentlich *Trabertlestenkert* zu erwarten, da das Füllen *Trabertle*, Dimin. zu *Trabert* [od. Trapert] Pferd, heißt; vgl. Näh. unter „Füllen"), *Groenikelstenkert* = Sau-(Schweine)stall, *Jerusalemsfreundstenkert* = Schafstall. Zu vgl. (aus dem *verw.* Quellenkr.): *Dolm. der Gaunerspr.* 99 (Stenkert = Stall); *W.-B. des Konst. Hans* 255 (Stenker); *Pfulld. J.-W.-B.* 345 (*Stinker*; vgl. aber auch [343] unter „Roßstall": *Stenger*, ferner [340]: *Stierestinker* = Hühnerstall); *Schwäb. Gaun.- u. Kundenspr.* 75 (Stenkert); *Schwäb. Händlerspr.* 486 (ebenso, in *Pfedelb.* [213] aber *Stinkert*, das übrigens hier auch „Käs" bedeutet, während es in *Lütz.* [214] soviel wie „Abtritt" ist). Das auch sonst im Rotw. verbreitete Wort gehört der *Etymologie* nach natürlich zu unserm Zeitw. „stinken"; s. *Pott* II, S. 35 u. *A.-L.* 610 (unter „Stänker").

[615] S. davongehen; vgl. (betr. *bosten*): abgehen u. (betr. *schef[f]ten*): daher a. E.

[616] S. ankleiden.

[617] S. absterben.

[618] S. (betr. *schiebes*) Anm. 615 u. (betr. *pfichen*) abgehen.

[619] S. Ärger.

[620] S. Angst.

[621] S. anfassen.

[622] S. ausstehlen.

[623] S. arg.

[624] S. absterben.

[625] S. Affengesicht.

[626] S. Brücke.

[627] S. (betr. *Schottel*) Aschenbecher.

[628] S. Bratkartoffeln.

[629] Diese Vokabel ist im W.-B. *nicht* zu *Verbindgn.* od. *Zusammensetzgn.* verwendet worden. *Zu vgl.* (aus dem *verw. Quellenkr.*): *Dolm. der Gaunerspr.* 93 (*Matrellen* = „Grundbieren" (d. h. Grundbirnen, schwäb. = Kartoffeln); *Pfulld. J.-W.-B.* 341 (*Matrella* = Kartoffeln); *Schwäb. Händlerspr.* (U. [214]: *Matrelle* = Kartoffel). Über weitere rotw. Belege sowie die *Etymologie* — aus der *Zigeunerspr.* (vgl. „Einleitung", S. 30) — s. das Näh. in *Groß'* Archiv, Bd. 46, S. 311 (unter „Matrelen-Bosseler") u. dazu noch *Fischer*, Schwäb. W.-B. IV, Sp. 1524 (unter „Matērelle") vbd. mit *Finck*, S. 72 (*matrēli* = „Kartoffel").

[630] S. Ananas.

[631] S. anfassen.

[632] S. abbetteln.

[633] S. anschauen.

[634] Der Ausdruck bedarf keiner Erläuterung, ist aber sonst im Rotw. u. in den Geheimspr. nicht gebräuchlich; vgl. jedoch bei *Karmayer* 95 die Bezeichng. *Knüpfschragen* für den Galgen (wohl zu *Schagen* = „Holzgestell mit schräg od. kreuzweise stehenden Füßen" nach *Weigand*, W.-B. II, Sp.

784).

[635] S. aufhängen.

[636] S. abkaufen.

[637] Das Zeitw. *kneisen* od. *gneis(s)en* bedeutet: erkennen (kennen), merken, aber auch: können (wissen, verstehen); dazu die Umschreibung *gneis nobis* = unbekannt (vgl. schon oben unter „Dietrich"). *Zu vgl.* (aus dem *verw. Quellenkr.*): *Dolm. der Gaunerspr.* 95 ([einen] *kneisen* = [einen] kennen); *Schöll* 272 (*kneissen* — „inne werden"); *Pfulld. J.-W.-B.* 338, 339 (*begneist* = bekannt, *verkneissen* = erkennen); *Schwäb. Händlerspr.* 479, 484, 488 (*kneißen* od. *kneißen* = bemerken, merken, verstehen, in *Pfedelb.* [213]: *kneissen*, auch = sehen). Über weitere Belege im Rotw. (schon seit dem 17. Jahrh.) sowie die *Etymologie* s. Näh. bei *Weber-Günther*, S. 178 (unter, „kneisen"). Zu den dortigen Zitaten (A.-L. 559 vbd. mit *Schmeller*, Bayer. W.-B. I, Sp. 980 u. 1759 [*g'neißen* = „(etwas) in die Nase bekommen, wittern, merken, wahrnehmen, ahnen"]) s. auch noch *Fischer*, Schwäb. W.-B. III, Sp. 357 (unter „g[e]neisse[n]"); zu vgl. ferner *H. Meyer*, Richt. Berliner (7. Aufl.), S. 72 (wonach auch in Berlin *kneißen* für „scharf hinsehen" bekannt ist).

[638] S. belügen.

[639] Das Zeitw. *deisen* kommt vor für: ermorden (morden), erschlagen, töten (totmachen, totschlagen [Spr.]), unterbringen, vernichten, dann auch spezieller für „erwürgen" sowie für „schlachten"; dazu die *Zus. halbdeist* = halbtot u. die *Ableitg. Deiser* = Mörder od. Totschläger. *Zu vgl.* (aus dem *verw. Quellenkr.*): *Schwäb. Gaun.- u. Kundenspr.* 74 (*deisen* od. *teißen* = schlagen, *Teißerei* = Schlägerei); *Schwab. Händlerspr.* 484, 487 (*deißen* = töten, metzgen, schlachten, dazu: *Klæbedeißer* = Pferdemetzger; in *Pfedelb.* [212]: *deisen* = schlachten, aber *deißen* = coire [Grundbedtg. auch hier wohl „schlagen", vgl. (209): *eindeißte Bezem* = „eingeschlagene Eier"], ferner in *Lütz.* [215]: *deisse[n]* = schlagen, *Deisser* = Metzger u. in *Degg.* [215]: *Deiss* = Schlag). Über sonstige rotw. Belege und die (nicht ganz sichere) *Etymologie* s. Näh. in *Groß'* Archiv, Bd. 42, S. 46 u. Anm. 2 u. S. 47 (unter lit. k.:

„Teissflamerer"). Auch *Fischer*, Schwäb. W.-B. II, Sp. 139 bezeichnet die Etymol. als „unklar".

[640] S. abschießen.

[641] S. Angst.

[642] S. anschauen.

[643] S. absterben.

[644] S. Adler.

[645] S. aufwachen.

[646] S. ausschlafen.

[647] S. bekommen.

[648] S. Diebstahl.

[649] S. ermorden.

[650] S. ansagen.

[651] S. anreden.

[652] S. (zu allen drei Ausdr.) begatten.

[653] S. abbiegen.

[654] Das oben unter „begabten" nicht als Syn. angeführte Zeitw. *fuchsa* kommt sonst m. Wiss. in den Geheimspr. nicht vor. Es ist ein (ziemlich selten gebr.) schwäb. Ausdruck für „unehelich beiwohnen" od. — allgemeiner — „Unzucht treiben"; s. *Fischer,* Schwäb. W.-B. II, Sp. 1810 (unter „fuchse[n]" vbd. mit *v. Schmid,* Schwäb. W.-B., S. 208 (unter „fugsen" [u. neben „vögeln"], der zwar das Wort zunächst zu *fügen* im Sinne von „vereinigen" stellt, jedoch weiter bemerkt, daß es „auch von Vögeln wegen ihrer Begattungslust und vom *Fuchs* hergeleitet werden" könne, „da auch das lateinische *lupa* und seine Verwandten ähnliche Begriffe bezeichnen".

[655] S. Ärger.

[656] S. arg.

[657] Von dem Zeitw. *achila, achile(n)* = essen (kauen, schmausen, verzehren) ist abgeleitet das Hauptw. *Achilerei* = (das) Essen (Frühstück, Kost, Mahlzeit, Speisen); s. dazu die Zus.: *Fösslingachilerei* = Fischessen, *Leileachilerei* = Nachtessen, *Rundlingachilerei* = Wurstessen. Zu vgl. (aus dem verw. Quellenkr.): *Schöll* 271, 272 (*achlen* = essen, *Achelsore* = Eßwaren); *Pfulld. J.-W.-B.* 337, 339, 342, 345 (*acheln* = essen, *abacheln* = abfressen, *Achelsore* = Eßwaren, Lebensmittel, Speisen); *Schwäb. Händlerspr.* 480 (*ach[e]len* [in *Pfedelb.* (209): *achilen*] = essen); s. auch *Pfälz. Händlerspr.* 337 (*achîle* = essen). Die zuletzt genannten (mit i in der zweiten Silbe gebildeten) Formen kommen auch in der Gauner- u. Kundenspr. vereinzelt vor (s. z. B. *Thiele* 223 u. A.-L. 516 [*Achile-Bajes* = Speisehaus, Restaurant]; *Ostwald* [Ku.] 11 [*achielen* neben *acheln*]). Über weitere rotw. Belege im allg. (seit d. *Lib. Vagat* [52]) sowie die *Etymologie* (vom gleichbed. hebr. *âkal* [od. *āchal*]) s. *Groß'* Archiv, Bd. 51, S. 154 (unter „Achelpeter") vbd. mit *Schütze*, S. 70; vgl. auch *Weber-Günther*, S. 162 (mit Angaben über die Verbreitg. in d. deutsch. Mundarten), ferner *Fischer*, Schwäb. W.-B. I, Sp. 90 (unter „achle[n]") u. *Seiler*, Lehnwort IV, Sp. 489.

[658] S. (zu allen drei Ausdr.) Abendessen.

[659] S. Abend u. Adler. — Übereinstimmende Bezeichnung der Eule (als *rattjakro tschirkulo*, d. h. gleichfalls „Nachtvogel") auch in der Zigeunersprache nach *Liebich*, S. 165 u. 193 (vgl. „Vorbemerkung", S. 18).

[660] S. Amme.

[661] Das Adj. *gril(l)isch* od. (seltener) *kril(l)isch* = evangelisch (protestantisch) erscheint auch als Substantivierung *Gril(l)ischer* = Protestant sowie in die Verneinung *nobis gril(l)isch* = ungläubig. Zu vgl. (aus dem verw. Quellenkr.): *Dolm. der Gaunerspr.* 96 (*grillisch* = lutherisch); *W.-B. des Konst. Hans* 257 (ebenso, vgl. [256]: *Grillische Käfer-Märtine* = Württemberg [u. dazu *Günther* i. d. Zeitschr. „Die Polizei", Jahrg. IV (1906), Nr. 3, S. 51, Sp. 2]); *Schöll* 274 (in d. „Bettlersprache": *crilisch*); *Pfulld. J.-W.-B.* 342 (*grillisch*);

Schwäb. Händlerspr. (in *Pfedelb.* [209]: *krillisch* [oder *krittisch*] = evangelisch, in *Lütz.* [215]: *grillisch* = protestantisch). Zur *Etymologie* (des auch sonst im Rotw. [des 19. Jahrb.] bekannten Wortes s. *Fischer*, Schwäb. W.-B. III, Sp. 835 (unter „Grill[e]" Nr. 2). Danach nennt die katholische Bevölkerung in gewissen Gegenden Schwabens die Protestanten *Grillen* (wobei zunächst wohl an unsere *Tier*bezeichnung zu denken ist), u. dazu ist dann als Adj. *grillisch* (in schlechter Ausspr. *krillisch*) gebildet worden (s. a. a. O., Sp. 836 unter „grillisch").

[662] S. After u. Bäcker.

[663] S. Abort.

[664] S. abgerahmte Milch.

[665] S. belügen.

[666] S. alltäglich.

[667] S. abbiegen.

[668] S. abfahren.

[669] S. Bachstelze u. arme Leute.

[670] *Krattler* ist eine mundartliche, besonders in Bayern allgemein übliche Bezeichnung für die „fahrenden Leute", zunächst eigtl. für „die Tiroler, die gewöhnlich in Gesellschaft ihrer ganzen Familie kleine Karren" (mit zwei Rädern, *Kratten* genannt, v. latein *caretta*) „voll Obst, Kreide usw. zum Verhandeln nach Bayern ziehen und für den Rückweg Hafnergeschirr usw. zu laden pflegen". (*Schmeller*, Bayer. W.-B. I, Sp. 1385). Vgl. auch *Grimm*, D. W.-B. V, Sp. 2070 (unter „Kratte" Nr. 3) u. *Fischer*, Schwäb. W.-B. IV, Sp. 693 (unter „Kratte[n]"). In den Geheimsprachen ist der Ausdruck m. Wiss. sonst nicht gebräuchlich.

[671] S. Eisenbahnwagen.

[672] S. abfallen.

[673] S. absterben.

[674] S. arg.

[675] S. Dietrich; vgl. auch (betr. *Bich*) Almosen, (betr. *Kies*) Bankier, (betr. *Lobe*) Bank u. (betr. *-pflanzer*) anbrennen.

[676] S. bekommen.

[677] S. aberwitzig u. alltäglich. In *gleicher* Weise wird Fastnacht auch bei den Zigeunern bezeichnet; s. *Liebich*, S. 169 (*narbulĕngĕro diwes*, d. h. „Narrentag") u. *Finck*, S. 55, (*narwelengero díwes*).

[678] S. (btr. *Brandling*) Apfelkuchen.

[679] S. Affengesicht.

[680] S. (betr. *nobis*) Dietrich u. (betr. *schenegla*) abschaffen.

[681] S. Daumen.

[682] S. abgeben.

[683] S. aufschlagen.

[684] S. beschenken.

[685] S. Bett.

[686] S. Dolch.

[687] *Hamore* = Streit (Fehde, Gefecht, Geschrei, Gezänk, Handgemenge, Kampf, Prügelei, Schlägerei) erscheint in *Wittichs* W.-B. gewissermaßen als Synonym zu *More* (= Prügelei, Streit) od. *Morerei* (= Geschrei, Gezänk, Streiten), die wohl gleichen Stammes sein dürften (s. d. Etymologie). Zu vgl. (aus dem *verw. Quellenkr.*): W.-B. *des Konst. Hans* 255 (*Hamore* = Händel); *Schöll* 272 (ebenso); *Pfulld. J.-W.-B.* 340, 345 (*More* = Händel, *Mori* = Streit, Zus. *Morekaffen* [lies: *-kaffer*] = „bestohlene Diebsverfolger"); *Schwäb. Händlerspr.* 479 (*Môrest* od. *Mores* = Angst, in U. [214]: *Mōre* = Streit u. *mōre[n]* [in *Lütz.* (214): *hamūre(n)*] = streiten); s. auch *Pfälz.*

Händlerspr. 438 (*Môres* = Angst). Über weitere Belege im Rotw. sowie d. *Etymologie* s. noch Näh. in *Groß' Archiv*, Bd. 48, S. 334, Anm. 4. Da das *Pfulld. J.-W.-B.* (340) *More* durch ganz denselben Ausdruck („Händel") verdeutscht wie die *älteren* rotw. Quellen *Hamore*, so läßt dies wohl darauf schließen, daß es sich hier um dasselbe Wort handelt. *More* aber (von dem weiter *Morerei* — ev. durch Vermittlung eines Zeitw. *mören* [s. *Schwäb. Händlerspr.* in *Lütz.* (214)] — leicht gebildet werden konnte), dürfte wohl zu dem hebr. *môrâ'* = „Furcht" gestellt werden, wie es denn auch im Rotw. (des 19. Jahrh.) mehrfach durch „Angst" od. „Furcht" wiedergegeben ist (u. ebenso in d. *Schwäb. u. Pfälz. Händlerspr.* [s. oben]). Jedenfalls erscheinen diese Hypothesen wohl weniger gesucht als die bei *Fischer*, Schwäb. W.-B. III, Sp. 1093 — allerdings nur mit einem *Fragezeichen* — aufgestellte, wonach zu *Hamore* das hebr. *chămôr* = „Esel" herangezogen worden.

[688] S. Ast.

[689] Mit *Weisleng* (-ling) = Sonntag (Feier-, Festtag) sind folgende *Zus.* gebildet worden: *Brandlingweisling* (d. h. cigtl. „Kuchensonntag" = Kirchweihsonntag (der durch Kuchenessen gefeiert zu werden pflegt), *Bäzemaweisling* (d. h. eigtl. „Eiersonntag") = Ostern (s. d. betr. Übereinstimmg. mit d. Zigeun.), *Schuberleweisling* (d. h. eigtl. „Geistsonntag" [mit Bez. auf die Ausgießung des heiligen Geistes]) = Pfingsten (s. d. betr. Analogie in d. Zigeunerspr.). Aus dem *verw. Quellenkr.* kennt nur die *schwäb. Händlerspr.* in *Deggingen* (215) *Weissling* in der Bedeutg. „Sonntag". Im *Rotw.* kommt dagegen die Vokabel in diesem Sinne *nicht*, dagegen für sehr verschiedene Dinge (mit weißer od. glänzender Farbe) vor, so z. B. für *Ei* (so auch in der *schwäb. Gaun.- u. Kundenspr.* 68), für *Milch* (so auch in der *schwäb. Händlerspr.* 484), für *Schnee* (s. z. B. schon *Schintermicherl* 1807 [288]), für den „Silbergnanziger" (s. *Fröhlich* 1851 [419]; vgl. in der neueren Kundenspr. die Bdtg. „Zwanzig- od. Fünfpfennigstück") usw. Vgl. *Pott* II, S. 8, A.-L. 621, *Günther*, Rotwelsch, S. 62 u. in *Groß' Archiv*, Bd. 33, S. 296 u. Anm. 3. Der *Etymologie* nach nimmt *Weissling* = Sonntag usw. jedenfalls wohl Bezug auf das Weiße als „Farbe des Tages, Lichtes .. und *der festlichen Freude*" (vgl. Näh. dazu bei *H. Schrader*,

Wundergarten, S. 70).

[690] S. Beinkleid u. Abort.

[691] S. angenehm u. anmutig.

[692] S. angenehm u. Abort.

[693] S. Bauch.

[694] S. Adler u. Apfelkern. — Dieselbe Umschreibung kennt auch die Zigeunersprache; s. *Liebich* S. 196 (*bāro parr*, d. h. „großer Stein" [od. *pesso parr*, d. h. „dicker Stein"] = Fels).

[695] *Zusammengesetzt* damit ist nur *Feneterglansert* = Fensterglas. *Zu vgl.* (aus dem *verw. Quellenkr.*): W.-B. *des Konst. Hans* 258 (*Fenette* [fem. gen.] = Fenster); *Schöll* 271 (*Feneter*); *Pfulld. J.-W.-B.* 389 (*Finetter*) *Schwäb. Händlerspr.* 480 (*Feneter* od. *Finêter*); s. auch *Metzer Jenisch* 216 (*Fenēt*); *Eifler Hausiererspr.* 490 (*Finet*) u. *Winterfeld, Hausiererspr.* 441 (*Finester* = Fenster u. Auge). Zur *Etymologie* (vom franz. *fenêtre* [ital. *finestra*]) s. *Pott* II, S. 17, *Günther*, Rotwelsch, S. 37 u. *Weber-Günther*, S. 173; vgl. auch *Fischer*, Schwäb. W.-B. II, Sp. 1052. Da *Wittich* in sr. „Einleitung" (S. 29) die Vokabel unter den aus der *Zigeunersprache* stammenden (in der Form *Fenetra*) aufgeführt hat, mag es sein, daß seine „jenischen Leute" sie *zunächst* von den Zigeunern übernommen haben, die sie (in ähnl. Form) auch kennen (s. *Finck*, S. 57: *fenétri* = „Fenster", während *Liebich* S. 196 dafür nur *wochni* hat [vgl. bei *Jülling*, S. 227: *Wochli* = Fensterscheiben]); doch geht natürlich auch das Zigeunerwort wohl zweifelsohne auf das Französische zurück (vgl. „Vorbemerkg.", S. 10, Anm. 26 u. „Einleitg." S. 29, Anm. 93).

[696] S. alltäglich.

[697] S. (betr. *Glansert*) Bierglas.

[698] S. (zu beiden Ausdr.) Eber.

[699] S. Entenfuß.

[700] *Trittleng* (-ling) bedeutet (ähnlich wie *Tritt*) Fuß (Ferse), aber besonders auch Schuh od. Stiefel. *Zusammensetzgn.* damit sind: a) *im Anfang*: *Trittlengstreifling* = Fußlappen; b) *am Ende*: *Grif(f)lingtrittling* = Handschuh, *Halbtrittleng* = Halbstiefel, *Traperttrittling* = Huf (eigtl. wohl Pferdefuß; vgl. *Traperttritt* = „Gaulfuß" [s. oben unter „Entenfuß"]. Zu vgl. (aus dem *verw. Quellenkr.*): *Dolm. der Gaunerspr.* 92, 98 (*Trittling* = Füße, Schuh); *Schöll* 271 (Form: ebenso, Bedtg.: Fuß); *Pfulld. J.-W.-B.* 344 (ebenso); *Schwäb. Gaun.- u. Kundenspr.* 75, 76 (*Trittling* = Schuh, Stiefel); *Schwäb. Händlerspr.* 481, 486, 487 (Form: ebenso, Bedtgn.: Fuß, Schuh, Stiefel, vgl. *Trittlingspflanzer* = Schuster); auch im *Pleißlen der Killertaler* (436) hat *Trittling dieselben* Bedeutgn. Über weitere Belege im Rotw. u. die *Etymologie* (zu „Tritt" bzw. „treten") s. *Groß'* Archiv, Bd. 46, S. 18 u. Anm. 1 u. S. 19.

[701] S. Bratkartoffeln.

[702] S. (betr. *Schottel*) Aschenbecher.

[703] S. abbrühen.

[704] S. abbrennen.

[705] S. Adler u. abbrennen. — Auch die Zigeuner haben keinen besonderen Ausdruck für Feuersbrunst, sondern sagen dafür *bāro jāk*, d. h. gleichfalls „großes Feuer", oder *diwii jāk*, d. h. „wildes, wütendes Feuer" (s. *Liebich*, S. 197); vgl. „Vorbemerkg.", S. 17.

[706] S. (betr. *Kies*) Apfelkern.

[707] S. abbrennen.

[708] S. Apfelbaum.

[709] S. (zu beiden Ausdr.) Ananas.

[710] Mit *Kenem* (= Laus, Filzlaus, plur. *Keneme* = Ungeziefer) sind *zusammengesetzt*: a) am *Anfang*: *Kenemebenges, -benk* od. -*fi(e)sel* = „Lausbub"; b) am *Ende*: *Muffkenem* (d. h. eigtl. „Stinklaus") = Wanze (vgl. Aas). *Zu vgl.* (aus dem *verw. Quellenkr.*): *Dolm. der Gaunerspr.* 96 (*Kinum* = Läuse); *Pfulld. J.-*

W.-B. 342 (*Künum* = Laus, plur. hier: *Künumer*); *Schwäb. Gaun.- u. Kundenspr.* 71, 72 (*Kinum* od. *Kinem* = Läuse, *Kinumrechen* = Kamm [vgl. das volkstüml. „Lauseharke"]); *Schwäb. Händlerspr.* 488 (*Kenum, Kînum* od. *Kîneme* [in *Pfedelb.* (211): *Kinnem*] = Laus, in *Pfedelb.* [211] auch *Kinnemrechen* = Kamm); s. auch noch *Pfälz. Händlerspr.* 438 (*Kînum* = Laus). Zur *Etymologie* aus dem Hebr. (bibl. *kinnîm* od. *kinnâm*, eigtl. = „Stechmücken", jüd. *kinnim* = „Läuse") s. *Günther*, Rotwelsch, S. 67 u. Anm. 67 vbd. mit A.-L. 538 u. 390 u. *Fischer*, Schwäb. W.-B. IV, Sp. 387; vgl. auch *Weber-Günther*, S. 157 (unter „Kinnem"), woselbst auch noch weitere Belege aus d. Rotw. angeführt sind.

[711] S. Daumen.

[712] *Oberman(n)* = Hut (Haube, Kappe, Mütze) kommt auch noch in folgenden *Zus.* vor: a) *am Anfang*: *Oberman(n)pflanzer* = Hutmacher (Kappenmacher) od. Kürschner; b) *am Ende*: *Lanengeroberman(n)* = Helm od. Soldatenmütze, *Grandicher-Sins-Oberman(n)* (d. h. eigtl. „Königshut", zu *grandich Sins* = König [s. oben unter „Bischof"], weshalb genauer *Grandich-Sins-Oberm.* zu erwarten wäre) = Krone (s. d. betr. die Übereinstimmg. mit d. Zigeun.) u. *Süslingoberman(n)* = Zuckerhut (wobei der Ausdr. — wie in *Grif[f]lingoberman[n]* — im *übertrag.* Sinne gebraucht ist). Zu vgl. (aus dem *verw.* Quellenkr.): *Dolm. der Gaunerspr.* 94 (*Obermann* = Hut, dann auch Rahm); *Pfulld. J.-W.-B.* 339-342 (*Aberma* = Filzhut, *Oberma* = Hut, auch Milchrahm, *Obermäne* = Kappe); *Schwäb. Gaun.- u. Kundenspr.* 71 (*Obermann* = steifer Hut, vgl. *Strohmann* = Strohhut); *Schwäb. Händlerspr.* 482 (*Oberman* = Hut; dazu in *Pfedelb.* [210] noch: *Obermannspflanzer* = Hutmacher). Über weitere Belege in Rotw. usw. sowie die *Erklärung* des Ausdrucks s. *Groß' Archiv*, Bd. 49, S. 336, Anm. 4; vgl. auch *Weber-Günther*, S. 191/92 (unter „Öwermännche").

[713] *Reifling* = Ring (Fingerring) kommt (in übertrag. Bedeutg.) auch noch vor in der *Zus. Flösselreifling* (d. h. eigtl. „Wasserring") = Regenbogen (s. d. betr. Übereinstimmg. m. d. Zigeun.). Das (natürlich zu unserem „Reif[en]" gehörende) Wort ist auch der *schwäb. Händlerspr.* (485) bekannt, in sonstigen Geheimspr. dagegen kaum

gebräuchlich. Das *Pleißlen der Killertaler* (436) hat *Raifle* = Ring.

[714] S. Abend.

[715] *Flössling* wird (ähnlich wie *Flederling* = Vogel für bestimmte Vogel*arten*) auch für einzelne *Fischarten* verwendet, so z. B. für den Karpfen und (wie wohl auch in der *Gaunerspr.* [s. A.-L. 541]) für den Hering (s. in letzterer Bdtg. als argum.: *Flösslingschottel* = „Heringbüchse"), der übrigens auch genauer durch *Spronkertsflössling* (d. h. „Salzfisch") oder *Begertflössling* (d. h. „toter Fisch") wiedergegeben wird (s. hierzu auch betr. Übereinstimmg. mit der Zigeunerspr. Näh. unter „Hering"; vgl. auch schon „Vorbemerkg.", S. 18, Anm. 45). Für andere Fischsorten erscheinen Verbdgn. od. Zus. mit den Synon. *Schwimmerling* (s. unten Anm. 4) gebräuchlicher. Zusammensetzgn. mit *Flössling* am Anfang sind noch *Flösslingachilerei* od. *-bikus* = Fischessen. Zu vgl. (aus dem *verw. Quellenkr.*): *Dolm. der Gaunerspr.* 92 (*Flösling*); *Schöll* 271 (*Flößling*); *Pfulld. J.-W.-B.* 339 (*Fleßling*, vgl. *fleßlinge* = fischen); *Schwäb. Händlerspr.* 480 (*Flößling* [plur.] = Fische). *Etymologie*: Nach *Stumme*, S. 24 ist der — im Rotwelsch schon im 15. Jahrb. (s. z. B. *Basl. Betrügnisse* um 1450 [15]) auftretende — Ausdruck „weniger von der *Flosse* des Fisches (s. dazu *Weigand*, W.-B. I, Sp. 559) als von *Floß* = ‚Wasser' (s. dazu *Weigand*, a. a. O., Sp. 559 unter „Floß" Nr. 2; vgl. für d. Rotw. z. B. *Schintermicherl* 1807 [289: *Flos* = Wasser]) ausgehend zu deuten". S. auch A.-L. 541 (unter „Floß"). — Vgl. oben *flösle(n)* usw. unter „austreten (leicht)".

[716] *Flotscher* (od. *Pflotscher*) erscheint weniger gebräuchlich als die Synon. *Flössling* u. *Schwimmerling*, auch in *Zus.*, von denen nur *Spronkertflotscher* = Hering (vgl. Anm. 715) u. *Flotscherkahlerei* = Fischessen zu nennen sind. Außerdem hat aber *Flotscher* od. *Pflotscher[t]* auch noch die Bedeutung: Schirm, bes. Regenschirm. (*Zus.*: *Bogeiepflotschert[t]* = Fischbeinschirm [vgl. dazu unten Anm. 719] u. *Pflotscherpflanzer[in]* = Schirmflicker[in]). Zu vgl. (aus dem *verw. Quellenkr.*): *Dolm. der Gaunerspr.* 92 (*Flotschen* = Fisch, *Flotschenkitt* = Fischkasten; *Schwäb. Händlerspr.* 480 (*Flotscher* = Fisch; vgl. auch [488]: *pflötsche* = [sich] waschen). *Zur Etymologie*: In der Bedeutg. „Fisch" dürfte *Flotscher* doch

wohl in *letzter* Linie mit *fließen* (im Sinne von „schwimmen" [s. *Weigand*, W.-B. I, Sp. 554 unter „fließen", Nr. 2 u. 559 unter „Flosse" a. E.]) als Stammwort irgendwie zusammenhängen. Zu der *zweiten* Bedeutg. (Regenschirm) gibt *Fischer*, Schwäb. W.-B. I, Sp. 1068 (unter „Pflotsch") vbd. mit Sp. 1057 (unter „Pflatsch") u. 1058 (unter „pflatsche[n]") einigen Aufschluß. Danach bedeutet im Schwäb. *pflatsche(n)* „mit klatschendem Laut (eigtl. mit dem Laut: „*pflatsch*") auf den Boden fallen", was besonders vom Wasser und *Regen* gebraucht wird, daher *Pflatschregen* od. auch bloß *Pflatsch* (Pflatscher) od. *Pflotsch* = Regenguß (vgl. „Platzregen"). Das Wort geht (nach *Fischer*) „etwa parallel mit *patschen*" (worüber zu vgl. *Groß*' Archiv, Bd. 47, S. 215), „nur daß es sich weit mehr auf das Wasser bezieht" (vgl. auch *v. Schmid*, Schwäb. W.-B., S. 406). Übrigens läßt *Fischer* (a. a. O.) es noch dahingestellt sein, ob *pflotsche[n]* (das auch für „im Wasser waten" vorkommt) nicht „ein Wort für sich" sein könnte.

[717] *Matsche* kommt (gleich *Flössling*) ebenfalls in der spezielleren Bedeutg. „Karpfen" vor. *Zus.* damit: *Matschebutterei* = Fischessen; *Ableitungen* davon: *matschen* = fischen u. (*davon* wieder) *Matscher* = Fischer. Zu vgl. (aus dem *verw. Quellenkr.*): *Schwäb. Händlerspr.* 480 (*Matsche* = Fische, in U. [214] auch d. sing. *Mătsch* = Fisch); nur vereinzelt auch im Rotw. bekannt (s. z. B. *Pfister* 1812 [302: *Matsche* = Fisch]; *v. Grolman* 46 [ebenso] u. T.-G. 93 [hier: *Matscho* als sing.]; *Karmayer* G.-D. 209 [wie *v. Grolm.*]). Zur *Etymologie*: (aus der Zigeunerspr. [vgl. „Einleitung", S. 30]) s. *Fischer*, Schwäb. W.-B. IX, Sp. 1525 (unter „Matsch") vbd. mit *Pott* II, S. 437 (unter „Maczo"), *Liebich*, S. 145 u. 197 (*mādscho* od. *mādschin*), *Miklosich*, Beitr. III, S. 14 (bei d. *deutsch.* Zigeun.: *mādšo* od. *-šin*) u. Denkschriften, Bd. 27, S. 8 (unter „mačo": bei den *deutsch.* Zigeun.: *mačo* [mādscho]), *Jühling*, S. 224 [*Matscho*, plur. -e] u. *Finck*, S. 73 (*mātšo*). Nach *Miklosich* (a. a. O.) läßt sich die Vokabel bis ins Altindische (*matsja*) zurückverfolgen.

[718] Auch *Schwimmerling* kommt (gleich *Flössling* u. *Matsche*) noch spezieller für „Karpfen" vor. Für andere Fischarten erscheint es in der *Verbindg. dofer Schwimmerling* (d. h. etwa „schöner Fisch") = Forelle sowie in der *Zus.*

Fuchsschwimmerling = Goldfisch u. *Spronkertschwimmerling* = Hering (vgl. die Synon. *Spronkertflössling* u. *-flotscher*). An den *Anfang* gestellt ist dieses Wort in der *Zus. Schwimmerlingbikerei* = Fischessen u. *Schwimmerlingsflederling* = Fischreiher (d. h. eigtl. nur „Fischvogel"). In dem *verw. Quellenkr.* ist die Vokabel (die natürlich zu „schwimmen" gehört) nicht bekannt, im *sonst. Rotw.* vereinzelt anzutreffen, während die *Kundenspr.* ein kürzeres *Schwimmling* = Hering kennt. S. Näh. in *Groß'* Archiv, Bd. 46, S. 314 u. Anm. 1.

[719] Dieses Wort (mit dem die *Zus. Bogeiepflotschert* = Fischbeinschirm [s. oben Anm. 716] gebildet ist) hat auch die *schwäb. Händlerspr.* 480 (*Bogeie* = Fischbein), während es sonst m. Wiss. nirgends bekannt ist. Seiner *Etymologie* nach stammt es wohl aus der *Zigeunersprache* her (vgl. „Einleitung", S. 29), in der es allerdings statt mit B mit G anlautet u. zugleich eine allgemeinere Bedeutg. zu haben scheint. S. bes. *Jühling*, S. 222 (wo *Gogcia* = „Beiner[?]" u. als Sing. *Gogalo* [= Bein] angeführt ist, das auch in anderen Sammlungen vorkommt [s. *Liebich*, S. 137, 182 u. 215 (*gogālo* od. *kokālo* = Bein od. Knochen); *Miklosich*, Denkschriften, Bd. 26, S. 243 (unter „kokalo": bei den *deutsch.* Zigeun.: *gogālo*); *Finck*, S. 65 (*kókalo* = „Knochen, Bein, Knöchel")] und [nach *Mikl.*, a. a. O] mit dem neugriech. κόκαλον zusammenhängt).

[720] S. Fischbein u. Fisch (oben. S. 158, Anm. 716).

[721] S. Fisch (oben S. 159, Anm. 717).

[722] S. Fisch u. essen.

[723] S. (betr. *Bikus*) Abendessen.

[724] S. (zu allen drei Ausdr.) Fisch und Abendessen.

[725] S. (betr. *Flederling*) Adler.

[726] S. abbrennen.

[727] S. Bierglas.

[728] S. abbetteln.

[729] S. Aas.

[730] (betr. *Schottel*) Aschenbecher.

[731] Mit *Kafler* = Fleischer (Metzger, Schlächter) finden sich folgende *Zusammensetzgn.*: a) *am Anfang*: *Kaflerkitt* = Metzgerhaus (u. dazu die weitere *Verbdg. grandich Kaflerskitt* = Schlachthaus); b) *am Ende*: *Kibekafler* = Hundemetzger, *Stupfelkafler* = Igelmetzger, *Horboge-* od. *Bogakafler* = Kuh- (ersteres auch Rindvieh-) Metzger, *Trabert-*, *Hornikel-*, *Groenikelkafler* = Pferde-, Ochsen-, Schweinemetzger. *Ableitungen* von *Kafler* sind das Zeitw. *kaflere* = schlachten (s. dazu die *Zus. niederkaflere* = niedermetzeln) u. das Subst. *Kaflerei* = Metzgerei (s. dazu die *Zus. Kaflereischnall* = „Metzelsuppe"). *Zu vgl.* (aus dem *verw. Quellenkr.*): Dolm. der Gaunerspr. 98 (*Kafler* = Schinder); Pfullend. J.-W.-B. 338, 340, 341, 344 (*Kaffler* = Abdecker, Metzger, *Kafler* = Henker, Schinder, *Kaflerei* = Schinderei, *kaflen* = schlachten); Schwäb. Händlerspr. 480, 484, 485 (*Kâfler* = Metzger, Schinder [in U. (213) = Gendarm], *kâfelen* = schlachten, *Kâfel* = Fleisch von verrecktem Vieh). *Etymologie*: Der Ausdruck, der im Rotwelsch (wie auch schon aus den angeführten Belegen des verw. Quellenkreises ersichtlich ist) ursprünglich die engere Bedeutung von „Abdecker" oder „Schinder" (dann auch wohl von „Henker") gehabt hat, ist offenbar nur eine Weiterbildung des gleichbed. älteren *Caviller* od. *Kafiller* u. ä., über dessen Ursprung die Ansichten zwar noch nicht ganz einig sind, auf das aber jedenfalls — selbst wenn man es zunächst vom *Hebräischen* (syr. *kephál* = „abdecken, ziehen") herleiten will — doch *auch* das md., früher auch hochd. *fillen* (mhd. *villen*) = „das Fell abziehen" Einfluß geübt haben wird. So jetzt auch *Seiler*, Lehnwort IV, S. 490; vgl. Näheres noch in *Groß'* Archiv, Bd. 42, S. 36 ff. (unter „Caviller"; s. hier insbs. auch S. 38, lit. e u. f betr. die notw. Belege für *Kaf[f]ller* u. *Caffler*). *Fischer*, Schwäb. W.-B. IV, Sp. 146 (unter „Kafler") gibt keine bestimmte Erklärung.

[732] *Nolle* ist eine beliebte Bezeichnung für ein „Gefäß" verschiedener Art, insbs. Topf (Hafen, Tiegel), auch Kessel u. Napf (in Zus.), ferner Kanne, Krug (Humpen, Pokal, Schoppen), namentl. auch in *Zusammensetzgn.* Als solche sind zu nennen: a) mit N. am *Anfang*: *Nollepfanzer* = Hafner

(Töpfer), Kesselflicker; b) mit N. *am Ende* (außer *Bossertnolle* noch): *Süslengnolle* = Kaffeekanne, *Duftnolle* (d. h. eigtl. „Kirchenpokal") = Kelch, *Gleisnolle* = Milchtopf (-napf), auch Melkfaß (s. d. betr. Übereinstimmg. m. d. Zigeun.), *Fu(h)lnolle* od. *Schmelznolle* = Nachthafen, *Flösselnolle* = Nachttopf (Urintopf), *Spronkertnolle* = Salznapf, *Schwächnolle* = Trinkgeschirr, *Fläderlingsnolle* = Vogelnapf, *Flu(h)tenolle* = Wasserkrug, *Johlenolle* = Weinkrug. Zu vgl. (aus dem *verw. Quellenkr.*): Dolm. der Gaunerspr. 93, 100 (*Nolle* = Hafen, Topf); W.-B. des Konst. Hans 255 (*Nolle* = Kochhafen); Pfulld. J.-W.-B. 341 (*Servnolle* = Kessel [Brennkessel]); Schwäb. Händlerspr. 486, 487 (*Nolle* = Schüssel, Topf, in *Lütz.* [214]: *Fülnolle* = Nachttopf). Zur (*nicht* sicheren) *Etymologie* s. etwa A.-L. 579 vbd. mit *v. Schmid*, Schwäb. W.-B., S. 409 (*Noll* [G'noll, Knoll] = „rundlicher, harter Körper"), *Fischer*, Schwäb. W.-B. IV, Sp. 2055 (unter „Nolle" Nr. 2) u. *Grimm*, D. W.-B. VII, Sp. 879 vbd. m. VI, Sp. 1144; vgl. auch *Keiper* in d. Z. f. hochd. Mundarten, Bd. II (1901), S. 53 ff.

[733] S. abschaffen.

[734] S. anbrennen.

[735] S. abgehen.

[736] S. davongehen.

[737] Das Zeitw. *naschen* (= fliehen, auch wohl gehen, kommen) findet sich in dem *verw. Quellenkr.* m. Wissens nur im *Pfulld. J.-W.-B.* (342) für „laufen" (vgl. auch 341: *naschirlen* = kommen) sowie (337, 339, 340, 343, 345) in einer ganzen Reihe von *Zusammensetzgn.* (nämlich: *ausnaschen* = ausgehen, *durchnaschen* = durchlaufen, *innerkinnignaschen* = einsteigen, *vernaschen* = entfliehen, *hinternaschen* = hintergehen, *schibisnaschen* = scheiden, *beduchtnaschen* = schleichen, *hordignaschen* od. *guantnaschen* = springen). Für sich allein kommt es hier u. da noch im sonst. Rotw. (des 19. Jahrh.) vor (s. z. B. *Pfister bei Christensen* 1814 [= gehen]; *v. Grolman* 50 u. T.-G. 96 [ebenso]; *Karmayer* 116 [desgl., doch hier *auch* andere Bedeutgn.]). Zur *Etymologie* (aus der *Zigeunerspr.* (vgl. „Einleitung", S. 30]) s. A.-L. IV, S. 245 u. *Fischer*, Schwäb. W.-B. IV, Sp. 1959 vbd. mit *Pott* II, S. 324 (unter

„Naszavav"), *Liebich*, S. 149, 197, 218 (*naschāwa* = ich laufe [fließe], fliehe), *Miklosich*, Beitr. III, S. 16 u. Denkschriften, Bd. 27, S. 21 (unter „naš": bei den *deutsch*. Zigeun.: *našavā* = laufen, fließen), *Jühling*, S. 224 (*nascha* = fliehen) u. *Finck*, S. 75 (Stamm: *naš*-, *nāšs*-, *našew*- u. ä. = „laufen, gehen, fließen, schwärmen, jagen").

[738] Zu dem Zeitw. *tschanen* = fliehen (auch wohl gehen, kommen) ist *zu vgl*. (aus dem *verw. Quellenkr.*): *Pfulld. J.-W.-B.* 340 (*tschanen* = herumziehen) u. *Schwäb. Händlerspr.* (in *Lütz.* (214]: *tschäne[n]* = gehen). Seiner *Etymologie* nach stammt der Ausdr. gleichfalls (wie d. Syn. *naschen*) aus der *Zigeunerspr.* (vgl. „Einleitung", S. 31). S. Näh. bei *Fischer*, Schwäb. W.-B. II, Sp. 431 vbd. mit *Pott* II, S. 212/13 (unter „Dscha"), *Liebich*, S. 133 u. 201 (*dschāwa* = ich gehe), *Miklosich*, Denkschriften, Bd. 26, S. 206/7 (unter „dža": bei den *deutsch*. Zigeun.: *džava* = ich gehe), *Jühling*, S. 227 (*tschah* = geh!) a. *Finck*, S. 56 (Stamm: *dša*- = gehen; vgl. *dšăben* = „Gang, Tritt").

[739] S. angenehm.

[740] S. anmutig.

[741] S. Büchse.

[742] S. abschießen.

[743] Die gleiche Bezeichnung (nur im Sing.) kennt auch die *schwäb. Händlerspr.* 481 (*Hase* = Floh). Es handelt sich hier jedenfalls um eine der auch im Rotwelsch beliebten metaphorischen Verwendungen einer Tiergattung für eine *andere* (vgl. dazu *Günther*, Rotwelsch. S. 70, 71), wobei offenbar das schnelle Laufen bezw. Springen (Hüpfen) der beiden Tiere das tertium comparationis gewesen ist. Vgl. auch *Fischer*, Schwäb. W.-B. III, Sp. 1206 (zu „Hase", Nr. 3).

[744] S. Ärger.

[745] Zu *Grünleng* = Jäger, Flur-od. Feldschütz vgl. (aus dem *verw. Quellenkr.*): *Pfulld. J.-W.-B.* 341 (*Gründing* = Jäger, das nach *Fischer*, Schwäb. W.-B. III, Sp. 882 vielleicht nur ein Schreibfehler für *Grünling* ist; vgl. auch *Groß'* Archiv, Bd. 56,

S. 184) u. *Schwäb. Händlerspr.* 488 (*Grünling* [*Groêling*] = Waldhüter [in *Lütz.* (215) = Jäger, während der Waldhüter dort *Grü(n)lingsbutz* heißt]); s. auch noch *Regensburg. Rotw.* 489 (*Grünling* = Jäger, Förster). Zur *Etymologie* s. Näh. in *Groß'* Archiv, Bd. 42, S. 22. Über andere Bedeutgn. von *Grünling* im Rotw. s. *Günther,* Rotwelsch, S. 62. Über das ähnliche *Grünwedel* s. unter „Förster".

[746] S. abbrühen.

[747] S. abbetteln.

[748] S. angenehm u. Fisch. Über die *abweichenden* Bezeichnungen in d. Zigeunerspr. s. Näh. unter „Hering".

[749] S. anfragen.

[750] S. anschauen.

[751] S. über die Rangsteigerung *Grünwedel* = Forstmann (-wart), *grandicher Gr.* = Förster, *grandich Gr.* = Oberförster schon oben unter „Bischof". Zwei ähnliche Abstufungen kennen (nach *Liebich,* S. 198) auch die Zigeun., nämlich: *wēschéskero* = Forstmann, Förster u. *barĭdīr w.* (d. h. „der größere [höhere] Forstmann") = Forstmeister. Dagegen fehlt eine dem Jenischen entsprechende Bezeichng. für den Oberförster (vgl. Bd. 63, S. 391, Anm. 418 [zu „Bischof"]). Für die Bezeichg. *Grünwedel* vgl. (aus dem *verw. Quellenkr.*): *Dolm. der Gaunerspr.* 94 (*Grünwedel* = Jäger); *Pfulld. J.-W.-B.* 341 (ebenso); in der *Schwäb. Gaun.-, Kunden- u. Händlerspr.* nicht bekannt, obwohl dort mancherlei *ähnliche* Ausdrücke vorkommen (wie z. B. *Grünstäudle* = Jäger [so: *Schwäb. Gaun.- u. Kundenspr.* 71 und *Schwäb. Händlerspr.* 82], *Grünstaudler* = Feldhüter, *Grünstäudel, -staud* od. *-stäudling, Grünsteiger, -rattler* u. a. m. = Waldhüter [s. *Schwäb. Händlerspr.* 480 u. 488]). Über weitere Belege (für *Grünwedel*) aus dem Rotw. sowie die *Etymologie* des Wortes s. Näh. in *Groß'* Archiv, Bd. 55, S. 179, Anm. 2.

[752] S. abtragen.

[753] S. abfahren.

[754] S. davongehen; vgl. (betr. *bosten* u. *pfichen*) abgehen u. (betr. *schef[f]ten*) unter „daher" a. E.

[755] S. böse Frau.

[756] Zu *Mogel* od. *Mokel* = Frau (Frauensperson, Frauenzimmer), Weib vgl. *Schwäb. Händlerspr.* 481, 484 (*Mockel* = Frau, *Mokel* = Mutter). Die *Etymologie* bleibt unsicher. Herangezogen könnte etwa werden bes. schwäb. *Mockel*, u. a. = „plumpes *Weibsbild*", *Mockele(in)* = „rundliches Kind, *Mädchen*" (aber *beides auch* für Rindvieh, bes. *Kuh* od. *Kalb* gebraucht) nach *Fischer*, Schwäb. W.-B. IV, Sp. 1722. Nr. 4 u. Nr. 8, b u. c; vgl. bei *Schmeller*, Bayer. W.-B. I, Sp. 1566 (*Mockel* [auch] = „weibliche Geschlechtsteile"). Über ein seltenes rotw. *Muck* (od. *Mück*) = Frau s. *Groß'* Archiv, Bd. 50, S. 347. Anm. 1.

[757] S. Bauernfrau.

[758] Zu *Romane* = Frau vgl. (aus d. *verw. Quellenkr.*): *Schwäb. Gaun.- u. Kundenspr.* 69, 72 (*Rumie* = Frau, femin. zu *Romno* = Mann u. *Schwäb. Händlerspr.* (in U. [214]: *Romli* = Mädchen [vgl. *Rom* = Mann]). Auch im sonstig. (neueren) Rotw. ist das Wort (dial. entstellt) hier und da anzutreffen (s. z. B. *Pfister* bei *Christensen* 1814 [*Rumini* = Frau]; *v.* Grolman 57 [ebenso]; *Karmayer* G.-D. 215 [verdr.: *Runinni*]). *Etymologie*: Die Vokabel stammt aus der *Zigeunersprache* (vgl. „Einleitung", S. 30) u. bildet das fem. (*romni* u. ä.) zu *rom* = Mann, Ehemann, Zigeuner, (vgl. *rōmano* [romeno] = zigeunerisch). S. Näh. bei A.-L. 589 (unter „Rammenin") vbd. mit *Pott* I, S. 35, 42 u. II, S. 259, 275 u. 528, *Liebich* S. 156 u. 191, 198, 262 (*romni* = Frau, Ehefrau, Zigeunerin), *Miklosich*, Beitr. III, S. 18 u. 23 u. Beitr., Bd. 27, S. 56, 57 (unter „rom": bei den *deutsch.* Zig. *romni* = Frau [Eheweib], Zigeunerin), *Jühling*, S. 227 (unter „Tschai": *Romni* = Frau).

[759] S. Bachstelze, Bauernfrau u. Beischläferin.

[760] S. Bauernfrau.

[761] S. (betr. *Klufterei*) ankleiden.

[762] *Malfes* (neuere Form für das ältere *Mahlbosch* [vgl. „Einleitung", S. 27]) = Rock (Jacke, Kittel, Kutte, Überrock) ist verwendet in folgenden *Zusammensetzgn*.: a) *am Anfang*: *Malfesrande* = Rocktasche; b) *am Ende*: (außer *Mos[s]malfes* noch): *Gadscho-* od. *Kaffermalfes* = Männerrock, *Plauderermalfes* = Lehrerrock, *Gallach-* od. *Kolbemalfes* = Priesterrock. Eine *Verbindg.* damit ist *unterkünftiger Malfes* = Unterrock. *Zu vgl.* (aus dem *verw. Quellenkr.*): *Dolm. der Gaunerspr.* 94, 98 (*Malebosch* od. *Malus* = Rock, *ein ganzer M.* = Rock und Kamisol, *ein halber M.* = Kamisol); *W.-B. des Konst. Hans* 254 (*Malves* = Kamisol, *Mahlbosch* = Rock); *Schöll* 271 (Formen: *Malves* u. *Malbosch*, Bedeutgn.: wie im *W.-B. des Konst. Hans*); *Pfulld. J.-W.-B.* 338, 341, 343, 344: *Malves* od. *Malboschum* = Kittel, *Malfes* od. *Maleboschen* = Rock, *Ruchemalfes* [od. *Mahlboschen*] = Bauernkittel, *Schlaumalfes* = Schlafrock); *Schwäb. Gaun.- u. Kundenspr.* 77 (*Malfes* = Weste, dagegen *Walmusch* [sic] = Rock, aber wieder *Dormmalfes* = Schlafrock); *Schwäb. Händlerspr.* 485 (*Malfes* u. *Walmusch* = Rock, dazu [in *Pfedelb.* (212)]: *Dormmalfes* = Schlafrock); s. auch noch *Pfälzer Händlerspr.* 438, 439 (*Malebüsch* = Anzug, *Walmüsch* = Rock) u. *Metzer Jenisch* 216 (*Malbosche* = Kleider). Über weitere, in der Form sehr verschiedene Belege aus dem Rotw., der Kundenspr. usw. sowie über die *Etymologie* (vom. hebr. *mâlbûsch* = „Kleider") s. ausführl. *Groß'* Archiv, Bd. 49, S. 348 u. Anm. 2 u. S. 349 vbd. m. *Schütze* S. 98 (unter „Walmusch"); vgl. *Weber-Günther*, S. 167 u. *Fischer*, Schwäb. W.-B. IV, Sp. 1418.

[763] Zu *Fürflamme* = Schürze vgl. (aus dem *verw. Quellenkr.*): *Dolm. der Gaunerspr.* 99 (*Vorflam* = Schürz); *Pfulld. J.-W.-B.* 344 (*Flamme* = Schürze). Auch in d. *sonst.* rotw. Quellen ist das Wort teils in der kürzern Form *Flamme* (od. *Flammert*), teils in der längeren *Vorflamme(rt)* od. *Fürflamme(rt)* u. ä. mehrfach anzutreffen. S. z. B. schon *Hildburgh. W.-B.* 1753 ff. (227: *Flamme*); ferner *Krünitz' Encyklopädie* 1820 (353: *Vorflamme*); *v. Grolman* 21, 22 u. T.-G. 120 (*Fürflamm[e]*, *Für-* od. *Vorflammert* od. *Flamme*, *Flammert*); *Karmayer* 52 (*Fürflamm* [masc. gen.]) Die *Etymologie* ist zwar nicht ganz sicher, doch ist wohl an den hellen Schein einer weithin leuchtenden (gleichsam „flammenden") *weißen* Schürze zu denken; vgl. A.-L. 540 (unter „Flamme" [wo auch die

Nebenbedeutgn. von *Flamme(rt)* — wie z. B. Hals- od. Schnupftuch — angegeben sind]); s. auch noch *Groß'* Archiv, Bd. 42, S. 302 u. Anm. 2. — *Fischer,* Schwäb. W.-B. II, Sp. 1538 (unter „Flamme") hat keine Erklärung hinzugefügt.

[764] S. böse Frau.

[765] S. Beischläferin.

[766] S. Frau.

[767] S. Bauernfrau.

[768] Mit *Schrende* = Stube (Gemach, Zimmer) sind gebildet die *Verbdgn. grandiche Schrende* = Saal) (s. d. betr. Übereinstimmg. m. d. Zigeun.) sowie folgende Zusammensetzgn.: a) *am Anfang: Schrendepflanzer* = Zimmermann; b) *am Ende* (außer *Mos[s]schrende* noch) *Sinseschrende* = Herrenzimmer, *Leileschrende* (eigtl. „Nachtstube") = Wachtstube. *Zu vgl.* (aus dem *verw. Quellenkr.*): *Dolm. der Gaunerspr.* 100 (*Schrende* = Stube); *übereinstimmend* (in Form *und* Bedeutg.) auch: *W.-B. des Konst. Hans* 254, *Schöll* 271 u. *Pfulld. J.-W.-B.* 345; dagegen in der *schwäb. Händlerspr.* (in *Pfedelb.* [213]): *Schrenze* = Stube. Über weitere Belege im Rotwelsch sowie *Etymologie* des Wortes (das ohne Zweifel *deutsch.* Ursprungs ist) s. das Näh. in *Groß'* Archiv, Bd. 54, S. 165, Anm. 2 u. dazu etwa auch noch *v. Schmid*, Schwäb. W.-B., S. 478 (unter „Schrand").

[769] S. Amtmann u. Beischläferin.

[770] S. arg.

[771] Zu *Freier* = Fremder (auch Herr, Jüngling) s. das Dimin. *Freierle* = Junge, Knabe, auch Sohn, die *Verbindungen dofer Freier* = Junker u. *schofler Freier* = Heuchler od. auch „Hurenkerl" sowie die *Zus. Fehtefreier* = Quartierbursche (vgl. „Vorbemerkg.", S. 12, Anm. 29). *Zu vgl.* (aus dem *verw. Quellenkr.*): *Dolm. der Gaunerspr.* 91 (*Freier* = „ein gewachsener Bub"); *Schwäb. Händlerspr.* 480 (*Freier* = Mann). Über sonstige Belege im Rotw. sowie die *Etymologie* s. *Groß'* Archiv, Bd. 49, S. 350 ff. Daß *Freier* in *Wittichs* Jenisch niemals für einen Bauer verwendet werden soll, ist insofern bes. zu beachten, als die ursprünglichste Bedeutg. im *Rotwelsch* gerade „Bauer" gewesen sein dürfte (s. u. a. schon *W.-B. v. St. Georgen* 1750 [350]).

[772] S. (zu beiden Ausdr.) Beischläferin.

[773] S. brauchbarer Bursche.

[774] S. Bettelbube.

[775] S. angenehm.

[776] S. eisig.

[777] S. anbeten u. arme Leute.

[778] Vgl. „Vorbemerkg.", S. 15, Anm. 38.

[779] *Gib* (= Frucht, bedeutet bes. auch Getreide sowie — noch spezieller — Weizen und wohl auch Gerste (wie aus der *Verbdg. g'funktes Gib* [„gebranntes Getreide" (Gerste)] = Malz [s. d. betr. d. Übereinstimmg. m. d. Zigeun.; vgl. auch schon „Vorbemerkg.", S. 17] zu schließen sein dürfte). *Zu vgl.* (aus dem *verw. Quellenkr.*): *Pfulld. J.-W.-B.* 339-341 (*Gi[e]b* = Frucht, Korn, Hafer, für letzteres auch: *Spitzgib*); *Schwäb. Händlerspr.* 481 (*Gîp* = Getreide), im sonst. Rotw. ziemlich selten. *Etymologie*: Das Wort stammt aus der *Zigeunerspr.* (vgl. „Einleitung", S. 30) u. in letzter Linie aus dem Altind. S. *Fischer*, Schwäb. W.-B. III, Sp. 647 (unter „Gip") vbd. m. *Pott* II, S. 67 (unter „Gieb"), *Liebich*, S. 136 u. 203, 216 (*gib* = Getreide, Korn), *Miklosich*, Beitr. III, S. 21 u. Denkschriften, Bd. 26, S. 214 (unter „*giv*": bei d. *deutsch.* Zigeun.: *gīb* = Getreide, Korn), *Jühling* 222 (*Gib* = Frucht, Feld) u. *Finck*, S. 59 (*giw* = „Getreide [Korn, Weizen, Gerste, Roggen"]).

[780] Auch *Kupfer* = Frucht, dann Getreide (Korn), auch Futter kommt (gleich *Gib*) noch spezieller für einzelne Getreide*arten* vor, nämlich für Hafer, Roggen, Weizen, und endlich noch für Gras, Heu (Grummet), Klee und Häcksel (Häckerling). Auch sind damit (im Gegens. zu *Gib*) verschiedene *Zusammensetzgn*. gebildet worden, nämlich a) am *Anfang*: *Kupfertrapert* = Heupferd, *Kupferflederling* (eigtl. „Heuvogel") = Heuschrecke, *Kupfersore* (eigtl. etwa „Gras- od. Heuding") = Sense (s. d. betr. Analogie in d. Zigeunerspr.), *Kupferstöber* (eigtl. „Grasbaum") = Weidenbaum; b) *am Ende*: *Flu(h)tekupfer* = Meergras, Schilf. Zu vgl. (aus dem *verw. Quellenkr.*): Dolm. der Gaunerspr. 93 (*Kupfer* = Heu); *Schöll* 271 (ebenso); *Pfulld. J.-W.-B.* 340 (desgl.); *Schwäb. Händlerspr.* 481, 482 (*Kupfer* = Futter [für Vieh], Heu). Auch im sonstigen Rotw. kommt die Vokabel

(für „Heu") wohl (seit d. 18. Jahrh.) vor (s. z. B. schon *Hildburgh. W.-B.* 1753 ff. [271: *Kuffert* (sic) = Heu] u. dann [i. d. Form *Kupfer*] öfter; merkwürdig die Umkehrung *Heu* [als *rotw.* Vok.] = Kupfer im *W.-B. von St. Georgen* 1750 [217], die aber vielleicht bloß auf einem Irrtum beruht). Die *Etymologie* ist ungewiß, auch von *Fischer*, Schwäb. W.-B. IV, Sp. 854 nicht erläutert worden; es bleibt daher fraglich, ob wirklich eine Gleichsetzung mit unserem deutsch. (Lehn-)Worte „Kupfer" — als Metallbezeichnung — (vgl. *Günther, Rotwelsch,* S. 66) anzunehmen ist.

[781] S. essen.

[782] S. (zu allen drei Ausdr.) Abendessen.

[783] S. Eisenbahnwagen u. Bauer.

[784] *Trabertle* ist Dimin. zu *Trabert* od. *Trapert* = Pferd (Roß, auch [mehr verächtl.] Gaul, Klepper, Mähre sowie spezieller: Hengst, Rappe u. Schimmel), es wird also zunächst ohne Rücksicht auf das Geschlecht oder sonstige Beschaffenheit (z. B. die Farbe) des Tieres gebraucht, jedoch findet sich für „Hengst" noch spezieller auch *Trabertkaffer* (d. h. eigtl. „Pferdemann", männliches Pferd), wozu dann als Gegenstück *Trabertmos(s)* (eigtl. „Pferdefrau") = Stute erscheint (vgl. dazu schon oben in d. Anm. zu „Bauer" u. „Bauernfrau" sowie weiter unten unter „Hengst"). Weitere *Zusammensetzgn.* mit *Tr.* sind noch: a) am *Anfang: Trapertstritt* = Gaul- od. Pferdefuß, *Traperttrittleng* = Huf (eigtl. wohl auch „Pferdefuß"), *Trabertbossert* od. *-mass* = Pferdefleisch, *Trabertstrauberts* = Pferdehaare, *Trabertkemerer* = Pferdehändler, *Trabertschenegler* = Pferdeknecht, *Trabertstenkert* = Pferdestall (u. dazu das Dimin. *Trabertstenkertle,* wofür logischer *Trabertlestenkert* zu erwarten [s. schon oben unter „Entenstall"]) u. *Trabertschwäche* = Pferdetränke (wogegen *Trabertschwächerle* „Pferdeeuter" bedeutet [vgl. oben unter „Amme"]); b) am *Ende: Kupfertrapert* = Heupferd (vgl. oben S. 166, Anm. 780). Zu vgl. (aus dem *verw.* Quellenkr.): Dolm. der Gaunerspr. 97 (*Trappert* = Pferd); Pfulld. J.-W.-B. 343 (*Trappen*); Schwäb. Gaun.- u. Kundenspr. 73 (*Trappert* u. *Trapperle* = Pferd); Schwäb. Händlerspr. 485 (*Trappert* [Treppert, Treppling] u. Traber); s. auch *Metzer Jenisch* 216 (*Trappert*). Über weitere

rotw. Belege (seit d. 17. Jahrh.) sowie die *Etymologie* (zu „traben" bzw. „trappeln" usw.) s. Näh. in *Groß'* Archiv, Bd. 42, S. 27 u. Anm. 1 (zu „Trappert-Leininger").

[785] S. Entenstall; vgl. auch die vorige Anm.

[786] S. Angst.

[787] S. (betr. *nobis*) Dietrich.

[788] S. Adler u. Amtmann; vgl. Bischof.

[789] S. auslassen.

[790] S. (betr. *schmusen*) ansagen.

[791] S. Entenfuß.

[792] S. Ferse.

[793] *Streifleng* (-ling, plur. -linge), eigtl. = Strumpf findet sich auch noch in folgenden *Zusammensetzgn.*: a) *am Anfang*: *Streiflingschure* = Strumpfband u. *Streiflingpflanzer* = Strumpfwirker; b) *am Ende* (außer in d. *obigen Vok.* noch in) *Kafferstreifling* = Socken (eigtl. „Männerstrümpfe"). Zu vgl. (aus dem *verw. Quellenkr.*): W.-B. des Konst. Hans 254 (*Streifling* = Paar Strümpfe); *Pfulld. J.-W.-B.* 345 (Form: ebenso, Bedtg.: Strumpf); *Schwäb. Gaun.- u. Kundenspr.* 76 (*Streifling* = Strümpfe); *Schwäb. Händlerspr.* 484 (wie im *Pfulld. J.-W.-B.*); s. auch noch *Metzer Jenisch* 217 (*Stre[i]fche* = Strumpf). Im sonst. Rotwelsch usw. tritt die Vokabel zunächst in der Bedeutg. „Hose" (s. schon *Lib. Vagat.* [55]), erst seit d. 17. Jahrb. auch für „Strumpf" auf (s. *Schwenter's Steganologia* um 1620 [138] u. dann öfter bis zur Gegenwart; vgl. *Schütze*, S. 94, auch *Groß'* Archiv, Bd. 46, S. 29, Anm. 2). Zur *Etymologie* (von *streifen* = „überstreifen [über den Fuß]") s. Archiv, a. a. O., S. 29: vgl. auch *Pott* II, S. 37.

[794] Übereinstimmende Umschreibung des deutschen Ausdrucks auch bei den Zigeunern; s. *Liebich*, S. 199 (*telstūno pīro* [d. h. „der untere Fuß"] = Fußsohle); vgl. auch schon „Vorbemerkg.", S. 17. Das Adj. *unterkünftig* = unterer — als Adv. gebr. = unten — (im Gegensatze zu *oberkünftig* = oberer,

als Adv. = oben [s. Näh. unter „Gaumen"]) kommt auch noch vor in den *Verbindgn.*: *unterkünftige Kluft* = Unterkleid u. *unterkünftiger Malfes* = Unterrock. *Zu vgl.* (aus dem *verw. Quellenkr.*): *W.-B. des Konst. Hans* 256 (*unterkönig* = unten); *Pfulld. J.-W.-B.* 340, 345 (*unterkönig* = hinab [Gegens.: *oberkönig* = hinauf] u. *unterkimig* [besser wohl zu lesen: *unterkinnig*] = unten; vgl. auch *inner-, usler-* u. *ennenkönig* = hinein, hinaus, hinüber); *Schwäb. Händlerspr.* 487 (*unterkünftig* = unten; vgl. [484]: *oberkünftig* = oben). Auch im sonstigen Rotw. findet sich die Vokabel, u. zwar schon seit dem 18. Jahrh. (s. *W.-B. v. St. Georgen* 1750 [219]: *unterkünftig* = unten, Gegens. [218]: *oberkünftig* = oben), während sie in neuerer Zeit wohl bes. in der *Kunden*sprache fortlebt (vgl. z. B. *Ku.* III, 429 u. *Ostwald* [Ku.] 159 vbd. m. *Ku.* III 427 u. *Ostwald* [Ku.] 109 [Gegenstz.: *oberkünftig*]), obgleich sie in der *schwäb. (Gaun.- u.) Kundenspr.* fehlt, die dafür (76) aber *hinterkünftig* = hintenherum kennt. *Etymologie*: Man darf wohl mit A.-L. 557 (unter „kenntlich") u. 579 (unter „oberkünftig") den zweiten (zu einer „*Verstärkung*" der Ortsbezeichnung dienenden) Bestandteil des Wortes (-*künftig*, verunstaltet zu -*kinnig*, -*könig* usw.) — gleich unserem gemeinspr. Adj. *künftig* — zu dem jetzt nur noch in Zusammensetzgn. (wie Ankunft, Herkunft, Zukunft) gebräuchl. Subst. *Kunft* (mhd. *kunft, kumft*) = „das Kommen", einem „Verbalabstraktum" zu dem Zeitw. *kommen* (vgl. *Weigand*, W.-B. I, Sp. 1172), in Beziehung setzen.

[795] S. (betr. *Grif[f]leng*) Daumen. — Auch diese Umschreibung findet sich nach *Liebich*, S. 199 u. 262 (unter „Zehe") bei den *Zigeunern* (näml.: *berengĕro gus[ch]to*, d. h. eigtl. „Fußfinger").

[796] S. Frucht.

[797] *Zusammensetzgn.* hiermit sind: a) *am Anfang*: *Furschetfläderling* (d. h. eigtl. „Gabelvogel") = Schwalbe (s. d. betr. Übereinstimmg. mit d. Zigeun.); b) *am Ende*: *Schundfurschet* = Mistgabel. *Zu vgl.* (aus dem *verw. Quellenkr.*): nur *Schwäb. Händlerspr.* 481 (*Furschett* = Gabel). Im Rotw. m. Wiss. sonst kaum gebräuchlich. Zur *Etymologie*: An und für sich kann der Ausdruck *unmittelbar* vom Französischen (*fourchette*) hergeleitet werden (vgl. auch *Fischer*, Schwäb. W.-

B. II, Sp. 1869), jedoch mag die Vokabel (gleich *Feneter* = Fenster [s. d.]) in *Wittich's* Jenisch wohl durch die Vermittlung von *Zigeunern* eingedrungen sein und insofern auf *deren* Sprache zurückgeführt werden (vgl. „Einleitung", S. 30), in die sie aber natürlich gleichfalls aus dem Französischen übernommen ist. S. ausdrücklich auch *Liebich*, S. 116; vgl. „Einleitung", S. 29, Anm. 93 vbd. m. „Vorbemerkg.", S. 10, Anm. 26. Als zigeun. Form führt *Liebich* (a. a. O. S. 135 u. 199): *forschétta, Finck,* S. 58: *forŝéta, Jühling,* S. 221 dagegen: *Forschräta* (vgl. i. d. „Einltg.": -reta) an.

[798] Mit *Stichling* ist nur *zusammengesetzt: Fu[h]lstichling* = Mistgabel (Syn. zu *Schundfurschet*). Auch *Stichling* = Gabel ist in dem *verw. Quellenkr.* nur der *schwäb. Händlerspr.* (481) bekannt, doch deutet hier das Vorkommen des Ausdrucks *Stichlingspflanzer* = Schneider (486) hin auf die Nebenbedeutg. „Nadel", wofür die Vokabel z. B. auch in der *schwäb. Gaun.- u. Kundenspr.* (73) — allein — angeführt ist, während sie bei den *Pfälz. Händlern* (439) — wieder abweichend — „Messer" bedeutet. Über die versch. Bedeutgn. des Wortes im Rotw. bezw. in der Kundenspr. (näml.: a) Schneider; b) Nadel; c) Zaunpfahl) sowie die *Etymologie* (zu „Stich", „stechen") s. Näh. in *Groß'* Archiv, Bd. 42, S. 24 u. Anm. 1.

[799] S. anschauen.

[800] Zu dem Zeitw. *spannen* = sehen (gaffen, gucken) vgl. (aus dem *vorw. Quellenkr.*): *Pfulld. J.-W.-B.* 337, 343 (*spannen* = ausschauen aussehen, schauen); *Schwäb. Händlerspr.* 486 (*spannen* = sehen; vgl. [470] *Spanner* = Augen); s. auch *Pleißlen der Killertaler* 436 (*spanne[n]* = sehen, beobachten, *Spanner* = Augen). Über weitere Belege im Rotw. sowie die *Etymologie* des Wortes (das *deutschen* Ursprungs ist) s. ausführl. *Groß'* Archiv, Bd. 42, S. 75 (unter „Spanner") vbd. mit *Weber-Günther,* S. 181 (unter „spennen", wonach der wohl *älteste* Beleg für das Zeitw. [in der Form *spenden*] bereits bei A. Hempel 1687 [169: *der spendts* = „der siehets"] anzutreffen ist).

[801] Mit *Babing* (plur. *Babinger*) sind gebildet die *Verbindg. grandich Babing* (d. h. etwa [„sehr] große Gans" [vgl. oben unter „Bischof"]) = Schwan (s. d. betr. Übereinstimmg. mit

der Zigeunerspr.; vgl. auch schon „Vorbemerkung", S. 17) sowie die *Zusammensetzgn. Babingerbossert* od. *Babingermass* = Gänsefleisch (letzteres in der weiteren Verbdg. *gesicherter Babingermass* = Gänsebraten) u. *Babingerstritt* = Gänsefuß. *Zu vgl.* (aus dem *verw. Quellenkr.*): nur *Dolm. der Gaunerspr.* 92 (*Bappe* = Gans); im *sonst.* Rotw. tritt die Form *Babing* u. a. etwa seit Anfang des 19. Jahrh. (s. *Pfister* 1812 [295] u. a. m.) auf. Zur *Etymologie* (aus der *Zigeunerspr.* [vgl. „Einleitung", S. 29]) s. *A.-L.* 521 u. *Günther,* Rotwelsch, S. 31 u. 62 vbd. mit *Pott* II, S. 350 (unter „Papin"), *Liebich,* S. 149 u. 200 (*pāpin*), *Miklosich,* Beitr. III, S. 17, 23 u. Denkschriften, Bd. 27, S. 29, 30 (bei d. *deutsch.* Zig.: *pāpin*), *Jühling* S. 220 (*Babni*), *Finck,* S. 76 (*pāpi[n]*). Das Wort ist (nach *Pott* u. *Miklosich,* a. a. O.) verwandt mit ngriech. πάππια = „Ente".

[802] Mit *Strohbutzer* (Dimin. *Strohbutzerle* = „Küchlein", d. h. Gänschen) sind gebildet die *Verbindung grandich Strohbutzer* = Schwan (s. dazu die Bemerkg. zu dem Synon. *gr. Babing* [oben Anm. 801]) sowie die *Zus. Strohbutzerbossert* = Gänsefleisch (u. dazu weiter *gesicherter Str.-bossert* = Gänsebraten), *Strohbutzerbäzeme* = Gänseeier, *Strohbutzerstritt* = Gänsefuß, *Strohbutzerbikus* = Gansessen, *Strohbutzerslenkerl* = Gänsestall. *Zu vgl.* (aus dem *verw. Quellenkr.*): *Dolm. der Gaunerspr.* 92 (*Strohbuz* od. *Budel* = Gans); *W.-B. des Konsl. Hans* 254 (*Strohbuze*); *Pfulld. J.-W.-B.* 339 (*Strohbutzer* od. *Strohbudel*); *Schwäb. Händlerspr.* 481 (*Strâbudel*); s. auch noch *Regensb. Rotwelsch* 489 (*Strohbuze*). Zur *Etymologie:* Bei der Form *Strohbutzer,* dial. = *Strohputzer* (so z. B. schon *Waldheim. Lex.* 1726 [187]) liegt es nahe, nur eine weitere Ausgestaltung der noch älteren Form *Strohbohrer* (s. z. B. schon *Lib. Vagat.* [55: *Stroborer*] u. öfter) anzunehmen, die ja keiner bes. Erklärung bedarf. Da jedoch schon seit Anf. des 17. Jahrh. im Rotw. auch die Form *Strohbuz(e)* u. ä. (s. z. B. schon *Schwenters Steganologia* um 1620 [137] u. öfter [vgl. dazu die Belege aus dem verw. Quellenkreise]) — u. dann auch *bloß Butze, Buhze, Budel* u. a. m. — als gleichbedeutend vorkommt, so könnte man *diese* auch wohl zu *Butz(-e)* im Sinne von „Person oder *Tier* von *kleiner* Gestalt" (s. dazu *Grimm,* D. W.-B. II, Sp. 591 unter „Butze", Nr. 1; *Schmeller,* Bayer. W.-B. II, Sp. 317; auch *Groß'* Archiv, Bd. 42, S. 10 unter „Putz") in Beziehung setzen. Vgl. im allgem. noch

Pott, II, S. 22, A.-L. 612 (unter „Strohbohrer") vbd. mit 528 (unter „Buze") u. *Günther*, Rotwelsch, S. 73, Anm. 74 u. 75.

[803] S. (betr. *gesichert*) auskochen u. (betr. *Bossert* u. *Mass*) Aas.

[804] S. (betr. *Bäzeme*) Ei.

[805] S. (betr. *Bossert* u. *Mass*) Aas.

[806] S. (betr. *Tritt*) Entenfuß.

[807] S. Abendessen.

[808] S. Entenstall.

[809] S. Dietrich u. angenehm.

[810] S. arg.

[811] S. Abort.

[812] Zu *Beiz* oder (seltener) *Beizerei* = Gasthaus, Wirtshaus (Kneipe, Schenke) gehört die *Zusammensetzg. Lanengerbeiz* = Soldatenwirtschaft und die *Ableitung Beizer* (in früherer Zeit: *Baiser* [vgl. „Einleitung", S. 25]) od. (seltner) *Beizerer* = Wirt (Gast-, Schenkwirt), femin.: *Beizere*. Zu vgl. (aus dem *verw. Quellenkr.*): *Dolm. der Gaunerspr.* 93, 101 (*Beis* = Haus, *Beisskitt* od. *Koberbeis* = Wirtshaus, *Baiser* = Wirt, *Baiserin* = Wirtin); *W.-B. des Konst. Hans* 254, 256, 258 (*Bais* od. *Baiser-Kitt* = Wirtshaus, *T'schorbais* = Diebswirtshaus, *Baiser* = Wirt); *Schöll* 271, 272 (*Bais* = Haus, plur. *Baiser* = Wirtshäuser); *Pfulld. J.-W.-B.* 338, 339, 346 (*Kochemer-Baies* = Diebsherberge, *Baiser* = Wirt, Gastwirt, *Baiserkitt* = Wirtshaus); *Schwäb. Gaun.- u. Kundenspr.* 77 (*Baiz* = Wirtshaus, *Baizer[in]* = Wirt[in]); *Schwäb. Händlerspr.* 482, 488 (*Baiß* = Haus, aber — sowohl in *dieser* Form wie in den Nebenformen *Baitz, Boitz, Beitzg* [*Beitzle*] — auch = Wirtschaft; *Baiser, Baitzer* od. *Beitz[g]er* = Wirt); s. auch noch *Pleißlen der Killertaler* 434 (*Baitze* = Wirtshaus), während die *Pfälz. Händlerspr.* (437) *Bais* od. *Bôies* nur in dem allgem. Sinne von „Haus" kennt. Über weitere Belege aus dem Rotw. (wo schon in den *Basl. Betrügnissen* um 1450 [15] das Wort in der Form *Pöse* =

Herberge auftritt, während es in der Form *Bais* zunächst für „Haus" [s. W.-B. v. St. Georgen 1750 (216)], für „Wirtshaus" dagegen zuerst im *W.-B. des Konst. Hans* [s. oben] vorkommt) s. Näh. in *Groß'* Archiv, Bd. 43, S. 15 (u. Amn. 2) u. 16 (unter „Baiser") vbd. m. Bd. 38, S. 221, Anm. 1 u. *Weber-Günther*, S. 153. Ebds. auch über die *Etymologie* (vom hebr. *bajit* = „Haus"); vgl. auch A.-L. 524 (unter „Bes"); *Günther*, Rotwelsch, S. 27; *Stumme*, S. 27; *Fischer*, Schwäb. W.-B. I, Sp. 580/81.

[813] Zu *Kober* od. (seltener) *Koberei*, Synon. zu *Beiz* (*Beizerei*) s. d. *Zusammensetzgn. Lanengerkober* (= Lanengerbeiz) u. die *Ableitung Koberer* = Wirt (Gast-, Schankwirt), femin. *Kobere*. Bemerkenswert erscheint, daß auch *Kober* in *Wittichs* Jenisch das *Wirtshaus* bedeutet, während es im Rotwelsch (ebenso wie d. längere *Koberer*) i. d. R. für den *Wirt* vorkommt (über *Ausnahmen* s. *Groß'* Archiv Bd. 43, S. 24, Anm. 3 [zu S. 23] a. E). Zu vgl. (aus dem *verw. Quellenkr.*): Dolm. der Gaunerspr. 101 (*Koberbeis* = Wirtshaus); *Schwäb. Gaun.- u. Kundenspr.* 68 (*Kober* = Diebswirt); *Schwäb. Händlerspr.* 488 (*Koberer* = Wirt, *Koberei* = Wirtschaft); s. auch *Metzer Jenisch* 217 (*Koberei* = Wirtshaus). Über weitere Belege aus dem Rotw. usw. sowie die (nicht sichere, vielleicht aber zu dem hebr. *châber* = „Gefährte, Genosse" in Beziehung zu setzende) *Etymologie* s. ausführl. *Groß'* Archiv, Bd. 43, S. 22 ff. u. d. Anmkgn. vbd. m. Bd. 38, S. 197, Anm. 2 — *Fischer*, Schwäb. W.-B. IV, Sp. 59 hat keine Erklärung gegeben.

[814] S. Bauer.

[815] S. Bauernfrau.

[816] S. Äquilibrist.

[817] S. Füllen.

[818] S. Entenfuß.

[819] Dieselbe Umschreibung ist auch bei den Zigeunern üblich nach *Liebich*, S. 153 u. 200 (*pralduno mui*, d. h. „das Obermaul", = Gaumen; vgl. „Vorbemerkung", S. 17). — Betr. *Giel* s. Affengesicht. Das Adj. *oberkünftig* (= oberer) — als

Adv. gebr. = oben — ist der Gegens. zu *unterkünftig* [s. darüber schon oben unter „Fußsohle"). *Zu vgl.* (aus dem *verw. Quellenkr.*): *Pfulld. J.-W.-B.* 337, 340 (*oberkönig* = hinauf, *oberkinnighauren* = aufsitzen); *Schwäb. Händlerspr.* 484 (*oberkünftig* = oben); s. auch *Pfälz. Händlerspr.* 439 (*überkindig* = gegenüber). Im sonst. Rotw. tritt *oberkünftig* (ebenso wie s. Gegens. *unterkünftig*) z. B. schon im *W.-B. v. St. Georgen* 1750 (218) auf, ist dagegen in d. Neuzeit hauptsächl. *Kunden*ausdr. geworden. S. darüber sowie über die *Etymologie* das Näh. schon oben unter „Fußsohle".

[820] S. anfassen.

[821] S. ausstehlen.

[822] Zu *Deislere* = Wöchnerin („Kindbetterin") s. die Weiterbildg. *Deislerei* = Geburt u. die (zu dem Stamme (*Deis[e]l-* gehörige) *Zusammensetzg. Deiselmoss* (od. *Disselmoss*) = Hebamme. *Zu vgl.* (aus dem *verw. Quellenkr.*): *Dolm. der Gaunerspr.* 35 (*Deuslerin* = Kindbetterin) u. *Pfulld. J.- W.-B.* 341 (*Deußleri* [-rin] = Kindbetterin u. *Deußlerei* = Kindbett). Sonst m. W. unbekannt. Die *Etymologie* ist unsicher. *Fischer*, Schwäb. W.-B. II, Sp. 139 hat die Vokabel zu d. Zeitw. *deisen* (deißen) = schlagen, töten, schlachten, auch *coire* (s. oben unter „ermorden") gestellt (aber weshalb?).

[823] S. Abort.

[824] S. abgeben.

[825] S. beschenken.

[826] S. anbeten.

[827] S. Amtmann.

[828] S. abbeißen.

[829] S. Blut.

[830] S. gebären.

[831] S. absterben.

[832] S. Dummheit.

[833] S. aberwitzig.

[834] S. angenehm.

[835] Substantivierung der entsprechd. Adjektive (s. arg); vgl. „Vorbemerkung", S. 15, Anm. 38 vbd. mit S. 7, Anm. 16.

[836] S. Arrest.

[837] S. Abort.

[838] S. (betr. *Bu(t)z*) Amtsdiener.

[839] S. Fleischhafen.

[840] S. Aschenbecher.

[841] S. Fehde.

[842] S. arg.

[843] S. Almosen.

[844] S. Barschaft.

[845] S. Bank.

[846] S. aufhängen.

[847] S. (zu beiden Ausdr.) abgehen.

[848] S. (zu beiden Ausdr.) fliehen.

[849] S. (zu beiden Ausdr.) Ananas.

[850] Mit *Schuberle* = Geist (Gespenst, Spuk) ist gebildet die *Verbindg. bliblischer Schuberle* = heiliger Geist u. die *Zusammensetzg. Schuberleschein* (d. h. eigtl. „Gespensterlicht") = Irrlicht (s. d. betr. Analogie im Zigeunerischen). *Zu vgl.* (aus dem *verw. Quellenkr.*): Dolm. der Gaunerspr. 93 (*Schuberle* =

Gespenst); *Uracher Jauner- u. Betrügerliste* 1792 (268: *Schuberlenspflanzer* = „ein vorgeblicher Geistererlöser" [als Betrügerart]); *Schöll* 272 (*Schuberle* = Geist, Gespenst); *Pfulld. J.-W.-B.* 340, 342 (*grandiges Schuberle* = Gespenst, *Tschuberle* = Nachtgespenst); *Schwäb. Händlerspr.* (in *Pfedelb.* [210, 213]: *Schuberle* [od. *Schubachtle*], plur.: *Schuberlich* = Geist; *Schuberlespflanzer* = a) Geistererlöser („Tätigkeit des kathol. Pfarrers"); b) Teufel; dazu als Zeitw. *es schubert* = es spukt). Im sonst. Rotw. findet sich vereinzelt — neben dem Dim. auf -le — auch wohl ein unverkleinertes *Schuhwer* (od. *Schuwe*) in gleicher Bedeutg. (s. z. B. *Pfister* 1812 [305]; *v. Grolman* 64 u. T.-G. 97; *Karmayer G.-D.* 218). Die *Etymologie* des Wortes ist noch nicht festgestellt; vgl. auch *Groß'* Archiv, Bd. 46, S. 15, Anm. 1.

[851] S. aberwitzig.

[852] Mit *Gal(l)ach* = Geistlicher (Pfarrer, Prediger, Priester) sind gebildet die *Verbdg. grandicher Gal(l)ach* = Hoherpriester (betr. d. Syn. *gr. Kolb* s. unter „Bischof") u. folgd. *Zus.*: a) *am Anfang*: *Gal(l)achkitt* = Pfarrhaus, *Gal(l)achmalfes* = Priesterrock; b) *am Ende*: *Diboldegal(l)ach* (d. h. eigtl. „Judenpriester") = Rabbiner (s. d. betr. Übereinstimmg. mit d. Zigeun.). *Zu vgl.* (aus dem *verw. Quellenkr.*): *Dolm. der Gaunerspr.* 37 (*Galloch* = Pfarrer); *W.-B. des Konst. Hans* 257, 258 (*Galach, Galoch* u. *Gallach* = Pfarrer; *Galacha-Kitt* = Pfarrhaus); *Pfulld. J.-W.-B.* 343 (*Kollach* = Pfarrer, *Rollach* [verdruckt] = Priester, *Kollachekitt* = Pfarrhaus); *Schwäb. Gaun.- u. Kundenspr.* 73 (*Galach* = Pfarrer [neben *Galorum* = „Pfaffe"], *Galachswinde* = [kathol.] Pfarrhaus); *Schwäb. Händlerspr.* 483, 484 (*Gallach* = Pfarrer, aber auch Kaufmann; vgl. [486] d. merkwürd.: *Gallach reißen* = „Spektakel machen"); s. auch noch *Metzer Jenisch* 216 (*Gallach* = Pfarrer). Über das Vorkommen der (alten u. sehr verbreiteten) Vokabel im Rotwelsch usw. sowie die *Etymologie* (vom aram. u. nhebr. *gelach* = „scheren", Bedeutg. also „der Geschorene", mit Bez. auf die Tonsur der kathol. Geistlichen) s. ausführt. *Groß'* Archiv, Bd. 38, S. 225 ff.; vgl. auch noch *Fischer*, Schwäb. W.-B. III, Sp. 23.

[853] S. Bischof.

[854] S. Abendessen.

[855] S. Bankier.

[856] S. Beutel.

[857] S. (betr. *Schure*) abbiegen.

[858] S. (betr. *Rande*) Bauch.

[859] S. besonnen.

[860] S. Beischläferin; vgl. angenehm.

[861] S. brauchbarer Bursche.

[862] S. Bettelbube.

[863] S. Aschenbecher.

[864] S. Frauenstube.

[865] S. Bauer.

[866] S. Bauernfrau.

[867] S. arg.

[868] Mit *Groanert* od. *Groenert* = Gemüse, dann (auch spezieller) Kohl, Kraut (Sauerkraut) sind *zusammengesetzt*: a) *am Anfang*: *Groanertblättling* = Krautsalat; b) *am Ende*: *Koelesgroenert* (d. h. eigentl. „Teufelskraut") = Unkraut (s. d. betr. Übereinstimmg. mit d. Zigeun.; vgl. auch schon „Vorbemerkg.", S. 18) *Zu vgl.* (aus dem *verw. Quellenkr.*): *Dolm. der Gaunerspr.* 95 (*Gronert* = Kraut); *W.-B. des Konst. Hans* 254 (*Gruonert* = Kraut); *Pfulld. J.-W.-B.* 341, 343 (*Kronet* = Kraut neben *Kromet* [wohl verdruckt] = Salat); *Schwäb. Händerspr.* 483 (*Grûnert* = Kraut). Über weitere Belege aus dem Rotwelsch (wo die Vokabel als *Grunhart* = Feld z. B. schon im *Lib. Vagat* [54] u. dann öfter, als *Grünert* = Heu bei *A. Hempel* 1687 [167] u. a. m., als *Grunert* = Krauthaupt im *Waldheim Lex.* 1726 [188], als *Gronert* = Kraut im *Hildburgh. W.-B.* 1783 ff. [228] vorkommt) s. *Weber-Günther*, S. 187 (unter

„Kronert"). Zur *Etymologie* (von „grün" in versch. mundartl. Aussprache) s. ebds. vbd. mit *Pott* II, S. 9, *Günther*, Rotwelsch, S. 62 u. *Fischer*, Schwäb. W.-B. III, Sp. 882 (unter „Grunert").

[869] S. angenehm.

[870] S. aberwitzig.

[871] *Lolo* od. *Loli* = Gendarm findet sich zwar nicht in dem bes. verwandten Quellenkr., dagegen kennt das *Metzer Jenisch* (216) die Bezeichg. in *fast* gleicher Form (*Lole*) und in derselben Bedeutung; im Rotw. ist sie m. Wiss. unbekannt. *Etymologie*: aus der *Zigeunersprache*, u. zwar vom Adj. *lōlo* = rot, nach *Wittich* wohl mit Bez. auf die roten Aufschläge an der frühern Uniform der „Landjäger" (vgl. „Einleitung", S. 31). Vgl. (über das Zigeunerwort, das sich aufs Altind. [*lōha* = „rötlich, eisern"] zurückführen läßt) noch *Pott* II, S. 338, *Liebich*, S. 144, 187 u. 233 (*lōlo* = rot, bunt), *Miklosich*, Denkschriften, Bd. 27, S. 6 (wie *Liebich*) u. *Finck* 71 (*lōlo* = rot); bei *Jühling*, S. 223 nur im Zus. angeführt.

[872] Zu *Schuker* s. die (schon oben unter „Bischof" näher besprochenen) Gradsteigerungen *grandicher Schuker* = Wachtmeister (Obergendarm) u. *grandich Schuker* = Oberwachtmeister. *Zu vgl.* (aus dem *verw. Quellenkr.*): *Pfulld. J.-W.-B.* 338, 344 (*Tschugger* = Bettelvogt neben *Schuker* = Gardist); *Schwäb. Gaun.- u. Kundenspr.* 67, 72, 73, 75 (*Schucker* = Aufseher, *Schuker* od. *linker Schucker* = Landjäger, *Oberschucker* = Oberaufseher, Stationskommandant); *Schwäb. Händlerspr.* 481, 483 (*Schu[c]ker* [in *Pfedelb.* (211): auch *Schoker*] = Gendarm, Landjäger). Über weitere Belege im Rotw. u. in der Kundenspr. s. *Groß'* Archiv, Bd. 43, S. 40, 41 (unter „Schoter", lit. i). Zu der (noch nicht sicher festgestellten) *Etymologie* s. ebds. S. 39, 40 u. Anm. 2 vbd. mit Bd. 56, S. 185 (in d. „Nachträgen u. Berichtigungen"), wo die Ableitung vom deutsch. mundartl. Zeitw. *schucken* = „werfen, stoßen, schubsen" als die wahrscheinlichste angenommen ist.

[873] Diese (einen beliebten Eigennamen zum *Gattungsbegriff* erhebende) Verbindung dürfte wohl aufzufassen sein als eine

Weiterbildung des synon. Ausdrucks *August mit der Latte*, der z. B. (neben *windiger August*) auch in der schwäb. *Gauner- u. Kundenspr.* 72 (für den „Landjäger") bekannt ist (ebenso wie auch *sonst* in der Kundenspr.; s. *Groß'* Archiv, Bd. 51, S. 140 [u. oben unter „Degen"]; vgl. auch ebds. S. 139 über d. Syn. *blanker August*).

[874] Bei dieser (zu *Karle*, südd. Dim. zum Eigennamen *Karl*, gehörigen, also sprachlich der vorigen Umschreibung gleich zu beurteilenden) Bezeichnung (vgl. auch schon oben unter „Degen") liegt vermutlich eine Kombination vor von dem gauner- u. kundenspr. *Lattenseppel* (bes. [wie *August mit der Latte*] = Gendarm), doch auch wohl allgemeiner Polizeibeamter (vgl. *Groß'* Archiv, Bd. 51, S. 154]) mit *Klempners Karl*, das (bei Gaunern u. Kunden) gleichfalls für den Gendarmen (Polizisten od. Schutzmann) vorkommt (s. Näh. darüber in *Groß'* Archiv, Bd. 51, S. 149/50).

[875] S. angenehm.

[876] S. essen.

[877] S. (zu allen drei Ausdr.) Abendessen.

[878] S. anreden.

[879] S. ansagen.

[880] S. Ärger.

[881] S. arg.

[882] S. (betr. *Schure*) abbiegen.

[883] S. Frucht.

[884] S. Aas; vgl. „Vorbemkg.", S. 15, Anm. 38.

[885] S. einsalzen.

[886] S. absingen.

[887] S. abschaffen.

[888] S. besonnen.

[889] S. anmutig.

[890] S. Aschenbecher.

[891] S. (zu *beiden* Ausdr.) Fehde.

[892] S. Bruder.

[893] S. Affengesicht.

[894] S. Angesicht.

[895] S. abschaffen.

[896] S. Geist.

[897] S. anreden.

[898] S. ansagen.

[899] S. Aas.

[900] *Hertling* hat im W.-B. zwei verschiedene Bedeutungen, nämlich: a) Stein (Gestein) u. noch spezieller Kieselstein; b) Messer. *Zusammensetzgn.* sind jedoch nur mit dem Worte *im ersterem Sinne* gebildet worden, u. zwar: a) *am Anfang*: *Hertlingsguffer* = Steinhauer, Steinmetz; b) *am Ende*: *Rollehertling* = Mühlstein, *Stradehertling* (d. h. eigtl. „Wegstein") = Kilometerstein, Meilenzeiger (s. d. betr. Übereinstimmg. mit d. Zigeun.). Unter den *verw.* Quellen kennen die Sammlungen der *Gaun.- u. Kundenspr.* die Vokabel *nur* in der Bedeutung „Messer", während die *schwäb. Händlerspr. Härtling* = Messer, dagegen *Hertling* = Stein hat. Vgl. Dolm. der Gaunerspr. 96 (*Hertling* = Messer); Pfulld. J.-W.-B. 342 (*Hettling* [sic] = Messer, *Hettlingflammerer* = Messerschmied); Schwäb. Gaun.- u. Kundenspr. 72 (*Hertling* = Messer); Schwäb. Händlerspr. 484, 487 (*Härtling* = Messer, *Hertling* = Stein, *Hertlingsguffer* [in Pfedelb. (213) auch *Hertlingskneppler*] = Steinhauer). Über weitere Belege im Rotw. (wo die Bedeutg. durchweg „Messer" u. dgl. [Axt, Schwert, Säbel] ist) sowie die *Etymologie* (zu „hart") s. *Groß*' Archiv,

Bd. 42, S. 45, 46 u. Anm. 1 vbd. m. Bd. 47, S. 139/40; vgl. auch *Pott*, S. 33, *Günther*, Rotwelsch, S. 59 u. *Fischer*, Schwäb. W.-B. III, Sp. 1194.

[901] S. Apfelkern.

[902] S. absterben.

[903] S. abbetteln.

[904] S. angenehm.

[905] S. Amme.

[906] S. (zu beiden Ausdr.) Frucht.

[907] S. (zu beiden Ausdr.) Arrest.

[908] Substantivierung des Adj. *grandich* (s. Adler); vgl. „Vorbemerkung", S. 15, Anm. 38.

[909] S. arg.

[910] S. ankleiden.

[911] S. Bauer u. Frauenrock.

[912] S. (betr. *Mos[s]*) Bauernfrau.

[913] S. angenehm.

[914] S. anmutig.

[915] S. abbrühen.

[916] S. Büchse.

[917] S. abschießen.

[918] S. abschaffen.

[919] Zu *Flebbe* (das auch noch „Paß" bedeutet) gehört als *Ableitung* das Zeitw. *flebben* od. *fleppen* für „(die Papiere) kontrollieren" od. „(den Paß) visieren", das jedoch im Vokabular nur im Partiz. *geflebbt* od. *gefleppt* (= „kontrolliert, visiert") angeführt ist. *Zu vgl.* (aus dem *verw. Quellenkr.*): *Dolm. der Gaunerspr.* 97 (*Fleppe* = Paß); *Schöll* 271 (*Flebbe* = Brief); *Pfulld. J.-W.-B.* 337, 338, 343, 344 (*Flepp* [Fleppe, -en] = Attestat, Brief, Buch, Paß, Schrift, *Fleppapflanzer* = Bücherschreiber, *Fleppemalocher* = Paßmacher); *Schwäb. Gaun.- u. Kundenspr.* 73, 76 (*Fleppe* = Papiere zum Wandern, *fleppen* = die Papiere visitieren); *Schwäb. Händlerspr.* 484 (*Flepp* [in *Pfedelb.* (212): *Flebbe*] = Papiere zum Ausweis, Paß [in *Pfedelb.* (213, 214) auch = Wanderbuch, Zeugnis], auffällig [in *Pfedelb.* (210)] *flebben* = gehen); s. auch *Pleißlen der Killertaler* 435 (*Flepp* = Papiere zum Ausweis) u. *Pfälz. Händlerspr.* 437 (*Flebbe* od. *Flêber* = Legitimation). Über weitere Belege im Rotw. u. in der Kundenspr. sowie die (nicht sichere) *Etymologie* s. Näh. in *Groß'* Archiv, Bd. 33, S. 252/53 u. Anm. 4 u. Bd. 42, S. 41, Anm. 1 vbd. m. *Weber-Günther*, S. 186 (unter „Flebbert") u. *Schütze*, S. 68. — *Fischer*, Schwäb. W.-B. II, Sp. 1567 (unter „Flepp[e]") gibt keine etymol. Erklärung.

[920] S. Adler.

[921] S. (zu beiden Ausdr.) Fehde.

[922] S. Appetit.

[923] S. Abendessen.

[924] S. abbiegen.

[925] S. Bierglas.

[926] S. anbeten.

[927] Die Bemerkung *Wittichs*, die hierzu im Text hinzugefügt gewesen, daß man nämlich die Vokabel *nicht* verwechseln dürfe mit *Bäzam* od. *Bäzem* = Ei, obwohl dieses „in der Aussprache kaum davon zu unterscheiden" sei, erledigt sich dadurch, daß es sich in der Tat doch (auch der *Etymologie* nach) um *dasselbe* Wort handelt. Vgl. das Näh. schon unter „Ei".

[928] Der Ausdruck (der sonst m. Wiss. in den Geheimsprachen nicht vorkommt) dürfte aufzufassen sein als die Kurzform des Eigennamens *Dietrich*, dessen Gebrauch für den penis in deutsch. Mundarten nachweisbar (u. schon 1710 in d. Literatur bezeugt) ist. Vgl. *Müller* in d. „Anthropophyteia", Bd. VIII, S. 2 (wo noch das obersächs. *Schwippkedietrich* als Synon. angeführt ist).

[929] Zu *Garo* (-ri) vgl. in der *schwäb. Händlerspr.* (484) *Anglersgâre* = „membrum virile". Ohne Zusatz ist *Gari* (-ro) in *gleichem* Sinne in einzelnen rotw. Quellen des 19. Jahrh. angeführt (s. z. B. *Pfister* 1812 [298], *v. Grolman* 23 u. T.-G. 98; *Karmayer* 58) und auch sonst mundartlich gebräuchlich (so z. B. im Elsaß; vgl. *Martin-Lienhardt*, Els. W.-B. II, Sp. 940). Zur *Etymologie* — aus der *Zigeunersprache* (vgl. „Einleitung", S. 30) — s. die Lit-.Angaben in *Groß'* Archiv, Bd. 56, S. 58, Anm. 3 u. dazu noch *Finck*, S. 63 (*kār, kāro* = „Schwanz, Schweif, männliches Glied, Ziemer" [in den übrigen zig. W.-Büchnern usw. meist: *gāro*, bei *Jühling*, S. 221: *Gār*]).

[930] Zu *G(e)schmu(i)* vgl. (aus dem *verw. Quellenkr.*): *Schwäb. Gaun.- u. Kundenspr.* 72 (*Schmoi* = „membr. fem."); *Schwäb. Händlerspr.* (in *Lütz.* [215]: *G'schmu* = „membrum muliebre",

während in U. [214] die *Zus. G'schmufink* für den penis gebraucht wird, in *Degg.* [215] dagegen *Schmufink* die Zigarre bedeutet [Metapher?]). S. auch *Metzer Jenisch* 216 (*Schmu* = „membrum muliebre") sowie aus dem älteren Rotw.: *Körner's Zus. zur Rotw. Gramm.* v. 1755 (240: *Schmoje* = Weibesscham; *Pfister* 1812 (305: *Schmue* = weibliche Scham); *Brills Nachrichten* 1814 (324: ebenso); *v. Grolman* 62 u. T.-G. 98 (*Schmu*); *Karmayer* 145 (ebenso). Die Etymologie ist unsicher. Auch *Müller* in d. „Anthropophyteia", Bd. VIII, S. 9 u. *Fischer*, Schwäb. W.-B. III, Sp. 485 geben keine Erklärung. Nach A.-L. 601 soll es sich — bei der Form *Schmu(e)* — um eine „Transposition" von *Musch* handeln (vgl. *Groß'* Archiv, Bd. 50, S. 346); in *G(e)schmu(i)* wäre dann das Wort wohl mit der (bes. bayr.-österr.) Vorsilbe *Ge-* versehen; vgl. das *Geschmudel* = „feminal" (*Schmeller*, Bayer. W.-B. II, Sp. 545 unter „schmudeln").

[931] Substantivierung des Adj. *dof* (s. angenehm); vgl. „Vorbemerkung", S. 15, Anm. 38 vbd. mit S. 7, Anm. 16.

[932] S. auskochen u. Apfelwein.

[933] S. abbrennen.

[934] Zu *Fuchs* (Dimin. *Füchsle* [od. *Goldfüchsle*] = Goldstück, Zus.: *Fuchsschwimmerling* = Goldfisch) vgl. (aus dem *verw. Quellenkr.*): *W.-B. des Konst. Hans* 254 u. *Pfulld. J.-W.-B.* 340 (*Fuchs* = Gold). Über weitere Belege aus dem Rotwelsch u. d. Kundenspr. sowie zur *Etymologie* (metaphor. Tierbezeichng.) s. ausführl. *Groß'* Archiv, Bd. 33, S. 317 ff. u. Anm. 3 vbd. m. Bd. 55, S. 157, Anm. 1; vgl. auch *Fischer*, Schwäb. W.-B. II, Sp. 1808, Nr. 7.

[935] S. Fisch.

[936] S. absterben u. abbiegen.

[937] S. Dom.

[938] S. arg.

[939] absterben u. Apfelkern.

[940] S. Frucht.

[941] Wohl Substantivierung des Adj. *bauserich* = ängstlich (s. Angst); vgl. „Vorbemerkung", S. 15, Anm. 38.

[942] S. Bauer.

[943] S. Adler.

[944] S. abschaffen.

[945] S. Augapfel.

[946] S. Amtmann.

[947] S. Aas.

[948] S. borgen.

[949] S. Bauer.

[950] S. Angesicht.

[951] S. Bauer.

[952] S. Affengesicht.

[953] S. Amtmann u. Abort.

[954] S. Amme.

[955] S. Eltern.

[956] S. Frucht.

[957] S. anschauen.

[958] S. gaffen.

[959] *Blättling* (= Salat) findet sich auch noch in folgenden Zus. (nur vorne): *Schureblättling* = Gurkensalat, *Spronkertflösslingblättling* = Heringsalat, *Bolleblättling* = Kartoffelsalat (Spr.), *Groanertblättling* = Krautsalat, *Schmelemerblättling* (d. h. eigtl. „Zigeunersalat") =

Löwenzahn (s. zur Erklärung Näh. unter diesem Worte), *Hornikelgielblättling* = Ochsenmaulsalat. Zu vgl. (aus dem *verw. Quellenkr.*): *Pfulld. J.-W.-B.* 343 (*Blättling* = Salat, aber [341, 342] auch = Karte u. Teller); *Schwäb. Händlerspr.* 485 (*Blæ̂tling* [in *Pfedelb.* (212): *Blättling*] = Salat); s. auch *Pleißlen der Killertaler* 434 (*Blättlinger* = Salat, aber auch Kuchen). Der *Etymologie* nach gehört der Ausdr. ohne Zweifel zu „Blatt", während *Blättling* = Kuchen (richtiger *Plattling* [s. z. B. *Schlemmer* 1840 (369)]), Teller (s. oben u. auch *sonst* im Rotw. des 19. Jahrh.) oder Tisch (s. z. B. *v. Grolman* 9 u. T.-G. 127) mit „Platte" od. „platt" zusammenhängt. Vgl. *Pott* II, S. 38 u. *Günther*, Rotwelsch S. 61.

[960] S. abbiegen.

[961] S. angenehm.

[962] S. brauchbarer Bursche.

[963] S. Bettelbube.

[964] S. Fremder.

[965] S. Beischläferin.

[966] S. böse Frau.

[967] S. Bauernfrau.

[968] S. Augenbrauen.

[969] S. (betr. *Schure*) abbiegen.

[970] S. Abendessen.

[971] S. abgeben und abbiegen. — Auch die zigeun. Vokabel für Hacke (*dawmáskeri*) soll nach *Liebich*, S. 206 eigtl. soviel wie ein „Hauding" bedeuten.

[972] S. Frucht.

[973] Zu *Spitzling* = Hafer vgl. (aus dem *verw. Quellenkr.*): *Schwäb. Händlerspr.* 481 (*Spitzling* [od. (seltener) *Spitz*] = Hafer;

Nebenbdg. [488]: Weidenbaum), während das *Pfulld. J.-W.-B.* 340 dafür *Spitzgib* (od. bloß *Gib* [s. oben unter „Frucht"]) hat und das *W.-B. des Konst. Hans* 255 u. *Schöll* 271 *Spitznase* für „Gerste" kennen. Im sonstigen Rotwelsch kommt *Spitzling* zwar schon seit d. 16. Jahrh. (s. *Lib. Vagat* [55]) für den Hafer vor, hat jedoch auch noch mehrere Nebenbedeutungen, wie (Näh-)Nadel, Nagel, Ahle (Pfriem) u. Messer; s. *Günther*, Rotwelsch, S. 60 vbd. mit *Schütze*, S. 93 (nach dem noch heute *Spitzling* = Hafer „besonders in Süddeutschland von fahrenden Künstlern u. dgl., die für ihr Wagenpferd fechten", gebraucht werden soll).

[974] S. Fleischhafen u. anbrennen.

[975] S. Arrest.

[976] S. Abort.

[977] Diese Bezeichnung ist den Zigeunern (die sonst ja ähnliche Umschreibungen wohl kennen [s. z. B. *bāri pāpin* (jen.: *grandich Babing*), d. h. „(sehr) große Gans" = Schwan]) nicht bekannt; vgl. auch, „Vorbemerkung", S. 19, Anm. 49. — Mit *Gachne* = Henne, Huhn (Dimin. *Gachnele* = „Küchlein") ist auch eine Reihe von *Zusammensetzgn.* gebildet worden, nämlich: a) *am Anfang*: *Gachnekitt* = Hühnerhaus, *Gachnetritt* = Hühnerfuß, *Gachnekeiluf* = Hühnerhund, *Gachnestenkert* = Hühnerstall; b) *am Ende*: *Bäzemegachne* (d. h. eigtl „Eierhuhn") = Legehuhn, *Krachergachne* (d. h. eigtl. „Waldhuhn") = Rebhuhn (s. d. betr. Übereinstimmg. mit d. Zigeun.), *Flu(h)tegachne* = Wasserhuhn. *Zu vgl.* (aus dem *verw. Quellenkr.*): *Dolm. der Gaunerspr.* 94 (*Kachine* = Huhn); *Sulzer, Zigeunerliste* 1787 (251: *Gachene* = Hennen); *W.-B. des Konst. Hans* 254 (*Gachene* [sing.] = Henne); *Schöll* 271 (ebenso); *Pfulld. J.-W.-B.* 340 (*Gachem* = Henne); *Schwäb. Händlerspr.* 482 (*Kachum* = Henne [in *Pfedelb.* (210): dafür *Gagak*]). Zur *Etymologie* des Wortes — aus der *Zigeunersprache* (vgl. „Einleitung", S. 30) — s. Näh. bei *Pott* II, S. 16, *Günther*, Rotwelsch, S. 31 u. *Fischer*, Schwäb. W.-B. IV, Sp. 142 (unter „Kachine") vbd. mit *Pott* II, S. 91 (unter „Kachni"), *Liebich*, S. 141, 208 u. 211 (*kachni*[n] = Huhn, Henne), *Miklosich* Beitr. I/II, S. 29, III, S. 11 u. Denkschriften, Bd. 26, S. 228 (unter „kahni": bei d. *deutsch.* Zigeun.:

kachni[n]), *Jühling*, S. 223 (*Kachni* = Huhn, plur.: *-ia*) u. *Finck*, S. 62 (*káxni, káxnin* od. *káxli* = „Huhn, Henne"). Bei der Form *Gagak* — bei den schwäb. Händlern in *Pfedelbach* (s. oben) — liegt wohl eine — ev. zugleich mit Anlehnung an das zigeun. Stammwort vorgenommene — lautnachahmende Bildung (mit Bez. auf das „Gackern" der Hennen) vor, wie sie bes. die Kindersprache liebt. S. auch *Fischer*, Schwäb. W.-B. III, Sp. 16.

[978] S. Ferse.

[979] S. ermorden.

[980] S. Amme; vgl. berauscht.

[981] S. Angesicht.

[982] Mit *Schlang* = Kette, Leine (Spr.) sind noch folgende *Zus.* gebildet (nur *am Ende*): *Loslingschlang* (eigtl. „Ohrkette") = Ohrring, *Blibelschlang* (eigtl. „Betkette") = Rosenkranz (s. d. betr. Übereinstimmg. mit d. Zigeun.), *Lubertschlang* = Uhrkette. Zu vgl. (aus dem *verw. Quellenkr.*): Dolm. der Gaunerspr. 90, 95 (*Schlangen* = Borten, Ketten); Pfulld. J.-W.-B. 337 (*Schlang* = Kette; vgl. [341] das Zeitw. *schlangen* = anschließen); Schwäb. Gaun.- u. Kundenspr. 71 (*Schlange* = Kette); Schwäb. Händlerspr. 483 (*Schlang* = Kette [in *Degg.* (215) dagegen: *Schlang(e)* = Wurst]). Über weitere Belege des Wortes (einer alten *Metapher* aus dem Tierreiche) im Rotwelsch s. Näh. in *Groß'* Archiv, Bd. 42, S. 72 u. Anm. 1 (unter „Schlangemer").

[983] S. aufhören.

[984] Mit *Jerusalemsfreund* = Schaf (Hammel) sind gebildet die *Verbdgn. grandich Jerusalemsfreund* = Schafbock u. folgende *Zus.*: *Jerusalemsfreundbenk* od. *-schure* = Hirt, Schäfer, *Jerusalemsfreundmodel* = Schäferin, *Jerusalemsfreundkib* = Schäferhund, *Jerusalemsfreundschenegler* = Schäferknecht, *Jerusalemsfreundstenkert* = Schafstall, *Jerusalemsfreundstrauberts* (d. h. eigtl. „Schafhaare") = Wolle (s. d. betr. Übereinstimmg. mit d. Zigeun.). — Diese auffällige Bezeichnung (die nach e. Mitteilg. *Wittichs* bes. bei den Bürstenhändlern u.

Schirmflickern des schwäb. Dorfes *Lützenhardt* gebräuchlich sein soll) findet sich *weder* in dem *verw. Quellenkreise noch* m. Wiss. sonst im Rotw. u. ihm verw. Geheimsprachen. Zur Erklärung dürfte vielleicht herangezogen werden die Verwendung des Ausdr. *Jerusalem* für eine bestimmte *Klee*sorte (Jerusalemsklee, Trifolium hierosolimitanum; vgl. *Fischer*, Schwäb. W.-B. IV, Sp. 94) wie überhaupt auch sonst noch in *Pflanzennamen* (vgl. dazu schon *Frisch*, Teutsch-Latein. W.-B., Berl. 1741, Bd. I, S. 186; *Grimm*, D. W.-B. IV, 2, Sp. 2312; Schweiz. Idiot. III, Sp. 67). Da nun schon im ältern Rotw. für das Schaf die Benennung *Kleebeißer* gebräuchlich gewesen (s. z. B. *A. Hempel* 1687 [169] u. dann öfter; vgl. *Groß'* Archiv, Bd. 38, S. 276), so wäre der Übergang hiervon zu dem „Freund" guten Klees, dem „*Jerusalemsfreund*", wohl leicht gegeben.

[985] *Fehma* = Hand (Hände) ist demnach doch im Jenisch noch *nicht* völlig veraltet (vgl. „Einleitung", S. 25, Anm. 61), jedoch erscheint es außer in der Verbindg. *Fehma ste(c)ken* = die Hände geben wenig gebräuchlich, namentl. *nicht* in Zusammensetzgn., während mit dem Synon. *Grif(f)ling* (-leng) eine Reihe solcher gebildet ist (vgl. Näh. schon unter „Daumen"). *Zu vgl.* (aus dem *verw. Quellenkr.*): Dolm. der *Gaunerspr.* 93 (*Feme* = Hand, plur. *Fenem* [wohl verschrieben], u. *Fehma* [sic] *stecken* = die Hand geben [wogegen *Griffling* hier „Handschuhe" bedeutet); *W.-B. des Konst. Hans* 256 (*Fehma* = Hand); *Schöll* 272 (*Feme* = Hand); *Pfulld. J.-W.-B.* 337, 340 (*Fehma* = Arm, Hand, *Fehma stecken* = die Hand geben); in der *schwäb. Gaun.-, Kunden- u. Händlerspr.* nicht mehr bekannt, dagegen noch im *Metzer Jenisch* 216 (*Fēm* = Hand). Über weitere Belege im Rotwelsch sowie die *Etymologie* des Wortes (wohl vom *nord.* Zahlwort *fem* = 5, mit Bez. auf die fünf Finger der Hand) s. Näh. in *Groß'* Archiv, Bd. 43, S. 65, 66 u. Anm. 1. *Fischer*, Schwäb. W.-B. II, Sp. 1051 (unter „Feme") hat keine Erklärung hinzugefügt.

[986] S. Daumen.

[987] S. abschaffen.

[988] S. (betr. *ste[c]ken*) beschenken.

[989] S. (zu allen drei Ausdr.) abkaufen.

[990] Das Zeitw. *verkitschen* = handeln, verkaufen (s. dazu die Ableitg. *Verkitscher* = Verkäufer) findet sich (in dem *verw. Quellenkr.*) auch in der *schwäb. Gaun.-, Kunden- u. Händlerspr.* (s. *Schwäb. Gaun.- u. Kundenspr.* 71, 77 [*kitschen* = kaufen, *verkitschen* = verkaufen]; *Schwäb. Händlerspr.* 487 [*verkitschen* od. *vergitschen* = verkaufen]), auch ist es — in etwas abweichender Form (nämlich *verkitzen* [od. *verklitschen*]) u. im etwas engeren Sinne (nämlich „erbetteltes Zeug verkaufen") der älteren Kundenspr. überhaupt bekannt gewesen (s. *Ku.* III [429]). Zur *Etymologie*: Nach *Fischer*, Schwäb. W.-B. II, Sp. 1194 (unter „verkitschen") u. IV, Sp. 426 (unter „kitschen") bedeutet in der schwäb. Mundart *(ver)kitschen* „im Kleinen (ver)handeln", dann spezieller auch „auf listige Art (ver)kaufen" (vgl. bei *Grimm*, D. W.-B. XII, Sp. 641: *verkitschen* = „auf unehrliche Weise verkaufen") und könnte vielleicht gedeutet werden als eine Ableitung von *Kitsch*, das u. a. für „kurzes Holz, Abfall von Reisig, schlechte Holzware" vorkommt. In der letzteren Bedeutg. („schlechte Holzware") stimmt *Kitsch* merkwürdig zu dem (neuerdings — bes. für schlechte Gemälde — sehr beliebt gewordenen) Künstlerausdruck *Kitsch* = „wertloser Schund" (s. *Fischer*, a. a. O.), der jedoch nach der Z. d. Allgem. Deutsch. Sprachv., Jahrg. 24 (1909), Sp. 126 erst aus dem oben erwähnten Zeitw. *(ver)kitschen* entstanden sein soll (wofür auf die Wiedergabe seiner Bedeutg. bei *Schmeller*, Bayer. W.-B. I, Sp. 1313 [durch „etwas für Geld anbringen, los werden, z. B. *ein Gemälde verkitschen*"] verwiesen worden).

[991] S. abkaufen.

[992] S. (betr. *Benk*) brauchbarer Bursche.

[993] S. Bettelbube.

[994] S. (betr. *Mos[s]*) Bauernfrau.

[995] S. (betr. *Model*) Beischläferin.

[996] S. (betr. *Kaffer*) Bauer.

[997] S. Fehde.

[998] S. Daumen u. Ferse. — Synon. wohl auch *Grif(f)lingstritt*, wie aus der Zus. *Grif(f)lingstrittpflanzer* = Handschuhmacher zu schließen.

[999] Vgl. die vor. Anm. a. E.; betr. *-pflanzer* s. anbrennen.

[1000] Zu *Konde* od. *Kunde* (= Handwerksbursche) vgl. (aus dem *verw.* Quellenkr.): *Pfulld. J.-W.-B.* 340 (*Talfkunde* = Handwerksbursche [zugleich wohl *erster* Beleg für das Wort im Rotw. *überhaupt*]); *Schwäb. Gaun.- u. Kundenspr.* 70 (*Kunde* = Handwerksbursch); *Schwäb. Händlerspr.* 479 (*Kundi* [in *Pfedelb.* (209): *Kunde*] = Bettler). Über weitere Belege im Rotwelsch (nach 1820) u. in der Kundenspr. (Bedtg. meist: *wandernder* Handwerksbursche, Vagabund u. dgl.) sowie d. *Etymologie* des Wortes (zu „kennen", also eigtl. soviel wie „der Bekannte", als Anrede der Kunden unter sich) s. Näh. in *Groß'* Archiv, Bd. 42, S. 8, 9.

[1001] S. aufhängen.

[1002] S. aufspielen u. abbiegen.

[1003] S. austreten (leicht) u. (betr. *Flu[h]te*) abbrühen.

[1004] S. arg.

[1005] Zu *Langohr* = Hase, auch Kaninchen (*Zus.*: *Langohrbikus* = Hasenessen) *vgl.* (aus dem *verw.* Quellenkr.): *Dolm. der Gaunerspr.* 93 (*Grünspreit-Langohr* = Hase [zu *Grünspreit* = Feld], während *Langohr* [ohne Zusatz] hier = Esel ist); *Schwäb. Händlerspr.* 481 = Hase [in *Pfedelb.* (210) *auch* = Esel); s. auch *Regensb.* Rotwelsch 490 (*Langöhrl* = Hase). Im sonst. Rotw. tritt *Langohr* zunächst für den Esel auf (s. z. B. *Hildburgh. W.-B.* 1753 ff. [229], während d. Hase hier *Langfuß* heißt, in *Körners Zus. zur Rotw. Gramm.* v. 1755 [240] aber zwischen *gross Langohr* = Esel u. *klein Langohr* [od. *Langfuß*] = Hase unterschieden ist), seit d. 19. Jahrh. dagegen überwiegt die Bedeutg. „Hase" (s. schon *Pfister* 1812 [301] u. a. m.). Es handelt sich hierbei um eine der vielen, bes. gerade zur Kennzeichnung der Tiere im Rotwelsch beliebten partes pro toto; vgl. *Pott* II, S. 23; *Günther,* Rotwelsch, S. 58; *Fischer,* Schwäb. W.-B. IV, Sp. 985.

[1006] S. (betr. *Bikus*) Abendessen.

[1007] Betr. *Jahre* od. *Kracher* = Wald s. Ananas. — Mit *Krächerle* = Nuß (Nüsse) sind auch noch gebildet die Zusammensetzgn.: *Krächerlestöber* (i. d. Spr.: *Krächerstöber* [wohl versehentlich]) = Nußbaum u. *Krächerlekies* = Nußkern. In dem *verw.* Quellenkr. lauten die Formen (im wes. Übereinstimmg. mit dem Rotw. *überhaupt* [s. z. B. schm. *Lib. Vagat* (54) u. dann öfter]): *Krächling* od. *Kracherling. Vgl. Dolm. der Gaunerspr.* 93, 97 (*Kracherling* = Nuß, *Heckenkracherling* = Haselnuß); *Pfulld. J.-W.-B.* 338, 342 (*Krächling* = Baumnuß, Nuß; Nebenbedtg. [346]: Zahn); *Schwäb. Gaun.- u. Kundenspr.* 73 (*Krächling* = Nuß); *Schwäb. Händlerspr.* (in *Pfedelb.* [212]: *Krächling,* in U. [214]: *Kracherling*). Zur *Etymologie* (vom deutsch. Zeitw. „krachen") s. *Pott* II, S. 38; *A.-L.* 562 (unter „Kracher"); *Günther,* Rotwelsch, S. 61; *Fischer,* Schwäb. W.-B. IV, Sp. 663 (unter „Krachling").

[1008] S. Fingerhut.

[1009] S. abgeben.

[1010] S. beschenken.

[1011] S. Ast.

[1012] S. Eber.

[1013] S. Adler.

[1014] S. Angesicht.

[1015] S. (betr. *Strauberts*) Augenbrauen.

[1016] S. dazu auch die Bemerkgn. in d. Anm. zu „Bischof". — *Lanenger* = Soldat (Krieger, Kriegsmann), plur. *Lanengere* = Soldaten (Militär, Truppen), ist im W.-B. auch für „Husar" und „Infanterist" angeführt worden (vgl. *Wittichs* Bemerkg. oben im Text). — Die *Verbindg. grandich Lanenger* (mit der Bedeutg. „[sehr] viele Soldaten") wird für „Heer" gebraucht (vgl. schon oben unter „Bischof" sowie betr. die Übereinstimmg. mit d. Zigeun. noch weiter unten unter „Heer"). Als *Zusammensetzgn.* mit dem Wort erscheinen: *Lanengeroberman(n)* (d. h. eigtl. „Soldatenhut") = Helm, *Lanengerlechem, -lehm* oder *-maro* (d. h. „Soldatenbrot") = Kommißbrot (s. d. betr. Übereinstimmg. m. d. Zigeun.), *Lanengerbegerkitt* (d. h. „Soldatenkrankenhaus") = Lazarett, *Lanengerkluft* (d. h. „Soldatenkleidung") = Montur, *Lanengermoss* = Soldatenfrau, *Lanengerbeiz* od. *-kober* = Soldatenwirtschaft. Zu vgl. (aus dem *verw. Quellenkr.*): *Dolm. der Gaunerspr.* 99 (*Laninger* = Soldat); *Schöll* 271 (*Launinger*); *Pfulld. J.-W.-B.* 338, 339, 344 (*Laninger* = Soldat, aber auch Bettelvogt, *Schmirlaninger* = Wache, *Haurigerlaninger* = Schildwache); *Schwäb. Händlerspr.* 483, 486 (*Laninger* od. *Lanenger* = Soldat, erstere Form [neben *Lâner*] auch = Landjäger). Über weitere Belege im Rotwelsch sowie die (nicht sichere) *Etymologie* des Wortes s. Näh. in *Groß'* Archiv, Bd. 42, S. 26 ff. (unter „Lenninger"); vgl. auch noch *Fischer*, Schwäb. W.-B. IV, Sp. 989 (der auf einen ev. Zusammenhang mit „Land", wie in „Landsknecht [Lanzer, Landel]" hinweist).

[1017] S. Abort.

[1018] S. (betr. *Mos[s]*) Bauernfrau; vgl. auch die Anm. zu „Hauswirt".

[1019] S. Bauer.

[1020] Mit *Keiluf* = Hund, auch spezieller Pudel, sind noch folgende *Zusammensetzgn.* gebildet: a) *im Anfang*: *Keilufkitt* = Hundehütte, *Keilufstenkert* = Hundestall; b) *am Ende*: *Gachnekeiluf* = Hühnerhund, *Bu(t)zekeiluf* = Polizeihund. *Zu vgl.* (aus dem *verw. Quellenkr.*): *Dolm. der Gaunerspr.* 94 (*Keluf*); *W.-B. des Konst. Hans* 254 (*Kohluf*); *Schöll* 271 (ebenso): *Pfulld. J.-W.-B.* 340 (*Gilof*); *Schwäb. Händlerspr.* 482 (*Kailuf*); s. auch *Pfälz. Händlerspr.* 438 (*Kêluf*). Über noch weitere rotw. Belege sowie die *Etymologie* des Wortes (vom gleichbed. hebr. *keleb*) s. Näh. bei *Weber-Günther*, S. 156 (unter „Keilef"); vgl. auch *Fischer*, Schwäb. W.-B. IV, Sp. 309 (unter „Kailuf").

[1021] Mit *Kip* oder (häufiger) *Kib* (plur. *Kibe*, Dimin. *Kible*

[Spr.]), Synon. zu *Keiluf* (daher *auch* = Pudel), sind noch mehr *Zusammensetzgn.* gebildet als mit letzteren, nämlich: a) *im Anfang*: *Kibe(n)bossert* = Hundefleisch, *Kibekitt* (= Keilufkitt), *Kibekafler* = Hundemetzger, *Kibestenkert* (= Keilufstenkert), *Kibeschwächerle* = Hundezitzen; b) *am Ende*: *Stierer-* od. *Stenzelkib* (= Gachnekeiluf), *Stupfelkib* = Igelhund (Spr.), *Bu(t)zekib* (= Bu(t)zekeiluf), *Jerusalemsfreundkib* = Schäferhund, *Flu(h)tekib* = Seehund, *Schmelemerkib* = Zigeunerhund. *Zu vgl.* (aus dem *verw. Quellenkr.*): W.-B. des Konst. Hans 254 (*Kipp* = Hund [wohl zugleich erster Beleg im Rotw. überhaupt]); Pfulld. J.-W.-B. 340 (*Kib*); Schwäb. Händlerspr. 482 (*Kipp*); s. auch Metzer Jenisch 216 (ebenso). Die *Etymologie* des (auch in sonst. rotw. Quellen des 19. Jahrh. noch vereinzelt anzutreffenden) Wortes bleibt dunkel; auch Fischer, Schwäb. W.-B. IV, Sp. 388 gibt keinen Aufschluß darüber.

[1022] Betr. *bosten* u. *pfichen* s. abgehen. — Zu *schenzieren* = hausieren finde ich keinen Beleg in anderen Quellen. Dagegen kennt das *Metzer Jenisch* 216 *schranze* in gleicher Bedeutung, während schon Schöll 269 ein Subst. *Schrenzierer* als Synon. für die sonst als *Scheinspringer* bezeichneten Gauner (die sich bei Tage in Wohnungen einschleichen, um zu stehlen) anführt, das auch A.-L. 604 neben der Form *Schranzierer* (zu dem Zeitw. *schranzieren* od. *schrenzieren* = „sich [unter irgendeinem Vorwande] in Häuser [bes. Gasthöfe] einschleichen, um zu stehlen [oder zu baldowern]") erwähnt u. vom ahd. *schranz* = List hergeleitet hat. Indessen liegt es wohl mindestens ebenso nahe, das rotw. *Schrende* (Schrantz, Schren[t]z[e] u. ä. = Stube (vgl. *Groß' Archiv*, Bd. 54, S. 165/66, Anm. 3) als Quelle dafür heranzuziehen, das zugleich auch für *schranze* = hausieren passen würde. Danach aber dürfte dann vielleicht auch in *Wittichs* Jenisch statt *schenzieren* richtiger *schrenzieren* zu lesen sein.

[1023] S. (betr. *Schenegler*) abschaffen.

[1024] S. Amme.

[1025] S. Dietrich.

[1026] S. Eltern.

[1027] Betr. *Kaffer* s. Bauer. — Mit *Fehte* = Herberge (Quartier, Wohnung) sind (außer *Fehtekaffer*, das auch durch „Herberggeber", „Herbergsvater" und „Quartierherr" wiedergegeben) noch zusammengesetzt: *Fehteulme* = Herbergsleute (Spr.), *Fehtefi(e)sel* od. *-freier* = Quartierbursche, *Fehtemos(s)* od. *-sinse* = Quartierfrau (ersteres in den Spr. durch „Hausfrau" wiedergegeben), *Fehtesins* = Quartiersherr (also Syn. zu *Fehtekaffer*) u. *Fehtemodel* = Quartiermädchen. *Ableitung*: *fehten* = übernachten, auch das „Übernachten erlauben" (v. S. des Wirts) nach Spr. *Zu vgl.* (aus dem *verw. Quellenkr.*): *Schöll* 272 (*Fede* = Herberge; *Pfulld. J.-W.-B.* 343 (*Fede* = Quartier; vgl. [338] das Zeitw. *feden* = beherbergen); *Schwäb. Händlerspr.* 479 (*Fêde* = Bett [in *Pfedelb.* (212) *auch* = Quartier; vgl. ebd.: *in d' Fede hotschen* = schlafen]); auch sonst im Rotw. seit Anf. des 18. Jahrh. (s. *Basl. Glossar* v. 1733 [201] hin und wieder angeführt. Zur (nicht sicheren) *Etymologie* s. *Fischer*, Schwäb. W.-B. II. Sp. 999/1000, wonach die Bedeutung „Quartier" aus dem ital. *fede* im Sinne von „Verschreibung" (warum?), die Bedeutung „Bett" aber aus unserem deutsch. „Feder" erklärt werden könnte.

[1028] S. gebären und Bauernfrau.

[1029] *Kaim* = Jude (Hebräer), fem.: *Kaime*, plur.: *Kaimen*, erscheint noch in der *Zus. Kaimkolb* (d. h. „Judengeistlicher") = Rabbiner (s. d. betr. Übereinstimmg. m. d. Zigeun.). *Zu vgl.* (aus dem *verw. Quellenkr.*): *Dolm. der Gaunerspr.* 94 (*Kaim* = Jude); *Pfulld. J.-W.-B.* 341 (ebenso); *Schwäb. Gaun.- u. Kundenspr.* 71 (*Keim* [*Gheim, Goim*] = Juden); *Schwäb. Händlerspr.* 482 (*Kaim* [in *Pfedelb.* (210): *Keim*] od. *Kaimchen* = Jude). Über weitere Belege im Rotw. sowie die *Etymologie* (aus dem Hebr. [*chajjim*]) s. Näh. in *Groß'* Archiv, Bd. 48, S. 323/24 u. Anm. 2. *Schmeller*, Bayer. W.-B. I, Sp. 1286 u. *Fischer*, Schwäb. W.-B. IV, Sp. 143 geben keine genügende Erklärung.

[1030] S. Hauptmann u. vgl. Bischof. — Dieselbe Umschreibung kennt nach *Liebich*, S. 207 auch die Zigeunerspr. (*but lürde*, d. h. „viel Soldaten" = Heer).

[1031] S. arg.

[1032] S. Ananas.

[1033] S. (betr. *Brandling*) Apfelkuchen.

[1034] S. angenehm u. daher (a. E.).

[1035] S. anbeten.

[1036] S. (betr. *Schuberle*) Geist.

[1037] S. angenehm.

[1038] S. Ehe.

[1039] S. Adler u. Appetit.

[1040] S. abbrennen.

[1041] S. (betr. *-pflanzer*) anbrennen.

[1042] S. alltäglich; über *schei* als Adj. gebr. vgl. auch „Vorbemerkg." S. 15, Anm. 38 a. E.

[1043] S. Hauptmann u. Fingerhut.

[1044] Diese Vokabel findet sich in ganz gleicher Form *und* Bedeutung in der *Schwäb. Händlerspr.* in *Degg.* (215), während für *Lütz.* (214) die Schreibung *Hanfert* angeführt ist. Sie dürfte aufzufassen sein als eine (mit der typischen Endung *-ert* versehene) Abkürzung (durch Weglassung der Endsilbe, sog. *Apokope*) von dem älteren — als eine Art *pars pro toto* (nach dem *Hauptbestandteil*) erscheinenden — Synon. *Hanfstaud(e)* (s. schon *Lib. Vagat.* [54] u. a. m., so z. B. auch *Dolm. der Gaunerspr.* 93 sowie noch *Schwäb. Händlerspr.* 482). Vgl. *Pott* II, S. 23 und *Günther*, Rotwelsch, S. 67 vbd. mit *Fischer*, Schwäb. W.-B. III, Sp. 1145 (unter „Hanfert") u. 1146 (unter „Hanfstaude"); s. auch die folgende Anm.

[1045] Für *Staud* = Hemd sind aus dem *verw. Quellenkr.* anzuführen: *Pfullend. J.-W.-B.* 340 und *Schwäb. Händlersprache* 482 (neben *Hanfstaude* [s. oben Anm. 1044], in *Pfedelb.* [210]: *Staude* neben den längeren Synon. *Hanf-, Flächse-, Wergstaude*; vgl. ebds. [211]: *Staudenpflanzerin* = =

Näherin); s. auch noch *Winterfelder Hausierersprache* 442 (*Staudche*) Auch bei diesem Ausdrucke, der auch im *sonstigen* neueren Rotwelsch (des 19. Jahrh.) sowie in der Kundensprache beliebt ist (s. die Belege bei *Schütze*, S. 92), handelt es sich (gleichwie bei *Hamfert*) um eine Abkürzung von *Hanfstaude*, jedoch in der Form des sog. *Aphärese* (Weglassung der *Anfangs*silbe). S. A.-L. 610; vgl. auch *Horn*, Soldatensprache, S. 63, Anm. 6.

[1046] S. Füllen.

[1047] S. (betr. *Kaffer*) Bauer; vgl. Stute (= *Trabertmoss*, d. h. eigtl. „Pferdeweib", „weibliches Pferd"). — Auch bei den Zigeunern heißt nach *Liebich*, S. 208, 244 der Hengst *morschkerdino grai*, d. h. „männliches Pferd", die Stute (*grasni* oder) *graieskĕri tschuwli*, d. h. etwa „Pferdeweib".

[1048] S. aufhängen.

[1049] Über diese (im W.-B. unter „Huhn" *nicht* angeführte) Vokabel, die m. Wiss. sonst nirgends in den Geheimsprachen vorkommt, vermochte ich auch in *etymolog.* Beziehung *nichts Sicheres* in Erfahrung zu bringen. Da mir jedoch *Wittich* auf eine Anfrage hin mitteilte, daß er das Wort von „böhmischen jenischen Leuten" gehört habe, so könnte es vielleicht mit dem tschech. *brav* (worin v wie w ausgesprochen wird) = „Schmal- od. Kleinvieh" in Zusammenhang gebracht werden, obwohl ja dessen Form *und* Bedeutung noch einigermaßen abweicht (nach gefl. Mittlg. v. *Dr. A. Landau*).

[1050] Mit *Stenzel* = Henne (Huhn) sind gebildet die Zusammensetzgn.: *Stenzeltritt* = Hühnerfuß, *Stenzelkitt* = Hühnerhaus u. *Stenzelkib* = Hühnerhund. Zu vgl. (aus dem verw. Quellenkr.): Dolm. der Gaunerspr. 94 (*Stenzel* = Huhn); *Pfulld. J.-W.-B.* 340 (*Stanzla* = Henne); *Schwäb. Händlerspr.* 482 (*Stenzel*, *Stenzling* [in *Lütz.* (214): *Stelzling*] od. *Stanzel* = Henne, in letzterer Form auch = Gans [481]). Die *Etymologie* bleibt zweifelhaft. Auch *Hoffmann-Krayer* u. *Landau* im Schweiz. Archiv für Volksk., Bd. III, S. 243, Anm. 75 u. Bd. IV, S. 239 geben — in ihren Erläuterungen zu den Vokabeln des *Basler Glossars* v. 1733 (das [201] schon *Stenzel* = Huhn angeführt hat) keinen befriedigenden Aufschluß über die Herkunft des

Wortes.

[1051] *Stierer*, Syn. zu Stenzel, kommt nicht nur in *denselben Zus.* wie dieses vor (also: *Stierertritt, -kitt* u. *-kib*), sondern auch noch in einigen *anderen*, so: a) *am Anfang*: *Stiererstenkert* = Hühnerstall; b) *am Ende*: *Bäzemestierer* = Legehuhn und *Flu(h)testierer* = Wasserhuhn. Zu vgl. (aus dem *verw. Quellenkr.*): *Pfulld. J.-W.-B.* 340 (*Stire* = Henne; *Stirestinker* = Hühnerstall); *Schwäb. Händerspr.* 482 (*Stîrer* = Henne); s. auch *Regensb. Rotw.* 489 (*Stieri* = Hahn [aber auch = Ochse]). Über weitere Belege im Rotw. (schon seit d. 17. Jahrh.) u. in der Kundenspr. sowie die *Etymologie* des Wortes (wohl vom deutsch. mundartl. Zeitw. *stieren* [stüren, stören] = „durchsuchen, scharren") s. Näh. in *Groß'* Archiv, Bd. 38, S. 231, Anm. 1.

[1052] S. anschauen.

[1053] S. abgehen.

[1054] S. abschießen.

[1055] S. bewerfen.

[1056] S. abfahren.

[1057] S. abgeben.

[1058] S. abschreiben.

[1059] S. anfassen.

[1060] S. ausstehlen.

[1061] S. Diebstahl.

[1062] S. abtragen.

[1063] S. Hauswirt.

[1064] Diese *Zusammensetzung* bedeutet wörtlich „Schlafhaus", zu *Schlummer* = Schlaf (das in *Wittichs* Vokab. nicht angeführt ist) bezw. dem Zeitw. *schlummern* (das zwar im W.-B. in der Form *schlummere* enthalten ist, jedoch nicht unter „schlafen", sondern nur unter dem weiteren Begriffe „liegen") u. *Kitt* = Haus (s. Abort). *Zu vgl.* (aus dem *verw. Quellenkr.*): *Dolm. der Gaunerspr.* 98 (*Schlummer* = Schlaf, *schlummern* = schlafen); *Schwäb. Gaun.- u. Kundenspr.* 76 (*schlummern* = übernachten; *Schwäb. Händlerspr.* 485 (*schlummern* = schlafen). Über weitere Belege im Rotw. s. Näh. bei *Weber-Günther*, S. 179/180 (wo jedoch die Bemerkung, daß in den Quellen das Hauptw. *Schlummer* früher als das Zeitw. *schlummern* auftrete, zu berichtigen ist, da — ganz abgesehen von dem alten gleichbed. *slöm* im *Ndd. Lib. Vagat.* [78] — auch die Form *schlummern* schon im W.-B. *von St. Georgen* 1750 [218] als rotw. Vokabel vorkommt, während *Schlummer* sich m. Wiss. zuerst im *Hildburgh. W.-B.* v. 1753 ff. [231] findet). Ebds. auch Näh. über die *Etymologie* des Wortes, das aus den deutsch. Mundarten, insbes. dem niederdeutsch. Sprachgebiet, übernommen sein dürfte; vgl. auch *Pott* II, S. 17 u. *Kluge*, Unser Deutsch, S. 81 vbd. mit Et. W.-B., S. 403 (unter „schlummern") u. *Weigand*, W.-B. II, Sp. 738 (unter „Schlummer"). Über den Ausdr. *Schlummerpech* = Schlafgeld (bes. in d. Kundenspr.) s. *Groß'* Archiv, Bd. 33, S. 279, Anm. 1.

[1065] S. Hauswirt und Bauer.

[1066] S. (betr. *Ulme*) arme Leute.

[1067] S. Backofen.

[1068] S. einsalzen und Fisch.

[1069] S. (betr. *Begert-*) absterben. — Während die Umschreibung „salziger (od. gesalzener) Fisch" (*londo mādscho* [od. *londi mādschin*]) für den Hering auch den Zigeunern bekannt ist (s. *Liebich*, S. 144 u. 209 und *Finck*, S. 73 [*londo mātšo*]; vgl. auch schon „Vorbemerkg.", S. 18, Anm. 45), bedeutet dagegen bei ihnen „toter Fisch" (*mūlo mādscho* [matšo]) die Forelle (für die aber auch *lolo mādscho*, d. h.

„roter [bunter] Fisch", vorkommt); s. *Liebich*, S. 147 u. 198 sowie *Finck*, S. 73. Zur Erklärung des *ersteren* Ausdrucks bemerkt *Liebich*, S. 32, 33 (gegen Zweifel bei *Pott* II, S. 437): „(Der) Ängstlichkeit (mit dem der Zigeuner den Namen Verstorbener auszusprechen vermeidet) verdankt der unter dem Namen Forelle bekannte Fisch seine jetzt übliche zigeunerische Bezeichnung als *mulo madscho, muléno madscho*, d. h. der tote Fisch. Als nämlich eine Zigeunerin mit Namen *Forella* gestorben war, wollte man auch die gleichlautende Bezeichnung des Fisches aufgeben, um nicht bei dem Anblick des Fisches an die Verstorbene direkt erinnert zu werden, deshalb hieß von da an der Fisch Forelle der tote Fisch, und dieser Ausdruck ist (neben *lolo madscho* [s. oben]) jedem Zigeuner geläufig, jedem verständlich." Wie nun aber die *gleiche* Umschreibung in der *jenischen* Sprache für den *Hering* zu deuten ist, vermag ich nicht zu sagen.

[1070] S. (betr. *Schottel*) Aschenbecher.

[1071] S. (betr. *Blättling*) Gulasch.

[1072] S. Fremder.

[1073] S. Amtmann.

[1074] S. (betr. *Kitt*) Abort.

[1075] S. (betr. *Schrende*) Frauenstube.

[1076] S. (betr. *Mos(s)*) Bauernfrau.

[1077] S. Adler u. Amtmann, vgl. Bischof. Dieselbe Art der Umschreibung für Herrscher (näml. *baro rai*) kennen auch die Zigeuner nach *Liebich*, S. 209.

[1078] S. anschauen.

[1079] S. abfahren.

[1080] S. aufwachen.

[1081] S. ausschlafen.

[1082] S. aufspielen.

[1083] S. abtragen.

[1084] S. Aas.

[1085] S. arg.

[1086] S. Amme.

[1087] S. angenehm.

[1088] S. Frucht.

[1089] S. arg u. brauchbarer Bursche.

[1090] S. (betr. *Fi[e]sel*) Bettelbube.

[1091] S. (betr. *Freier*) Fremder.

[1092] S. (betr. *Kaffer*) Bauer.

[1093] S. ausweinen.

[1094] S. Frucht u. Füllen.

[1095] S. Frucht und Adler.

[1096] S. behext und Bauernfrau.

[1097] S. (betr. *Kitt*) Abort.

[1098] S. aufschlagen.

[1099] S. da.

[1100] S. unter „elend".

[1101] S. Ananas.

[1102] S. abgehen.

[1103] S. abfallen.

[1104] S. After.

[1105] S. Abort.

[1106] S. Angesicht.

[1107] S. bewerfen.

[1108] S. Ananas u. abbiegen.

[1109] S. Degen.

[1110] S. Hammel und abbiegen.

[1111] S. Adler.

[1112] S. angenehm.

[1113] S. Ehe.

[1114] S. (betr. *Bikus*) Abendessen.

[1115] S. Ei.

[1116] S. (betr. *Rande*) Bauch.

[1117] S. (betr. *Kitt*) Abort.

[1118] S. (betr. *pflanzen*) anbrennen.

[1119] S. Substantivierung des Adjektives *grandich*; vgl. „Vorbemerkung", S. 15, Anm. 38.

[1120] S. Geistlicher.

[1121] S. Bischof.

[1122] S. abtragen.

[1123] S. anfassen.

[1124] S. Baumholz.

[1125] S. (betr. *Kaffer*) Bauer.

[1126] S. (betr. *Rande*) Bauch.

[1127] S. aufhören.

[1128] S. (zu beiden Ausdr.) Beinkleid.

[1129] S. Adler, absterben u. Abort.

[1130] S. Füllen und Ferse.

[1131] S. Hahn.

[1132] S. (zu beiden Ausdr.) Henne.

[1133] S. (betr. *Tritt*) Entenfuß.

[1134] S. (betr. *Kitt*) Abort.

[1135] S. (betr. *Keiluf* u. *Kib*) Haushund.

[1136] S. (betr. *Stenkert*) Entenstall.

[1137] S. Bierglas.

[1138] S. Fleischhafen.

[1139] Im Gegensatz zu dem Synon. *Keiluf* u. bes. *Kib*, die mehrfach in *Zusammensetzgn.* erscheinen, tritt *Tschuggel* bloß in der *Zus. Tschuggelmass* = Hundefleisch auf. Unter den *verw.* Quellen kennt schon der *Dolm. der Gaunerspr.* 94 die Vokabel in der Form *Schokel* sowie noch jetzt die *schwäb. Händlerspr.* in *Lütz.* (214) in der Form *Tschŭglo*, weiter findet sie sich auch im sonst. neuern Rotw. (seit d. 19. Jahrh.) öfter (in verschied. Formen) angeführt (vgl. z. B. *Pfister* 1812 [305, 307: Schukel od. *Tschukel*]; *Christensen* 1814 [323, 324: *Juckel*]; *v. Grolman*, 31, 64, 72 u. T.-G. 102 [hier alle drei Formen]; *Karmayer* G.-D. 202, 218 u. 222 [im wes. ebenso] u. a. m.) Zur *Etymologie* aus der Zigeunerspr. (vgl. „Einleitung", S. 31) s. Näheres bei A.-L. 605 (unter „Schuckel") und *Fischer*, Schwäb. W.-B. II, Sp. 432 (unter „Tschuckle") [wo übrigens *auch* das mhd. *zohe* = Hündin herangezogen]) vbd. mit *Pott* II, S. 213/14 (unter „Xukel"), *Liebich*, S. 166 u. 211 (*tschukklo*), *Miklosich*, Beitr. I/II, S. 13, III, S. 9, 22 u. Denkschriften, Bd.

26, S. 209 (unter „džukel": bei d. deutsch. Zig.: *čukklo*), *Jühling* (S. 207 (*Tschukäl*) u. *Finck*, S. 56 (*dšuklo* od. *dšukel*). Das Wort ist (nach *Pott* u. *Miklosich*, a. a. O.) bis aufs Altindische zu verfolgen.

[1140] S. (betr. *Bossert* u. *Mass*) Aas.

[1141] S. Fleischer.

[1142] S. (betr. *Schwächerle*) Amme.

[1143] S. (zu allen drei Ausdr.) Appetit.

[1144] S. Abendessen.

[1145] S. (zu beiden Ausdr.) Beischläferin, vgl. arg.

[1146] *Schüx*, früher wohl auch *Schücksel* (= Mädchen; vgl. „Einleitung", S. 28) ist natürlich nur eine mundartl. gefärbte Nebenform zu den im Rotw. u. in der Kundenspr. sehr verbreiteten Ausdr. *Schix, Schi(c)kse, Schicksel* usw. Zu vgl. (aus dem *verw. Quellenkr.*): Dolm. der Gaunerspr. 96 (*Schickse* = Mädchen); W.-B. des Konst. Hans 255 (*Schikse* = ein Mägdlein); *Schöll* 271 (*Schikse* = Mädchen, Beischläferin); *Pfulld. J.-W.-B.* 342, 345 (*Schix* = Mädchen, Tochter; vgl. [340]: *Fingelschize* = Hexe); Schwäb. Gaun.- u. Kundenspr. 68, 77 (*Schix* = Dirne, Weibsperson, dazu versch. Zus. wie z. B. *Dippelschix* = Landfahrerin, *Gallachschixe* = Pfarrköchin); *Schwäb. Händlerspr.* 483 (*Schix* = Mädchen [in *Pfedelb.* (214): = Weibsbild, ebds. (209): *lacke Schix* = Dirne, eigtl. „schlechtes Weibsbild" (vgl. betr. *lack*: Bd. 63, S. 119, Anm. 217 zu *Put[t]lak*)]); s. auch *Metzer Jenisch* 216 (*Schicksi* = Mädchen). Über weitere Belege im Rotw. usw. sowie die *Etymologie* (aus dem Hebräischen) s. ausführl. *Groß'* Archiv, Bd. 48, S. 341 ff.; vgl. auch „Anthropophyteia", Bd. IX, S. 15 ff., *Weber-Günther*, S. 160/61 (unter „Schecks") u. *Seiler*, Lehnwort IV, S. 493.

[1147] S. unter „böse Sachen machen"; vgl. auch anbrennen.

[1148] S. (betr. *Benges*) brauchbarer Bursche.

[1149] S. Bettelbube.

[1150] S. Fremder.

[1151] S. Bauer.

[1152] Die Vokabel findet sich (in der Form *Stratze* als sing. für „Kind" schlechthin) auch in der *Schwäb. Gaun.- u. Kundenspr.* 71, sonst aber m. Wiss. nicht in den Geheimsprachen. Die *Etymologie* ist unsicher, falls man nicht annehmen will, daß es sich bloß um eine Nebenform oder Entstellung von *Schraze* handelt, das — gleichfalls für „Kind" — sowohl im Rotw. überhaupt als auch speziell in dem *verw. Quellenkr.* vorkommt. Vgl. *Pfullend. J.-W.-B.* 341 (*Schraze* = Kind [s. auch *Schrada* = Knabe]); *Schwäb. Händlerspr.* 483 (*Schrâtze* = [kleinere] Kinder [in *Degg.* (215): auch als sing. = Kind], (*Schratzesknippler* [in *Pfedelb.* 211): *Schrazeskneppler*], d. h. eigtl. „Kinderprügler", = Lehrer [in *Pfedelb.*: spez. Unterlehrer im Gegens. zu *Galmenguffer*, dem Oberlehrer (vgl. dazu schon oben unter „brauchbares Kind" u. „aufschlagen")]). Über weitere rotw. Belege für *dieses* Wort sowie seine (gleichfalls *nicht* ganz sichere) *Etymologie* s. d. Näh. in *Groß'* Archiv, Bd. 47, S. 140 u. Anm. 3; vgl. auch *Weber-Günther*, S. 168.

[1153] S. anmutig.

[1154] S. Hauptmann.

[1155] S. Fingerhut

[1156] S. (betr. *-pflanzer*) anbrennen.

[1157] S. dazu die *Zusammensetzgn.*: *Stupfelbikus* = Igelessen, *Stupfelmass* od. *Stupflengbossert* = Igelfleisch, *Stupfelkib* = Igelhund (Spr.), *Stupfelkafler* = Igelmetzger, *Stupfel-* od. *Stupflengrande* = Igelsack. Sowohl in der Form *Stupfel* wie auch *Stupfling* ist die Vokabel auch der *schwäb. Händlerspr.* 482 bekannt (in *Lütz.*: [215] daneben noch *Stachling*, während in *Matzenbach* dafür die latinisierte Form *Stachelinus* gebräuchlich ist, ähnlich wie sich bei den Zigeunern (bei denen der Igel eine große Rolle, bes. auch als beliebte Speise, spielt [s. *Liebich*, S. 39, 85, 86]) dafür (u. a.) wohl *stachlino* (bei den deutsch. Zigeun. allerdings meist *stacheléngĕro*) findet (vgl. *Pott* II, S. 245 [unter „Stàchlo"], *Liebich*, S. 160 u. 212 [*stachélenğero*], *Miklosich*, Beitr. III, S. 19 [ebenso], *Jühling* 226 [hier: *Stachlino*, dagegen plur.: *Stachlingäre*], *Finck*, S. 87 [*štaxeléngero*]). Der *Etymologie* nach gehört *Stupfel* od. *Stupfleng* (-ling) zu dem gauner-, kunden- und geheimsprachl. sowie auch allgem. mundartl. *stupfen* = stechen mit Rücks. auf die Stacheln des Igels (vgl. jen.: *Stupfle* = Stachel [s. dazu Näh. schon oben unter „Dorn"]), denen natürlich auch die Syn. *Stachling*, *Stachelinus* u. die ähnlichen Zigeunerwörter ihre Entstehung verdanken.

[1158] S. (betr. *Bikus*) Abendessen.

[1159] S. (betr. *Mass* u. *Bossert*) Aas.

[1160] S. Haushund.

[1161] S. Fleischer.

[1162] S. Bauch.

[1163] S. Hauptmann.

[1164] S. Ärger.

[1165] S. abbrühen u. Apfelkern. — Ähnlich heisst bei den Zigeunern (nach *Liebich*, S. 149 u. 212) die Insel *paninjākri montaia*, d. h. „Wasserberg" od. „Wassergebirge".

[1166] S. aberwitzig.

[1167] S. Dummheit u. Abort.

[1168] Vgl. Anm. 1166 u. 1167 a. E.

[1169] S. Geist u. alltäglich. — Ähnlich ist die Bezeichnung des Irrlichts bei den Zigeunern, näml. *muléskĕri momelin*, d. h. eigtl. „Totenlicht" (Syn. auch: *dschapáskĕri momelin*, d. h. „wanderndes Licht") nach *Liebich*, S. 147 u. 212.

[1170] Vgl. dazu (aus dem *verw.* Quellenkr.): *Schwäb. Gaun.- u.*

Kundenspr. 71 (*kenn* = ja, *kenn Mathilde* = ganz richtig); *Schwäb. Händlerspr.* 481, 482 (*kenn* = ja, *kenn Mathilde* = „grüß Gott"); s. auch *Pfälz. Händlerspr.* 438 (*kent* = ja) sowie d. *Winterfelder u. Eifler Hausiererspr.* 441, 491 (*kenn*). Über weitere Belege im Rotw. u. in der Kundenspr. s. *Schütze*, S. 73, vbd. mit *Groß' Archiv*, Bd. 51, S. 162 (unter „Mathilde") und Anm. 2 (betr. *kenn Kunde*, wozu auch zu vgl. Bd. 59, S. 267, 287). Über die *Etymologie* (vom hebr. *kên* od. *ken* = „so [richtig], ja") s. A.-L. 556 und *Fischer*, Schwäb. W.-B. IV, Sp. 330, vgl. jedoch auch *Archiv*, Bd. 51, S. 162, Anm. 2 a. E. (über einen Einfluß auch des deutschen Zeitw. „kennen" bei dem Ausdr. *kenn Kunde* od. *Mathilde*).

[1171] S. Frauenrock.

[1172] S. Ananas u. abgehen.

[1173] S. Flurschütz.

[1174] S. alljährlich.

[1175] S. (betr. *Schei*) alltäglich.

[1176] S. ausweinen.

[1177] S. abbeißen.

[1178] S. Hebräer.

[1179] Zu *Dibolde* = Juden gehören die *Zusammensetzg. Dibolde-Gallach* (d. h. „Judenpriester") = Rabbiner (s. d. betr. Übereinstimmg. mit d. Zigeun.) u. die *Ableitg. diboldisch* = jüdisch (Gegensatz: *nobis diboldisch* [eigtl. nicht-jüdisch] = ungläubig [vom jüd. Standpunkt aus; Syn. *nobis gril(l)isch*, — *wonisch*, d. h. eigtl. „nicht-evangelisch, -katholisch"]). Die Vokabel, die in dem *verw. Quellenkreise* unbekannt ist, kommt im sonstig. Rotwelsch (d. 19. Jahrh.) vereinzelt vor, jedoch mit anderem Anlaut (*Ba-*, *Bi-*, *Pi-*); s. z. B. *Pfister* 1812 (295: *Babolde*); *v. Grolman* 5 u. T.-G. 103 (ebenso); *Karmayer* G.-D. 190 (desgl.); *Derenbourgs Glossar* 1856 (414: desgl.); A.-L. 584 (*Pipolte*, fem. *Pipoltiza*); *Groß* 458 (*Biboldo*). Der *Etymologie* nach stammt der Ausdr. aus der Zigeunersprache her (vgl.

„Einleitung", S. 29), in der *biboldo* (od. bipoldo) eigtl. „der Ungetaufte" bedeutet (von *boldo* [od. poldo], zu *[me] poläwa* = „[ein]tauchen, taufen" [s. *Liebich*, S. 152 u. 245; vgl. *Finck*, S. 52 (Stamm: *bōl* [od. bold] = „[ein]tauchen, taufen", das sich bis ins *Hind.* [*bōrnā* = „eintauchen"] verfolgen läßt)] u. dem Negativpräfix *bi-*). S. Näh. bei *Pott* II, S. 422 (unter „Bolaw"), *Liebich*, S. 128 u. 213 (*bipoldo*), *Miklosich*, Beitr. III, S. 8 u. Denkschriften, Bd. 26, S. 181 (unter „bol": bei den deutsch. Zig.: *bipoldo*), *Finck*, S. 51 (*bibóldo*); bei *Jühling* nicht angeführt. — Über die Veränderung des Anlauts im Jenischen s. auch *Pott*, a. a. O.

[1180] S. brauchbarer Bursche.

[1181] S. Bettelbube.

[1182] S. Fremder.

[1183] S. Beischläferin.

[1184] S. Bauernfrau.

[1185] S. Bauer.

[1186] S. (betr. *nobis vergröntes*) Dietrich u. Ehe.

[1187] S. Amtmann.

[1188] S. Aas.

[1189] *Süs(s)leng* (od. *-ling*) bedeutet außer Kaffee (Zichorie) auch noch: Tee, Zucker u. allgem. Süßigkeit. Dazu folgende *Zusammensetzgn.*: *Süs(s)lengnolle* = Kaffeekanne, *Süs(s)lengschottel* = Kaffeetasse, auch Zichorienbüchse, *Süs(s)lingbrandling* = Lebkuchen, *Süs(s)linglehm* = Zuckerbrot, *Süs(s)lingoberman(n)* = Zuckerhut, *Süs(s)lingflu(h)te* = Zuckerwasser. Zu vgl. (aus dem *verw. Quellenkr.*): Dolm. der Gaunerspr. 94 u. 101 (*Süsling* = Zucker, auch Honig); *Schwäb. Händlerspr.* 488 (*Süßling* = Zucker). Im *Pfulld. J.-W.-B.* 340 bedeutet *Süß* den Honig, im *Pleißlen der Killertaler* 436 *Süessler* od. *Süssholz* den Zucker. Über weitere Belege im Rotw. (s. schon *Hildburgh. W.-B.* 1753 ff. [222, 232: *Süßling* = Honig oder Bienenstock] u. dann öfter [mit versch. Bedeutgn.])

sowie über die Nebenform *Süssert* s. noch *Weber-Günther*, S. 188 (unter „Zosset"). Der Stamm des Wortes ist natürlich unser Adj. „süß"; vgl. *Pott* II, S. 10; A.-L. 612; *Günther*, Rotwelsch, S. 60. — Zu der Bedeutg. „Kaffee" sei noch bemerkt, daß (nach *Liebich*, S. 138 u. 213) auch bei den Zigeunern der Kaffee *gudli,* d. i. etwa „der Süße" (vgl. *gudlo* = Zucker), heißt (neben *mellĕli,* d. i. „der Schwarze";) vgl. auch *Finck*, S. 59.

[1190] S. (betr. *Nolle*) Fleischhafen.

[1191] S. Aschenbecher.

[1192] S. Abort.

[1193] S. Entenstall.

[1194] S. Dietrich u. Augenbrauen,

[1195] S. (betr. *Ki[e]bes*) Angesicht.

[1196] *Horbögle* (= Kalb) ist Dimin. zu *Horboge* (-boga) oder (abgekürzt in der Form der Aphärese) bloß *Boga* = Kuh, Rind. Von *Zusammensetzgn.* mit *diesen* Wörtern vgl. a) *am Anfang: Horbogaschwächerle* = Kuheuter, *Horbogebossert* od. - *mass* = Kuh- od. Rindfleisch, *Horbogekafler* od. *Bogakafler* = Kuhmetzger (letzteres auch Rindermetzger), *Horbogestenkert* = Kuh- od. Rinderstall, *Horbogeschmunk* = Rinderfett, auch Unschlitt (s. d. betr. Analogie mit der Zigeunerspr.), wogegen *Bogaschmunk* nur durch „Kuhbutter" wiedergegeben; b) *am Ende: Mufferhorboge* (d. h. eigtl. „Nasenkuh") = Nashorn (s. d. betr. Übereinstimmg. mit d. Zigeun). *Zu vgl.* (aus dem *verw. Quellenkr.*): *Dolm. der Gaunerspr.* 95, 97 (*Hobogen* = Kuß [wofür jedenfalls zu lesen: Kuh, argum.: *Hohrbogen* = Ochs); *W.-B. des Konst. Hans* 254 (*Hohrboge* = Stück Rindvieh); *Schöll* 271 (*Haarbogen* = Rindvieh); *Pfulld. J.-W.-B.* 340, 342, 343 (*Horboge* = Kuh, Ochs, Rind, *junge Horboge* = Kalb, *Horbogemaß* = Ochsenfleisch); *Schwäb. Händlerspr.* 482, 483, 485, 487 (*Hôrbôg[e]* [in *Pfedelb.* (211): *Hobuche*] = Kuh, Rind, Stier, *Hôrbœ̂gle* = Kalb, *Hôrbôgmost* = Rindfleisch); s. auch *Regensb. Rotw.* 489 (*Haarbogen* = Kuh). Über weitere Belege im Rotw. s.

Groß' Archiv, Bd. 43, S. 31/32, Anm. 3. Der *Etymologie* nach handelt es sich wahrscheinl. um eine Verunstaltung aus dem älteren Synon. *Hornbock*, das schon im *Lib. Vagat.* (54) vorkommt. S. Näh. darüber im Archiv, Bd. 43, S. 32 u. Anm. 1 u. dazu noch *Fischer*, Schwäb. W.-B. III, Sp. 1822 unter *Ho(r)nbog(e[n])*, der zwar die Silbe *Hor-* ebenfalls als „Horn" auslegt, dagegen *-boge(n)* „eher zu hebr. *bakar* = Rindvieh", poln.-jüd. *boker* (vgl. *Groß'* Archiv, Bd. 42, S. 32) „als zu Bogen" in Beziehung setzen möchte. Die kürzere Form *Boga* könnte natürlich *unmittelbar* von der hebr. Vokabel hergeleitet werden, doch halte ich die Auffassung derselben als Abbreviatur von *Horboga* für richtiger (vgl. „Vorbemerkung", S. 8). Über das ähnl. *Hornikel* = Ochse s. schon oben unter „Bulle".

[1197] S. abbeißen und abgerahmte Milch. — Dieselbe Umschreibung (näml. *danterpaskĕro tschikk*) kennt auch die Zigeunersprache; s. *Liebich*, S. 131, 164 u. 213 sowie auch *Finck*, S. 91 (*danderpáskero tšik*) vbd. m. S. 54 (*danderpáskero* = „ätzend, beißend"); vgl. auch schon „Vorbemerkg.", S. 17.

[1198] S. eisig; über *Biberisch* als subst. Adj. vgl. auch „Vorbemerkg.", S. 15, Anm. 38.

[1199] S. brauchbarer Bursche.

[1200] S. Bettelbube.

[1201] S. Augenbrauen und abbiegen.

[1202] S. (betr. *-pflanzer* [pflanzen]) anbrennen.

[1203] S. Fehde.

[1204] S. Bank.

[1205] S. absingen u. Adler.

[1206] S. Hase.

[1207] S. Fleischhafen.

[1208] S. Dom.

[1209] S. Fingerhut.

[1210] S. Ei u. alltäglich. — Auch in der Zigeunersprache heißt der Karfreitag (aber auch wohl das Osterfest) *järéngĕro* (od. jaríngĕro) *diwes*, d. i. gleichfalls der „Eiertag"; s. *Liebich*, S. 140 u. 188 vbd. m. *Finck*, S. 55 (hier nur = Ostern); vgl. „Vorbemerkg.", S. 18. Über eine der *jenischen* Umschreibg. für *Ostern* genau entsprechende zigeun. Bezeichnung s. noch weiter unten (unter „Ostern").

[1211] S. Fisch. Das Synm. *Flotscher* ist hier nicht angeführt.

[1212] S. Eisenbahnwagen.

[1213] S. abfahren.

[1214] S. Bratkartoffeln; vgl. abgerahmte Milch.

[1215] S. Erdäpfel.

[1216] S. Gulasch.

[1217] S. Aschenbecher.

[1218] Zu *Girall* s. die *Zus. Girallbrandleng* = Käskuchen. Die Vokabel ist *sonst* m. Wiss. in den Geheimsprachen *nicht* bekannt. Der *Etymologie* nach stammt sie aus der Zigeunersprache (vgl. schon „Einleitg.", S. 30). Näh. s. darüber bei *Pott* II, S. 257/58 (unter „Giral"); *Liebich*, S. 142 u. 213 (*kīral*); *Miklosich*, Beitr. I/II, S. 12 u. Denkschriften, Bd. 26, S. 234 (unter „keral": bei den *deutsch.* Zig.: *kiral*) vbd. mit S. 238 (unter „khil"); *Jühling*, S. 222 (*Girall*); *Finck*, S. 64 (*kiral*). Das Wort läßt sich (nach *Pott* und *Miklosich*, a. a. O.) bis ins Altind. (*kšīra* = Milch) zurückverfolgen.

[1219] Mit *Räsleng* ist (außer *Räslengbrandleng* = Girallbrandleng) noch *zusammengesetzt*: *Bosserträsleng* (eigtl. „Fleischkäse") = Leberkäse. Zu vgl. (aus dem *verw. Quellenkr.*): nur *Schwäb. Händlerspr.* 482 (*Ræßling* = Käse, aber [485] auch = Rettich). Sonst nirgends erwähnt. Zur *Etymologie*: Vermutlich handelt es sich um eine durch Anhängung der typischen rotw. Endung *-ling* (= leng) vorgenommene Substantivierung des mundartl., insbes. schwäbischen Adj.

räs, das (nach *v. Schmid*, Schwäb. W.-B., S. 425) u. a. etwa bedeutet was „die Zunge reizt", im Geschmack „scharf" (wie Rettich) oder „herb" ist.

[1220] S. (betr. *Brandleng*) Apfelkuchen.

[1221] *Wo(h)nischer* ist Substantivierung des Adj. *wo(h)nisch* = katholisch (Gegens. *nobis wo[h]nisch* = ungläubig [vom Standpunkt der Katholiken aus]); s. auch „Vorbemerkung", S. 15, Anm. 38. Zu vgl. (aus dem *verw. Quellenkr.*): *Dolm. der Gaunerspr.* 94 (*wohnisch* = katholisch); *W.-B. des Konst. Hans* 257 (*wahnisch*); *Schöll* 274 (Bettlersprache: *wohnisch*); *Pfulld. J.-W.-B.* 341 (ebenso); *Schwäb. Händlersprache* 482 (*wônisch Kolp* [in *Pfedelb.* (212): *Kolb*] = katholischer Pfarrer). Auch im sonstigen Rotw. hier u. da anzutreffen (z. B. *Pfister* bei *Christensen* [332: *wohnisch*]; *v. Grolman* 75 u. T.-G. 105 [*wo(h)nisch*]; *Karmayer* 182 [*wonnisch*] usw.). Zur *Etymologie* s. Näh. bei *Günther* in der Zeitschr. „Die Polizei", Jahrg. 4 (1906), Nr. 5, S. 99, Sp. 2 u. Anm. 29. Danach handelt es sich bei *wo(h)nisch* wohl um „eine zugleich mit Änderung des Anlauts vorgenommene Abkürzung" (in der Form der „Aphärese") von dem Synon. *doflemonisch* oder *toflemonisch* (s. z. B. *Pfister* 1812 [296]; *v. Grolman* 16, 71 u. T.-G. 105; *Karmayer* 166 usw.; vgl. auch *Pfälz. Händlersp.* 437 [*dôfelmânisch*]), einer Adjektivbildung aus *Toflemone* u. ä. = „katholische Religion" (s. z. B. bei *v. Grolman* 71 [neben *Toflenemone*]), zusammengesetzt aus *tofel* oder *dofel emone*, d. h. zunächst „der andere Glaube", dann aber wohl auch der „falsche", d. i. der christliche (katholische) „Glaube" (vom hebr. *Tifla* = „das Falsche, Unrechte" u. *'amânâ[h]* oder *'emûmnâ[h]*, jüd. *emônô, emûnô* = „Glaube, Religion"). Daß *dofel* oder *tofel* in den Vokabularien der Gaunerspr. nicht bloß für „ungereimt, abgeschmackt", sondern auch für „alt" angeführt ist (s. *Thiele* 316 vbd. mit *Pfister* 1812 [297], *Christensen* 1814 [327] u. *v. Grolman* 16, 71 u. T.-G. 81, die *nur* die letztere Bedeutg. haben), erklärt sich daraus, daß nach der Reformation die protestantische Religion mit *chodesch emone* (*chadesch emûnô*) u. ä., d. h. „neuer Glaube" (vgl. *v. Grolman* 12 [*Cadisch - Amune* oder *-nemone*] u. A.-L. 367 u. 530) bezeichnet wurde, wodurch sich der früher für den *christlichen* Glauben *überhaupt* gebrauchte Ausdruck *tofel* od. *dofel emone* u. ä. zu dem Begriff „*katholischer*", mithin jetzt

„*alter* Glaube", verengerte.

[1222] S. Baumkatze.

[1223] S. (betr. *Bossert*) Aas.

[1224] S. Bauch.

[1225] S. essen.

[1226] S. Abendessen.

[1227] S. abbeißen.

[1228] S. abkaufen.

[1229] S. (betr. *Kitt*) Abort.

[1230] S. absterben u. Adler. — Zu vgl. dazu bei *Karmayer* 122: *Pegerfletterl* = Nachteule oder Kauz. In derselben Weise umschreiben (nach *Liebich*, S. 214 u. 243) auch die Zigeuner das Käuzchen od. die Steineule, (näml. als *muléskĕro [-ri] tschirkŭlo*, d. i. „Totenvogel"; vgl. auch schon „Vorbemerkg.", S. 18.

[1231] S. Beischläferin.

[1232] S. arg u. böse Frau bezw. (betr. *Mos[s]*) Bauernfrau.

[1233] S. abbiegen, vgl. auch Bürste.

[1234] S. Bürste.

[1235] S. Dom u. Fleischhafen.

[1236] S. erkennen.

[1237] S. Arrest.

[1238] Zu *Gadscho* = Kerl, auch Landmann (dagegen nicht unter „Bauer" angeführt) — im Plural *Gadsche* od. *Gasche* = Leute, Dim. *Gaschele* = Kinder — gehören die Zusammensetzgn.: *Gadschomalfes* = Männerrock u.

Begergadscho = Leichenbeschauer (vgl. dazu auch „Vorbemerkg.", S. 12, Anm. 29). *Zu vgl.* (aus dem *verw. Quellenkr.*): *Dolm. der Gaunerspr.* 94 (*Kochem gasche* = „Hurenleben führen und im solchen herumziehen"); *Schöll* 272 (*Gasche* = Leute, *schovel Gasche* = schlimme Leute); *Pfulld. J.-W.-B.* 338, 342, 343 (*Gasche* = Leute, Menschen, Personen, *Ruchegasche* = Bauernvolk); *Schwäb. Händlerspr.* 483 (*Gâsche* = Leute, in *Lütz.* [215]: *Gātsche* = Kind); s. auch *Metzer Jenisch* 216 (*Gātsch* = Mann). Über weitere Belege im Rotw. sowie die *Etymologie* (aus der *Zigeunerspr.* [vgl. „Einleitung", S. 30], in der *gadžo* od. *gadšo* [gadscho] od. gatscho zunächst den „Nichtzigeuner", dann aber wohl auch allgemeiner „Mensch" oder — wieder spezieller — „Bauer" bedeutet) s. d. ausführl. Angaben in *Groß'* Archiv, Bd. 49, S. 331/32, u. dazu noch *Finck*, S. 58. Bei *Fischer*, Schwäb. W.-B. III, Sp. 78 (unter „Gasche" II) u. Sp. 87 (unter „Gatsche") ist über die Etymologie nichts angegeben.

[1239] S. Bauer.

[1240] S. Apfelkern.

[1241] S. alltäglich.

[1242] S. Fleischhafen.

[1243] Zu *Russling* = Kessel (Pfanne, Tiegel) *vgl.* (aus dem *verw. Quellenkr.*): Dolm. der Gaunerspr. 94 (*Rusling*, hier = Kamin); *Pfulld.* J.-W.-B. 343 (*Rußling* = Pfanne). Über weitere rotw. Belege (mit *verschied.* Bedeutgn.) sowie die *Etymologie* (von „Ruß") s. *Groß'* Archiv, Bd. 42, S. 72 (unter „Russlings-Schlangemer").

[1244] S. Fleischhafen u. anbrennen.

[1245] S. Halskette.

[1246] S. angenehm.

[1247] S. anlachen.

[1248] S. Gestein.

[1249] S. (betr. *Strade*) Chaussee; vgl. Meilenstein.

[1250] S. brauchbares Kind.

[1251] *Gof* wird besonders für ein unartiges Kind, jedoch *auch* in allgemeinerem Sinne gebraucht; s. böses Kind.

[1252] S. Hurenkind.

[1253] S. gebären.

[1254] S. brauchbares Kind (am Ende).

[1255] S. aberwitzig.

[1256] S. (betr. *Model*) Beischläferin.

[1257] S. Dom.

[1258] S. (betr. *Glitschin*) Dietrich.

[1259] S. Apfelkuchen u. alltäglich.

[1260] S. (betr. *Weisling*) Feiertag.

[1261] S. (betr. *Stöber*) Apfelbaum. — *Scharrisele* = Kirsche (*nur als Dimin.* gebräuchl. [vgl. „Vorbemerkg.", S. 13, Anm. 33 a. E.]) findet sich noch in den *Zusammensetzgn.*: *Scharriselekies* = Kirsch(en)kern od. -stein u. *Scharriselebrandling* = Kirsch(en)kuchen. *Zu vgl.* (aus dem *verw. Quellenkr.*): *Dolm. der Gauerspr.* 95 (*Scharriselen* = Kirschen); *Pfulld. J.-W.-B.* 341 (*Scharisele* = Kirsche). Die *Etymologie* des (sonst zieml. seltenen) Ausdrucks gebt zweifelsohne auf das gleichbed. französ. *cérise* (ital. *ciriegia*, lat. *cerasus*) zurück; vgl. *Günther*, Rotwelsch, S. 37.

[1262] S. (betr. *Kies*) Apfelkern.

[1263] S. (betr. *Brandling*) Apfelkuchen.

[1264] S. Bett.

[1265] S. Frauenrock.

[1266] S. aufspielen u. abbiegen.

[1267] S. Frucht.

[1268] S. ankleiden.

[1269] S. Füllen.

[1270] S. Für *Lomel* = Klinge, Messerschneide finde ich im Rotw. u. i. d. sonst. Geheimspr. keine Belege. Das Wort soll (nach *Wittichs* „Einleitg.", S. 30) aus der *Zigeunersprache* stammen, auch findet sich bei *Liebich*, S. 215 in der Tat *lommla* = Klinge verzeichnet (während in den anderen zigeun. Vokabularien, auch bei *Jühling*, etwas Ähnliches nicht anzutreffen ist). Nach *Fischer*, Schwab. W.-B. IV, Sp. 938 (unter „Lamel") ist *Lamel* (od. Lomel) = Messerklinge (insbes. eine lahme, stumpfe) allgem. schwäbisch, und ebenso ist der Ausdr. in Bayern (als *Lammel, Lämmel* od.

Lommel [fem. u. neutr. gen.]; s. *Schmeller*, Bayer. W.-B. I, Sp. 1470) u. in anderen Gegenden (Kurhessen, Elsaß, Schweiz) bekannt. Er soll nach *Fischer* (a. a. O. vbd. mit *Schmeller*, a. a. O.) vom mhd. *lâmel* (s. *Lexer*, Mhd. Hand-W.-B. I, Sp. 1816) abzuleiten sein, das seinerseits auf das latein. *lamella* od. *lamina* zurückgeht.

[1271] S. Adler, Bischof u. Abort. — Dieselbe Umschreibung (die etwa „großes Haus für Geistliche [Mönche]" bedeutet) findet sich auch bei den Zigeunern; s. *Liebich*, S. 127 u. 215 (*baro raschaiéngĕro kēr* = Kloster).

[1272] S. Baumholz.

[1273] S. besonnen.

[1274] S. brauchbarer Bursche.

[1275] S. Bettelbube.

[1276] S. Fremder.

[1277] S. abschießen. Vgl. dazu das rotw. *knallen* = schießen (Belege in *Groß'* Archiv, Bd. 42, S. 54).

[1278] S. Appetit.

[1279] S. abschaffen.

[1280] S. (zu beiden Ausdr.) Gasthaus.

[1281] *Hegesle* (*nur* als Dimin. gebr.) bedeutet *Knödel* u. insbes. „Knöpfle" u. „Spätzle", beides mundartl. Bezeichnungen für südd., bes. schwäb. knödelartige Mehlspeisen (vgl. [über *Knöfle*, Dimin. zu *Knopf*] *Fischer*, Schwäb. W.-B. IV, Sp. 544 unter „Knopf", Nr. 4, a; [über *Spätzle*, Dimin. zu *Spatz* = Sperling] *v. Schmid*, Schwäb. W.-B., S. 499 unter „Spatzen" u. *Schmeller*, Bayer. W.-B. II, Sp. 692 unter „Spatz", lit. c). Dazu die *Zus. Hegesleschnall* = Spätzlessuppe (Spr.) u. die *Verbdg. grandiche Hegesle* = Nudeln. Zu vgl. (aus dem *verw. Quellenkr.*): Dolm. der Gaunerspr. 95 (*Hegesle* = „Knöpflen"); Pfulld. J.-W.-B. 341 (*Hegesle* = Knopf). Die *Etymologie* bleibt dunkel. Auch *Fischer*, Schwäb. W.-B. III.

Sp. 1331 (unter „Hegis", Nr. 2) gibt keine Erklärung.

[1282] S. abkochen vbd. mit brauchbarer Bursche, Bettelbube u. Bauer.

[1283] S. Gemüse.

[1284] S. abbrennen u. Baumholz.

[1285] S. brauchbarer Bursche.

[1286] S. Bettelbube.

[1287] S. abgehen.

[1288] S. Hauptmann u. Bäcker.

[1289] S. (betr. *Maro*) Brot.

[1290] S. Äquilibrist.

[1291] S. (betr. *Kitt*) Abort.

[1292] S. (betr. *Nikel-*) aufspielen.

[1293] S. (betr. *Kritzler*) Attest.

[1294] S. Adler u. Amtmann; vgl. Bischof.

[1295] S. erkennen.

[1296] *Vergondert* ist ein substantiviertes Partizip (vgl. „Vorbemerkg.", S. 15, Anm. 36) von *vergondere* = verpfänden, das etymolog. gehört zu gemeinsprachl. *verganten* = versteigern, einer Ableitg. von dem (bes. in Bayern u. Österreich gebräuchl.) Hauptw. *Gant* (f.), d. h. gerichtlicher Verkauf an den Meistbietenden, Zwangsversteigerung, dann auch Konkurs, aus dem ital. *incanto* = lat. incantum, in quantum, d. h. „für wie viel", „wie hoch", nach dem Rufe des Versteigerers. S. u. a. *Weigand*, W.-B. I, Sp. 619 vbd. mit A. *Schirmer*, W.-B. der deutschen Kaufmannssprache (1911), S. 68 u. 69, Anm. 1 ff. (woselbst noch näh. Angaben).

[1297] S. Aas. — Auch *Vermuft* ist substantiv. Partizip (s. „Vorbemerkg.", S. 15, Anm. 36); vgl. Armut u. Bedrängnis.

[1298] S. Gewerbeschein.

[1299] S. Angesicht.

[1300] S. (betr. *Strauberts*) Augenbrauen.

[1301] S. Aschenbecher.

[1302] S. (betr. *-pflanzer*) anbrennen.

[1303] S. Frucht.

[1304] S. essen (Essen).

[1305] S. (zu allen drei Ausdr.) Abendessen.

[1306] S. angenehm.

[1307] S. Abort.

[1308] S. abgerahmte Milch.

[1309] S. abkaufen.

[1310] S. (betr. *Kitt*) Abort.

[1311] S. absterben.

[1312] S. (betr. *Sauft*) Bett.

[1313] S. abbeißen.

[1314] S. Gemüse.

[1315] S. (betr. *Blättling*) Gulasch.

[1316] S. Borg (auf —).

[1317] S. Adler u. arg.

[1318] S. Hauptmann.

[1319] Auch bei den Zigeunern heißt (nach *Liebich*, S. 217) das *Kriminal*gericht *bāri grisni*, d. h. „großes, hohes Gericht", das *Kreis*gericht *bāri zephāni*, d. h. eigtl. wohl „großer Kreis" (*zephāni* allein auch = Landgericht); vgl. *Liebich*, S. 216, 218.

[1320] S. Adler, Amtmann u. Fingerhut; vgl. Bischof u. König. — Dieselbe Umschreibung für „Krone" kennt auch die Zigeunersprache; s. *Liebich*, S. 217 (*kraléskěro dschakkerpenn*, d. h. „des Königs Hut", od. *bāro raiéskěro* [od. *scheréskěri*] *stātin*, d. h. „des großen Herrn [od. Häuptlings] Hut").

[1321] Diese Vokabel *fehlt* sowohl in dem *verw. Quellenkr.* als auch *sonst* in d. Geheimsprachen (falls nicht etwa *Belly* [= Bauch?] in d. *Rotw. Gramm.* v. 1755 [III, 59; vgl. *Kluge*, Rotw. I, S. 237, Anm. 1] hierher zu rechnen). Sie soll (nach „Einleitung", S. 29) aus der *Zigeunersprache* stammen; s. dazu *Jühling*, S. 219, wo *Bälel* in gleicher Bedeutg. angeführt ist, während m. Wiss. in den übrigen zigeun. Vokabularien nichts Ähnliches enthalten ist.

[1322] S. Fleischhafen.

[1323] S. arg u. brauchbarer Bursche bzw. Bettelbube.

[1324] S. Aschenbecher.

[1325] S. abkochen.

[1326] S. Apfelkuchen.

[1327] S. (betr. *Glitschin*) Dietrich.

[1328] S. Hahn.

[1329] S. Ente.

[1330] S. Gans.

[1331] S. Adler.

[1332] S. Kalb.

[1333] S. (betr. *Schmunk*) Bratkartoffeln.

[1334] S. Amme.

[1335] S. Aas.

[1336] S. Fleischer.

[1337] S. Entenstall.

[1338] S. arg.

[1339] S. Almosen.

[1340] Zu *Boschert* = Kupfergeld (bes. Pfennig) *vgl.* (aus d. verw. Quellenkr.): Schwäb Gaun.- u. Kundenspr. 70 (*Boscher* = Pfennig); *Schwäb. Händlerspr.* 485 (*Bôscher* u. *Bôschet* = Pfennig, in *Lütz.* [215] dafür: *Bōschem*); s. auch *Pleißlen der Killertaler* 434 (*Bôscher* = Pfennig) u. *Pfälz. Händlerspr.* 437 (*Bôsche*, Bdtg. ebenso). Über weitere Belege aus dem Rotw. usw. sowie die *Etymologie* (wohl vom neuhebr. *paschut*, jüdisch *poschut* od. *poschit* = „Kleingeld") s. Näh. in *Groß'* Archiv, Bd. 33, S. 268/69 u. Anm. 2 ff.; vgl. auch *Weber-Günther*, S. 154. Bei *Fischer*, Schwäb. W.-B. I, Sp. 1310 ist keine Erklärung gegeben.

[1341] S. Fingerhut u. anbrennen.

[1342] S. angenehm u. Eisenbahnwagen.

[1343] S. (betr. *-pflanzer*) anbrennen.

[1344] S. Frauenrock.

[1345] S. anlachen.

[1346] S. Bett.

[1347] S. absterben.

[1348] S. (betr. *bosten*) abgehen.

[1349] S. alltäglich.

[1350] S. Adler u. Amtmann; vgl. Bischof.

[1351] S. Adler u. arg; vgl. die Anmkgn. zu „Kriminalgericht".

[1352] S. Abort.

[1353] S. Kerl.

[1354] S. (zu beiden Ausdr.) Bauer.

[1355] S. Adler.

[1356] S. aberwitzig.

[1357] S. (betr. *Giel*) Affengesicht.

[1358] S. abtragen.

[1359] S. arg.

[1360] S. Ärger.

[1361] S. (betr. *Flu[h]te*) abbrühen.

[1362] S. Filzlaus.

[1363] S. (betr. *Benges* [Benk] u. *Fi[e]sel*) brauchbarer Bursche u. Bettelbube.

[1364] S. Hauptmann, absterben u. Abort; vgl. Krankenhaus.

[1365] S. Aas u. Käse.

[1366] Mit *Rondling* = *Rundling* (im Sinne von „Wurst" schlechthin) sind folgende *Zus.* gebildet: *Rondlingachilerei* od. -*bikus* = Wurstessen, *Rondlingbossert* = Wurstfleisch, *Rondlingsore* = Wursthaut, *Rondlingschnall* = Wurstsuppe. *Zu vgl.* (aus dem *verw. Quellenkr.*): nur *Schwäb. Händlerspr.* 488 (*Rundling* = Wurst; Synon. *Darmling* u. *Schling*). Sonst kommt der (natürlich von „rund" abzuleitende) Ausdruck noch vor: a) in der (neueren) *Gaunerspr.* für Kugel, b) in der

Kundenspr. (im Plural) für Kartoffeln (vgl. *Günther*, Rotwelsch, S. 60), während das übliche Gauner- u. Kundenwort für Wurst u. a. *Längling* ist (so z. B. auch schon im *Dolm. der Gaunerspr.* 90 [*Lengling* = Bratwurst]), das jedoch auch noch Nebenbedeutungen hat; vgl. dazu *Groß'*, Archiv, Bd. 46, S. 313 u. Anm. 1 vbd. mit *Weber-Günther*, S. 186.

[1367] S. Kaffee und Apfelkuchen. — Eine ähnliche Umschreibung für den Lebkuchen kennt auch die Zigeunersprache, nämlich *gūlo maro*, d. h. „süßes Brot" (s. *Liebich*, S. 138 u. 218).

[1368] S. absterben.

[1369] S. After.

[1370] Zu *jannen* = lecken *vgl.* (aus dem *verw. Quellenkr.*): *Dolm. der Gaunerspr.* 96 (*janne mich* = „lecke mich im Hintern"). Zur *Etymologie* s. *Fischer*, Schwäb. W.-B. IV, Sp. 75 mit Hinweis auf das Vorkommen des Ausdr. in den deutsch. Mundarten, z. B. im *Elsaß* (s. *Martin-Lierhardt*, Els. W.-B. I, 407) und in der *Schweiz* (s. Schweiz. Idiotikon III, Sp. 45). *Hier* lautet die Form *jenne[n]* und kommt nur in der Redensart „*du cha[nn]st mer jenne[n]*" als „schnöder Abfertigung" vor. Dazu ist bemerkt, daß es sich vielleicht nur scheinbar um ein Zeitwort, in Wirklichkeit dagegen um ein Pronomen („jenen") im Sinne von „Hinteren" handle (wobei zu ergänzen „lecken"), so daß das Ganze sich als eine *elliptische* Redeweise darstelle.

[1371] S. Dietrich u. Ehe.

[1372] S. (betr. *Benges*) brauchbarer Bursche.

[1373] S. belügen.

[1374] S. Ei u. Hahn.

[1375] S. (betr. *Stierer*) Henne.

[1376] S. abgerahmte Milch.

[1377] S. brauchbares Kind u. aufschlagen.

[1378] Mit *Plauderer* sind *zusammengesetzt*: *Plaudererskitt* = Lehrershaus (auch: Schule) u. *Plauderersmalfes*, Lehrersrock. Eine *Ableitung* davon ist *Plauderei* = Schule. *Zu vergl.* (aus dem *verw. Quellenkr.*): *Schwäb. Gaun.- u. Kundenspr.* 72, 75 (*Plauderer* = Lehrer, Schullehrer [s' *Plauderle* = Herr Lehrer], *Plauderwinde* = Schulhaus); *Schwäb. Händlerspr.* 483 (*Plauderer* = Lehrer). Über weitere Belege im Rotw. u. in der Kundenspr. sowie die *Etymologie* (von unserm Zeitw. „plaudern") s. *Groß'* Archiv, Bd. 42, S. 64; vgl. auch *Fischer*, Schwäb. W.-B. I, Sp. 1182 (unter „Plauder").

[1379] S. (betr. *Kitt*) Abort.

[1380] S. Frauenrock.

[1381] S. absterben; vgl. „Vorbemerkung", S. 15, Anm. 36 u. 38.

[1382] S. Kerl.

[1383] S. Bauer.

[1384] S. Bett.

[1385] S. Bauernfrau.

[1386] S. Abendessen.

[1387] S. Apfelkern.

[1388] S. Barchent.

[1389] S. aufspielen u. abbiegen.

[1390] S. borgen u. Borg (auf —).

[1391] S. Halskette.

[1392] Barchent u. anbrennen.

[1393] Zu *Rawine* vgl. (aus dem *verw. Quellenkr.*): *Dolm. der*

Gaunerspr. 96 (*Revine* = Leiter); *W.-B. des Konst. Hans* 253, 258 (*Rawine*); *Pfulld. J.-W.-B.* 342 (*Rabine*); in der *schwäb.* Kunden- u. Händlerspr. unbekannt. Im sonst. Rotw. findet sich die Vokabel in recht verschied. Formen, s. z. B. schon *Koburg. Designation* 1735 (204: *Trapin*); ferner *Hildburgh. W.-B.* 1753 ff. (228: *Harbine* = Stiege); *Pfister bei Christensen* 1814 327 (*Rawine*); *v. Grolman* 55, 71 u. *T.-G.* 109 (*Rawine* od. *Trapin* = Leiter; zu vgl. auch 72 u. *T. G.* 127: *Treppine, Treppone* = Treppe); *Karmayer G.-D.* 214 u. 221 (im wesentl. ebenso). *Etymologie*: Die Bezeichnung stammt her von dem gleichbed. poln. *drabina*. S. *Landau* in d. Mitteilgn. zur jüd. Volkskunde, Jahrg. 10 (1908), S. 37.

[1394] S. Kerl.

[1395] S. arme Leute.

[1396] S. angenehm.

[1397] Zu *Jak* = Licht *vgl.* (aus dem *verw. Quellenkr.*): *Dolm. der Gaunerspr.* 96 (*Fak* = Licht [doch wohl = *Jak*, wenn nicht = *Funk*]); *W.-B. des Konst. Hans* 255, 258 (*Jak* = Licht); *Schöll* 271 (*Jak* = Feuer). *Pfulld. J.-W.-B.* 341, 342 (*Jak* = Licht, Kerzenlicht). Auch sonst noch im Rotw. des 19. Jahrh. seit *Pfister* bei *Christensen* 1814 [322: *Jak* = Feuer]. Zur *Etymologie* (aus der *Zigeunerspr.* [vgl. „Einleitung", S. 30]) s. *Fischer*, Schwäb. W.-B. IV, Sp. 65 vbd. mit *Pott* II, S. 47 (unter „Ack"), *Liebich*, S. 140 u. 197 (*jāk* = Feuer, Flamme), *Miklosich*, Beitr. I/II, S. 15, III, S. 11, 22 u. Denkschriften, Bd. 26, S. 225 (unter „jag": bei d. *deutsch*. Zig.: *jāk*), *Jühling*, S. 223 (*Jag* = Feuer) u. *Finck*, S. 61 (*jāk* = Feuer).

[1398] S. alltäglich.

[1399] S. (betr. *-pflanzer*) anbrennen.

[1400] S. Bettelbube.

[1401] S. Beischläferin.

[1402] S. brauchbarer Bursche.

[1403] S. aufwachen.

[1404] S. ausschlafen.

[1405] S. Herberge.

[1406] S. Brücke.

[1407] S. (betr. *Schottel*) Aschenbecher.

[1408] S. Affengesicht.

[1409] S. Attest.

[1410] S. angenehm u. anreden.

[1411] S. (betr. *schmusen*) ansagen.

[1412] S. Augenbrauen u. Angesicht.

[1413] *Zu vgl.* dazu (aus dem *verw. Quellenkr.*): *Dolm. der Gaunerspr.* 96 (*Schnabel[-lapp]* = Löffel, *Kesurener Schnabel* = silberne Löffel); *Pfulld. J.-W.-B.* 341, 342 (*Schnabel* = Kochlöffel, *Schnabelholz* = Löffel). Auch sonst noch im Rotw. des 19. Jahrh. (seit *Pfister* bei *Christensen* 1814 [229]). Zur *Etymologie*: Wie aus *Schnabelholz* zu entnehmen, handelt es sich bei *Schnabel* wohl nur um Abkürzung (Apokope) dieser od. einer ähnl. längeren Form (vgl. bei *Schintermicherl* 1807 [290: *Schnapelberger* = Löffel]); s. *Günther*, Rotwelsch, S. 46.

[1414] S. abschaffen u. Almosen bezw. Bankier u. Bank.

[1415] S. abbrennen u. anbrennen.

[1416] Mit *Schmelemer* = Zigeuner sind noch *zusammengesetzt*: *Schmelemerfi(e)sel* u. *-model* = Zigeunerbursche u. -mädchen, *Schmelemerkīb* = Zigeunerhund, *Schmelemerrädling* = Zigeunerwagen. Eine *Ableitg.* davon ist: *schmelemerisch* = zigeunerisch. *Zu vgl.* (aus dem *verw. Quellenkr.*): *Dolm. der Gaunerspr.* 101 (*Schmelemer* = Zigeuner); *Pfulld. J.-W.-B.* 340 (*Schmälemer* = „Heide" [während es unter „Zigeuner" fehlt]); *Schwäb. Gaun.- u. Kundenspr.* 69 (*Schmälemer* = „fahrende Leute"); *Schwäb. Händlerspr.* (in *Lütz.* 215: *Schmēlemer* = Zigeuner). S. auch schon *Bruchsaler Liste* 1770 (248: „die schmählem oder Zigeuner-Sprach"); ferner noch *Eberhardts*

Poliz. Nachrichten 1828 ff. (364: „Die *Schmelmer-* oder Zigeunersprache"). Zur *Etymologie*: Unhaltbar erscheint die Hypothese A.-L.'s, der (601 unter „Schmal" vbd. mit 606/7 unter „Schwelemer") den Ausdr. *Schmelemer* (oder *Schmälinger* [vgl. auch *Groß* 491 (neben *Schmelinger*)]) zu „schmal" in Beziehung gesetzt hat, während er betr. der Nebenform *Schwelemer* od. *Schwählemer* (s. *Pfister* bei *Christensen* 1814 [330]; *v. Grolman* 65 u. *T.-G.* 135 *Karmayer G.-D.* 218) zu keinem festen Ergebnis gelangt ist. Richtig erscheint dagegen seine Bemerkung (544 unter „Gischmol"), daß *Schmälinger* wohl „gleicher Abstammung" sei wie *Gischmol* u. ä., das als Synon. dafür ebenfalls hier und da vorkommt (s. z. B. *Christensen* 1814 [330: *Gischschmol* od. *Geschmeilen*]; *v. Grolman* 24 u. *T.-G.* 135 [*Geschmol(l)*, plur.: *Geschmeilim*]; *Karmayer* G.-D. 199 [ebenso]; *Derenbourgs Glossar* 1856 [414: desgl.]). Von *dieser* Form ist nämlich bei der Erklärung auszugehen. Sie ist entstanden aus dem jüd. *Jischmô(e)l*, vom hebr. *jischmâ'êl* = Ismaël. Die früher nicht nur in England, Spanien und Griechenland, sondern auch in Deutschland (vgl. *Fischer*, Schwäb. W.-B. II, Sp. 544) verbreitete Meinung von der Herkunft der Zigeuner aus *Ägypten* wird noch von den Juden geteilt. Sie haben nun offenbar diese Annahme auch geneologisch zu begründen versucht, indem sie *Ismaël*, dessen Mutter und Frau nach 1. Mos. 16, 1 u. 21, 21 Ägypterinnen waren, zum Stammvater der Zigeuner machten. Aus dem oben angeführten Plur. *Geschmeilim*, d. h. eigtl. „Ismaēliter", ist dann *Schmelemer* u. ä. hervorgegangen (nach gefl. Mittlg. von Dr. *A. Landau*).

[1417] Bestätigt ist dies auch schon von *Liebich*, S. 86; vgl. ebds. (im Vokab.) S. 147 u. 220.

[1418] S. Aas.

[1419] S. belügen. — Das Zeitw. *kohlen* = lügen fehlt hier wohl nur aus Versehen.

[1420] S. anbrennen.

[1421] S. Adler.

[1422] S. (betr. *nobis*) Dietrich.

[1423] S. Beischläferin.

[1424] *Zu vgl.* dazu (aus dem *verw. Quellenkr.*): *Dolm. der Gaunerspr.* 91 u. 101 (*Tschai* = Weib; *Grünt'schaj* = Ehefrau); *Schwäb. Händlerspr.* (U. 214: *Tschoj* [od. Tschigi] = Mädchen). Über weitere rotw. Belege sowie die *Etymologie* (aus der Zigeunersprache [vgl. „Einleitung", S. 30 u. 31]) s. Näheres in *Groß'* Archiv, Bd. 50, S. 366 u. Anm. 2 u. „Anthropophyteia", Bd. IX, S. 19 (unter „Guidillerschey") u. dazu noch *Fischer*, Schwäb. W.-B. II, S. 431, 432 (unter „Tschoj" u. „Tschigi") vbd. mit *Finck*, S. 90 (*tšai* = Mädchen, Tochter). Nach *Jühling*, S. 227 ist *Tschai* nur als Anrede bei den Zigeunern untereinander gebräuchlich; vgl. oben unter „Frau" betr. *Romni*.

[1425] S. (betr. *jenisch*) Bachstelze; vgl. „Vorbemerkung", S. 4, 5, Anm. 6 ff.

[1426] S. abschaffen.

[1427] S. essen.

[1428] S. (zu allen drei Ausdr.) Abendessen.

[1429] S. Füllen.

[1430] S. abbrennen u. Frucht. — Betr. die Übereinstimmg. mit der Zigeunerspr. (vgl. „Vorbemerkung", S. 17) s. *Liebich*, S. 130 u. 220: *chadschēdo gib* (d. h. „gebranntes Getreide") = Malz, wozu noch zu betonen, daß nach *Finck*, S. 59 das zigeun. *gīw* (= gib) u. a. auch *spezieller* für „Gerste" gebraucht wird (vgl. oben unter „Frucht").

[1431] S. abbetteln; vgl. „Vorbemerkung", S. 15, Anm. 38.

[1432] S. Bauer.

[1433] S. Kerl u. Frauenrock.

[1434] S. Ei.

[1435] S. (zu beiden Ausdr.) Glied (männliches).

[1436] S. abbiegen.

[1437] S. (betr. *Kluft[erei]*) ankleiden.

[1438] S. (betr. *Glied*) Bruder.

[1439] S. Bratkartoffeln.

[1440] *Zu vgl.* zu dieser Vokabel (aus dem *verw. Quellenkr.*): nur *W.-B. des Konst. Hans* 254, 259 (*Beta* = Jahrmarkt, Markt, *grandig beta* = Messe). Danach würde es sich offenbar bei der Bedeutung „Mark" (als Geldstück) um eine Begriffsübertragung auf Grund des (fast völligen) Gleichklangs der *deutschen* Wörter „Markt" u. „Mark" handeln, wie sie auch bei dem (auch rotw.) *Schuk* (s. unten Anm. 1443) vorgenommen worden. Nach *Wittich* („Einleitung", S. 29) soll *Bet* = Mark *zigeunerischen* Ursprungs sein, ich finde aber in den zigeun. Vokabularien (außer bei *Jühling*, S. 220: *Beti* [Bete] = Mark) nichts Ähnliches angeführt.

[1441] Die Vokabel ist u. a. bekannt auch in der *schwäb. Händlerspr.*, S. 484 (*Flachs, Flächsle* [in *Pfedelb.* (210) auch *Flucks* od. *Flux*] = Mark). Über sonstige Belege (aus dem Rotw. u. der Kundenspr.) sowie zur *Erklärung* des Ausdrucks s. das Näh. in *Groß'* Archiv, Bd. 33, S. 245 u. Anm. 6. *Fischer*, Schwäb. W.-B. II, Sp. 1553 schweigt über die Deutung.

[1442] S. dazu die Verbdgn. *drei Räp(p)le* = Taler. *Räpple* = Mark ist auch der *schwäb. Händlerspr.* in U. (214) bekannt. Zur *Etymologie* (Dimin. von *Rappen*) s. d. Näh. in *Groß'* Archiv, Bd. 33, S. 302 u. Anm. 5 vbd. mit S. 305, Anm. 3 u. dazu noch *Weigand*, W.-B. II, Sp. 528 (unter „Rappen"), wo bemerkt ist, daß das Wort nach E. *Schröder* „ursprünglich eine spöttische Bezeichnung der schlechten Pfennige" gewesen, „die der Herr *von Rappoltstein* bei Kolmar 1291 unbefugterweise prägte"; vgl. Schweiz. Idiot. VI, Sp. 1178.

[1443] *Zu vgl.* (aus dem *verw. Quellenkr.*): *Schwäb. Gaun.- u. Kundenspr.* 70 (*Schuk* = Mark); *Schwäb. Händlerspr.* 484 (ebenso); s. auch *Metzer Jenisch* 216 (*Schockum* = Mark). *Etymologie*. Hier liegt (gleichwie wohl auch bei *Bet* [s. Anm. 1440]) zweifelsohne eine auf Grund der Ähnlichkeit von „Markt" und „Mark" vorgenommene Begriffsübertragung, nämlich von dem hebr. *schûq* = „Straße, Markt, Jahrmarkt", vor. S. Näh. hierzu sowie über die Belege für *Schock* (Geschock, G'schuk) u. ä. = (Jahr-)Markt im Rotw. u. (das seltenere) *Schuk* (od. Schock) = Mark in der neueren Gaun.- u. Kundenspr. in *Groß'* Archiv, Bd. 33, S. 283/84 u. Anm. 5 vbd. m. Bd. 59, S. 285; vgl. auch noch *Fischer*, Schwäb. W. B. III, Sp. 490 (unter „G[e]schock").

[1444] S. aberwitzig u. Affengesicht.

[1445] S. Bratkartoffeln u. Bulle.

[1446] Mit *Kuiete* = Pulver ist zusammengesetzt *Kuieterolle* u. -*roller* = Pulvermühle, -müller. Das Wort, das m. W. im Rotw. usw. *nicht* vorkommt, stammt wohl aus der *Zigeunersprache* (s. „Einleitung", S. 30); vgl. Näh. bei *Pott* II, S. 159 (unter „Churdo" [Adj. = klein, zerbröckelt]), *Liebich*, S. 230 (*gurdi* =

Pulver [Schießpulver]) vbd. mit S. 131, 206, 242 (*churdin* = Spreu, Häcksel), *Miklosich*, Denkschriften, Bd. 26, S. 223 (unter „churdo": bei den *deutsch.* Zig.: *churdin* [Bedtg. wie bei *Liebich*], bei den *böhm.* Zigeun.: *churdo* = klein, mürbe, bei den span.: *churdi* = Pulver; *Etym.* wohl zu altind. *khud* = brechen), *Jühling*, S. 221 (*Chuiärti* = Pulver) u. *Finck*, S. 69 (*xúrdi[n]*, Bedtg. wie bei *Liebich*).

[1447] S. Bierglas u. Fleischhafen.

[1448] S. Beischläferin.

[1449] S. arg u. Beischläferin.

[1450] S. Affengesicht.

[1451] S. aufhören.

[1452] S. Adler u. abbrühen; vgl. Bischof.

[1453] S. (betr. *Kupfer*) Frucht.

[1454] S. Eber.

[1455] S. hierzu die *Zusammensetzgn.*: *Staubertsäftling* = Mehlbeere (*-stöber* = Mehlbeerbaum), *Staubertschottel* = Mehlschüssel, *Staubertrande* = Mehlsack. Zu vgl. (aus dem verw. Quellenkr.): Dolm. der Gaunerspr. 96 (*Staupert* = Mehl); *Pfulld. J.-W.-B.* 342 (ebenso); *Schwäb. Händlerspr.* (in *Pfedelb.* [211]: *Staubert* u. *Staub*, in *Lütz.* [215]: *Staubert*). Die einfachere Form *Staub* = Mehl kennt auch die *schwäb. Gaun.- u. Kundenspr.* 72, die *Händlerspr.* 484 (abgesehen von *Lützenhardt*) sowie das *Pleißlen der Killertaler* 436. Über weitere Belege des sehr alten rotw. (schon im *Lib. Vagat.* 55 in der Form *Stupart* vorkommenden) Wortes, das natürlich zu unserem gemeinspr. Staub gehört, s. Näh. in *Groß'* Archiv, Bd. 42, S. 77 (unter „Stöber").

[1456] S. (betr. *Säftling*) Ananas.

[1457] S. Apfelbaum. — Bemerkt sei hierzu beiläufig, daß der Mehlbeerbaum (zig. *jarriéngěro rukk*, zu *jár[r]o* = Mehl [s. *Liebich*, S. 140 u. 221]) bei den Zigeunern für *heilig* gilt, weshalb die Mehlbeere u. a. auch *deweléngēro brōl*, d. i. „Götterbirne", heißt (*Liebich*, S. 38 u. 221).

[1458] S. Aschenbecher.

[1459] S. Bauch.

[1460] S. Adler.

[1461] S. Chaussee u. Gestein.

[1462] S. (betr. *Kies*) Apfelkern. — Auch bei den Zigeunern wird der Meilenstein wohl bezeichnet als *troméskěro parr* (d. h. „Wegstein") od. auch als *tschiréskěro parr* (d. h. „Zeitstein"); s. *Liebich*, S. 162 u. 221.

[1463] S. abgerahmte Milch u. Fleischhafen. — Dieselbe Ausdrucksweise kennen die Zigeuner; s. *Liebich*, S. 221 vbd. m. S. 162 (*thūteskěri pīri*, d. h. eigtl. „*Milch*napf", = Melkfaß).

[1464] S. (betr. *Schottel*) Aschenbecher. — Auch hiermit fast übereinstimmend das Zigeunerische; s. *Liebich*, S. 221 u. 162 (*thūteskěri turdli[n]*, d. h. eigtl. „*Milch*faß", = Melkgefäß).

[1465] S. Adler u. arme Leute; vgl. auch Bischof. — Die Zigeuner sagen für „Menge" *būt kettenè*, d. h. „viele zusammen"; s. *Liebich*, S. 221.

[1466] S. erkennen.

[1467] S. Dolch.

[1468] *Zu vgl.* dazu (aus dem *verw. Quellenkr.*): *Dolm. der Gaunerspr.* 96 (*Tschuri* = Messer); *Pfulld. J.-W.-B.* 342, 345 (ebenso [u. dazu *Tschuripflanzer* = Messerschmied]; Nebenformen: *Schury* [= Scheermesser; Syn.; *Flader-Schury*] od. *Schuri* [= Stilett]). Zur *Etymologie*: Es handelt sich hier *nicht* etwa bloß um eine etwas veränderte Schreibung des (ja allerdings in *Wittichs* Jenisch sehr speziell verwendeten) Wortes *Schure*, sondern um eine Entlehnung aus der *Zigeunersprache* (vgl. „Einleitung", S. 31). S. darüber die näh. Angaben (einschl. weiterer Belege im Rotw.) in *Groß'* Archiv, Bd. 46, S. 22 u. Anm. 1 (unter „Tschuripflanzer") u. dazu noch *Finck*, S. 93 (*tšuri[n]* = Messer). Nach *Miklosich*, Denkschriften, Bd. 26, S. 197 (unter *čurī*) läßt sich die Vokabel bis ins Altindische (*čhurī* od. *kšurī*) zurückverfolgen.

[1469] S. Gestein.

[1470] S. Klinge.

[1471] S. (betr. *-planzer*) anbrennen.

[1472] S. anbeten u. Bauer.

[1473] S. (betr. *Mos[s]*) Bauernfrau.

[1474] S. arme Leute.

[1475] S. Abort.

[1476] S. (betr. *Kaflerei* u. ä.) Fleischer. — Mit *Schnall* = Suppe sind ferner noch *zusammengesetzt*: *Gleisschnall* = Milchsuppe (Dimin.: *Gleisschnälle* = Milchsüppchen [Spr.]), *Hegesleschnall* = Spätzlessuppe (Spr.) u. *Rondlingschnall* = Wurstsuppe. *Zu vgl.* (aus dem *verw. Quellenkr.*): *Pfulld. J.-W.-B.* 345, 347 (*Schnallen* = Suppe, *Gleisschnalla* = Milchsuppe); *Schwäb. Gaun.- u. Kundenspr.* 76, 77 (*Schnalle* = Suppe, *Wasserschnalle* = Wassersuppe); *Schwäb. Händlerspr.* 480, 487 (*Schnall* = Suppe, *Wasserschnall* = Brotsuppe; vgl. auch [484] *Gräbeschnalle* = Fallobst); s. auch noch *Pfälz. Händlerspr.* 438 (*Schnell* od. *Schneltse* = Suppe); auch im sonst. Rotw. bekannt in versch. Formen (s. z. B schon im *Basl. Gloss.* v. 1733 [202]: *Schnallen*, im 19. Jahrh. [seit *Pfister* bei *Christensen* [329]) öfter auch *Schnelle*). Zur *Etymologie* (vom mundartl. *schnallen* = „geräuschvoll schlürfen" [*Schmeller*, Bayer. W.-B. II, Sp. 574 u. *Grimm*, D. W.-B. IX, Sp. 1163 unter „Schnalle", Nr. 7, 6 u. Sp. 1164 unter „schnallen", Nr. 2] s. *Weber-Günther*, S. 180; vgl. auch Wiss. Beih. zur Z. der Allg. Deutsch. Sprachv., 5. Reihe, Heft 36 (1913), S. 186.

[1477] S. Affengesicht.

[1478] S. abgerahmte Milch.

[1479] *Zu Kechelte* = Brötchen (Semmel, Weck) *vgl.* (aus dem *verw. Quellenkr.*): *Dolm. der Gaunerspr.* 91, 95 (*gehechelter Lechem, Lehm* od. *Marum* = weißes Brot, *Gehechelter* = Kuchen); *W.-B. des Konst. Hans* 258 (*Kächelterleam* = Weißbrot); *Pfulld. J.-W.-B.* 338 (*Kächeltermano* [sic] = Bäckerbrot); *Schwäb. Händlerspr.* 488 (*Kĕchelte* [in *Pfedelb.* (214): *Ghechelter*] = Weck, Semmel). Über weitere Belege im Rotw. (wo das Wort zum Teil arg verunstaltet worden] sowie in sonst. Geheimspr. (s. z. B. *Frickhöfer Sprache* 442 [*Gehæ̂chelter* = Brötchen]) s. Näh. bei *Weber-Günther,* S. 189; ebds. auch über die *Etymologie* des Ausdrucks, über die hier folgendes bemerkt sei. *Kechelte(r)* ist die schlechte (mundartl.) Aussprache von *Gehechelte(r)* u. dieses ein substantiviertes Partizip, bei dem eigentl. *Lechem* (= Brot) od. dergl. zu ergänzen ist (s. *W.-B. v. St. Georgen* 1750 [219: *gehechelter Legum* od. *Löben* = Weißbrot] sowie die oben angeführten älteren schwäb. Quellen). Zu denken ist aber dabei (nach *Pott* II, S. 24) „an die Beutelung des Mehls, die sich entfernt mit der Aushechelung des *Flachses* vergleichen läßt", wie denn *hecheln* im allgemeinen Sinne (etwa von „schön machen") früher auch sonst gebraucht worden, so z. B. sogar in der Verbindg. *gehechelter Wein* für einen solchen, der irgendwie künstlich behandelt war. S. *Fischer, Schwäb. W.-B.* III, Sp. 190 vbd. mit *Grimm, D. W.-B.* IV, 1, Sp. 2335; vgl. auch *Schmeller,* Bayer. W.-B. I, Sp. 1041.

[1480] S. (betr. *Glansert*) Bierglas.

[1481] S. Fleischhafen.

[1482] S. Aschenbecher.

[1483] S. Hauptmann.

[1484] S. Abort.

[1485] S. abgerahmte Milch.

[1486] S. (betr. *Stichling* u. *Furschet*) Gabel.

[1487] S. (betr. *Flederling*) Adler.

[1488] S. Dietrich, angenehm u. alljährlich — Auch die Zigeuner haben die sachlich gleiche Umschreibung (*kek ladscho bersch*) für „Mißjahr"; s. *Liebich*, S. 222.

[1489] S. abtragen.

[1490] S. (zu beiden Ausdr.) Abend.

[1491] Diese eigenartige Metapher ist auch bekannt der *schwäb. Gaun.- u. Kundenspr.* 74 (Bedtg.: Rüben) sowie der *schwäb. Händlerspr.* (in *Pfedelb.* [210], Bedtg.: gelbe Rüben). Sie ist ferner sonst im neueren Rotw. (schon seit *Pfister* bei *Christensen* 1814 [320] u. noch bei *Rabben* 53) u. in der Kundenspr. (s. *Ostwald* [Ku.] 55) beliebt, desgl. auch bei den Soldaten. S. *Günther*, Rotwelsch, S. 15 u. in d. Wiss. Beih. zur Z. d. Allg. Deutsch. Sprachv., 5. Reihe, Heft 36 (1913), S. 189; *Fischer*, Schwäb. W.-B. III, Sp. 29, Nr. 3; *Horn*, Soldatensprache, S. 91; vgl. i. allg. auch noch *Grimm*, D. W.-B. IV, 1, 1, Sp. 1176.

[1492] Zu *vgl.* hierzu (aus dem *verw. Quellenkr.*): *Schwäb. Gaun.- u. Kundenspr.* 72 (*Frosch* od. *Fröschchen* = Monat) u. *Schwäb. Händlerspr.* 484 (*Frösch* = Monate). Nach der letzteren Stelle dürfte der sonderbare Ausdruck besonders für die Angabe der Dauer einer Freiheitsstrafe gebraucht werden, wie dies — nach *Ostwald* (Ku.) 53 (6 *Frösch* = 6 Monate Gefängnis) — auch in der allgemeinen Kundenspr. üblich zu sein scheint. Die Entstehung bleibt dunkel; auch bei *Fischer*, Schwäb. W.-B. II, Sp. 1791, Nr. 8 ist darüber keine Erklärung gegeben.

[1493] S. Abend u. alltäglich. — Bei den Zigeunern heißt der Mond — ähnlich — die „Nachtsonne", *rattiskěro kamm* (s. *Liebich*, S. 141 u. 223).

[1494] S. Hauptmann u. ankleiden. — Sachlich übereinstimmend auch die Zigeunersprache (s. Näh. bei *Liebich*, S. 223).

[1495] S. ermorden.

[1496] Zu *Grabagautschert* od. *Grabegautschert* = Most (u. s. Zus. Gr.-glansert, Gr.-nolle = Mostglas, Mostkrug) vgl. (aus dem *verw. Quellenkr.*): *Schwäb. Gaun.- u. Kundenspr.* 72

(*Grabbengautscher*) u. *Schwäb. Händlerspr.* 488 (*Grabbegautschert* [in *Pfedelb.* (211): *-scher*]); s. auch *Pleißlen der Killertaler* 436 (*Rappegautscher*); wieder anders, nämlich *Krabberkautscher* bei *Ostwald* (Ku.) 87. Zur *Etymologie*: Da *gautschen* in der schwäb. Mundart allgemein gebräuchlich ist für „schaukeln, (sich) *schaukelnd* hin- und herbewegen, wiegen, schwanken" (s. *Fischer*, Schwäb. W.-B. III, Sp. 109), so erscheint es sehr verführerisch, den ersten Bestandteil in *Grabegautschert* u. ä. mit unserem „Graben" in einen Zusammenhang zu bringen, weil ja der Most den Zecher leicht in den Graben wirft; jedoch hat der Ausdruck damit nichts zu tun, er soll vielmehr (wie die Form *Rappegautscher* bei den *Killertalern* am deutlichsten erkennen läßt) herzuleiten sein von *Rapp* od. *Krapp* (Krabb, Grab) = Rabe, Krähe (s. *Fischer*, Schwäb. W.-B. IV, Sp. 690/91 unter „Krapp[e]") und würde demnach (weil die Raben häufig auf den Obstbäumen sitzen) soviel bedeuten wie „das Ergebnis des ‚Gautschens' der Raben auf den Obstbäumen", d. i. Obst, Obstmost, Most (nach gefl. Mittlg. von Prof. Dr. *O. Meisinger* in Karlsruhe); vgl. auch Wiss. Beih. zur Zeitschr. des Allg. Deutsch. Sprachv., 5. Reihe, Heft 36, S. 187 u. Anm. 1. — *Fischer*, Schwäb. W.-B. IV, Sp. 691 (unter „Krappe[n]gautscher") weist noch (für die allgemeinere Bedeutg. „saurer Wein") hin auf den Anklang an „Rachenputzer"; vgl. ebds. V, Sp. 139.

[1497] S. Bierglas.

[1498] S. Fleischhafen.

[1499] Mit *Rolle* sind *zusammengesetzt*: a) *im Anfang*: *Rollehertling* oder *-kies* = Mühlstein; b) *am Ende*: *Kuieterolle* = Pulvermühle u. *Flu(h)terolle* = Wassermühle. *Ableitg.*: *Roller* = Müller (dazu *Kuieteroller* = Pulvermüller), fem.: *Rollerin*. Zu vgl. (aus dem *verw. Quellenkr.*): *Pfulld. J.-W.-B.* 342 (*Roll* = Mühle, *Roller* = Müller); *Schwäb. Händlerspr.* 484 (ebenso). Über weitere Belege der schon früh im Rotw. weitverbreiteten Vokabeln sowie die *Etymologie* s. das Näh. in *Groß'* Archiv, Bd. 42, S. 65 u. Anm. 2 u. S. 66.

[1500] S. Gestein.

[1501] S. Apfelkern.

[1502] S. Affengesicht.

[1503] S. Almosen u. abschaffen.

[1504] S. (betr. *Kies*) Bankier, (betr. *Lobe*) Bank u. (betr. *-pflanzer*) anbrennen. Nicht erwähnt ist hier *Bichpflanzer* als Synon., auf dessen Vorkommen jedoch aus der *Zus. Bichpflanzerskitt* = Münze (Münzwerkstätte) zu schließen ist; vgl. auch *nobis dofer Bichpflanzer* (*Kies-* od. *Lobepflanzer*) = Falschmünzer.

[1505] S. Barschaft.

[1506] S. (betr. *Kitt*) Abort.

[1507] S. (betr. *grandich*) Adler.

[1508] S. (betr. *Sins*) Amtmann.

[1509] S. aufspielen.

[1510] S. Büchse.

[1511] S. Amme.

[1512] S. (betr. *Glied*) Bruder.

[1513] S. Eber.

[1514] S. Fingerhut.

[1515] S. (betr. *-pflanzer*) anbrennen.

[1516] S. anbeten.

[1517] S. abfahren.

[1518] S. abfallen.

[1519] S. abgehen.

[1520] S. (zu beiden Ausdr.) brauchbares Kind.

[1521] S. abschießen.

[1522] S. Dietrich; vgl. angenehm.

[1523] S. abschreiben.

[1524] S. anschauen.

[1525] S. absingen.

[1526] S. anreden.

[1527] S. ansagen.

[1528] S. Abend.

[1529] S. (betr. *Schenagel*) abschaffen.

[1530] S. essen.

[1531] S. (zu beiden Ausdr.) Abendessen.

[1532] S. Abort u. Fleischhafen.

[1533] S. (betr. *Schein*) alltäglich.

[1534] S. Bank.

[1535] S. (betr. *Schund*) abgerahmte Milch.

[1536] S. austreten (leicht).

[1537] S. Bauer.

[1538] S. brauchbarer Bursche.

[1539] S. bewerfen.

[1540] S. (zu beiden Ausdr.) ankleiden.

[1541] S. aufnähen.

[1542] S. abbeißen.

[1543] S. Dummheit.

[1544] S. aberwitzig.

[1545] S. (betr. *Kitt*) Abort.

[1546] S. Aas.

[1547] S. (betr. *Horboga*) Kalb. — Auch die Zigeuner bezeichnen das Nashorn als *(baro) nakkésk(ĕ)ri gurumni*, d. h. „(groß)nasige Kuh"; s. *Liebich*, S. 139 u. 225.

[1548] S. abbrühen.

[1549] Wenn *nicht* im Vokabular vielleicht doch zu lesen ist: Nässe, *Flu(h)te*, naß, *flu(h)tich*, würde es sich bei *Flu(h)tich* = Nässe handeln um die Substantivierung eines Adjektivs (s. *flu[h]tich* = feucht), bei *flu(h)te* = naß dagegen um Gebrauch eines Hauptworts (Bedeutg.: Wasser u. dgl.) als Eigenschaftswort (vgl. „Vorbemerkung", S. 15, Anm. 38 a. E.).

[1550] S. Eltern u. Bruder.

[1551] S. (betr. *Mamere*) Amme.

[1552] S. anfassen.

[1553] S. Dietrich.

[1554] S. „das ist nichts."

[1555] S. alljährlich.

[1556] S. Dietrich u. angenehm.

[1557] S. (betr. *g'want*) mutig.

[1558] S. (zu beiden Ausdr.) arg.

[1559] S. anschauen.

[1560] S. abbrennen.

[1561] S. abfallen.

[1562] S. gebären.

[1563] S. Bett u. abgehen.

[1564] S. aufwachen.

[1565] S. ausschlafen.

[1566] S. Fleischer.

[1567] S. abschießen.

[1568] S. aufschlagen.

[1569] S. Ast.

[1570] S. abschreiben.

[1571] S. arg; betr. das Subst. *Schofel* vgl. „Vorbemerkg." S. 15, Anm. 38 vbd. m. S. 7, Anm. 16.

[1572] S. bewerfen.

[1573] S. angenehm.

[1574] S. abbetteln (vgl. „Vorbemerkg.", S. 15, Anm. 38.

[1575] S. Adler und Knödel.

[1576] Sachlich übereinstimmend damit auch die Zigeunersprache; s. *Liebich,* S. 226 (*tschi,* d. h. „nichts" = Null).

[1577] S. Haselnuß.

[1578] S. (betr. *Stöber*) Apfelbaum.

[1579] S. Apfelkern.

[1580] S. anmutig.

[1581] S. Abort.

[1582] S. Gaumen.

[1583] S. Adler u. Forstmann; vgl. Bischof.

[1584] S. Adler u. Gendarm; vgl. Bischof.

[1585] S. Adler u. Amtmann; vgl. Bischof. — Sachlich übereinstimmend auch die Zigeunerspr.; s. *Liebich*, S. 227.

[1586] S. abbeißen.

[1587] S. Apfelbaum u. abbiegen.

[1588] S. (betr. *Sore*) Brücke.

[1589] S. Bulle.

[1590] S. (betr. *Schmunk*) Bratkartoffeln.

[1591] S. Aas.

[1592] S. Affengesicht u. Gulasch.

[1593] S. (*Schottel*) Aschenbecher.

[1594] S. Fleischer.

[1595] S. Entenstall.

[1596] S. Backofen.

[1597] *Schwä(t)zling* (od. Schwetzling) = Ruß kommt noch vor in der *Zusammensetzg. Schwä(t)zlingbossert* = Schinken (d. h. eigentl. „Ruß- od. Rauchfleisch"). Der *Etymologie* nach ist es jedenfalls nur schlechte Aussprache für *Schwärzling*, gehört also zu „schwarz". Doch findet sich — auch in der richtigen Schreibung — die Vokabel in der *jenisch. Bedeutg.* m. Wiss. nicht in den *verw. Quellen* oder im sonst. Rotw., in dem vielmehr *Schwärzling* für „Kaffee(bohne)" vorkommt; s. u. a. *v. Grolman* 65 u. T.-G. 104; *Karmayer* G.-D. 218; A.-L. 606; *Groß* 493; nach *Ostwald* (Ku.) 141 auch = Tinte.

[1598] S. (betr. *-pflanzer*) anbrennen.

[1599] S. abschaffen.

[1600] S. Hauptmann vbd. m. Adler u. angenehm; vgl. Bischof.

[1601] S. Adler.

[1602] S. Eltern u. Bruder.

[1603] S. (betr. *Mamere*) Amme. — Auch von den Zigeunern wird für „Oheim" unterschieden *dādéskĕro* und *dākro prāl*, d. h. „väterlicher (des Vaters)" u. „mütterlicher (der Mutter) Bruder"; s. *Liebich*, S. 131 u. 207.

[1604] *Zus.* damit: *Loslingschlang* = Ohrring. *Zu vgl.* (aus dem. verw. Quellenkr.): *Schwäb Händlerspr.* 484 (*Loser* = Ohr; vgl. [482] *losere* [in *Pfedelb.* (210): *losen*] = hören); s. auch *Regensb. Rotw.* 489 (*Luser* = Ohr); auch schon (mit der Endung *-ling*) im älteren Rotw. des 15. u. 16. Jahrh. (s. schon *Basl. Betrügnisse* um 1450 [15: *Luselinge* = Ohren]; *Lib. Vagat.* 54 [*Lüßlinng* = Ohr] u. a. m.) bekannt. *Etymologie*: Der Ausdr. gehört, wie das weidmänn. (u. wohl auch sonst mundartl. gebr.) *Loser* (*Luser*) = Ohr des Wildes (eigentl. „Aufhorcher" [vgl. mhd. *losære* = Horcher, Lauscher, ahd. *losari* = Hörer, Zuhörer]), zu dem Zeitw. *losen* (schon mhd. *losen*, ahd. *[h]losên, losên*) = aufhorchen, zuhören; s. *Pott* II, S. 20 vbd. mit *Fischer*, Schwäb. W.-B. IV, Sp. 1297 (unter Loser, Nr. 3), Sp. 1298 (unter „losere[n]", Sp. 1346 (unter „Luser") u. *Weigand*, W.-B. II, Sp. 85.

[1605] S. (betr. *Schlang*), Halskette.

[1606] Bei dieser (m. Wiss. im Rotw. u. in d. sonstigen Geheimsprachen nicht bekannten) eigentümlichen Redensart ist *Käfferle* wohl *nicht* (wie bei *Käfferle* = Junggeselle oder Greis) zu *Kaffer* im Sinne von „Mann (Kerl)", sondern im Sinne vor „Bauer" zu stellen, und zwar dürfte es sich sehr wahrscheinlich handeln um eine *jenische Übersetzung* der mundartl. fast in ganz Deutschland (einschl. Schweiz und Österreich) verbreiteten Bezeichnung „*kalter Bauer*" für Onanie bzw. Pollution u. deren Spuren; s. dazu die Redensarten: *den kalten Bauern schlagen* od. *herunterreißen* (steir.) u. zu vgl. im einzelnen über die deutsch. Mundarten: *Grimm*, D. W.-B. I. Sp. 1176 (unter „Bauer", Nr. 2) vbd. mit

Müller in den „Anthropophyteia", Bd. VIII, S. 20. Ob nun aber hierbei der Ausdruck „Bauer" *wirklich* = *rusticus* (Landmann) aufzufassen ist (wofür z. B. unbedenklich *Fischer*, Schwäb. W.-B. I, Sp. 703 [unter „Bauer", Nr. 3, d] eingetreten) oder ob man ihn mit *Grimm*, a. a. O., Sp. 1175 als ein eigenes (auf das *Gotische* zurückzuführendes) Wort im Sinne von *voluptas, libido* nehmen will, mag dahingestellt bleiben. Für das Adj. *kalt* (hier etwa = „wider die Natur") verweist *Fischer*, a. a. O. auf „die Vorstellung von der ‚kalten' Natur der Teufelsbuhlschaft."

[1607] S. Dom u. Almosen.

[1608] S. (betr. *Lobe* u. *Kies*) Bank u. Bankier.

[1609] S. Bauerndorf.

[1610] S. (zu beiden Ausdr.) Bürgermeister.

[1611] S. Ei u. Feiertag. — Auch bei den Zigeunern kommt wohl *járéngěro gurko* (d. h. „Eiersonntag") für Ostern vor, doch scheint dafür jetzt *járéngěro diwes* (d. h. „Eiertag") gebräuchlicher zu sein, das jedoch auch entsprechend dem jenisch. *Bäzamaschei* — den Karfreitag bedeutet; s. *Liebich*, S. 140 u. 227 vbd. mit *Finck*, S. 55; vgl. oben unter „Karfreitag".

[1612] Eine Deutung des Wortes *Laich* in dieser Verbdg. vermag ich nicht zu geben.

[1613] S. Degen.

[1614] S. ansagen u. Adler. — Sachlich übereinstimmend auch die Zigeunerspr. (*rak[k]erpáskěro tschirkulo* [tširklo], d. h. etwa „der gesprächige Vogel", = Papagei): s. *Liebich*, S. 118, 155 u. 228 vbd. m. *Finck*, S. 92; vgl. auch schon „Vorbemerkg.", S. 18.

[1615] S. Attest u. Almosen.

[1616] S. (betr. *Lobe*) Bank.

[1617] S. (betr. *-pflanzer*) anbrennen.

[1618] S. Adler u. Bischof. Ebds. (S. 391, Anm. 116) auch betr. die Zigeunersprache.

[1619] S. Gewerbeschein.

[1620] S. Geistlicher.

[1621] S. Chaussee.

[1622] S. Baumholz.

[1623] S. Kessel.

[1624] S. (betr. *Kitt*) Abort.

[1625] S. angenehm u. Adler. — Bei den Zigeunern kommt für den Pfau (neben *pōno* od. *pōni* [s. *Pott* II, S. 362; *Liebich*, S. 152 u. 228; *Finck*, S. 79]) auch *gisěwo tschirkulo* (tširklo), d. h. „stolzer Vogel", vor (nach *Liebich*, S. 228); vgl. „Vorbemerkg.", S. 18, Anm. 47.

[1626] S. dazu das Zeitw. *dämpfe(n)* = (Tabak) rauchen sowie die weitere *Ableitung Dämpfere* od. *Dämpfete* (Spr.) = Zigarre (u. dazu die *Zus. Dämpferereiber* = Zigarrenbeutel). Zu vgl. (aus dem *verw. Quellenkr.*): *Pfulld. J.-W.-B.* 343, 345 (*Dämpfköllen* = Pfeife, Tabakspfeife); *Schwäb. Händlerspr.* 485, 488 (*dämpfen* = rauchen, *Dämpfere* = Zigarre); s. auch *Pleißlen der Killertaler* 434 (*Dämpfer* = Schnupftabak). Zur *Etymologie* (von „Dampf", „dampfen") s. *Fischer*, Schwäb. W.-B. II, Sp. 46.

[1627] Mit *Toberich* (= a) Tabak; b) Pfeife [Tabakspfeife]) sind mehrere *Zusammensetzgn.* gebildet worden, u. zwar: a) in der ersten Bedeutg.: *Toberichrande* od. *-reiber* = Tabaksbeutel, *Toberichschure* = (Tabaks-) Pfeife, auch Zigarre (od. bloß Tabak); b) in der zweiten Bedeutg.: *Toberichki(e)bes* = Pfeifenkopf. *Ableitung: toberiche* = (Tabak) rauchen, während für „schnupfen" die *Verbindg. Toberich muffe(n)*, d. h. eigtl. „Tabak riechen") gebraucht wird. Zu vgl. (aus dem *verw. Quellenkr.*): *Dolm. der Gaunerspr.* 100 (*Dobrisch* = Tabak, *Dobrischfinne, -klinge* = Tabaksdose, -pfeife; *D. schwächen* = Tabak rauchen); *W.-B. des Konstanzer Hans* 255 (*Dow're* =

Tabak, *D. schwäche* = Tabak rauchen); *Pfulld. J.-W.-B.* 343-345 (*Dobere* = Tabak, Schnupftabak, *Dobereckling* = Tabakspfeife); *Schwäb. Gaun.- u. Kundenspr.* 76 (*Doverich* = Tabak); *Schwäb. Händlerspr.* 485, 487, 488 (*Tôberich* [in *Pfedelb.* (213): *Dowerich*] = Tabak, Zigarre [für letzteres auch *Tob(e)rich(s)stengel*], *Tôberichskling* [in *Pfedelb.* (213): *Dowerichsklinge*] od. *Tôbere* = [Tabaks-]Pfeife, *tôberichen* [in *Pfedelb.* (212): *dowrichen*] = rauchen). Über weitere Rotw. Belege (seit d. *Basl. Glossar* v. 1733 [202: *Doberen*]) sowie die *Etymologie* des Wortes (das von einigen mit der Zigeunersprache [*tūvăli* = Rauchtabak (s. z. B. *Liebich*, S. 166, 244 u. *Finck*, S. 94)] in Verbindg. gebracht worden, einfacher aber doch wohl als bloße Verunstaltung von „Tobak" aufzufassen sein dürfte) s. Näh. in *Groß'* Archiv, Bd. 43, S. 46, 47 u. Anm. 2; vgl. auch Wiss. Beih. zur Zeitschr. des Allg. Deutsch. Sprachv., 5. Reihe, 36. Heft, S. 186, Anm. 1 sowie *Fischer*, Schwäb. W.-B. II, Sp. 235/36.

[1628] S. (betr. *Schure*) abbiegen.

[1629] S. Angesicht.

[1630] S. Brücke.

[1631] S. (betr. *Schottel*) Aschenbecher.

[1632] S. Kupfergeld.

[1633] S. Füllen.

[1634] S. (betr. *Schwäche[rle]*) Amme.

[1635] S. Aas.

[1636] S. Entenfuß.

[1637] S. Augenbrauen.

[1638] S. (zu beiden Ausdr.) abkaufen.

[1639] S. Fleischer.

[1640] S. Entenstall.

[1641] S. Geist u. Feiertag. — Die Beziehung auf die Ausgießung des *heiligen Geistes* in diesem Ausdrucke tritt noch deutlicher hervor in dem gleichbed. zigeunerisch. *dūlo tucho dīwes*, d. h. „heiliger Geisttag" (neben d. einfacheren *dūlŏ dīwes*, d. h. „heiliger Tag"); s. *Liebich*, S. 228 u. 134 vbd. m. *Finck*, S. 55.

[1642] S. Apfelkern u. Bankier.

[1643] S. Chaussee u. Almosen.

[1644] S. zu diesem (natürlich von „blau" hergeleiteten) Worte die *Zus. Blaulingstöber* u. *-kies* = Pflaumenbaum u. -kern. *Zu vgl.* (aus dem *verw. Quellenkr.*): nur *Schwäb. Händlerspr.* 485 (*Bläuling* = Pflaume); im Rotw. gleichbed. wohl *Blauerling* (s. z. B. bei *v. Grolman* 9 u. T.-G. 114 u. *Karmayer* G.-D. 192), während schon in älterer Zeit (z. B. im

W.-B. von St. Georgen 1750 [217]) *Blauling* für „Milch" vorkommt. Über *Blauhanze* s. unter „Zwetschgen".

[1645] S. (betr. *Stöber*) Apfelbaum.

[1646] S. Apfelkern.

[1647] S. Baumholz.

[1648] S. Entenfuß.

[1649] S. austreten (leicht) u. (betr. *Flu[h]te*) abbrühen.

[1650] S. abschießen.

[1651] S. ansagen u. Affengesicht.

[1652] S. anreden.

[1653] S. ansagen.

[1654] S. Fleischhafen.

[1655] S. einsalzen u. Aas.

[1656] S. Amtsdiener.

[1657] S. (betr. *Kitt*) Abort.

[1658] S. (betr. *grandich*) Adler; vgl. Bischof.

[1659] S. (zu beiden Ausdr.) Haushund.

[1660] S. Brücke.

[1661] S. (betr. *Schottel*) Aschenbecher.

[1662] S. Dummheit.

[1663] S. Attest u. abtragen.

[1664] S. (betr. *Rädling*) Eisenbahnwagen.

[1665] S. angenehm; vgl. auch „Vorbemerkung", S. 15, Anm.

38 vbd. m. S. 7, Anm. 16.

[1666] S. anbeten.

[1667] S. Geistlicher.

[1668] S. Bischof.

[1669] S. (betr. *Malfes*) Frauenrock.

[1670] S. evangelisch.

[1671] S. Baumholz.

[1672] S. aufschlagen.

[1673] S. Ast.

[1674] S. Fehde.

[1675] S. beschenken.

[1676] S. Bierglas.

[1677] S. Mastpulver.

[1678] S. (betr. *Rolle[r]*) Mühle.

[1679] S. abkochen u. Apfelwein.

[1680] S. abbiegen.

[1681] S. abwaschen.

[1682] S. arg, absterben u. Amtmann. — Bei den Zigeunern findet sich der Begriff *negativ* umschrieben durch *tschi tschātscho* (od. *ladscho*) *radíngĕro* (*radískĕro*), d. h. „kein rechter (od. guter) Arzt"; s. *Liebich*, S. 154 u. 230.

[1683] S. Adler u. Apfelkern.

[1684] S. Hauswirt.

[1685] S. (betr. *Fi[e]sel* u. *Freier*) Bettelbube u. Fremder.

[1686] S. Bauer u. Amtmann.

[1687] S. Bauernfrau u. Amtmann.

[1688] S. Beischläferin.

[1689] S. abbrühen.

[1690] S. Bauch.

[1691] S. Jude u. Geistlicher.

[1692] S. Hebräer u. Bischof.

[1693] Die gleiche Umschreibung (*bipoldéngĕro raschai*, d. h. „Judenpriester") kennen auch die Zigeuner; s. *Liebich*, S. 128 u. 230.

[1694] S. arg u. Adler; vgl. „Vorbemerkung", S. 19, Anm. 49.

[1695] S. abgerahmte Milch.

[1696] S. Füllen.

[1697] S. Dolch.

[1698] S. Messer.

[1699] S. dazu die *Zusammensetzgn. Sturmkittglitschin* u. *-gluber* = Rathausschlüssel u. -uhr sowie *Sturmkittsins* = Ratsherr. Zu vgl. (aus dem *verw. Quellenkr.*): *Dolm. der Gaunerspr.* 97 (*Sturmkitt* = Rathaus); *W.-B. des Konst. Hans* 254 (ebenso); *Schwäb. Händlerspr.* (U. [214]: ebenso; vgl. ebds. [214]: *hohe Sturmkitt* = Amtsgericht). Auch sonst im Rotw. neben den Synon. *Sturm-Kaste(n)* (s. z. B. schon *A. Hempel* 1687 [167]), *Sturm-Bayes* (s. z. B. *Pfister* bei *Christensen* 1814 [331]) od. *Sturmkandich* (s. z. B. *v. Grolman* 70 n. T.-G. 116). Zur Etymologie s. *Pott* II, S. 18 u. A.-L. 612, nach denen die erste Silbe in diesen Zusammensetzgn. zu unserem Worte „Turm" gehört (also *Sturmkitt* wohl = „s'Turmkitt", abgek. für *das Turmkitt*, d. h. „das Turmhaus"), weil die Rathäuser „gewöhnlich mit einem Turm geziert" sind (A.-L., a. a. O.).

[1700] S. (betr. *Glitschin*) Dietrich.

[1701] Mit *Gluber* (auch *Gluper* od. *Kluper* od. — am richtigsten wohl — *Luber*) = Uhr sind auch noch zusammengesetzt (am Anfang): *Luberkitt* = Uhrgehäuse, *Luberschlang* = Uhrkette, *Luberpflanzer* = Uhrmacher, *Luberglitschin* = Uhrschlüssel, *Luberrande* = Uhrtasche. *Zu vgl.* (aus dem *verw.* Quellenkr.): Dolm. der Gaunerspr. 98 (*Lupper* = Sackuhr); W.-B. des Konst. Hans 254 (ebenso; vgl. auch 258: *Lopper* u. *Lapper*); Pfulld. J.-W.-B. 345 (*Lupper* [od. Nopper] = Uhr, *Randelupper*, bes. = Sackuhr); Schwäb. Händlerspr. 487 (*Lôber[e]*, *Lubbere*, *Klupper* [in Pfedelb. (213): *Glupper* (od. *Gluckere*), in *Lütz.* (215): *Klepper*] = Uhr, Taschenuhr). Über weitere Belege im Rotw. s. noch *Groß'* Archiv, Bd. 46, S. 23, Anm. 2. Ebds. S. 24 auch über die Hypothesen betr. die (zweifelhafte) *Etymologie*, unter denen diejenige, die den Ausdruck mit d. niederd. *lupen* (lopen) = laufen in Zusammenhang gebracht hat, wohl noch am annehmbarsten erscheint; s. *Fischer*, Schwäb. W.-B. IV., Sp. 1263 (unter „Lober" II) vbd. mit Sp. 1346 (unter „Lupper[e]"). Vgl. auch unten die Anm. zu dem ähnl. Synon. *Gengle* (unter „Uhr").

[1702] S. (betr. *Sins*) Amtmann.

[1703] S. (zu beiden Ausdr.) Bürgermeister.

[1704] S. anfassen.

[1705] S. ausstehlen.

[1706] S. (zu beiden Ausdr.) Pfeife.

[1707] S. Backofen u. Aas.

[1708] S. abbeißen.

[1709] S. berauscht; vgl. „Vorbemerkung", S. 15, Anm. 38 vbd. mit S. 7, Anm. 16.

[1710] S. Amme.

[1711] S. Apfelwein.

[1712] S. Ananas u. Henne bezw. Hahn.

[1713] Die sachlich gleiche Ausdrucksweise kennen auch die Zigeuner; s. *Liebich*, S. 152 u. 231 (*porréskĕri kachnin* = Rebhuhn, eigtl. „Busch- od. Waldhuhn", zu *porr* = Busch, Gebüsch, Gehölz, Wald u. dergl.).

[1714] S. anreden.

[1715] S. ansagen.

[1716] S. austreten (leicht).

[1717] S. (betr. *Reifling*) Fingerring. — Auch bei den Zigeunern heißt der Regenbogen *brschindéskĕri gusterin*, d. i. „Regenring" od. *deweléskĕri (an)gusterin*, d. i. „Gottes Ring" (nach *Liebich*, S. 129 u. 231).

[1718] S. alltäglich.

[1719] S. abbrühen.

[1720] S. Adler.

[1721] S. (betr. *Ruch*) Bauer.

[1722] S. (betr. *Sins*) Amtmann; vgl. auch Bischof.

[1723] S. (betr. *Schure*) abbiegen u. (betr. *Sore*) Brücke; vgl. Bischof.

[1724] S. abwaschen.

[1725] S. angenehm.

[1726] Über die sachlich gleiche Bezeichnung (*bāro rai*) für den Richter bei den Zigeunern s. Näh. bei *Liebich*, S. 232; vgl. auch schon „Vorbemerkung", S. 17.

[1727] S. arg u. Bank.

[1728] S. Aas.

[1729] S. Adler u. Bauer. — Sachlich übereinstimmende Ausdrucksweise auch in der Zigeunersprache; s. *Liebich*, S. 232 (*bāro dschēno* od. *gādscho*, d. h. „großer Mensch (Kerl)", = Riese); vgl. „Vorbemerkung", S. 17.

[1730] S. Kalb.

[1731] S. (betr. *Schmunk*) Bratkartoffeln.

[1732] S. Entenstall.

[1733] S. Aschenbecher.

[1734] S. Fleischer.

[1735] S. Fingerring.

[1736] S. Frauenrock.

[1737] S. (betr. *Rande*) Bauch.

[1738] S. Frucht.

[1739] S. anbeten u. Halskette. — Sachlich übereinstimmend hiermit auch die Zigeunersprache; s. *Liebich*, S. 153 u. 233 u. *Finck*, S. 95 (*pris[s]ermásk[ē]ri wērklin*, d. h. „die Betkette", = Rosenkranz).

[1740] S. arg.

[1741] S. aufwachen.

[1742] S. ausschlafen.

[1743] S. Ofenruß.

[1744] S. Adler u. Frauenstube. — Sachl. übereinstimmend auch die Zigeunersprache; s. *Liebich*, S. 234 (*bāri* [od. *buchli*] *tattin* [od. *isma*], d. h. „große [od. weite] Stube" = Saal); vgl. schon „Vorbemerkung", S. 17.

[1745] S. Degen.

[1746] S. Brücke.

[1747] S. Bauch.

[1748] S. Beutel; vgl. Bankier.

[1749] S. abgerahmte Milch.

[1750] S. Gulasch.

[1751] S. einsalzen.

[1752] S. (betr. *Schottel*) Aschenbecher.

[1753] S. (betr. *Schwimmerling*) Fisch.

[1754] S. (betr. *Bossert*) Aas.

[1755] S. Fleischhafen.

[1756] S. angenehm.

[1757] S. absingen.

[1758] S. absterben u. Abort. — Auch bei den Zigeunern kommt für den Sarg *muléskěro ker*, d. h. „Totenhaus", vor neben *muléskěri kistari*, d. h. „Totenkiste", oder *muléskéro rukk*, d. h. „Totenbaum" („weil vormals ein ausgehöhlter Baum als Sarg diente"); s. *Liebich*, S. 147 u. 234; vgl. „Vorbemerkg.", S. 18.

[1759] S. dazu die Zusammenstzgn.: *Koelebossert* = „Teufelsbraten", *Koeleklettert* = „Teufelstisch" (?) u. *Koelesgroenert* (d. h. eigtl. „Teufelskraut") = Unkraut (s. d. betr. Übereinstimmg. mit d. Zigeun.); eine Ableitg. davon ist das Adj. *koelich* = teuflisch. Zu vgl. (aus dem *verw. Quellenkr.*): Pfulld. *J.-W.-B.* 345 (*Kohle* = Teufel, *kohlezopfen* = „Teufelholen"); Schwäb. Händlerspr. 487 (*Kôle, Koule* [od. *Quane*] = Teufel). Sonst m. Wiss. unbekannt. Die *Etymologie* des Wortes ist unsicher. Bei der Form *Ko(h)le* könnte man ja allenfalls an eine Metapher mit Bez. auf die (kohl)schwarze Farbe des Teufels denken (vgl. *Günther*, Rotwelsch, S. 66); nach *Fischer*, Schwäb. W.-B. IV, Sp. 575 (unter „Kole" I) liegt dagegen — ebenso wie bei *Quane* in der *schwäb. Händlerspr.* (s. Sp. 889) — vielleicht eine koseformartige Verunstaltung des Eigennamens *Konrad* vor, der (gleich verschiedenen anderen Eigennamen) in manchen Gegenden für den Teufel vorkommt (vgl. dazu *Fischer*, a. a. O. IV, Sp. 608 unter „Konrad", Nr. 4 vbd. mit *Wackernagel*, Kleinere Schriften [Leipz. 1872 ff.], Bd. III, S. 151/52 u. *O. Meisinger*, die Appellativnamen in den hochd. Mundarten [Progr.] I [Lörrach 1904], S. 15, 16).

[1760] S. Adler u. Abendessen; vgl. „Vorbemerkg.", S. 15, Anm. 38.

[1761] S. Eber.

[1762] S. abwaschen.

[1763] S. Gemüse.

[1764] S. Amme.

[1765] S. (betr. *Benk*) brauchbarer Bursche u. (betr. *Schure*) abbiegen.

[1766] S. Entenstall.

[1767] S. Angesicht.

[1768] S. Hammel.

[1769] S. (betr. *grandich*) Adler; vgl. auch Bischof.

[1770] S. Anm. 1765 a. E.

[1771] S. Haushund.

[1772] S. Bauernfrau.

[1773] S. abschaffen.

[1774] S. Glied (weibliches).

[1775] S. arg.

[1776] S. anschauen.

[1777] S. Äquilibrist u. Abort.

[1778] S. Baumholz.

[1779] S. Ärger.

[1780] S. Bank.

[1781] S. (zu beiden Ausdr.) Gasthaus.

[1782] S. Entenfuß.

[1783] Zu *Schaffel* = Scheune (Schuppen, Speicher, Tenne), Dimin.: *Schaffelle* (Spr.), vgl. (aus dem *verw. Quellenkr.*): *Pfulld. J.-W.-B.* 344 (*Schaffel[e]* = Scheuer); *Schwäb. Händlerspr.* (*Lütz.* [215]: *Schafell* = Scheune). Im sonst. Rotw. findet sich (in *älterer* Zeit) die Form *Schabelle(n)* — für Scheune, „Stadel" u. dgl. = (s. z. B. *Hempel* 1687 [169]; *Waldheim. Lex.* 1726 [188]; *Hildburgh. W.-B.* 1753 ff. [251] u. a. m.), später *auch Schowelle* (s. z. B *Pfister bei Christensen* 1814 [330]; *v. Grolman* 63 u. T.-G. 118; Thiele 311), *Schabolle, Schapolle, Schewelle* u. ä. (s. A.-L. 598 unter „Schibboles"). Ob auch das *gleichbed. Schambutter* (so z. B. schon im *W.-B. des Konst. Hans* 258 sowie im 19. Jahrh.) nur eine Weiterbildung desselben Stammes ist, wage ich nicht zu entscheiden; wegen *der abweichenden Bedeutung* zu trennen dürften dagegen wohl sein *Schaffel* (*Schaffehl* oder *Schaffihl*) = Schüssel (z. B. bei *Pfister bei Christensen* 1814 [328] und *v. Grolman* 58 u. T.-G. 120) bezw. *Schaffel* = Schlüssel (z. B. bei *Falkenberg* 1818 [334]). *Etymologie*: Der Ausdruck darf wohl mit A.-L. 598 hergeleitet werden vom hebr. *schibbôlet* = Ähre (Kornähre), woraus die Begriffserweiterung zu „Scheune" u. dgl. unschwer zu erklären ist.

[1784] S. abschießen.

[1785] S. Büchse.

[1786] S. (betr. *Kitt*) Abort.

[1787] S. Mastpulver.

[1788] S. abbrühen u. Frucht.

[1789] S. Füllen.

[1790] S. Ofenruß u. Aas — An das in *Schwär(z)ling* steckende „schwarz" erinnert auch die Ausdrucksweise der Zigeuner, die den Schinken (nach *Liebich*, S. 135 u. 236) durch *gālo mass*, d. h. *„schwarzes* (geräuchertes) *Fleisch"*, od. *baléskěro méllelo mass*, d. h. *„schwarzes* Schweinefleisch", umschreiben.

[1791] *Zu Dächle* = (Regen-)Schirm s. die Zus.: *Dächlespflanzer(in)* = Schirmflicker(in) (u. dazu *Dächlespflanzerulma* = Schirmflickerleute) u. *Dächlesrande* = Schirmsack (sämtl. in den Spr.). Der (in den Geheimsprachen sonst m. Wiss. nicht gebräuchl.) Ausdruck ist wohl nur eine Weiterbildung (verkleinerte Verkürzung) des (neueren) volkstüml. „Regendach" für Regenschirm (vgl. dazu *Grimm*, D. W.-B. VIII, Sp. 519).

[1792] S. Fisch.

[1793] S. (betr. *-pflanzer[in]*) anbrennen.

[1794] S. (betr. *Ulma*) arme Leute.

[1795] S. Bauch.

[1796] S. ermorden.

[1797] S. Fleischer.

[1798] S. (betr. *Kitt*) Abort; vgl. Metzgerhaus.

[1799] S. aufwachen.

[1800] S. ausschlafen.

[1801] S. abgeben.

[1802] S. aufschlagen.

[1803] S. Ast.

[1804] S. dazu *verkobere* = verhauen. — *Zu vgl.* (aus dem *verw. Quellenkr.*): *Pfulld. J.-W.-B.* 337, 343, 345 (*koberen* = auspeitschen, prügeln, schlagen, *makoberen* od. *mulkobern* = totschlagen [s. betr. *mul* = tot (aus dem Zigeun.): *Groß' Archiv*, Bd. 46, S. 81], *Koberei* = Schlag, Streich); *Schwäb. Händlerspr.* 486 (*Koprement[e]* = Schläge). Im sonst Rotw. selten; s. jedoch z. B. noch *v. Grolman, Aktenmäß. Gesch.* 1813 (312: *Koberment gedockt* = Schläge gegeben). Die *Etymologie* ist zweifelhaft. *Fischer*, Schwäb. W.-B. IV, Sp. 627 hat zu *Koprement* das ital. *coprire* = „zudecken" (mit einem Fragezeichen) herangezogen. Nach *Grimm*, D. W.-B. V, Sp. 1546, Nr. 3, lit. g u. Sp. 1547 soll das in deutschen Mundarten verbreitete *kobern* = „durchprügeln" (auch *Kober kriegen* = „Prügel kriegen" u. ä. m.) entstanden sein aus dem latein. *recuperare* = „sich erholen" (vielleicht in scherzhafter Anwendung), das jedoch zugleich wohl auch mit einem abgestorbenen *germanischen* Stamm verwachsen sei.

[1805] S. Fehde.

[1806] S. abbrühen u. Abort bezw. abgerahmte Milch. — Bei den Zigeunern wird der Schlamm (nach *Liebich*, S. 164 u. 236 durch *sāno tschikk*, d. h. „dünner Schmutz", umschrieben.

[1807] S. besonnen.

[1808] S. arg.

[1809] S. abschließen.

[1810] S. Dietrich u. anbrennen.

[1811] S. angenehm u. Abort.

[1812] S. ausweinen.

[1813] S. aufwachen.

[1814] S. ausschlafen.

[1815] S. Dietrich.

[1816] S. (zu beiden Ausdr.) arg; vgl. „Vorbemerkung", S. 15,

Anm. 38 vbd. m. S. 8, Anm. 20.

[1817] S. Ärger.

[1818] S. Bratkartoffeln.

[1819] S. (zu allen drei Ausdr.) Abendessen.

[1820] S. essen.

[1821] S. Aas.

[1822] S. bewerfen.

[1823] S. abgerahmte Milch.

[1824] S. Affengesicht.

[1825] S. aufnähen.

[1826] S. (betr. *Mos[s]*) Bauernfrau.

[1827] S. Pfeife u. Aas. — Sachlich übereinstimmend auch die Zigeunerspr.; s. *Liebich*, S. 160, 238 u. 244 (*me sungāwa tuwāli*, d. h. „ich rieche Tabak", = ich schnupfe.)

[1828] S. angenehm.

[1829] S. Bierglas.

[1830] S. Fleischhafen.

[1831] S. Angst.

[1832] S. abschreiben; betr. *gefebert* = schriftlich vgl. „Vorbemerkung", S. 15, Anm. 36.

[1833] S. Attest.

[1834] Mit *Klettert* (= Tisch [Tafel]) sind weiter noch zusammengesetzt: a) im Anfang: *Klettertpflanzer* = Tischler; b) am Ende: *Koeleklettert* = „Teufelstisch" (?). Zu vgl. (aus dem verw. Quellenkr.): Dolm. der Gaunerspr. 100 (*Glettert* = Tisch); W.-B. des Konst. Hans 259 (*Kleppert* = Tisch). Zur *Etymologie*:

Ohne Zweifel ist die ältere Form *Glettert* (aus der durch mundartl. Aussprache leicht *Klettert* entstehen konnte) richtiger als *Kleppert* und (wie auch *Fischer*, Schwäb. W.-B. III, Sp. 676 meint) nichts anderes als das ältere *Glattert* (s. z. B. *A. Hempel* 1687 [167] u. *Waldh. Lex.* 1726 [190]), das seinerseits dem noch älteren *Glatthart* u. ä. (s. *Lib. Vagat.* 53 u. schon bei *G. Edlibach* um 1490 [20: *Glatthar*]) entspricht (mit Bez. auf die Glätte der Tischplatte; vgl. im *Pfulld. J.-W.-B.* 345: *Glatt* = Tisch). S. *Stumme*, S. 24; *Günther*, Rotwelsch, S. 59; vgl. auch *Pott* II, S. 34 u. A.-L. IV, S. 282/83 sowie schon „Vorbemerkg.", S. 10.

[1835] S. ausweinen.

[1836] S. (betr. *grandich*) Adler; vgl. Bischof.

[1837] S. Entenfuß.

[1838] S. Ferse.

[1839] S. (betr. *-pflanzer*) anbrennen.

[1840] S. borgen.

[1841] S. Borg (auf —)

[1842] S. Lehrer u. Abort.

[1843] S. brauchbares Kind u. aufschlagen; vgl. Lehrer.

[1844] S. (zu beiden Ausdr.) Bürgermeister.

[1845] S. Scheune.

[1846] S. Frauenschürze.

[1847] S. Aschenbecher.

[1848] S. Ferse, anbrennen u. Bauernfrau.

[1849] S. aberwitzig.

[1850] S. Gabel u. Adler. — Sachl. übereinstimmend auch die Zigeunerspr. (*forschettākro tschirkŭlo*, d. h. „Gabelvogel", — neben *forschettākri porin*, d. h. „Gabelschwanz"); s. *Liebich*, S. 135 u. 239.

[1851] S. Adler u. Gans; vgl. Bischof. — Dieselbe Art der Umschreibung kennen die Zigeuner; s. *Liebich*, S. 239 (*bāri pāpin*, d. h. „große Gans" = Schwan); vgl. schon „Vorbemerkung", S. 17.

[1852] S. Adler u. Bauch.

[1853] S. (betr. *bosten*) abgehen.

[1854] S. arg u. Bäcker.

[1855] S. behext u. Bauer.

[1856] S. ansagen.

[1857] S. aufhören.

[1858] S. (zu beiden Ausdr.) Eber.

[1859] S. (betr. *Bossert*) Aas.

[1860] S. abkaufen.

[1861] S. Fleischer.

[1862] S. Amme.

[1863] S. Augenbrauen.

[1864] S. Degen.

[1865] S. Bruder.

[1866] S. Beischläferin.

[1867] S. Adler u. absterben; vgl. Bischof; s. auch (betr. die Substantivierung des Adj) „Vorbemerkg.", S. 15, Anm. 38.

[1868] S. abbrühen u. abgehen. — Sachlich übereinstimmend auch die Zigeunersprache; s. das Näh. schon in der „Vorbemerkg", S. 17, Anm. 44 a. E. vbd. mit *Liebich*, S. 240 (unter „schwitzen").

[1869] S. (betr. *Kib*) Haushund.

[1870] S. anschauen.

[1871] S. Äquilibrist.

[1872] S. Milchbrötchen.

[1873] S. Frucht u. Brücke. — Im Zigeun. heißt (nach *Liebich*, S. 164 u. 240) die Sense *kasséskěri tschinamáskěri*, d. h. „ein Heuschneideding" (zu *kass* = Heu), od. wohl auch bloß *tschinamáskěri*.

[1874] S. Bank.

[1875] S. absterben.

[1876] S. Affengesicht.

[1877] S. absingen.

[1878] S. (betr. *Fläderling*) Adler.

[1879] S. aberwitzig.

[1880] S. angenehm.

[1881] S. elend.

[1882] S. daher (a. E.)

[1883] S. Bauer u. Fußlappen.

[1884] S. brauchbarer Bursche.

[1885] S. Bettelbube.

[1886] S. Fremder.

[1887] S. Bruder.

[1888] S. Almosen.

[1889] S. Bank.

[1890] S. abzahlen.

[1891] S. Hauptmann.

[1892] S. (betr. *Mos[s]*) Bauernfrau.

[1893] S. Fingerhut.

[1894] S. Gasthaus.

[1895] S. Aas u. alltäglich. — Auch die Zigeuner kennen für Sonntag (neben dem einfachen *gurko*) die Umschreibung *más(s)elo diwes*, d. h. ebenfalls „Fleischtag" (s. *Liebich*, S. 145, 190 u. 241 sowie *Finck*, S. 55 u. 72), weil an diesem Tage ausnahmsweise „Fleisch aufgetragen zu werden pflegt" (*Liebich*, S. 85); vgl. auch schon „Vorbemerkg.", S. 18.

[1896] S. Feiertag.

[1897] S. Angst.

[1898] S. anschauen.

[1899] S. Knödel.

[1900] S. (betr. *Schnall*) Metzelsuppe.

[1901] S. abgehen.

[1902] S. Bratkartoffeln u. Aas.

[1903] S. Scheune.

[1904] S. Abendessen.

[1905] S. essen.

[1906] S. abschließen.

[1907] S. aufspielen.

[1908] S. absterben u. Abort.

[1909] S. Baumholz.

[1910] S. anreden.

[1911] S. ansagen.

[1912] S. Gespenst.

[1913] S. Adler.

[1914] S. Dorn; vgl. Igel.

[1915] Mit *Steinhäufle* sind *zusammengesetzt*: a) *im Anfang*: *Steinhäuflesulme* = Städter; b) *am Ende*: *Patrissteinhäufle* = Vaterstadt u. *Vorsteinhäufle* = Vorstadt. Zu vgl. (aus dem *verw.* Quellenkr.): *Dolm. der Gaunerspr.* 99 (*Steinhäufle* = Stadt); *Pfulld. J.-W.-B.* 345 (ebenso); *Schwäb. Händlerspr.* 486 (desgl., nur in *Wolfach* auch = Dorf [s. 480]). Zur *Etymologie* (Dimin. von dem humorist., im Rotw. schon seit dem 18. Jahrh. [s. z. B. *Hildburgh. W.-B.* 1753 ff. (232)] auftretenden Ausdr. *Steinhaufen* = Stadt [s. A.-L. 611]) vgl. Näh. noch (z. B. auch über *Verbindgn.* u. *Zus.* mit dem Worte zur Bezeichnung *bestimmter Städte*) bei *Günther* in der Zeitschr. „Die Polizei", Jahrg. IV (1906), S. 122/23. — Nach *Wittichs* „Einleitung", S. 27 soll für *Steinhäufle* im Jenischen früher *Mogumle* od. *Mokem* gebräuchlich gewesen u. *Mochum* sogar noch jetzt üblich sein, obwohl es mehr für „Dorf" vorzukommen scheint; vgl.

Näh. unter „Dorf".

[1916] S. (betr. *Ulme*) arme Leute.

[1917] S. Entenstall.

[1918] S. Apfelbaum u. Baumholz. Sachlich übereinstimmend auch die Zigeunersprache; s. *Liebich*, S. 242 (*rukkéskĕro gascht*, eigtl. etwa „Baumholz", = Stamm).

[1919] S. (betr. *grandich*) Adler; vgl. Bischof. — Vgl. i. d. Zigeunerspr.: *bāro sāno gascht*, d. h. „großes (langes) dünnes Holz", = Stange; s. *Liebich*, 242.

[1920] S. absterben. — Vgl. auch im Zigeun.: *mulo* (eigtl. „tot") = starr (*Liebich*, S. 242).

[1921] S. betr. (*Ki[e]bes*) Angesicht. — Vgl. im Zigeun.: *pesso schēro*, d. h. „Dickkopf", = Starrkopf (*Liebich*, S. 242).

[1922] Zu *dupfen* = stechen (auch als Subst. *Dupfen* = Stich, das Stechen) s. d. Zus. *Dupfsins* = Wundarzt. Zu vgl. (aus dem *verw.* Quellenkr.): Dolm. der Gaunerspr. 101 (*vertupfen* = verstechen); *Schöll* 271 (*verdupfen* = erstechen); *Pfulld. J.-W.-B.* 339, 346 (*dupfen* = verstechen, *verlupfen* [lies: verdupfen] = erstechen); *Schwäb. Gaun.- u. Kundenspr.* 69 u. 75 (*dupfen* = stechen, *tupfen* = erstechen); *Schwäb. Händlerspr.* 486 (*dupfen* = stechen). Auch sonst noch im (neueren) Rotw. gebr. (s. z. B. *Schintermicherl* 1807 (288: *tupfen* = stechen], *Pfister bei Christensen* 1814 [319: *dupfen* = stechen] u. a. m.). Zur *Etymologie* (von unserem gemeinspr., bes. in Süddeutschl. gebräuchl. Zeitw. *tupfen* = „gelinde spitz anstoßen") s. *Fischer*, Schwäb. W.-B. II, Sp. 472-73 (unter „tupfen") vbd. mit *Weigand*, W.-B. II, Sp. 1088; vgl. auch *Schmeller*, W.-B. I, Sp. 615.

[1923] S. arg u. Attest.

[1924] Vgl. (betr. *Spraus*) Anm. 1909. — Es handelt sich hierbei um ein Wortspiel, indem man das „Steck-" in Steckbrief als „Stecken" (= Stock, Holz) aufgefaßt und dann ins Jenische übersetzt hat (vgl. Stock). Sachlich übereinstimmend auch die Zigeunerspr.; s. *Liebich*, S. 242 u. *Finck*, S. 70 (*gaschtěno* [od. kašteno] *līl*, d. h. eigtl. „hölzerner Brief" od. „Steck**en**brief", = Steckbrief neben *gālo* [od. *kālo*] *līl*, d. h. eigtl. „schwarzer Brief"); vgl. auch „Vorbemerkung", S. 18, Anm. 46 u. 47.

[1925] S. Chaussee.

[1926] S. anfassen.

[1927] S. ausstehlen.

[1928] S. Gestein.

[1929] S. Apfelkern.

[1930] S. absterben u. Adler; betr. die Übereinstimmung mit d. Zigeunern s. Käuzchen.

[1931] S. (betr. *-guffer*) aufschlagen.

[1932] S. (betr. *Sauft*) Bett.

[1933] S. ankleiden.

[1934] S. Abend u. alltäglich.

[1935] S. (betr. *Schund*) abgerahmte Milch.

[1936] S. anzahlen.

[1937] S. abzahlen. — *Beide* Ausdr. bedeuten eigentl. nur „das Bezahlen"; vgl. „Vorbemerkung", S. 15, Anm. 35. Sachlich übereinstimmend auch die Zigeunerspr.; s. *Liebich*, S. 242: *pleisserpenn*, d. h. „die Bezahlung", = Steuer.

[1938] S. stechen; vgl. „Vorbemerkung", S. 15, Anm. 35.

[1939] S. Entenfuß.

[1940] S. arg u. brauchbares Kind.

[1941] S. (betr. *Mamere*) Amme

[1942] S. Eltern.

[1943] S. Bulle.

[1944] S. Aas.

[1945] S. Angesicht.

[1946] S. Baumholz.

[1947] S. (zu beiden Ausdr.) Ast.

[1948] S. (betr. *-pflanzer*) anbrennen.

[1949] S. (betr. *grandiche*) Adler.

[1950] S. Adler; vgl. Bischof.

[1951] S. bestraft.

[1952] S. (betr. *bereimen*) bezahlen.

[1953] S. Chaussee.

[1954] S. (betr. *Schenegler*) abschaffen.

[1955] S. brauchbarer Bursche.

[1956] S. Fehde.

[1957] S. arg.

[1958] Zu *Rauschert* = Streu, Stroh (*Zus.*: *Rauschertsauft* = Streu- od. Strohlager, Strohbett) vgl. (aus dem *verw. Quellenkr.*): *Dolm. der Gaunerspr.* 99 (*Rauscher* = Stroh); *Schöll* 271 (ebenso); *Pfulld. J.-W.-B.* 345 (*Rauschet* = Stroh, *Rauschkitt* = Strohhaus); *Schwäb. Gaun.- u. Kundenspr.* 76 (*Rauscher*); *Schwäb. Händlerspr.* 487 (*Rauschet*). Auch sonst im Rotw. schon früh (seit d. *Basl. Betrügnissen* um 1450 [16: *Ruschart* = Strohsack] u. *Lib. Vagat.* 54 [*Rauschart*, Bedtg. ebenso]) weit verbreitet. Zur *Etymologie* (vom „Rauschen" des Strohs) s. *Pott* II, S. 34; *A.-L.* 590; *Stumme*, S. 15, 21; *Günther*, Rotwelsch, S. 59.

[1959] S. (betr. *Sauft*) Bett.

[1960] S. abbrühen.

[1961] S. Fußlappen.

[1962] S. (betr. *-pflanzer*) anbrennen.

[1963] S. Frauenstube.

[1964] S. Bank.

[1965] S. Dietrich u. anreden bezw. ansagen.

[1966] Ähnlich auch in der Zigeunerspr.; s. *Liebich*, S. 244 (unter „stumm sein": *me naschti rakkerwāwa*, d. h. „ich kann nicht reden").

[1967] S. anbeten u. Bauernfrau.

[1968] S. (betr. *Kitt*) Abort.

[1969] S. arme Leute.

[1970] S. Bauer.

[1971] S. Füllen u. Bauernfrau. — Betr. Analogie in der Zigeunerspr. s. schon oben unter „Hengst".

[1972] S. Almosen.

[1973] S. Bank.

[1974] S. Metzelsuppe.

[1975] S. Kaffee.

[1976] S. Pfeife.

[1977] S. Aas; vgl. schnupfen; daselbst auch über die Zigeunersprache.

[1978] S. Bauch.

[1979] S. Beutel.

[1980] S. abbiegen.

[1981] S. Schreibtisch.

[1982] S. alltäglich.

[1983] S. Abend.

[1984] S. Mark.

[1985] S. Dietrich. — Sachlich übereinstimmend auch die Zigeunerspr. nach *Liebich*, S. 244 (*Tschi*, d. h. „nichts", = Tand).

[1986] S. Ananas u. Apfelbaum; vgl. dazu auch über die Zigeunerspr. „Vorbemerkung", S. 19, Anm. 48.

[1987] S. Eltern u. Bruder.

[1988] S. (betr. *Mamere*) Amme. — Auch von den Zigeunern wird für „Tante" unterschieden *dadéskěri pēn* u. *dākri pēn*, d. h. „väterliche (des Vaters)" u. „mütterliche (der Mutter) Schwester"; s. *Liebich*, S. 244; vgl. dazu auch oben die Anm. zu „Oheim".

[1989] S. aufspielen.

[1990] S. Bauch.

[1991] S. (betr. *Schnurrant*) Äquilibrist.

[1992] S. Aschenbecher.

[1993] S. Adler.

[1994] S. angenehm.

[1995] S. anmutig.

[1996] S. abbrühen.

[1997] S. Dom.

[1998] S. Scheune.

[1999] S. Satan.

[2000] S. (betr. *Bossert*) Aas.

[2001] S. (betr. *Klettert*) Schreibtisch.

[2002] S. Kaffee.

[2003] S. Fleischhafen.

[2004] S. Kessel.

[2005] S. (betr. *-pflanzer*) anbrennen.

[2006] S. Beischläferin.

[2007] S. Bruder.

[2008] S. (betr. *Galm*) brauchbares Kind.

[2009] S. Bauer.

[2010] S. Bettelbube.

[2011] S. aberwitzig u. Abort.

[2012] S. (betr. *Ki[e]bes*) Angesicht.

[2013] S. absterben; vgl. „Vorbemerkg.", S. 15, Anm. 36.

[2014] S. ermorden.

[2015] S. (betr. *Sore*) Brücke.

[2016] S. Bett.

[2017] S. Aas.

[2018] S. Bauer.

[2019] S. Attest.

[2020] S. ankleiden.

[2021] S. Adler u. Bauch.

[2022] S. abtragen.

[2023] S. ausweinen; vgl. „Vorbemerkung", S. 15, Anm. 35.

[2024] S. Amme.

[2025] S. Ananas.

[2026] S. arg.

[2027] S. angenehm.

[2028] S. (betr. *nobis*) Dietrich.

[2029] S. (betr. *Glansert*) Bierglas.

[2030] S. Fleischhafen.

[2031] S. Aschenbecher.

[2032] S. aberwitzig.

[2033] S. Ärger.

[2034] S. abgerahmte Milch.

[2035] Vgl. dazu „Vorbemerkung" S. 15, Anm. 38 vbd. m. S. 7, Anm. 16.

[2036] S. Hauptmann.

[2037] S. Barchent.

[2038] S. (betr. *-pflanzer*) anbrennen.

[2039] S. anmutig.

[2040] S. Affengesicht.

[2041] S. Adler u. abbiegen bezw. Brücke; vgl. Bischof.

[2042] S. Adler u. anbrennen.

[2043] S. Hauswirt.

[2044] In dem *verw. Quellenkr.* m. Wiss. unbekannt; dagegen kennt die *Wiener Gaunerspr.* nach *Pollak* 207 *Blatt machen* = „unter freiem Himmel schlafen". Das *Blatt* (= *blatt*) in diesen Redensarten aber ist offenbar nur eine mundartliche Form für *platt*, was sich ergibt aus den sonst weiter verbreiteten neueren gauner- und kundensprachlich. *gleichbedeut.* Wendungen *platt machen, platt* od. (eine) *Platte(n) reißen* (s. *Lindenberg* 188; *Groß* 484; *Rabben* 102; Ku. II [423], III [427], IV [432]; *Schütze* 83; *Pollak* [Ku.] 190; *Ostwald* [Ku.] 114; vgl. auch *Weber* im Archiv, Bd. 59, S. 283) — wofür in der älteren Zeit auch *platte Penne machen* (s. z. B. schon *Hermann* 1818 [336]; *Krünitz Enzyklopädie* 1820 [352]; *Thiele* 292; *Zimmermann* 1847 [384]; A.-L. 584) —, worin sich das „platt" (bzw. „Platte") auf das Liegen auf der „platten" Erde bezieht.

[2045] S. Frauenrock.

[2046] S. abschreiben.

[2047] S. anschauen.

[2048] S. Rathausuhr.

[2049] Zu *Gengle* = Uhr (u. dazu die *Zus. Genglespflanzer* = Uhrmacher) *zu vgl.* in der *schwäb. Händlerspr.* (487) *Gängling* = Uhr und *Gänglingpflanzer* = Uhrmacher, wo die Schreibung mit ä deutlicher auf die Ableitung des Wortes von „Gang" (mit Bez. auf das „Gehen" der Uhr) hinweist; s. *Groß'* Archiv, Bd. 46, S. 31 sowie auch *Fischer*, Schwäb. W.-B. III, Sp. 46; vgl. auch die ähnliche Auslegung des Synon. *Luper* (oben unter „Rathausuhr").

[2050] S. (betr. *Kitt*) Abort.

[2051] S. Halskette.

[2052] S. Dietrich.

[2053] S. Bauch.

[2054] S. ermorden.

[2055] S. abfahren.

[2056] S. abfallen.

[2057] S. abgehen.

[2058] S. aufspielen.

[2059] S. abtragen.

[2060] S. absterben.

[2061] S. Dietrich.

[2062] S. arg.

[2063] S. (betr. *ankluftet*) ankleiden.

[2064] S. (betr. *gneis*) erkennen; vgl. „Vorbemerkung", S. 15, Anm. 36 a. E.

[2065] S. (betr. *dof*) angenehm.

[2066] S. abgerahmte Milch.

[2067] S. abkochen.

[2068] S. Filzlaus.

[2069] S. Katholik.

[2070] S. evangelisch.

[2071] S. Jude.

[2072] S. (betr. *Fläderling*) Adler.

[2073] S. unter „elend"; vgl. „Vorbemerkung", S. 15, Anm. 36 a. E.

[2074] S. aberwitzig.

[2075] S. Satan u. Gemüse. — Sachlich übereinstimmend auch die Zigeunerspr.; s. *Liebich* 127 u. 249 vbd. mit *Finck*, S. 55 (*bengéskĕro* [od. -ri] *trāb* [od. drāw], d. h. „des Teufels Kraut" od. noch genauer „teuflische Wurzel", = Unkraut); vgl. auch „Vorbemerkung", S. 18.

[2076] S. absterben.

[2077] S. abgerahmte Milch.

[2078] S. Kalb bezw. Bulle u. Bratkartoffeln.

[2079] Vgl. „Vorbemerkung", S. 15, Anm. 36 a. E. sowie auch bei den Zigeun.: *nāno merēla* (d. h. „stirbt nicht") = unsterblich; s. *Liebich*, S. 249.

[2080] S. Fußsohle.

[2081] S. abgehen.

[2082] S. (betr. *Kluft*) ankleiden.

[2083] S. Frauenrock.

[2084] S. abschreiben.

[2085] S. anreden.

[2086] S. ansagen.

[2087] Sachl. übereinstimmend auch die Zigeunerspr.; s. *Liebich*, S. 154, 250, 252 (*putschäpenn*, d. h. „die Frage, Fragerei", = Verhör, Untersuchung).

[2088] S. Ehe.

[2089] S. Dummheit.

[2090] S. Ärger.

[2091] S. unter „elend".

[2092] S. austreten (leicht).

[2093] S. (betr. *Flu[h]te*) abbrühen.

[2094] S. Bierglas.

[2095] S. Fleischhafen.

[2096] S. Attest.

[2097] S. Eltern.

[2098] S. (betr. *Kitt*) Abort.

[2099] S. Stadt.

[2100] S. abbetteln.

[2101] S. Blut.

[2102] S. abbrennen.

[2103] S. bezahlen.

[2104] S. abzahlen.

[2105] Vgl. dazu auch in der Zigeunerspr.: *pleisserpenn*, d. h. „Bezahlung, Lohn", = Verdienst; s. *Liebich*, S. 251 vbd. mit S. 152.

[2106] S. Aas.

[2107] S. anbrennen.

[2108] S. aufschlagen.

[2109] S. schlagen.

[2110] S. Ast.

[2111] S. anreden; vgl. (betr. die Zigeunerspr.) oben Anm. 2087.

[2112] S. (zu allen drei Ausdr.) abkaufen.

[2113] S. handeln.

[2114] S. ankleiden.

[2115] S. anlachen.

[2116] S. abbetteln.

[2117] S. Adler u. anbrennen.

[2118] S. abgehen.

[2119] S. belügen.

[2120] Vgl. (betr. den Gebrauch des Subst. als Adj.) „Vorbemerkung", S. 15, Anm. 38 E.

[2121] S. abbrennen.

[2122] S. Adler u. abbiegen bezw. Brücke.

[2123] S. ermorden.

[2124] S. besonnen.

[2125] S. Konkurs.

[2126] Substant. Partiz. von *verdibern*; vgl. „Vorbemerkung", S. 15, Anm. 36.

[2127] S. arg.

[2128] S. aberwitzig.

[2129] S. angenehm.

[2130] S. abschließen.

[2131] S. Ärger.

[2132] S. absterben.

[2133] S. Amme.

[2134] S. essen.

[2135] S. (zu allen drei Ausdr.) Abendessen.

[2136] S. Brücke.

[2137] S. Mastpulver.

[2138] S. Adler.

[2139] S. Gewerbeschein.

[2140] S. (betr. *Kitt*) Abort.

[2141] S. Entenstall.

[2142] S. Ei.

[2143] S. Fleischhafen.

[2144] S. abschießen.

[2145] S. anbeten.

[2146] S. Entenfuß.

[2147] S. Angesicht.

[2148] S. abbeißen.

[2149] S. alljährlich.

[2150] S. belügen.

[2151] S. anreden.

[2152] S. ansagen.

[2153] S. abgeben.

[2154] S. abschreiben.

[2155] S. absingen.

[2156] S. aufspielen.

[2157] S. Stadt.

[2158] S. alltäglich.

[2159] S. Abend u. Abort.

[2160] S. Adler u. Gendarm; vgl. Bischof.

[2161] S. (betr. *Schrende*) Frauenstube.

[2162] S. Degen u. anbrennen.

[2163] S. Eisenbahnwagen.

[2164] S. abfahren.

[2165] S. Betrug.

[2166] S. (zu beiden Ausdr.) Ananas.

[2167] S. Haselnuß.

[2168] S. Aschenbecher.

[2169] S. Bauch.

[2170] S. Aas u. Filzlaus; — Bei den Zigeunern wird (nach *Liebich*, S. 258 vbd. m. S. 166) die Wanze durch *platti tschūw* od. *lōli tschuw*, d. h. „platte" od. „rote Laus", umschrieben; vgl. auch schon „Vorbemerkung", S. 18, Anm. 47

[2171] S. Brücke.

[2172] S. (betr. *Pflader*- [pfladeren]) abwaschen.

[2173] S. Bauernfrau.

[2174] S. Abort.

[2175] S. abbrühen.

[2176] S. Hahn.

[2177] S. Henne.

[2178] S. Fleischhafen.

[2179] S. Mühle.

[2180] S. Metzelsuppe.

[2181] S. Adler.

[2182] S. daher a. E. u. davongehen.

[2183] S. Chaussee.

[2184] S. (betr. *Bich*) Almosen.

[2185] S. abfahren.

[2186] S. abgehen.

[2187] S. abbeißen.

[2188] S. anschauen.

[2189] S. anfassen.

[2190] S. ausstehlen.

[2191] S. abtragen.

[2192] S. böse Frau.

[2193] S. Frau.

[2194] S. Bauernfrau.

[2195] S. Amme.

[2196] S. (betr. *Malfes*) Frauenrock.

[2197] S. Frucht u. Apfelbaum.

[2198] S. Flurschütz.

[2199] S. Apfelwein

[2200] S. Ananas.

[2201] S. (betr. *Sore*) Brücke.

[2202] S. ausweinen.

[2203] S. Bierglas.

[2204] S. Abort.

[2205] S. Fleischhafen.

[2206] S. Baumholz.

[2207] S. Apfelbaum.

[2208] S. angenehm u. Bäcker.

[2209] S. (zu beiden Ausdr.) Frucht.

[2210] S. (zu beiden Ausdr.) Aas.

[2211] S. Dietrich u. Adler.

[2212] S. bewerfen.

[2213] S. abfallen.

[2214] S. brauchbares Kind u. Bett. — Vgl. bei den Zigeunern (nach *Liebich*, S. 260): *tschawéskĕro schukklepenn*, d. h. etwa „Kinderschaukel", = Wiege.

[2215] S. (zu beiden Ausdr.) Gasthaus.

[2216] S. abwaschen.

[2217] S. Aas.

[2218] S. gebären.

[2219] S. (betr. *begerisch*) absterben.

[2220] S. (betr. *Rande*) Bauch.

[2221] S. Hauswirt.

[2222] S. Abort.

[2223] S. Hammel u. Augenbrauen. — Sachlich übereinstimmend auch die Zigeunerspr.; s. *Liebich*, S. 261 (*bakoréngere balla*, d. h. „Schafhaare", = Wolle); vgl. auch *Finck*, S. 49 (*bakréskero bal* = Schafwolle).

[2224] S. Ärger.

[2225] S. absterben u. Amtmann.

[2226] S. (betr. *Dupf-*) stechen.

[2227] S. Leberwurst.

[2228] S. (betr. *Achilerei*) essen.

[2229] S. Abendessen.

[2230] S. Aas.

[2231] S. Brücke.

[2232] S. Metzelsuppe.

[2233] S. arg.

[2234] S. bezahlen; vgl. auch „Vorbemerkg.", S. 15, Anm. 35 (*Bereime* [u. *Zeine*] wohl = subst. Infinitive).

[2235] S. (zu beiden Ausdr.) abzahlen; vgl. (betr. *Zeine*) auch die vor. Anm. a. E.

[2236] S. abbeißen.

[2237] S. (betr. *Sins*) Amtmann.

[2238] S. Aas.

[2239] S. behext.

[2240] S. Betrug.

[2241] S. Amme.

[2242] S. Entenfuß u. Daumen.

[2243] Diese merkwürdige Bezeichnung findet sich schon in dem *Dolm. der Gaunerspr.* 93 (in der Form *Schofnase* u. mit der Bedeutg. „Groschen"); sonst ist sie m. Wiss. unbekannt im Rotwelsch u. in den Geheimsprachen. Ob es sich um eine Metapher handelt oder wie die Umschreibung sonst zu erklären ist (ob vielleicht nach einem mit einer „Schafnase" ausgestatteten Regentenkopfe auf einer Münze [Hypothese von Dr. *A. Landau*, Wien]), bleibt zweifelhaft.

[2244] S. (betr. *Linz-*) anschauen.

[2245] S. Attest.

[2246] S. Kaffee.

[2247] S. (betr. *Schottel*) Aschenbecher.

[2248] S. abbrennen u. Apfelkern. — Sachlich übereinstimmend damit auch die Zigeunerspr.; s. *Liebich*, S. 262 (*chadschēdo parr*, d. h. „gebrannter Stein" = Ziegelstein; Syn: *lōlo parr*, d. h. „roter Stein"). *Beide* Ausdr. auch bei *Lieblich*, S. 180 unter „Backstein", während in *Wittichs* Jenisch dafür nur *Kittleskies* angeführt ist; vgl. „Vorbemerkg.", S. 19, Anm. 48.

[2249] S. Pfeife.

[2250] S. Pfeife u. abbiegen.

[2251] S. (betr. *Reiber*) Beutel.

[2252] S. (betr. *Rande*) Bauch.

[2253] S. Löwenzahn.

[2254] Zu *Sende* = Zigeuner vgl. (aus dem *verw. Quellenkr.*): *Sulzer Zigeunerliste* 1787 (252: *die Sende* = die Zigeuner); *W.-B. des Konst. Hans* 257 (*die Sente* [ebenfalls *plur.*]); *Schwäb. Gauner- u. Kundenspr.* 77 (*Sendo* = Zigeuner); *Schwäb. Händlerspr.* (*Lütz.* [215]: *Sĭndo*). Auch in der sonstigen Gauner- u. Kundenspr., bes. d. 19. Jahrh. (seit *Pfister* 1812 [206]) öfter in versch. Formen (*Sende, Sente, Sande, Sinde* usw.) angeführt u. bis in die Neuzeit erhalten s. *Groß* 494 [*Sinte*; Nebenbedtg.: Genosse]; *Rabben* 123 [*Sinter*; auch hier Nebenbedtg.: Genosse, Komplize); *Ostwald* [Ku.] 143 [hier getrennt: *Sinde* = Zigeuner; *Sinter* = Komplize). Zur *Etymologie* des aus der Zigeunerspr. entlehnten Wortes (vgl. „Einleitung", S. 30) von noch *unsicherer* Herkunft s. Näh. bei *Pott* I, S. 32 ff. vbd. m. *Liebich*, S. 7, Anm. 1. Die Form lautet bei den deutsch. Zig. nach den meisten Vokab. *sĭnto* (plur. *sĭnte*); s. (außer *Pott*, a. a. O. u. II, S. 239 u. *Liebich*, S. 159 u. 262) auch *Miklosich*, Beitr. III, S. 19 u. *Finck*, S. 85; bei *Jühling*, S. 226 dagegen: *Sendo*, plur. *Sendi*; fem. *Sendaza*; vgl. *Sendeaza* = „Volk der Sendi". — Über das zigeun. Synon. *rom* (eigtl. „Mann") s. oben unter „Frau" (Anm. zu *Romane* a. E.). Die ebenfalls gleichbed. Bezeichnung *mānuš* („mānusch"), d. h. eigtl. „Mensch" (vgl. darüber Näh. bei *Pott* II, S. 446; *Liebich*, S. 145 u. 262; *Miklosich*, Beitr. III, S. 15 u. Denkschriften, Bd. 27, S. 10; *Jühling*, S. 224; *Finck*, S. 72), fehlt in *Wittichs* „Jenisch", obwohl sie mit veränderter Form mehrfach im Rotwelsch des 19. Jahrh. (seit *Pfister bei Christensen* 1814 [326]) anzutreffen und auch in die *schwäb. Händlerspr.* eingedrungen ist (s. *Lütz.* [215]: *Manischer* = Zigeuner; vgl. 488: *mônisch* = zigeunerisch); vgl. *Fischer*, Schwäb. W.-B. IV, Sp. 1440 sowie noch Archiv, Bd. 59, S. 263, 64.

[2255] S. (betr. *Fi(e)sel*) Bettelbube.

[2256] S. Haushund.

[2257] S. Beischläferin.

[2258] S. Eisenbahnwagen.

[2259] S. Frauenstube.

[2260] S. (betr. *-pflanzer*) anbrennen.

[2261] *Zu Rochus* vgl. (aus dem *verw. Quellenkr.*): *Schwäb. Gaun.- u. Kundenspr.* 77 (*Roches* od. *Broches* = Zorn); *Schwäb. Händlerspr.* 488 (hier nur das Adj. *prouches* = zornig; vgl. in *Pfedelb.* [215]: *broches* = trotzig). Im sonst. Rotw. kommt die Vokabel vorwiegend als Adjektiv vor (s. z. B. *Pfister* 1812 [286: *brooges* = bös, feind] u. dann so öfter, mit lateinisch. Endung — *brochus* = böse — in *Krünitz' Enzyklopädie* 1820 [349], in der *Handthierka* 1820 [354]: *braukes* = böse, bei *Thiele* 236 und *Fröhlich* 1851 [395]: *brauges*, das auch A.-L. 592 — neben *b[e]roges* [= zornig, tobend] — hat, desgl. auch *Groß* 459 [= böse, erzürnt]), jedoch vereinzelt auch als Hauptwort (s. A.-L. 592 u. *Groß* 487: *Roges* = Unruhe, Zorn, Toben, desgl. *Ostwald* 123 [Bedeutg.: Zorn]). *Etymologie*: *Rochus* (gleichsam latinisiert), richtiger *Roges*, stammt her vom hebr. *rôgez* = „Unruhe, Zorn", das Adj. *b(e)roges* usw. aus *be rôges*, d. h. „im Zorn". Vgl. A.-L. 592 (unter „Roges") u. 454 (unter „Rogas") vbd. mit *Fischer*, Schwäb. W.-B. I, Sp. 1433.

[2262] Nach *Fischer*, Schwäb. W.-B. IV, Sp. 1519, Nr. 2 bedeutet *massig* im Schwäbischen (ähnlich wie auch in anderen südd. Mundarten, z. B. im Elsaß) so viel wie: unzuverlässig, störrisch (von Menschen u. Tieren, z. B. Pferden, gebr.), eigensinnig, zornig, wütend, ungestüm, wild, derb, grob, mürrisch, widerwärtig, zänkisch u. a. m. und wird auch als Subst. für „roher, derber Mensch" gebraucht. Seiner *Etymologie* nach gehört der Ausdruck wohl zu dem neuhebr. *mazziq* = „böser Geist, verderbenbringendes Wesen" (vom hebr. Stamm *nâzaq* [vgl. A.-L., S. 410 unter „Něsack"]), das als *Massig* od. *Massik* = Teufel ins Rotwelsch eingedrungen sowie (in der Form *Massing* und mit gleicher Bedeutg.) auch der *schwäb. Händlerspr.* bekannt ist. S. *Dolm. der Gaunerspr.* 100 (*Massig* = Teufel); *Pfulld. J.-W.-B.* 345 (*Massik*); *Schwäb. Händlerspr.* 487 (*Massing*). Vgl. *Fischer*, a. a. O.

[2263] S. Arrest; vgl. Gefängnis.

[2264] S. arg u. Abort; vgl. Arrest sowie „Einleitung", S. 28

u. S. 25, Anm. 61.

[2265] S. (betr. *Lehm*) Bäcker.

[2266] S. Fingerhut.

[2267] S. abbrühen.

[2268] S. abbrennen.

[2269] S. (betr. *Spreisle*) Baumholz.

[2270] S. abgehen.

[2271] S. anschauen.

[2272] S. abgeben.

[2273] S. aufschlagen.

[2274] S. Ast.

[2275] S. abschließen.

[2276] S. Dietrich, Adler u. Bauer. — Die Zigeuner umschreiben (nach *Liebich* S. 264) den Begriff etwas einfacher durch *dikkno gādscho*, d. h. „kleiner Mann"; vgl. oben unter „Riese".

[2277] Mit *Blauhanze* (od. *-hanse*) sind zusammengesetzt: *Blauhanzestöber* = Zwetschenbaum, *Blauhanzekies*, *-brandling* u. *-g'finkelter* od. *-soruf* = Zwetschgenkern (-stein), -kuchen u. -wasser. Zu vgl. (aus dem *verw. Quellenkr.*): *Schwäb. Händlerspr.* 488 (*Blauhansen* = Zwetschgen neben dem gleichbed. *Blauhosen* [das auch das *Pfulld. J.-W.-B.* 346 sowie (in der Form *Blohosen*) schon der *Dolm. der Gaunerspr.* 102 kennt]); s. auch *Metzer Jenisch* 218 (*Blauhänsche* = Zwetschge). Über Belege (für *Blauhan[n]se*) im Rotw. (des 19. u. 20. Jahrh.) s. *Groß' Archiv*, Bd. 51, S. 145, Anm. 3. Ebds. zur *Etymologie* (gleichsam Personifizierung durch Verbindung mit dem Eigennamen *Hans*); vgl. auch *Pott* II, S. 9 u. 36 u. *Günther*, Rotwelsch, S. 84. = Über *Blauling* = Pflaume s. schon oben.

[2278] S. (betr. *Stöber*) Apfelbaum.

[2279] S. Apfelkern.

[2280] S. Apfelkuchen.

[2281] S. (zu beiden Ausdr.) Branntwein; vgl. (betr. *G'finkelter*) auch behext.

[2282] S. Brücke.

[2283] Schon in meiner „Vorbemerkung" (S. 3) habe ich erwähnt, daß die „Sprachproben" — aus dort näher angegebenen Gründen — nicht unwesentlich gekürzt worden sind. Sie umfaßten ursprünglich 46 Nummern, die auf 35 reduziert werden konnten; außerdem wurden aber auch noch *innerhalb* einzelner Nummern (s. bes. in Nr. 25) mehrfache Streichungen vorgenommen. Bei der Übersetzung der jenischen Gespräche ins Deutsche habe ich grundsätzlich soweit wie möglich den *Wittichschen* Wortlaut beibehalten und nur hier und da einzelne Stellen in eine etwas flüssigere Form gebracht. Der jenische Text stellt sich als wichtige Ergänzung zu dem „Wörterbuch" dar, nicht nur durch die Verwendung mancher dort ursprünglich fehlender (und erst von mir mit dem Zusatz „Spr." hinzugefügter) Vokabeln, sondern namentlich auch insofern, als wir erst hier erfahren, wie die einzelnen Wörter in einer konkreten Satzverbindung gebraucht zu werden pflegen. Während z. B. im Wörterbuch über das *Geschlecht der Hauptwörter* nur ganz ausnahmsweise etwas zu entnehmen ist, erscheinen sie hier regelmäßig in Verbindung mit dem (bestimmten oder unbestimmten) Artikel, also unter Geschlechtsbezeichnung. Diese aber weicht in zahlreichen Fällen von der in unserer Gemeinsprache üblichen ab (vgl. z. B. *der* Galm = *das* Kind, *der* Funk = *das* Feuer, *der* Flu[h]te = *das* Wasser [vgl. *die* Flut], *der* Stichling = *die* Gabel [aber — in Übereinstimmg. mit dem Deutsch. u. Französ. — *die* Furschet], *die* Model = *das* Mädchen, *die* Kitt = *das* Haus usw.). Zuweilen scheint auch der Sprachgebrauch zu schwanken. So findet sich z. B. in Nr. 7 *der* Sore = *die* Sache (in Übereinstimmg. u. a. mit dem *W.-B. des Konst. Hans* [254]), während an einer anderen Stelle (Nr. 26) das

Wort als *femin.* gebraucht wird (*pflanzte Sore* = die gemachte Ware), was auch in der *neueren* Gaunersprache der Fall ist (vgl. z. B. Ω Σ in Z. V, 429 u. *Rabben* 124). In einzelnen Fällen ist aber *kein* Artikel gesetzt worden, während wir nach dem deutschen Text einen solchen erwarten würden, so z. B. in Nr. 23 (*Schefft Schnall nobis bibrisch?* = Ist *die* Suppe nicht kalt?); Nr. 25 (*Wo schefft Fehte?* = Wo ist *die* Herberge?; ... *pflanzet Schaffel auf* = ... macht *die* Scheune auf; *bohlet Säuftling in Rädling* = tut [eigtl. werft] *die* Betten in den Wagen; ... *pflanzet Strauberts* = ... macht [euch] *die* Haare), namentlich auch dann, wenn schon ein *anderes, mit* (dem bestimmten od. unbestimmten) Artikel versehenes Hauptwort *voran*gestellt worden; vgl. z. B. Nr. 11 (*Ich schniff' ein Rande und Stenz* = Ich nehme einen Sack und *einen* Stock mit); Nr. 19 (*mit der dof Beizere und Beizer ...* = ... mit der guten Wirtin und *dem* Wirt ...); Nr. 25 (*Linze die dof Latt und Klass* = Schau [nur] den schönen Hirschfänger und *das* Gewehr).

Obwohl sonst — wie beim Rotwelsch — *Grammatik* und *Syntax* sich auch beim Gebrauch des „Jenischen" grundsätzlich den allgemeinen Regeln unserer Muttersprache anschließen, enthalten naturgemäß Gespräche, die zwischen Leuten aus dem niederen Volke geführt werden, auch in dieser Beziehung mancherlei Abweichungen von der Schriftsprache.

I. Zunächst seien hierfür zwei (nicht bloß auf einzelne Mundarten beschränkte, vielmehr) wohl durch ganz Deutschland verbreitete Besonderheiten der volkstümlichen Redeweise erwähnt, nämlich:

1. daß „des Nachdrucks halber *Verneinungen doppelt* (ja dreifach) gesetzt werden können, *ohne einander* aufzuheben" (*Polle-Weise,* Wie denkt das Volk über die Sprache?, 3. Aufl., Leipzig 1904, S. 108; vgl. Näh. noch bei *R. Hildebrand,* Ges. Aufsätze, Leipzig 1890, S. 214 ff.). *Beispiele*: in Nr. 20 (*... der kemeret nobis keine Stiebe ...* = ... der kauft keine Bürsten ...) u. Nr. 25 (*... ich spann' nobis kei Kenem* = ... ich sehe keine Laus);

2. die Verwechselung des *Dativs* u. *Akkusativs* bei den *persönlichen Fürwörtern* (also mir statt mich, dir statt dich usw. und umgekehrt). *Beispiel*: in Nr. 16 (*Ich baus' mir* = ich fürchte mich).

II. Folgende Eigentümlichkeiten sind dagegen auf die *Mundarten* namentl. die süddeutschen (bayr.-schwäb.

Dialekt) beschränkt:

1. der Gebrauch des *Nominativs statt* des *Akkusativs* bei Hauptwörtern. Während sich für den *umgekehrten* Fall (also Gebrauch des Akkus. für den Nomin.), der z. B. auch im Schwäbischen vorkommt (s. *Fischer*, Schwäb. W.-B. II, Sp. 579 unter „ein" Nr. I: das ist ein*en* guten Mann) m. Wiss. in *Wittichs* Jenisch kein Beispiel findet, enthält es für die *zuerst* genannte Besonderheit — außer einigen unsicheren Fällen (in denen der unbestimmte Artikel *ein* ev. auch als Akkusativ eines Neutrums aufgefaßt werden könnte) — mehrere *zweifelsfreie*, so z. B. Nr. 11 (... *vielleicht bestiebemer ein Schmaler* = ... vielleicht bekommen wir eine Katze), Nr. 18 (... *spann' sein dofer Oberman* = ... schau seinen schönen Hut), Nr. 24 (... *ich schwäch' ein Stielingsjohle* = ... ich trinke einen Birnenmost; ... *schwächt ... Gefinkelter* = ... trinket ... Branntwein), Nr. 25 (... *ich bestieb' ein Stumpf* = ... ich bekomme einen Zorn; ... *der Ruch pflanzt ein linker Giel* = ... der Bauer macht einen wüsten Mund) usw.; 2) der Gebrauch des relat. räuml. Adv. *wo* statt des Relativpronomens *welcher* (-e -es) bezw. der (die das), worüber zu vgl. u. a. *v. Schmid*, Schwäb. W.-B. S. 536/37 u. *Schmeller*, Bayer. W.-B. II, Sp. 828 (unter „wo", lit. c). *Beispiele*: Nr. 21 (... *in dem Mochem, wo man spannt* = in dem Dorfe, das man ⊚ sieht); Nr. 25 (... *Ulme, wo kasperet* = Leute, die zaubern).

III. *Zum Teil* gleichfalls auf die *Mundarten* beschränkt, *zum Teil* aber auch *allgemein* volkstümlich erscheinen gewisse (übrigens nur *neben* den schriftdeutschen Formen auftretende) *Veränderungen* (namentlich *Kürzungen*) verschiedener (kurzer) Wertgattungen) so: 1) *des* (bestimmten und [häufiger] des unbestimmten) *Artikels*; s. Nr. 11 (*d' Schmaler* = die Katzen); Nr. 18 (*in de' Griffling* = in der Hand; *auf'em Kiebes* = auf dem Kopfe); Nr. 19 (*vor'm Jahne* = vor einem Jahre); Nr. 25 (*s' Glied* = der Sohn; *in's Steinhäufle* = in die Stadt); bes. aber (betr. *a'* = *ein* [einer, eine]; vgl. dazu v. Schmid, Schwäb. W.-B., S. 1 u. *Fischer*, Schwäb. W.-B. II, Sp. 578): Nr. 24 *a' jenisches Model*; *a' jenischer Fiesel*); Nr. 25 (*a' Schuberle*; *a' Schafnas'*; *a' Finkelmoss*); 2) des *adj. Zahlpronomens kein* (-ner, -ne) = *kei'* (vgl. dazu *Fischer*, Schwäb. W.-B. IV, Sp. 310); s. Nr. 25 (*kei' Kenem* = keine Laus); 3) *des besitzanzeigenden Fürworts mein* (-ner, -ne) = *mei'*; s. z. B. Nr. 11 (*mei' Keiluf*); Nr. 14 (*mei' Patris*); Nr. 15 (*mei' Moss*); Nr. 35 (*mei' Kluper*); 4) *der persönlichen Fürwörter* in Verbindung mit Zeitwörtern; vgl. z. B. a) *du* = *d'*; s. z. B. Nr. 13 (*bis d' umbohlst* = bis du umfällst); b) *dir* = *der*; s. Nr. 27 (*Schmusder nobis* = sag' dir['s] nicht); c) *dich* = *te* in der (z. B. in Nr. 20, 25 [öfter] begegnenden) Imperativform *schupfte* (für: schupf dich) = hör' auf (schweig' still); d) *ihm* = (e)m; s. Nr. 20 (*ich schmusem's* = ich sage es ihm); e) *sie* (Nom. u. Akkus.) = s(e); s. z. B. 23 (*hauretse ...?* = ist sie ...?); Nr. 25 (*ich ... bukles'* = ich trage sie); Nr. 28 (*schniffse* = nimm sie); Nr. 32 (*gneistse lore ...?*); f) *es* (Nom. u. Akkus.) = 's; s. Nr. 8, 9, 18 (*s' schefft* od. *s' hauret ein Sins* = es ist ein Herr; *ich spann's* = ich sehe es; *er gneist's* = er merkt es); Nr. 19, 25 (*s' hauret* = es ist) u. a. m.; g) *man* = *mer* (vgl. dazu v. Schmid, Schwäb. W.-B., S. 382 unter „mer", Nr. 1; *Fischer*, Schwäb. W.-B. IV, Sp. 1433 unter „man"; auch *Schmeller*, Bayer. W.-B. I, Sp. 1642 unter „mir", lit. c); s. Nr. 22 (*... da bestiebtmer nobis* = ... da bekommt man nichts); h) *wir* = *mer* oder (etwas seltener) *mir* (vgl. v. Schmid, a. a. O., S. 382 unter „mer", Nr. 2 u. S. 533 unter „wir"; *Fischer*, a. a. O. IV, Sp. 1433 unter „man" a. E.; *Schmeller*, a. a. O. I, Sp. 1641 unter „mir", lit. b); *Beispiele*: α) für *mer*: Nr. 11 (*bostemer* = gehen wir; *bestiebemer* = bekommen wir); Nr. 19 (*ruedlemer ...?* = fahren wir ...?; *buttemer ...?* = essen wir ...?); Nr. 25 (*Wo schlaunetmer* = Wo schlafen wir?) u. a. m.; β) für *mir*: Nr. 25 (*Dann [Jetzt] pfichet mir in Sauft[linge]* = dann (jetzt) gehen wir zu Bett; *bostet mir* = gehen wir; *pflanzet mir Blatt* = übernachten wir im Freien; *bestiebet mir* = bekommen wir); i) *ihr = er*; s. Nr. 25 (*durmeter noch nobis?* = schlaft ihr noch nicht?); Nr. 27 (*haureter?* = seid ihr?); k) *euch = ich*; s. Nr. 25 (*schupfetich* = seid still; *der Koele mussich bukele* = der Teufel muß [soll] euch holen). — Oft werden auch die persönl. Fürwörter ganz weggelassen; s. z. B. Nr. 4 (*hauerst begerisch?* = bist du krank?); Nr. 6 (*was sicherst?* = was kochst du?); Nr. 13 (*in Nolle hauret* = im Krug ist er [näml. d. Most]); Nr. 25 (*spannst nobis* = siehst du nichts; *dann scheffte schiebes* = dann gehe ich fort; *pflanze* = mache ich) u. a. m.

IV. Auch allerlei *Abkürzungen* durch Weglassung der *End*silben (Buchstaben) *oder* der *Anfangssilben* — bei Haupt-, Eigenschafts-, Umstands-, namentlich aber Zeitwörtern — stehen (gleich den Fällen unter III) in Übereinstimmung mit der allgemein oder doch mundartlich üblichen Redeweise des Volkes überhaupt. *Beispiele*: 1) für Kürzung durch Weglassung der *End*silbe -e (-en): a) *bei Substantiven*: Nr. 25 (*a' Schafnas'*); b) *bei Adjektiven*: u. a. Nr. 16 (*die jenisch Moss*); Nr. 19 (*mit der dof Beizere*); Nr. 25 (*in die dof Duft; die dof Latt*) usw.; c) *bei Adverbien*: Nr. 11 und öfter (*heut'* [Leile] = heute [Nacht]; d) *bei Verben*: hier ist dieser Sprachgebrauch für *die erste Person Präsentis* und *den Imperativ* so häufig, daß er fast als *Regel* erscheint, immerhin finden sich in diesen Fällen *auch* noch die volleren Formen, und zwar zuweilen unmittelbar *neben* den kürzeren; vgl. z. B. (für die *1. Person Präs.*) Nr. 16 (*Ich boste und beschrenk'* = ich gehe und schließe zu) und (für den *Imperativ*) Nr. 28 (*Pflanz', doge mir ein Funkerle* = Mach', gib mir ein Streichholz); 2) für Kürzung durch Weglassung der *Anfangssilbe* (ge-): bei Zeitwörtern (Partizipien): Nr. 17 (*'buttet* = gegessen); Nr. 25 (*ein'bascht* = eingekauft; *'pflanzte Sore* = gemachte Ware; *'dalft* = gebettelt); Nr. 33 (*'dogt* = gegeben) usw. Den Übergang dazu vermittelt g' statt ge-; s. z. B. Nr. 24 (*g'schallet* = gesungen); Nr. 25 (*abg'schunde Gleis, g'sprunkt, g'hauret* usw.).

V. Eine spezielle (wohl auch auf *mundartlichen* Einfluß zurückzuführende) Eigentümlichkeit des *Wittichschen* Jenisch ist endlich noch der Gebrauch der Endsilbe -*et* statt des im Schriftdeutsch üblichen -*en* in mehreren Zeitwortformen, nämlich für den *Infinitiv*, für die *erste* und für die *dritte Person Pluralis des Präsens*, wofür sich übrigens mehrfache Beispiele auch schon im *W.-B. des Konstanzer Hans* („Schmusereyen") finden, dessen Ähnlichkeiten mit unserem Jenisch ja auch sonst mehrfach auffallen (vgl. schon „Vorbemerkung", S. 3, Anm. 4, S. 6 u. in *dieser* Anm. oben S. 73 sowie noch weiter unten die Anm. 2284 zu den „jenischen Schnadahüpfeln"). *Beispiele*: 1) für den *Infinitiv*: a) in *W.-B. des Konst. Hans*: 256 u. 258 (*z' malochet* = zu plündern; *z' holchet* = zu laufen); 259 (*z' kahlet und z' schwächet* = zu essen und zu trinken); b) in *Wittichs Sprachpr.*: Nr. 12 (*z' schwächet* = zum Trinken [zu trinken]); Nr. 21 (*z' biket und z' schwächet* = zu essen und zu trinken); Nr. 25 (*z' buttet* = zu essen; *z' dalfet* = zu betteln); 2) *für die erste Person Plur. des Präs.*: a) im *W.-B. des Konstanzer Hans*: 256 (*Holchet mir* ...? = Kommen wir ...?); b) in *Wittichs Sprachpr.*: Nr. 11 (*vielleicht bestiebemer ... und spannet* = vielleicht bekommen wir ... und sehen); Nr. 18 (*dass wir ... schmuset* = daß wir ... sprechen); ebds. (*wir pfichet* = wir gehen); Nr. 19 (*Schwächet und buttemer* ...? = Trinken und essen wir ...?); Nr. 20 (*Wir zeinet ... und schefften schiebes* = wir bezahlen ... und gehen fort); Nr. 25 (*wir kemeret* = wir kaufen usw.); ebds. ([schon oben unter Nr. III, 3 lit. h als Belege für den Gebrauch von *mer* und *mir* = wir angeführt]: *Wo schlaunetmer?*; *Jetzt pfichet mir in Sauft*; *bostet mir*; *pflanzet mir Blatt*; *bestieb mir*); 3) für die *dritte Person Plur. des Präs.*: a) im *W.-B. des Konst. Hans*: 256 (*... den Kochem, die schiaunet* = ... den Dieben, die schlafen; *S'e schmuset* = sie sagen; *Jetzt schwächet s'e* = Jetzt trinken sie); 260 (*... Grandscharrle scheffet lau und Prinzen scheffet lau schofel* = ... Die Hatschier' sind für nichts, und die Herren sind gar nicht scharf); b) in *Wittichs Sprachpr.*: Nr. 4 (*Buz und Scharle hauret ... dof* = Polizeidiener und Schultheiß sind ... gut); Nr. 25 (*Durmet die Schrawiner?* = Schlafen die Kinder?; *herles pfichet Ulme* = hier kommen Leute; *die Horboge hauret am Kaim* = die Kühe gehören dem Juden) u. a. m. — Die sonst noch vorkommenden Abweichungen von der Schriftsprache bedürfen kaum einer besonderen Hervorhebung oder Erläuterung.

[2284] Nach dem Wörterbuch bedeutet *ni(e)sich* und *nillich* sowohl dumm als *auch* verrückt.

[2285] Das hier in Verbindung mit „wo" (für „woher") vorkommende Wort *schureles* habe ich nicht ins jenisch-deutsche Wörterbuch eingestellt, weil es sehr schwierig erscheint, eine passende Verdeutschung dafür (ohne Rücksicht auf den ganzen Satz) zu geben. (Das einfache „her" würde kaum deutlich genug sein.) In der *schwäbischen Händlersprache in Unterdeufstetten* (213) ist *schurles* für „fort!" gebräuchlich. Dahingestellt lasse ich es auch sein, ob dieses Adverb — etwa gleich dem Zeitw. *schurele(n)* — noch in Verbindung mit dem — einen Aushilfscharakter an sich tragenden — Hauptw. *Schure* (Schurele) gebracht werden darf oder etwa anders zu erklären ist.

[2286] Eine wörtliche Übersetzung dieser Redensart erscheint nicht gut möglich. Ins W.-B. ist sie deshalb nicht mit eingetragen worden.

[2287] *Wittich* hat hierzu in einer Anmerkung bemerkt, daß er von einer Übersetzung dieser „Schnadahüpfel" abgesehen habe, weil teils ihr Sinn sich leicht mit Hilfe des jenisch-deutschen Wörterbuchs herausbringen lasse, teils dagegen (wie z. B. bei Nr. 3) eine Wiedergabe der jenischen Unflätigkeiten im Deutschen kaum möglich erscheine. Ich kann dem nur beistimmen. Die Gründe, weshalb ich von diesen „Schnadahüpfeln" — trotz ihres groben Inhalts — nichts gestrichen habe, sind in meiner „Vorbemerkung.", S. 3, 4 angegeben worden.

[2288] Die Nummern 1 u. 2 (bezw. 4) der „Schnadahüpfel" stimmen (wie schon in der „Vorbemerkg.", S. 3, Anm. 4 erwähnt) auffälligerweise dem *Inhalte* nach *fast ganz* und auch in der *Form zum Teil* noch mit „ein paar Strophen aus *Jauner-Liedern*" überein, die sich am Schluß des „*Wörterbuchs des Konstanzer Hans*" von 1791 (bei *Kluge*, Rotw. I, S. 260) abgedruckt finden. Da mir nun *Wittich* auf eine Anfrage hin versicherte, daß ihm das W.-B. des Konstanzer Hans gänzlich *unbekannt* gewesen sei, so muß man wohl schlechterdings annehmen, daß es sich hier um alte, bis in die Gegenwart hinein erhaltene Überlieferungen aus der Blütezeit des deutschen Gaunertums handelt, die bei den „jenischen Leuten" nur in der äußeren Form einige Abänderungen erfahren haben. — Von Nr. 1 lautet (nach *Kluge*, a. a. O.) die ältere Fassung folgendermaßen:

Ey lustig seyn Kanofer (die Diebe, Schorne)

> Dann sia thun nichts als Schofle;
> Wann sia kenne Rande fülla
> Und brav mit der Sore springa.
>   Hei ja! Vi va!
> Grandscharrle, was machst du da?

Zu *Kanofer*, das auch das *Pfulld. J.-W.-B.* 338 (*Kanoffer* = Dieb; vgl. 339, 343, 345) kennt u. das auch sonst im Rotwelsch vorkommt, s. *Fischer*, Schwäb. W.-B. IV, Sp. 193, der das Wort in erster Linie zwar zu jüd. *chonef* = „Heuchler, Betrüger", *chanufa* = „Heuchelei" gestellt hat (vgl. dazu auch *Weigand* im „Intelligenzblatt für die Provinz Oberhessen", Jahrg. 1846, Nr. 74, S. 300 [unter Nr. 13]), jedoch hinzufügt, daß es „doch (auch) wohl nicht ohne Beziehung zu *ganfen*, stehlen" sei.

[2289] Zu dieser Nummer (sowie auch zu Nr. 4) vgl. die folgende Fassung beim *„Konstanzer Hans"*:

> Schicksal, was hot auch der Kochern g'schmußt,
> Wia er ist abgeholcht von dier?
> Er hat g'schmußt: Wann er vom Schornen holch,
> Scheft er gleich wieder zu mier.

www.ingramcontent.com/pod-product-compliance
Lightning Source LLC
Chambersburg PA
CBHW032005300426
44117CB00008B/907